21世纪会计系列规划教材·应用型

Asset Evaluation

资产评估学

（第三版）

何雨谦　黄英　主　编

高　鹏　苏　皓　杨晓红　副主编

东北财经大学出版社　大连

Dongbei University of Finance & Economics Press

图书在版编目（CIP）数据

资产评估学 / 何雨谦，黄英主编．—3版．—大连：东北财经大学出版社，
2023.8

（21世纪会计系列规划教材·应用型）

ISBN 978-7-5654-4912-3

Ⅰ.资…　Ⅱ.①何…②黄…　Ⅲ.资产评估–教材　Ⅳ.F20

中国国家版本馆CIP数据核字（2023）第144081号

东北财经大学出版社出版

（大连市黑石礁尖山街217号　邮政编码　116025）

网　　址：http：//www.dufep.cn

读者信箱：dufep@dufe.edu.cn

大连日升彩色印刷有限公司印刷　东北财经大学出版社发行

幅面尺寸：185mm×260mm　字数：552千字　印张：23　插页：1

2023年8月第3版　　　　　　2023年8月第1次印刷

责任编辑：李　栋　　　　　　责任校对：刘贤恩

封面设计：原　皓　　　　　　版式设计：原　皓

定价：49.00元

教学支持　售后服务　　联系电话：（0411）84710309

版权所有　侵权必究　　举报电话：（0411）84710523

如有印装质量问题，请联系营销部：（0411）84710711

第三版前言

经济越发展，资产评估越重要。经济的发展离不开资产评估，资产评估的发展离不开对评估人才的培养，而资产评估人才的培养又离不开优秀的资产评估教材。中国经济发展迅速，资产评估准则体系不断建立与完善，资产评估教材也必须紧跟经济与资产评估的发展脉搏，与时俱进。随着资产评估在经济发展中地位的提升，我国对资产评估从业人才的需求量呈现迅猛增长态势。高等院校为此相继设置了资产评估专业或开设相关课程，目前已经形成了包括资产评估高职高专、本科和研究生教育的多层次人才培养体系。

本教材的主要特点在于：第一，具有普适性。资产评估广泛运用经济、金融、工程技术、统计等学科的理论与方法来指导评估实践活动，为资产交易双方提供关于确定合理交易价格的专业咨询意见。编者根据教学经验，在教材内容阐述过程中力求层次及步骤清晰，并说明相关资产评估方法运用时应注意的主要问题，尽可能减少读者在阅读理解方面的困难，因而本教材也适用于那些缺乏学科背景的读者。第二，对资产评估理论的阐述精练简明、通俗易懂，不同于以往资产评估教材的叙述方式，而是以较直观的表现形式予以展现，使学生一目了然，易于掌握。第三，注重理论与案例、实践相结合，对每个理论问题的阐述均配有恰当的案例，便于培养学生的实践能力和发现问题、分析问题与解决问题的能力，有利于提高其职业判断能力。第四，配备颇具特色的同步检测练习，非常适合学生进行课后理解、复习与提高。第五，融入课程思政内容。党的二十大报告指出，教育、科技、人才是全面建设社会主义现代化国家的基础性、战略性支撑。我们要坚持教育优先发展、科技自立自强、人才引领驱动，加快建设教育强国、科技强国、人才强国，坚持为党育人、为国育才，全面提高人才自主培养质量。本教材以立德树人、三全育人为引领，每个章节理论与思政融合，配有"育德育人"栏目，贯彻党的二十大精神，与思政课同向同行，引导学生树立正确的价值观，全面提升学生的政治素养。

在本教材编写过程中，编者参阅了大量的文献资料，在此，对所有致力于资产评估基本理论研究的学者、同仁，致以诚挚的谢意；感谢中国资产评估协会领导及会员的支持，特别感谢兰州财经大学高天宏教授、雒京华教授对本教材大纲提出的宝贵意见；同时，感谢西北师范大学、兰州交通大学的专家、学者在教材大纲及内容方面提出的中肯且富有建设性、启发性的意见。

本教材由何雨谦、黄英主编，由多位老师合力编写，具体的编写分工情况如下：兰州资源环境职业技术大学何雨谦与兰州现代职业学院黄英负责撰写第一章、第八章、第十章、第十一章、第十二章；兰州交通大学高鹏与兰州财经大学李立颖负责撰写第二章、第六章、第七章、附录部分；兰州资源环境职业技术大学苏皓、杨晓红负责撰写第三章、第四章、第九章以及案例和练习题；兰州财经大学高天宏负责撰写第五章。最后由何雨谦、苏皓进行修改、审定。

为了满足高等院校资产评估专业的教学需要，我们在东北财经大学出版社的鼎力支持下，完成了本书第三版的修订编辑工作，并通过向相关专家咨询，不断修改、完善，终于定稿。当然，由于编者经验不足、专业水平有限，教材中难免有错误和疏漏之处，恳请广大读者不吝赐教。

编　者

2023 年 6 月

目　录

第一章
资产评估概论

育德育人

社会主义核心价值观指出要敬业、诚信。敬业是中华民族的传统美德。《礼记》讲人成长时要"一年视离经辨志，三年视敬业乐群"，认为青年学习要达到的第二个阶段就是要学会敬业。时至今日，在当代社会，热爱并敬重自己的工作和事业，已经成为职业道德的灵魂，是公民应当遵循的基本价值规范之一。诚实守信是人类千百年传承下来的优良道德品质。诚信既是个人道德的基石，又是社会正常运行不可或缺的条件。诚信缺失的个人将失去他人的认可，诚信缺失的社会将失去人与人之间正常关系的支撑。

资产评估业作为专业化的服务行业，对我国资产价值鉴证和评估咨询服务的顺利开展具有积极的贡献。资产评估师的职业道德素养和专业胜任能力是支撑资产评估行业持续健康发展的保证。《资产评估职业道德准则》对资产评估师的基本遵循、专业能力、独立性等方面作出明确规定，要求资产评估机构及其资产评估专业人员应当诚实守信，勤勉尽责，谨慎从业，坚持独立、客观、公正的原则，不得出具或签署虚假资产评估报告，不得出具或签署有重大遗漏的资产评估报告；要求资产评估专业人员应当遵守法律、行政法规和资产评估准则；要求资产评估专业人员应当自觉维护职业形象，不得从事损害职业形象的活动。

党的二十大报告强调"社会主义核心价值观是凝聚人心、汇聚民力的强大力量"。资产评估课程的学习应坚持以社会主义核心价值观为指导，严格遵循《资产评估职业道德准则》《资产评估基本准则》以及《中华人民共和国资产评估法》等法律法规和相关政策，爱岗敬业，诚实守信，坚持原则，树立良好的职业道德。

课前准备

文物专家称为假古董估价24亿元是"学术自由"

商人谢某自行伪造了两件"金缕玉衣"，出钱请专家估价24亿元，据此向银行骗贷。有一位参与其中的专家接受采访时，用了"学术自由"这一个词，引起了舆论的热议。一个商人自制的"金缕玉衣"，五位国内顶尖鉴定专家，一份估价24亿元的鉴定报告，如今也现了"原形"。一个商人，一个头顶收藏家、慈善家等多个光环的骗子，在他行骗的一系列环节中，五位古董鉴定专家到底充当了什么角色？他们是在进行资产评估吗？

资料来源：2011年9月6日中央电视台播出的《新闻1+1》节目"'助纣为虐'的古董鉴定"，有改动。

学习目标

通过对本章的学习，了解资产及资产评估的相关概念；熟悉并掌握：资产评估的特点，资产评估的目的及假设，资产评估的对象，资产评估的原理，资产评估与会计和审计的关系。

● 第一节　资产的含义

资产一般是指国家、企业或其他单位以及个人所拥有或控制的，能以货币计量的经济资源，包括各种财产、债权和其他权利。

在资产评估中要准确理解资产的概念应把握以下几点：

1.资产是经济资源，它具有能够为其拥有者或控制者带来经济利益的潜能。从投资的角度看，资产的价值等同于它所能带来的经济利益，经济利益越大，资产的价值就越高。购买资产的目的就是获得经济利益，一切能为拥有者或控制者带来现实或潜在经济利益的经济资源都是资产。

2.经济资源必须能够以货币计量。如果经济资源不能以货币计量，那么即使它能给其拥有者或控制者带来利益，或具有某种效用，也不能进入市场交易。这同时也说明经济资源必须具有排他性、稀缺性，否则就不存在通过市场交易获得控制权的必要性。

3.有权从经济资源中获利的人（包括法人与自然人）不局限于经济资源的拥有者，还包括经济资源的控制者。

强调经济资源的控制者也有权从经济资源中获利，对于确定企业资产的边界，具有重要的意义。

首先，对企业而言，资产的实质是一组权益，它与所有权和控制权概念相联系。虽然企业的资产权利因所有权和控制权的区别具有不同性质，前者是企业的"自有资产"，后者是企业的"借入资产"，但不应以所有权为界限来划定企业资产。一切财产物资、债权和其他权利只要归企业所控制，就可成为企业的资产，无论企业对它们是否拥有所有权。

其次，从组织生产的角度而言，资产是企业所控制的一切经济资源，它们在生产技术联系上是一个整体，不会因资产所有权与控制权的区别而改变企业资产的边界。

最后，即便目的是要确定企业所有者权益的价值，也不可能在实物资产中划分出哪些资产是企业具有所有权的资产，只能先确定企业控制的全部资产的总价值，然后减去企业的全部负债，计算出属于企业所有者的资产的价值，即所有者权益。因此，所有者的概念不是资产确认的起点，它仅是对资产价值进行一种科学解释的基础。

● 第二节 资产评估的含义及其基本评估要素

一、资产评估及其相关概念

资产评估,顾名思义就是对资产进行评估。资产评估是市场经济发展到一定阶段的产物。商品经济时代,在实物交换中,买卖双方讨价还价不能成交时,便由兼职的资产评估师进行估价以促成买卖双方交易;到了市场经济时代,由于交易对象的使用价值难以判断和把握,而且价格难以确定,在这样的情况下,交易双方往往需要资产评估专业人员和机构作出专业判断。

公司甲与自然
人乙、某资产
评估事务所有
限公司股东
出资纠纷

随着市场经济的不断发展,评估对象的范围也在不断地扩大,资产评估的业务范围从最初的不动产、珠宝首饰、机器设备、无形资产转让等,扩展到企业产权转让、资源处置、融资抵押、保险理赔、财产纳税等经济行为。

2016年7月2日颁布的《中华人民共和国资产评估法》提出资产评估的法定概念是:评估机构及其评估专业人员根据委托对不动产、动产、无形资产、企业价值、资产损失或者其他经济权益进行评定、估算,并出具评估报告的专业服务行为。

二、资产评估的基本评估要素

1.评估主体,即从事资产评估的机构和人员,他们是资产评估工作的主导者。

2.评估客体,即被评估的资产,它是资产评估的具体标的物,也被称为评估对象。

3.评估假设,即资产评估设定的条件、假定、前提等。

4.评估目的,即资产业务引发的经济行为对资产评估结果的使用要求,或资产评估结果的具体用途。它直接或间接地决定和制约了资产评估的条件以及价值类型的选择。

5.评估原则,即资产评估的行为规范和技术规范,是调节评估当事人各方关系、处理评估业务的行为准则。

6.评估程序,即资产评估工作从开始准备到最后结束的工作顺序。

7.评估价值类型,即对评估结果按照其合理性指向所做的分类。它是对资产评估价值的规定,对评估参数的选择具有约束性。

8.评估方法,即资产评估所运用的特定技术。它是分析和判断资产评估价值的手段和途径。

9.资产评估基准日,即资产评估依据的时间基点和资产评估结论对应的时点。

10.资产评估结论,即资产评估结果,一般采用货币金额表示。

以上基本要素构成了资产评估活动这一有机整体。

● 第三节 资产评估的特点及种类

一、资产评估的特点

资产评估是一项社会性的中介服务工作。作为一项特定的社会活动,它具有一些区别于其他社会经济活动的特点。

1.市场性,市场性是指资产评估工作是以市场竞争活动为假设前提来进行的。资产评估的市场性可以从两方面加以理解:

国产机器设备
评估案例

（1）资产评估是市场经济的产物。在社会经济生活中，只有被纳入市场竞争活动的资产才能成为评估对象，反之，带有垄断性、计划性的资产，不适合纳入评估范畴。

（2）资产评估以市场信息为依据。这里的市场信息，包括资产的供求信息、价格信息等。

2.公正性，公正性是指资产评估行为要以有关的法律、法规以及资产评估准则等作为职业准绳，而不能偏袒当事人中的任何一方。公正性是资产评估工作赖以存在的前提条件之一。

3.专业性，专业性是指资产评估工作必须由专门的机构和专门的人员来进行。所谓专门的机构，是指依法取得资产评估资格的机构。

4.咨询性，咨询性是指资产评估是为委托人提供专业化估价意见，该意见本身并无强制执行的效力，评估师只对结论本身是否合乎职业规范要求负责，而不对资产业务定价决策负责。资产评估为资产交易提供的估价只作为当事人定价的参考。

二、资产评估的种类

1.从资产评估服务的对象、评估的内容和评估者承担的责任等方面来看，资产评估主要分为3类，即评估、评估复核和评估咨询。

（1）评估，类似于我国目前广泛进行的为产权变动和交易服务的资产评估。它一般服务于产权变动主体，对评估对象的价值进行评估，评估人员及其机构要对其评估结果的真实性和合理性负责。

（2）**评估复核**，是指评估机构（评估师）对其他评估机构（评估师）出具的评估报告进行的评判分析和再评估。它服务于特定的当事人，相关专业人员对某个评估报告的真实性和合理性作出判断和评价，并对自己所提出的意见负责。

（3）**评估咨询**，是一个较为宽泛的术语。它既可以是评估人员对特定资产的价值提出意见，又可以是评估人员对评估标的物的利用价值、利用方式、利用效果的分析和研究，以及与此相关的市场分析、可行性研究等。评估咨询要求的主要是评估主体的信誉、专业水准和职业道德。评估咨询主体也要对其出具的咨询意见承担相应的责任。

2.从资产评估面临的条件、资产评估执业过程中遵循资产评估准则的程度及其对评估报告披露要求的角度来看，资产评估又可分为：完全资产评估和限制性资产评估。

（1）完全资产评估。一般是指严格遵守资产评估准则，按照资产评估准则的各个条款要求，在执业过程中完全按照资产评估准则的规定所进行的资产评估。

（2）限制性资产评估。一般是指评估机构及其人员由于评估条件的限制不能完全按照资产评估准则的要求进行执业，或在允许的前提下未完全按照评估准则的规定进行的资产评估。

完全资产评估和限制性资产评估对评估结果披露的程度和要求是不同的，限制性资产评估需要进行更为详尽的说明和披露。

3.从资产评估对象的构成和获利能力的角度来看，资产评估还可被具体划分为：

（1）以单项可确指的资产为对象的评估，称为**单项资产评估**，例如，机器设备评估、土地使用权评估、建筑物评估以及可确指无形资产评估等。

（2）对若干单项资产组成的资产综合体所具有的整体生产能力或获利能力的评估，称为**整体资产评估**。最为典型的整体资产评估就是企业价值评估。

单项资产评估和整体资产评估在评估的复杂程度和需考虑的相关因素等方面是有较大差别的。整体资产评估更为复杂，需考虑的因素更为全面。

● 第四节 资产评估的目的及假设

一、资产评估的目的

资产评估的目的是资产评估业务的基础，在较大程度上决定了资产评估的价值类型和方法。

处置金融不良资产

（一）资产评估的一般目的

资产评估的一般目的是由资产评估的性质及其基本功能决定的。资产评估作为一种专业人士对特定时点及特定条件约束下资产价值的估计和判断的社会中介服务活动，一经产生就具有了为委托人以及资产交易当事人提供合理的资产价值咨询意见的功能。不论是资产评估的委托人，还是与资产交易有关的当事人，他们所需要的是评估师在一定时间及一定条件约束下对资产价值的判断。

因此，资产评估所要实现的一般目的，就是金融资产在评估时点的公允价值。也就是说，不论是何原因，不论是什么样的评估对象，就资产评估总体而言，资产评估结果必须是委托双方认可的公允价值。公允价值是会计、资产评估等专业和行业广泛使用的专业术语。从资产评估的角度来看，公允价值是一种相对合理的评估价值，它是一种相对于当事人各方的地位、资产的状况及资产面临的市场条件的合理的评估价值；是评估人员根据被评估资产自身的条件及其所面临的市场条件，对被评估资产客观交换价值的合理估计值。

公允价值的一个显著特点是，它与相关当事人的地位、资产的状况及资产所面临的市场条件相吻合，而且它并没有损害各方当事人的合法权益，也没有损害他人的利益。公允价值可能还有其他学科角度的解释或其他的理解。

例如，财务会计界对公允价值的基本表述是：

公允价值来源于公平交易的市场，是参与市场交易的各方在理智、信息对称和充分讨价还价的基础上，对交易对象的交易价格所达成的共识或一致意见。

财务会计界关于公允价值的解释更接近于资产评估中的市场价值，而资产评估中的公允价值是比市场价值更宽泛的概念。它不仅包含了资产评估中正常市场条件下的合理评估结果，而且包含了资产评估中非正常市场条件下的合理评估结果。

资产评估中公允价值的确定是对所有资产评估要求或工作目标的抽象描述，在资产评估报告中不应该也不可能出现"公允价值"的字样，而是必须明确给出或指出本次评估结论的具体价值类型和价值定义，如市场价值，或市场价值以外的具体价值形式。

（二）资产评估的特定目的

资产业务，是指引起资产评估的经济行为。通常把资产业务对评估结果用途的具体要求称为资产评估的特定目的。目前我国资产评估实践中具体的资产业务主要有：

1.资产转让。资产转让是指资产拥有单位有偿转让其拥有的资产，通常是指转让非整体性资产的经济行为。

2.企业兼并。企业兼并是指一家企业以承担债务、购买、股份化和控股等形式有偿接收其他企业的产权，使被兼并方丧失法人资格或改变法人实体的经济行为。

3.企业出售。企业出售是指独立核算的企业或企业内部的分厂、车间及其他整体资产产权的出售行为。

4.企业联营。企业联营是指国内企业、单位之间以固定资产、流动资产、无形资产及其他资产投入组成各种形式的联合经营实体的行为。

5.股份经营。股份经营是指资产占有单位实行股份制经营方式的行为，包括法人持股、内部职工持股、向社会发行股票等。

6.中外合资、合作。中外合资、合作是指我国的企业和其他经济组织与外国企业和其他经济组织或个人在我国境内举办合资或合作经营企业的行为。

7.企业清算。企业清算包括破产清算、终止清算和结业清算。

8.担保。担保是指资产占有单位，以本企业的资产为其他单位的经济行为担保，并承担连带责任的行为。担保通常包括抵押、质押、保证等。

9.企业租赁。企业租赁是指资产占有单位在一定期限内，以收取租金的形式，将企业全部或部分资产的经营使用权转让给其他经营使用者的行为。

10.债务重组。债务重组是指债权人按照其与债务人达成的协议或法院的裁决同意债务人修改债务条件的事项。

（三）资产评估的特定目的

资产评估的特定目的是由引起资产评估的特定经济行为（资产业务）所决定的。特定经济行为（资产业务）对资产评估的条件约定和目标约定对评估结果的性质、价值类型等有很大的影响。资产评估特定目的不仅是某项具体资产评估活动的起点，同时它也是资产评估活动所要达到的目标。

资产评估特定目的贯穿着资产评估的全过程，影响着评估人员对评估对象的界定、资产价值类型的选择等。它是评估人员在进行具体资产评估时必须首先明确的基本事项之一。

资产评估的特定目的是界定评估对象的基础。任何一项资产业务，无论产权是否发生变动，它所涉及的资产范围必须接受资产业务本身的制约。资产评估委托方正是根据资产业务的需要确定资产评估的范围的。评估人员不仅要对该范围内的资产权属予以说明，而且要对其价值作出判断。

资产评估的特定目的对于资产评估的价值类型选择具有约束作用。特定的资产业务决定了资产的存续条件。资产价值受制于这些条件及其可能发生的变化。资产评估人员在从事具体的资产评估业务时，一定要根据具体的资产业务的特征选择与之相匹配的评估价值类型。

按照资产业务的特征与评估结果的价值属性一致性原则进行评估，是保证资产评估趋于科学、合理的基本前提。需要指出的是，在不同时期、地点及市场条件下，同一资产业务对资产评估结果价值类型的要求也会有差别。即引起资产评估的资产业务对评估结果的价值类型要求不是绝对的。

资产评估结果的价值类型与评估的特定目的相匹配、相适应，指的是在具体评估操作过程中，评估结果的价值类型要与已经确定了的时间、地点、市场条件下的资产业务相匹配、相适应。任何事先划定的资产业务类型与评估结果的价值类型相匹配的固定关系或模型都可能偏离或违背客观存在的具体业务对评估结果价值类型的内在要求。换句话说，资产的业务类型是影响甚至是决定评估结果价值类型的一个重要的因素,但是它绝不是决定资产评估结果价值类型的唯一因素。

评估的时间、地点、评估时的市场条件、资产业务各当事人的状况以及资产自身的状态等,都可能对资产评估结果的价值类型有所影响。

二、资产评估的假设

由于人类认识客体的无限变化和认识主体有限能力之间的矛盾,人们不得不依据已掌握的数据资料对某一事物的某些特征或全部事实作出合乎逻辑的推断。这种依据现有知识和有限事实,通过一系列逻辑推理,对所研究的事物作出合乎逻辑的假定说明被称为假设。

假设必须依据充分的事实,运用已有的科学知识,通过推理(包括演绎、归纳和类比)形成。资产评估与其他学科一样,其理论体系和方法体系的确立也是建立在一系列假设基础之上的,其中交易假设、公开市场假设、持续使用假设和清算假设是资产评估中的基本假设。

(一)交易假设

交易假设是资产评估得以进行的一个最基本的假设。交易假设是假定所有待评资产已经处在交易过程中,评估师根据待评估资产的交易条件等模拟市场进行估价。

众所周知,资产评估其实是在实施资产交易之前进行的一项专业服务活动,而资产评估的最终结果又属于资产的交换价值的范畴。为了发挥资产评估在资产实际交易之前为委托人提供资产交易底价的专家判断的作用,同时又能够使资产评估得以进行,利用交易假设将被评估资产置于"交易"当中,模拟市场进行评估就是十分必要的。一方面,交易假设为资产评估得以进行"创造"了条件;另一方面,它明确限定了资产评估的外部环境,即资产是被置于市场交易之中的。因此,资产评估不能脱离市场条件而孤立地进行。

(二)公开市场假设

公开市场假设是对资产拟进入的市场的条件以及资产在这样的市场条件下接受何种影响的一种假定说明或限定。公开市场假设的关键在于认识和把握公开市场的实质和内涵。就资产评估而言,公开市场是指一个有众多买者和卖者的充分竞争性的市场。在这个市场上,买者和卖者的地位是平等的,彼此都有获取足够市场信息的机会和时间;买卖双方的交易行为都是在自愿的、理智的(而非强制或受限制的)条件下进行的。

公开市场假设就是假定那种较为完善的公开市场存在,被评估资产将要在这样一种公开市场中进行交易。事实上,现实中的市场条件未必真能达到上述公开市场的完善程度。当然,公开市场假设也是基于市场客观存在的现实,即以资产在市场上可以公开买卖这样一种客观事实为基础。

由于公开市场假设假定市场是一个充分竞争的市场,资产在公开市场上实现的交换价值隐含着市场对该资产在当时条件下有效使用的社会认同。当然,在资产评估中,市场是有范围的。它可以是地区性市场,也可以是国内市场,还可以是国际市场。

公开市场假设旨在说明一种充分竞争的市场环境。在这种环境下,资产的交换价值受市场机制的制约并由市场行情决定,而不是由个别交易案例决定。

公开市场假设是资产评估中的一个重要假设,其他假设都是以公开市场假设为基本参照的。公开市场假设也是资产评估中使用频率较高的一种假设,凡是能在公开市场上进行交易、用途较为广泛或通用性较强的资产，都可以考虑以公开市场假设为前提进行评估。

（三）持续使用假设

首先，该假设设定被评估资产正处于使用状态，包括正在使用中的资产和备用的资产。其次，根据有关数据和信息，推断这些处于使用状态的资产还将继续使用下去。持续使用假设既说明了被评估资产面临的市场条件或市场环境，又着重说明了资产的存续状态。

持续使用假设可细分为三种具体情况：一是在用续用，二是转用续用，三是移地续用。

1.在用续用。

在用续用指的是处于使用中的被评估资产在产权发生变动或资产业务发生后，将按其现行用途及使用方式继续使用下去。

2.转用续用。

转用续用是指被评估资产将在产权发生变动后或资产业务发生后，改变资产现时的使用用途，调换新的用途继续使用下去。

3.移地续用。

移地续用是指被评估资产将在产权变动发生后或资产业务发生后，改变资产现在的空间位置，转移到其他空间位置上继续使用。

持续使用假设也是资产评估中的一个非常重要的假设，由于持续使用假设是在一定市场条件下对被评估资产使用状态的一种假定说明，在持续使用假设前提下的资产评估及其结果的适用范围常常是有限制的。在许多场合下，评估结果并没有充分考虑资产用途的改变，它只对特定的买者和卖者而言是公平合理的。

（四）清算假设

清算假设是对资产在非公开市场条件下被迫出售或快速变现条件的假定说明。清算假设首先是假定被评估资产面临清算或具有潜在的被清算的可能性，再根据相应数据资料推定被评估资产处于被迫出售或快速变现的状态。

由于清算假设假定被评估资产处于被迫出售或快速变现条件之下，被评估资产的评估值通常要低于在公开市场假设前提下或持续使用假设前提下相同资产的评估值。因此，在清算假设前提下的资产评估结果的适用范围是非常有限的。当然，清算假设本身的使用也是较为特殊的。

● 第五节　资产评估的对象

一、基本特征

作为资产评估对象的资产具有以下基本特征：

1.资产必须是特定主体拥有或者控制的。依法取得拥有或控制资产的权利是特定主体能够拥有或支配相关资产的前提条件。市场经济的深化，使得财产所有权基本权能形成不同的排列与组合不仅成为可能，而且成为必要。如果将这些排列与组合称为产权，那么在资产评估中，相关人员应了解被评估资产的产权构成。

对无形资产的评估

例如，对于一些以特殊方式形成的资产，经济主体虽然对其不拥有完全的所有权，但依据合法程序能够实际控制，如融资租入固定资产、土地使用权等，按照实质重于形式原则的要求，也应当将其作为经济主体的资产予以确认。

2.资产是未来能够给特定主体带来经济利益的经济资源，即可以给经济主体带来现金流入的资源。也就是说，资产具有能够带来未来经济利益的潜在能力，它具有使用价值和交换价值。作为资产评估客体的资产，其存在形式是多种多样的，为了科学地进行资产评估，可对资产进行适当的分类。

二、分类

1.按资产的存在形态分类。

有形资产，是指那些具有实物形态的资产，包括机器设备、房屋建筑物、流动资产等。

无形资产，是指那些没有实物形态，但在很大程度上制约着企业物质产品生产能力和生产质量，直接影响企业经济效益的资产，主要包括：专利权、商标权、非专利技术、土地使用权、商誉等。

2.按资产的构成和是否具有综合获利能力分类。

单项资产，是指单台、单件的资产。

整体资产，是指由一组单项资产组成的具有整体获利能力的资产综合体。

3.按资产能否独立存在分类。

可确指的资产，是指能独立存在的资产，前面所列示的有形资产和无形资产，除商誉以外都是可确指的资产。

不可确指的资产，是指不能脱离企业有形资产而单独存在的资产，如商誉。**商誉**，是指企业基于地理位置优越、信誉卓著、生产经营出色、劳动效率高、历史悠久、经验丰富、技术先进等原因，所获得的投资收益率高于一般正常投资收益率所形成的超额收益资本化的结果。

4.按资产与生产经营过程的关系分类。

经营性资产，是指处于生产经营过程中的资产，如企业中的机器设备、厂房、交通工具等。经营性资产又可按是否对盈利产生贡献，分为有效资产和无效资产。

非经营性资产，是指处于生产经营过程以外的资产，如政府机关用房、办公设备等。

5.按企业会计制度及资产的流动性分类。

按企业会计制度及资产的流动性分类，资产主要包括：流动资产、债权投资、长期投资、固定资产、无形资产、递延资产及其他资产等。

● 第六节　资产评估的原则

一、资产评估的工作原则

（一）独立性原则

资产评估中的独立性原则包含两层含义：

一是评估机构本身应该是一个独立的、不依附于他人的社会公正性中介组织（法人），在利益及利害关系上与资产业务的各当事人没有任何联系。

对商业用地的评估

二是评估机构及其评估人员在执业过程中应始终坚持独立的第三者地位，评估工作不受委托人及外界的影响。

（二）客观公正性原则

资产评估机构及其评估人员在评估工作中必须以实际材料为基础，以确凿的事实和事物发展的内在规律为依据，以求实的态度为指针，实事求是地得出评估结果，而不能根据自己的好恶或其他个人的情感进行评估。资产评估结果是评估人员认真调查研究，通过合乎逻辑的分析及推理得出的、具有客观公正性的评估结论。

（三）科学性原则

科学性原则要求资产评估机构和评估人员必须遵循科学的评估标准，以科学的态度制订评估方案，并采用科学的评估方法进行资产评估。在整个评估工作中必须把主观评价与客观测算，静态分析与动态分析，定性分析与定量分析有机结合起来，使评估工作做到科学合理、真实可信。

二、资产评估的经济技术原则

资产评估的经济技术原则，是指在资产评估执业过程中的一些技术规范和业务准则。

（一）预期收益原则

预期收益原则是以技术原则的形式概括出资产及资产价值的最基本的决定因素。

资产之所以有价值是因为它能在未来为其拥有者或控制者带来经济利益。资产价值的高低主要取决于它能为其所有者或控制者带来的预期收益量的多少。预期收益原则是评估人员判断资产价值的一个最基本的依据。

（二）供求原则

供求原则是对经济学中关于供求关系影响商品价格相关原理的概括。假定在其他条件不变的前提下，商品的价格随着需求的增长而上升，随着供给的增加而下降。尽管商品价格与供求变化之间并不是呈固定比例变化的关系，但变化的方向都带有规律性。供求规律对商品价格形成的作用同样适用于资产价值评估。评估人员在判断资产价值时也应充分考虑和依据供求原则。

（三）贡献原则

从一定意义上讲，贡献原则是预期收益原则的一种具体化，它也要求资产价值的高低要由该资产的贡献程度来决定。贡献原则主要适用于确定构成某整体资产的各组成要素资产的贡献，或者是当整体资产缺少该项要素资产时将蒙受的损失。

（四）替代原则

作为一种市场规律，在同一市场上，具有相同使用价值和质量的商品，应有大致相同的交换价格。如果具有相同使用价值和质量的商品，具有不同的交换价值或价格，那么买者会选择价格较低者。当然，作为卖者，价格是越高越好的。

在资产评估中确实存在着评估数据、评估方法等方面的合理替代问题。正确运用替代原则是公正进行资产评估的重要保证。

（五）评估时点原则

市场是变化的，资产的价值会随着市场条件的变化而不断改变。为了使资产评估得以操作，同时，又能保证资产评估结果可以被市场检验。在资产评估时，必须假定市场条件固定在某一时点，这一时点就是评估基准日，或称估价日期。它为资产评估提供了一个时间基准。资产评估的评估时点原则要求资产评估必须有评估基准日，而且评估值就是评估基准日的资产价值。

● 第七节　资产评估与会计、审计的关系

在讨论会计、审计、资产评估的关系时：首先要明确它们在资产业务中因专业分工而产生的内在联系；其次要明确它们之间因工作性质、专业知识和执业标准的不同而产生的区别。会计和审计提供以事实判断为主要内容的服务，而资产评估则提供以价值判断为主要内容的服务，它们都是现代市场经济赖以正常运行的基础性服务行业。

公司甲与会计师事务所乙、资产评估公司丙等侵权责任纠纷案

一、资产评估与会计的联系

资产评估与会计的联系主要表现在：特定条件下资产的会计计价和财务报告中利用资产评估的结论，以及资产评估需要参考会计数据资料这几个方面。

按照《中华人民共和国公司法》及相关法律法规的要求，投资方以非货币资产投资，应当进行资产评估，并以资产评估结果为依据，确定投资数额。在财务处理上，资产评估结果是公司会计入账的重要依据。另外，在企业联合、兼并、重组等产权变动过程中，资产评估结果都可能是产权变动后企业重新建账、调账的重要依据。

从这些方面来看，在特定条件下，会计计价有利用资产评估结论的要求。在《国际会计准则》及许多国家的会计制度中，提倡或允许同时使用历史成本和现行公允价值对有关资产进行记账和披露。例如，1992 年版的《国际会计准则第 16 号——固定资产会计》第 21 条指出：有时财务报表不是在历史成本的基础上编报，而是将一部分或全部固定资产以代替历史成本的重估价值编报，折旧也相应地重算……第 22 条指出：重定固定资产价值的公认方法，是由合格的专业估价员进行估价，有时也使用其他方法，如按指数或参照现行价格进行调整。而 2004 年版的《国际会计准则第 16 号——厂场设备》第 31 条规定：土地和建筑的公允价值通常由具有专业资格的评估师根据以市场为基础的证据进行评估来确定。设备的公允价值通常是通过评估确定的市场价值。

另外，英国、丹麦、法国也有类似的规定。国际会计准则委员会理事会在 1998 年的苏黎世会议上决定，投资可用公允价值记账。公允价值一般通过资产评估得到。

2006 年 2 月 15 日，我国颁布的新的企业会计准则第一次全面地引入了公允价值，在投资性房地产、长期股权投资、交易性金融资产、债务重组、非货币性资产交换、非同一控制下企业合并、资产减值等具体准则中允许采用公允价值计量。

另外，资产评估利用和参考会计数据的情况也是经常发生的，特别是在企业价值评估中广泛地利用企业财务报表、有关财务指标以及财务预测数据等。而且，这些企业会计数据资料的准确程度在一定程度上也会影响资产评估结果的质量。不管是特定条件下会计计价利用资产评估结果，还是企业价值评估需要参考会计数据资料，都说明资产评估与会计有一定的联系，而且这种联系会随着投资者对企业披露资产现值要求的不断提高而更加密切。

二、资产评估与审计的联系

（1）资产评估中的资产清查阶段，就其工作方法而言，包括对委托方申报的评估对象进行核实和界定，有相当一部分工作采用了审计的方法，具有"事实判断"的性质。

（2）根据我国现行资产评估法规的要求，流动资产及企业负债也被纳入企业价值评估的范围之内，而流动资产和负债的评估有相当一部分可借鉴审计的方法进行。

（3）以财务报告为目的的评估结果，应当符合审计准则的规范。经审计后的企业财务报表及相关数据可以作为企业报告数据对外披露。

资产评估与会计和审计的联系是客观存在的，但它们之间的区别也是十分明显的。

三、资产评估与会计的区别

（1）会计是以记账、算账和报账为基本手段，连续、系统地反映和监督企业生产经营、财务收支及其成果的一种社会活动。反映和监督是会计的基本职能。资产评估是一种价值判断活动，评估和咨询是资产评估的基本职能。

（2）会计记账和算账中的资产确认和计价主要以可以可靠计量的历史成本为依据。资产评估中的资产确认和评价主要是以其具有的效用和市场价值为依据的。

（3）会计中的资产计价方法主要采用核算法。资产评估中的资产价值评估除了可以利用核算法外，还广泛应用预期收益折现法、市场售价类比法等多种技术方法。

（4）会计工作的总体目标是为企业管理服务。资产评估的总体目标是为资产交易服务。

四、资产评估与审计的区别

（1）审计是在现代企业两权分离的背景下产生的，旨在对企业财务报表所反映的企业财务状况和经营成果的真实性和公允性作出真实的判断，具有明显的公正性特征。资产评估是在市场经济充分发展的条件下，适应资产交易、产权变动的需要，旨在为委托人与有关当事人的被评估资产作出价值判断，具有明显的咨询特征。

（2）审计人员在执业过程中要自始至终地贯彻公正、防护和建设三大专业原则，而资产评估人员在执业过程中则必须遵循供求、替代、贡献、预期收益等基本经济原则。

（3）审计工作是以会计学、税法及其他经济法规等知识为专业知识基础，而资产评估的专业知识基础除了由经济学、法律、会计学等知识组成外，工程技术方面的知识也是其重要的组成部分。

（4）审计主要是对财务报告的审计。审计对业务的处理标准与会计是统一的，而与资产评估却大相径庭，例如市场价值与历史成本等。

■ 本章小结

资产评估是对资产某一时点价值进行的评定估算，具有市场性、专业性、公正性和咨询性等特点。资产评估与会计计价有广泛的联系，但又与会计计价有着根本区别。

作为评估对象的资产，其与会计计价中的资产的含义是不同的。科学界定资产、明确资产类别，有助于更好地估算其评估价值。价值类型作为评估价值质的规定性，取决于评估目的、市场条件诸因素，市场价值是一种典型意义的价值类型，理解和把握各种价值类型的定义和内涵，是科学评估资产价值的基础。

资产评估工作的原则是对评估机构评估人员的职业行为进行约束和规范，经济原则是评估操作中应该始终遵循的。

■ 本章练习题

一、单项选择题

1.（　　）是以技术原则的形式概括出资产及其资产价值最基本的决定因素。

A.供求原则　　　　B.预期收益原则　　　C.贡献原则　　　　D.评估时点原则

2.（　　）是资产评估得以进行的一个最基本的前提假设。

A.公开市场假设　　　　　　　　B.交易假设

C.清算假设　　　　　　　　　　D.在用续用假设

3.资产评估值的高低主要取决于（　　）。

A.资产的历史收益　　　　　　　B.资产的社会必要劳动时间

C.资产的预期效用　　　　　　　D.资产的购置成本

4.下列不属于资产评估假设的是（　　）。

A.公开市场假设　　　　　　　　B.交易假设

C.持续使用假设　　　　　　　　D.合并假设

5.下列价值类型中属于从资产评估假设角度表达的价值类型是（　　）。

A.收益现值　　　　　　　　　　B.市场价值以外的价值

C.公开市场价值　　　　　　　　D.投资价值

6.下列不属于资产评估工作原则的是（　　）。

A.独立性原则　　　　　　　　　B.客观公正性原则

C.专业性原则　　　　　　　　　D.科学性原则

7.在资产评估中确实存在着评估数据、评估方法等的合理替代问题，正确运用（　　）是公正进行资产评估的重要保证。

A.替代原则　　　　　　　　　　B.评估时点原则

C.贡献原则　　　　　　　　　　D.预期收益原则

8.资产评估中的价值类型选择与许多因素密切相关，其中包括（　　）。

A.评估方法　　　　　　　　　　B.评估原则

C.评估程序　　　　　　　　　　D.评估依据的市场条件

9.资产评估的一般目的是由（　　）决定的。

A.资产评估假设　　　　　　　　B.资产评估的价值类型

C.资产评估的性质及基本功能　　D.资产评估的程序

10.对评估结果价值类型的选择必须考虑（　　）因素。

A.评估方法　　　B.评估计划　　　C.评估目的　　　D.行业管理

11.下列选项中不属于资产评估的基本作用的是（　　）。

A.评价和估值　　　B.咨询　　　C.管理　　　D.鉴证

12.在资产评估实务中使用频率较高的市场价值以外的价值是（   ）。

A.特殊价值   B.合并价值   C.课税价值   D.投资价值

13.不可确指的资产是指（   ）。

A.没有实物载体的资产

B.具有综合获利能力的资产

C.不能脱离有形资产而单独存在的资产

D.经营性盈利的资产

14.从性质上讲，资产的评估价值是注册资产评估师对被评估资产在评估基准日的（   ）估计值。

A.成交价格   B.重建成本   C.交换价值   D.劳动价值

15.资产评估值与资产交易中的实际成交价格存在（   ）关系。

A.前者必须高于后者   B.前者必须低于后者

C.前者必须等于后者   D.前者可以高于、低于或等于后者

二、多项选择题

1.下列关于资产评估的目的表述不正确的有（   ）。

A.资产评估的目的分为一般目的和特定目的，一般目的包含特定目的，而特定目的则是一般目的的具体化

B.资产评估的一般目的或基本目标是由资产评估的性质及其基本功能决定的

C.资产评估所要实现的一般目的只能是资产在评估时点的公开市场价值

D.资产评估的特定目的决定了资产评估的价值类型，它是界定评估对象的基础

E.资产评估的特定目的对于资产评估的价值类型选择具有约束作用，是界定评估对象的基础

2.资产评估的资产具有的基本特征包括（   ）。

A.是由过去的交易或者事项形成的资源

B.必须是经济主体拥有或者控制的

C.是能够给经济主体带来经济利益的资源，即可给经济主体带来现金流入的资源

D.必须能以货币计量

E.融资租入的固定资产不能进行评估

3.下列资产中属于可确指资产的有（   ）。

A.专利权   B.商誉   C.机器设备

D.房屋建筑物   E.单项资产

4.从资产评估服务的对象、评估的内容和评估者承担的责任等方面看，在世界范围内，资产评估主要分为（   ）。

A.完全资产评估   B.评估   C.限制性资产评估

D.评估复核   E.评估咨询

5.下列关于资产评估与审计的区别表述不正确的有（   ）。

A.资产评估具有咨询性特征，而审计具有公平性特征

B.审计人员在执业过程中要自始至终地贯彻公正、防护和建设三大专业原则，而资产评估人员在执业过程中则必须遵循供求、替代、贡献、预期等基本经济原则

C.资产评估的专业知识基础除了由经济学、法律、会计学等知识组成外，工程技术方面的知识也是其重要的组成部分

D.审计对业务的处理标准与资产评估是统一的

E.资产评估人员在执业过程中需要遵循的原则和审计人员是一致的

6.根据被评估资产能否独立存在分类，资产可分为（　　　）。

A.整体资产　　　　　　　　B.可确指资产　　　　　　　　C.固定资产

D.单项资产　　　　　　　　E.不可确指资产

7.下列价值类型中属于按资产评估估价标准形式表述的价值类型有（　　　）。

A.抵押价值　　　　　　　　B.转让价值　　　　　　　　C.收益现值

D.现行市价　　　　　　　　E.继续使用价值

8.下列关于市场价值和公允价值的表述正确的有（　　　）。

A.市场价值是资产公允价值的坐标

B.市场价值在其评估所依据的市场范围内，对任何交易当事人都是相对合理和公允的。而市场价值以外的价值的相对合理性和公平性是受到某些条件严格限制的

C.资产评估中的公允价值是一个一般层次的概念，它包括了正常市场条件和非正常市场条件下的合理评估结果

D.资产评估中，市场价值只是正常市场条件下资产处在最佳使用状态下的合理评估结果。相对于公允价值而言，市场价值更为具体，条件更为明确，在实践中评估人员更易把握。它是资产评估中最为典型的公允价值

E.公允价值指的就是市场价值

9.作为资产评估基础条件之一的资产评估特定目的，其作用主要表现在（　　　）等方面。

A.影响评估对象的利用方式　　　　　　B.影响评估结果的具体用途

C.影响评估对象面临的市场条件　　　　D.影响评估对象的存在方式

E.影响评估对象的内在功能

10.资产评估与会计的区别有（　　　）。

A.基本的职能不同　　　　　　　　　　B.基本的目标不同

C.技术方法不同　　　　　　　　　　　D.确认和计价的依据不同

E.评估需要参考会计数据

三、判断题

1.资产评估通常是在资产产权发生改变时，由专门的人员对资产交易价格进行确认的活动。　　　　　　　　　　　　　　　　　　　　　　　　　　　　　　（　　　）

2.公正性是资产评估存在和立足的根本。　　　　　　　　　　　　　（　　　）

3.资产评估是对资产特定时点及特定市场条件下的客观价值的估计和判断。（　　　）

4.资产评估结论是专家的专业判断和专家意见，因此具有强制执行的效力，资产评估结论应该直接成为资产交易的价格。　　　　　　　　　　　　　　　　　（　　　）

5.资产评估是指对资产一定时期内的价值进行的评定估算。　　　　　（　　　）

四、思考题

1.资产评估与市场之间存在什么样的联系？

2.资产评估的基本构成要素有哪些?

3.资产评估的目的在资产评估中发挥着什么样的作用?

4.评估假设在资产评估中怎样发挥其作用?

5.资产评估原则的本质是什么?

6.资产评估在会计公允价值计量中发挥着什么样的作用?

第二章
资产评估的市场法

育德育人

"春节老人"落下闳是西汉著名的天文学家,四川阆中人。《史记》中记载:"闳字长公,明晓天文,隐于落下,武帝征待诏太史,于地中转浑天,改《颛顼历》作《太初历》,拜侍中不受也。"

西汉元封年间落下闳被汉武帝征召到长安,授太史待诏之职,参加改制历法。在这以前,朝廷所采用的《颛顼历》误差很大,给人民的生产生活带来了一定困难。在6年时间里,经过一次又一次的测试、统计,落下闳等人制定出了新历,被称为《太初历》。《太初历》破天荒地将24节气纳入中国历法的体系之中,开始把正月定为岁首(在这之前是以十月为岁首的),冬季十二月的月底为岁末。也就是说,因为落下闳,中国才有了统一的春节。

落下闳隐居后,继续观天测地,传法于后生,真正有价值的不仅是落下闳的知识创新,更为重要的是落下闳的科学精神。科学既能在一定条件下"证实",也能够在一定条件下"证伪",落下闳的言行反映着科学精神。

对于资产评估市场法的学习,落下闳是优秀的学习指引者。我们应当注重搜集与评估对象相同或类似的资产市场交易的基本数据资料,包括交易价格、交易时间、交易批量等,并通过科学的方法,验证所获得资料的准确性,特别是有关市场价格变化情况的准确性,这是应用市场法正确评估资产价值的一个关键环节。因为参照物是确定评估对象价值的标准,所以选择参照物时应注意参照物与评估对象必须是相同或同类的资产;参照物与评估对象之间必须存在可比因素,如土地的地理位置、房产建筑物的设施条件、机器设备的用途等;为计算出同类资产在其他条件不变的情况下因销售时间不同而发生的价格变化,有时必须选择两个以上的参照物才能确定评估对象的价值。

课前准备

市场交易中的评估方法

在一个牲畜交易市场中,一群人围着一头待出售的耕牛,评定耕牛的价格。张三说值300元,因为这头牛虽正当壮年,但"肩"部太瘦。李四说应该加20元,因为这头牛至少还可以耕10年地。赵五说加10元就够了,因为这头牛看起来像有寄生虫。作为卖家的陈六发表意见了,他说这头牛最少要卖350元,因为昨天一头同样年龄、同样性别、同样体型、同样骨骼的牛卖了350元。旁边的王七马上不同意了,他说这头牛养这么大,所有成本加起来,也用不了350元。大家你一言我一语,最后敲定这头牛值355元,并且以355元的价格成交,这个场景的本质就是资产评估,评估的对象是一头牛。在这个过程中,资产评估的各种方法都用上了,请问王七采用的评估方法是什么?陈六采用的评估方法是什么?李四采用的评估方法是什么?

资料来源:邱庆剑. 到评估事务所拿高薪 [M]. 北京:电子工业出版社,2010.

学习目标

通过对本章的学习,使学生了解资产评估基本方法中市场法的基本概念、基本前提、基本程序;熟悉资产评估的具体指标、具体评估方法及其他优缺点;重点掌握市场法的计算和应用。

● 第一节　市场法的概念及使用的前提条件

一、市场法的概念

市场法也称市场价格比较法,是指利用市场上同样或类似资产的近期交易价格,经过直接比较或类比分析以估算资产价值的各种评估技术方法的总称。市场法是一种最简单、有效的方法,因为评估过程中的资料直接来源于市场,同时又为即将发生的资产行为进行评估。但是,市场法的应用与市场经济的建立和发展以及资产的市场化程度密切相关。在我国,社会主义市场经济的建立和完善,为市场法提供了有效的应用空间,市场法日益成为一种重要的资产评估方法。

市场法评估
举例1

从市场法的含义中可以发现,市场法是资产评估中若干评估思路中的一种,它是根据替代原则,采用比较和类比的思路及方法估测资产价值的评估技术方法。运用市场法要求充分利用类似资产成交价格信息,并以此为基础判断和估测被评估资产的价值。运用已被市场检验得出的结论来评估被评估对象,显然是容易被资产业务各当事人接受的。因此,市场途径是资产评估中最为直接、最具说服力的评估途径之一。当然,通过市场法进行资产评估尚需满足一些最基本的条件。

二、市场法的前提条件

通过市场途径及其方法进行资产评估,需要满足两个最基本的前提条件:

1.要有一个活跃的公开市场。公开市场是一个充分竞争的市场,市场上有自愿的买者和卖者,他们之间进行平等交易。这个活跃的公开市场要包含大量同类资产业务的交易。这就排除了个别交易的偶然性,市场成交价格基本上可以反映市场行情。按市场行情估测被评估资产的价值,评估结果会更贴近市场,更容易被资产交易各方接受。

2.公开市场上要有可比的资产及其交易活动。运用市场法必须有可比的资产及交易活动,它是指选择的可比资产及其交易活动在近期公开市场上已经发生过,且与被评估资产及资产业务相同或相似。这些已经完成交易的资产就可以作为被评估资产的参照

物，其交易数据是进行比较分析的主要依据。资产及其交易的可比性具体体现在以下几个方面：

（1）参照物评估对象在功能上具有可比性，包括用途、性能上的相同或相似。

（2）参照物与被评估对象面临的市场条件具有可比性，包括市场供求关系、竞争状况和交易条件等。

（3）参照物成交时间与评估基准日间隔时间不能过长，应在一个适度的时间范围内，同时，时间对资产价值的影响是可以调整的。

参照物与被评估对象的可比性是运用市场法评估资产价值的重要前提。参照物与评估对象功能上的一致性，可以避免张冠李戴；参照物与被评估对象所面临的市场条件相同或相似，可以明确评估结果的价值类型；选择近期交易的参照物，可以减少调整时间因素对资产价值影响的难度。

市场法具有一定的运用范围。首先，它要与评估目的相适应，对参股与投资用资产的评估及承包、联营、兼并、转让、保险等评估业务都可采用市场法进行。中外合资、合作经营也可以以市场价格为基础，并参照国际市场价格做必要调整。其次，要与资产类型相适应，市场法适用于房地产、通用设备、存货资产、证券资产等资产的评估，不适宜评估具有特定性质、特定用途或是限于特定使用者使用的资产，因为这类资产所属的市场不活跃，参照物难以获取，比如专用设备就属于此类。最后，市场法也不适用于对无形资产的评估，因为这类资产具有多样性、保密性等特点，真实、完善的交易信息也不易得到。

● 第二节　市场法的基本程序

一、选择参照物

选择参照物是市场法的基础，是整个评估过程的关键。不同的资产业务对参照物的具体要求有所不同，但也存在着共性的要求。不论评估对象是单项资产还是整体资产，运用市场途径及其方法评估资产时都需经历选择参照物这样一个程序。对参照物的关键要求是一个可比性问题，包括功能、市场条件及成交时间等。

市场法评估
举例2

市场法的基本程序表见表2-1。

表2-1　　　　　　　　　　　市场法的基本程序表

基本 程序	选择参照物（3个以上）——避免特殊、偶然因素
	选择比较因素——对评估值影响较大的
	对比指标、量化差异——数量化、货币化
	调整差异——得出初步评估结果
	综合分析——确定评估价值

1.参照物的基本数量要求。市场法是通过同类资产的市场行情来确定被评估资产的价值的，如果只能找到一两个交易案例，是不能客观、如实地反映市场行情的。不论参照物

与评估对象如何相似，通常应选择3个以上参照物。为了避免某个参照物在个别交易中的特殊因素和偶然因素对成交价及评估价值的影响，运用市场法评估资产时应尽可能选择多个参照物。

2.参照物成交价格必须真实。参照物成交价必须是实际成交价。报价、拍卖底价等均不能被视为成交价，因为它们不是实际成交的结果。

3.参照物成交价影响正常交易的结果。关联交易、特别交易不能被选作参照物，因为它们不能反映市场行情，但如果能将非正常交易修正为正常交易，比如能够获得关联交易的成交价高于或低于市价等信息，则可选用。此外，参照物的成交时间应尽可能接近评估基准日，以提高该参照物成交价的可参照程度。

4.参照物与被评估资产之间大体可相互替代。参照物与被评估资产要尽可能类似，例如，在房地产评估中要求参照物与被评估房地产应在同一供需圈内，处于同一区域或相邻地区等；在机器设备评估中要求参照物与被评估机器设备功能相似，最好是规格型号相同、出厂日期相近等；在企业整体的资产评估中，要求参照物与被评估企业在行业生产规模、收益水平、市场定位、增长速度、企业组织形式、资信程度等方面相类似。在产权交易缺乏活力的市场中，由于难以找寻到合适的参照物，评估人员往往无法运用市场法对企业整体价值进行评估。

二、在评估对象与参照物之间选择比较因素

从大的方面来讲，影响资产价值的基本因素大致相同，如资产的性质、市场条件、功能、规模等，但具体到某一种资产时，影响资产价值的因素又各有侧重。例如，影响房地产价值的主要是地理位置因素和环境状况因素，而技术水平则在机器设备评估中起主导作用。

因此，应根据不同种类资产价值形成的特点和影响价值的因素，选择对资产价值形成影响较大的因素作为对比指标，在参照物与被评估对象之间进行比较。

一般来说，评估对象与参照物之间的比较因素主要有：

1.时间因素。时间因素是指参照物或交易时间与被评估资产由于评估基准日不同所导致的资产价格差异。虽然在选取参照物时，要求参照物交易时间不能与评估基准日相差太久，但它们之间肯定有一段时间差，如果这段时间差对资产的价值产生了影响，那么就需要对这一因素作出调整。同一项资产过去能以某个价格买到，但在评估基准日未必买得到，这要考虑资金的时间价值因素、通货膨胀因素、风险因素等。

（1）资金的时间价值因素。在商品经济中，即使没有风险和通货膨胀，今天1元钱的价值也大于1年后1元钱的价值。这是因为股东投资1元钱，就牺牲了当时使用这1元钱的机会或权利，按牺牲时间计算的代价或投资报酬，就叫作**时间价值**。资金的时间价值取决于没有风险和没有通货膨胀条件下的社会平均资金利润率，这是对时间价值进行定量的规定。在市场经济条件下，各行业投资项目的资金利润率有高有低，由于竞争的存在，各部门的投资利润率必将趋于平均化。如果一个项目的投资利润率高于社会平均资金利润率，则社会闲置资金和其他行业的资金就会流向该项目，导致其利润率下降至社会平均利润率水平。

（2）通货膨胀因素。通货膨胀主要表现为物价水平普遍持续上升。评估基准日和参照物交易时间，两个不同时间点上的通货膨胀程度不相同，也造成了资产价值的差异。

（3）风险因素。风险因素是指事件结果的不确定性，风险分为系统风险和非系统风险。系统风险是指那些影响所有企业的风险，如自然灾害、经济衰退等，而非系统风险是由于企业自身原因而产生的那类风险。人们愿意冒风险就是因为能得到额外的收益，否则就不值得去冒险。投资者由于冒风险进行投资而获得超过资金时间价值的额外收益，这时的报酬率就是投资的风险报酬率。对于不同的企业或资产，由于风险因素的存在使得其时间价值具有个别性。

资金的时间价值、通货膨胀、风险三者相互结合体现了影响资产价值的时间因素。

2.区域因素。区域因素是指资产所在地区、地段条件对价格影响的差异，此类因素的影响将在本章中详述。

3.交易因素。交易因素是指交易动机、背景对资产时间价值的影响。交易因素主要包括交易地位、交易动机、交易时限等。每一笔资产在交易中所面临的市场条件总是不同的，使得交易价格的形成也具有个别性。被评估资产是假设在规范交易下的评估，因此在应用市场法时，应剔除掉参照物价格中的特殊交易影响因素，使其成为正常交易价格。交易因素的具体表现形式主要有以下几种：

（1）资产所处的市场状况。它包括资产在参照物交易时间与评估基准日是卖方市场还是买方市场，产品的供求状况等。根据市场供求平衡理论，当市场上的商品供小于求（即处于卖方市场）时，商品价格就会高于其正常交易价格。反之，处于买方市场时，商品的价格就会低于其正常的交易价格。

（2）交易时双方各自的处境、交易动机。在市场中寻找参照物时如果与被评估资产相似的参照物较少，评估人员就不得不选择一些特殊情况下的交易案例，这样就必须对其进行调整。这种特殊的情况可能就是由于交易双方的处境和交易动机引起的。第一，特殊利害关系人之间的交易，比如亲友之间的交易、债权人与债务人之间的交易、有共同利益的交易双方之间的交易等，通常它们以非正常的交易价格成交。第二，交易的一方或双方交易是由于特殊原因，这样的交易价格也会是非正常的交易价格。例如，当卖者急于脱手某项资产时，就会以低于正常交易价格的价格出售该资产；当买者急于购买时，就会愿意出更高的价钱。

（3）买卖双方对市场的了解状况。在公平的市场上，买卖双方都应是理性的，其地位是平等的，他们的交易是在对市场、资产充分了解，掌握足够信息的基础上进行的，不受任何条件的制约。在市场经济发达的国家，市场信息是及时的、透明的，这使得资产价值体现了均衡价格的特点；在市场程度不高的国家，不仅缺乏市场资料，而且资料存在滞后、失真的状况，假如交易一方没有掌握真实的信息或信息不完整，则其价格必然出现偏差。

（4）交易批量。交易批量不同，交易对象的价格很可能就不同。一般而言，交易数量越大，其单件资产交易的价格就会越低。卖方之所以愿意这样做，主要是考虑了资金的时间价值。因为如果一次交易在单价上不让步，成交的数量必然要少，卖方就不得不把其余的部分留待以后出售，把留待以后出售的那部分商品的价格折现到评估基准日就能计算出成批量交易在单价上让步的余地。但是，销售数量对价格的影响不是绝对的，还要结合社会对该资产的供需状况及变化趋势来做分析。有些供应量较少，预计价格将要明显上涨的资产，买方一次购入数量较大的，卖方非但不会让步，反而会适当提高价格。

4.功能因素。功能因素是指资产功能过剩和不足对资产价格的影响。如一台多功能机器效能很高，用途广泛，但购买者不需要这样高的效能和这样广泛的用途，形成了剩余功能，其价值也不能被购买者认同，因而只能按低于其功能价值的价格来交易。

5.成新率因素。成新率因素是指参照物与被评估资产有形损耗差异对被评估资产价值的影响。除了土地资产外，一般有形资产都会存在有形损耗问题。有形损耗率越高，成新率越低，资产价值就越低。因此，如果参照物的成新率比被评估资产低，就需要将参照物的成交价向上调，调整系数大于1。反之，则需要将参照物的成交价向下调，即调整系数小于1。

三、指标对比、量化差异

根据前面所选定的对比指标，在参照物及评估对象之间进行比较，并将两者的差异进行量化。

例如，资产功能指标，尽管参照物与评估对象的功能相同或相似，但在生产能力、产品质量以及在资产运营过程中的能耗、料耗和工耗等方面都可能有不同程度的差异。

运用市场法的一个重要环节就是将参照物与评估对象对比指标之间的上述差异数量化和货币化。

四、在各参照物成交价格的基础上调整已经量化的对比指标差异

市场途径及其方法是以参照物的成交价格作为评定、估算被评估对象价值的基础。在这个基础上，将已经量化的参照物与评估对象对比指标差异进行调整，就可以得到以每个参照物价格为基础的被评估对象的初步评估结果。初步评估结果与所选择的参照物的个数密切相关。

五、综合分析确定评估结果

按照一般要求，运用市场途径及其方法通常应选择多个参照物。所以，在一般情况下，会形成多个初步评估结果。根据资产评估的一般惯例，正式的评估结果只能是一个。这就需要评估人员对若干评估初步结果进行综合分析，以确定最终的评估值。在这个环节上没有什么硬性规定，主要取决于评估人员对参照物的把握和对评估对象的认识。

当然，如果参照物与评估对象的可比性都很好，评估过程中没有明显的遗漏或疏忽，采用加权平均的办法或算术平均的办法将初步结果转换成最终评估结果也是可以的。运用市场途径及其方法评估单项资产应考虑的可比因素主要有：

（1）资产的功能。资产的功能是资产使用价值的主体，是影响资产价值的重要因素之一。在资产评估中强调资产的使用价值或功能，并不是从纯粹的抽象意义上去讲，而是从资产的功能，并结合社会需求，从资产实际发挥效用的角度来考虑。也就是说，在社会需要的前提下，资产的功能越好，其价值越高，反之亦然。

（2）资产的实体特征和质量。资产的实体特征主要是指资产的外观、结构、使用年限和规格型号等。资产的质量主要是指资产本身的建造或制造工艺水平以及使用状态。

（3）市场条件。主要考虑参照物成交时与评估时的市场条件及供求关系的变化情况。市场条件包含宏观的经济政策、金融政策、行业经济状况、产品竞争情况等。在一般情况下，供不应求时，价格偏高；供过于求时，价格偏低。市场条件上的差异对资产价值的影

响应引起评估人员足够的关注。

（4）交易条件。交易条件主要包括交易批量、交易动机、交易时间等。交易批量不同，交易对象的价格就可能不同。交易动机对资产交易价格也有影响。在不同时间交易，资产的交易价格也会有差别。

● 第三节　影响市场法评估的因素

一、影响市场法评估的一般因素

一般因素是指影响一定区域范围内所有资产价格的一般的、普通的、共同的外部因素。其中主要包括经济、社会、政策、区域等。这些因素和它们之间的相互关系构成了实现资产价值的整体背景。

多水平线性模型在市场法评估中的应用

（一）经济因素

资产价值创造的起点，也是资产价值实现的终点。影响资产价值的经济因素有国民经济发展状况、居民收入和消费水平、经济增长水平、经济周期、产业结构、汇率、通货膨胀、财政收支与金融状况、供求关系等。

资产的价格与需求呈正向变动关系，与供给呈反向变动关系。例如，现在的艺术品市场投资需求大，艺术品的价格也随之节节高升。随着国民经济的增长、国内生产总值的提高、居民收入和消费水平的提高，资产的价值也会随之增加。而不景气的经济环境将会降低人们对投资收益的预期，资产的价值也会随之降低。通货膨胀也会对企业会计利润产生影响。

房地产价格随经济增长的周期性变化呈现规律性波动，当经济高速增长时，投资者增多，对房地产需求旺盛，而房地产供给有限，必然升值；当经济处于萧条期或衰退期时，投资者减少，房地产需求减弱，使得价格下跌。

国家的财政税收政策会影响资产的价格，如增值税转型政策在全国的实行会使企业增加对固定资产的投资，从而使机器设备的价格提升。国际金融市场的变化，会影响到资源类资产的价格，国家对股票市场的宏观调控会影响到金融资产的价格、国际油价的上涨及燃油税的开征均会影响到汽车价格等。国家产业结构的比例变化会影响房地产价格，如第三产业的比重越大，房地产价格会越高。

企业价值增长的快慢在很大程度上受一国经济状况的影响。国民经济强有力的增长势头会给企业带来持续的增长机会，而不景气的经济环境不但降低了人们对投资收益的预期，而且缩小了现有企业价值的增长空间。财政政策的松动与紧缩对经济总量有很大的影响，进而影响企业价值。财政政策还可能对经济结构产生影响，进一步影响不同行业的公司股价。如政府投资、差别税率、减免税范围的划定，政府对个别行业、公司实施的专项财政补贴以及财政贴息等手段，都会抑制或鼓励某些行业的发展。凡受到鼓励的行业和公司，其股价必然上涨。反之，受到抑制的行业及公司，股价必然下跌。汇率的变动会对企业的经营，特别是外向型企业的经营产生很大的影响，主要表现在汇率变动会对企业的出口贸易产生影响。

（二）社会因素

社会文化环境是指我们所处的社会结构、社会风俗习惯、信仰、价值观念、行为规

范、生活方式和文化传统等。社会文化不仅对人们的生活有很大影响，而且对企业的经营理念、生产方式的选择、员工的激励与控制以及产品的设计、产品的需求风格等方面都有着潜移默化的影响。

影响资产价值的社会因素有社会文化、人口素质、家庭规模、教育水平、社会治安、社会福利等。随着收入水平、教育水平、欣赏水平的提高，人们对古玩、玉石、字画等文化资源性资产越来越有研究，从而使这一市场的资产价格有异常表现。随着人们消费观念的改变，超前消费观念被广大民众接受，住房、汽车的消费需求空前增加，进而推高了房地产和汽车的价格。

就人口素质而言，人是房地产需求的主体。人口数量、素质和结构的变动，将对房地产的价格产生长远而深刻的影响。由于人口的增加，其对房地产消费的需求也必然增大，因而长期来看房地产价格趋于上涨。人口密度高的地区，一般房地产的供给相对缺乏，供不应求，该地区的房地产价格趋高。同时，人口密度高，有可能刺激商业、服务业等产业的发展，因而会提高土地的价格。但是从另一方面来看，在人口密度过高的地区，生活环境的舒适程度会受到影响。

社会文明、人口平均文化程度、居民的修养也能间接影响房地产的价格。居民素质高的地区，人们对居住环境也力求宽敞舒适，房地产价格一般趋高；居民素质较低的地区，人员构成复杂，秩序欠佳，房地产价格则偏低。一个地区的教育资源丰富，则意味着科学技术转化为生产力的可能性增大，因而房地产价格也会上升。一个地区若经常发生偷盗、抢劫等犯罪案件，则意味着该地区居民的生命财产缺乏保障，地价将会降低。社会福利的状态会影响社会文化生活水平，从而间接地影响地价水平。

（三）政策因素

与资产评估相关的经济政策可分为宏观经济政策和微观经济政策。宏观经济政策主要包括财政政策、货币政策、国民收入分配政策、投资政策、产业政策、资产评估准则等，微观经济政策主要有价格政策、资产评估政策、股利政策、行政管理措施等。国家经济政策的变化会直接影响资产评估的变化，如：采用收益法评估时，被评估资产的价值取决于其未来的预期收益。由于货币的价值取决于货币政策，那么货币政策的变化自然也会影响到那些具有名义货币收入的被评估资产的评估值。政府职能部门是制度和政策的制定者，它不仅运用财政、税收、利率等经济杠杆对宏观形势进行调控，同时还要制定相应的法律法规，为企业建立公平、有序的竞争环境。企业的市场行为不可避免地受到各级政府以及相关部门的监督。科技进步改变了企业的生产方式，影响了人们对未来生活的预期，孕育了新兴行业，加快了产品的更新换代，它们对企业的作用是显而易见的。科学技术正日益成为保持企业竞争优势、提升企业价值的源泉。

对于房地产来说，影响其价格的主要政策因素包括以下几个方面：

1.城市规划、土地利用规划、城市发展战略。政府通过城市规划来控制经济发展的速度、产业结构、投资等，并决定土地供给数量和结构，这对土地价格的影响特别大。换言之，通过土地利用规划来影响土地利用的收益和土地区位，从而影响土地价格。

2.对房地产价格的调控尝试。政府为防止房地产价格异常波动，抑制投机行为，对房地产价格实行一定的管制措施，使之有利于整个经济的健康发展。这些措施包括公布基准地价、标定地价等，开征土地、房产的税收，政府实行对土地的拍卖转让等。

3.国家政策。国家制定的投资倾斜、优惠政策等措施影响房地产的价格，我国的经济特区和沿江、沿海开放城市由于一定时间内享有国家的优惠政策，这些地区投资环境较其他地区更为优越，从而吸引了大量的国内外投资者，致使房地产需求扩大，房地产价格远远高于其他地区。国家规定的土地使用制度与住房制度、地价政策等，也会对房地产价格产生影响。另外，交通管制使被管制地区道路的通达性及便捷度受到影响，从而会降低房价，但在住宅区内禁止货车通行，可以减少噪声，保持清静和行人安全，则会提高房地产价格。

4.政治局势。政治局势稳定是经济发展的必要条件，也是房地产价格上升的原因之一。政局稳定，投资者信心增强，对房地产需求增大，会引起房地产价格上升。

（四）区域因素

区域因素涉及经济区域和地理区域两方面含义。经济区域指不同的市场状况不仅存在于同一区域的不同时点上，而且在同一时点上的不同区域间也是存在的，这就是经济区域的差别。由于地区经济状况、产业结构等问题的存在，资产所处的市场状况也不相同，在不同地区市场上的资产即使在同一交易时间，其价值也可能不同。这些受到当地经济的诸多因素影响，诸如资产在该地区的需求程度、使用状况以及该地区经济发展程度等。例如，某项无形资产在某一地区由于其技术先进并且会带来较大的生产能力，因而具有较大价值，但转移到另一经济发展相对较快的地区后，该项技术不具有新颖性，因此其评估值就会较原地区有所降低。

地理区域主要影响房地产价格和资源性资产评估价格，特别是对房地产价格的影响尤为突出。基础设施、公用设施条件、交通条件也直接影响到资产的价值。

区域因素主要影响房地产价格和资源性资产价格。由于不同地区市场供求条件等因素不同，设备的交易价格也受到影响。对于房地产来说，区域因素是指某一特定的区域内的自然条件与社会、经济、行政、技术等因素相结合所产生的区域特征，使该区域内的各块土地的价格也受到影响。这类因素主要有商业繁华因素、交通便捷因素、道路通达因素、城市设施状况因素、环境状况因素等。城市设施可分为：（1）基础设施，主要包括供水、排水、供电、供气、供热和通信设施。（2）生活设施，主要包括学校、医院、农贸市场、银行、储蓄所、邮局等设施。（3）文体娱乐设施，主要包括电影院、博物馆、俱乐部、文化宫等设施。

房地产利用方式不同，起作用的区域因素也各不相同。

1.商业用房地产应重视的区域因素包括：区域业态类别及竞争状况，经营者的经济实力与经营才能，商业繁华程度，顾客质量，交通状况等。

2.工业用房地产应重视的区域因素包括：与产品及原料集散中心的距离，产业集聚程度，交通运输状况，劳动力市场供求状况，对水质、空气产生污染的程度，与关联产业群的距离，行政干预及管理程度等。

3.住宅用房地产应重视的区域因素包括：日照、温度、湿度等气候条件，离市中心的距离，交通状况，当地居民的职业和文化程度，学校、公园、医院的配置状况，商店、购物中心的布局，噪声和空气污染状况，政府对土地利用程度的管理等。

二、影响市场法评估的个别因素

影响资产价格的基本因素大致相同，如资产的性质、市场条件等，但具体到每一种资产时，影响资产价格的因素又各有侧重。如影响房地产价格的主要是地理位置因素，在机器设备评估中，起主导作用的是技术水平，如果评估对象是企业，可比指标企业的生产能力和获利能力就很重要。所以，影响资产价格的因素应区分不同的资产而定。

对于机器设备而言，影响其价格的个别因素有：反映设备在结构、形状、尺寸、性能、生产能力、安装、质量、经济性等方面的差异因素。描述机器设备的指标一般包括：名称、型号规格、生产能力、制造厂家、技术指标、附件、设备的出厂日期、使用年限、安装方式、实体状态等。

对于无形资产，影响其价值的个别因素有：（1）无形资产的取得成本。无形资产外购较易确定成本，自创无形资产的成本计量较为困难，一般来说，这些成本项目包括创造发明成本、法律保护成本、发行推广成本等。（2）机会成本。将无形资产用于某一确定用途后所导致的无法将无形资产用于其他用途所获收益的最大损失即其机会成本。（3）效益因素。一项无形资产，在环境、制度允许的条件下，获利能力越强，其评估值越高（例如商誉）。有一些无形资产，尽管创造成本很高，但收益能力较低，其评估值就很低。（4）使用期限。无形资产的使用期限主要是考虑其具有实际超额收益的期限。例如，某项发明专利保护期为 20 年，但由于无形损耗大，拥有该项专利实际能获得超额收益的期限为 10 年，则这 10 年为评估时所应考虑的期限。（5）技术成熟程度。无形资产的成熟程度如何，直接影响到评估值的高低，其开发程度越高，技术越成熟，运用技术成果的风险就越小，评估值就会越高。（6）转让内容因素。同一无形资产的完全产权转让的评估值高于部分产权转让的评估值。在技术贸易中，同是使用权转让，由于许可程度和范围不同，评估值也应不同。（7）国内外该种无形资产的发展趋势、更新换代情况和速度。无形资产的更新换代速度越快，损耗就越大，评估值就越低，而且无形资产的损耗不取决于自身的使用损耗，而取决于同类或替代无形资产的变化情况。（8）市场供需状况。一是指无形资产的市场需求状况。二是指无形资产的适用程度。对于可出售、转让的无形资产，市场需求越大，价值越高，使用范围越广，适用程度越高。（9）同行业同类无形资产的价格水平。无形资产评估值的高低，还取决于无形资产的交易、转让的价款支付方式、各种支付方式的提成基数与提成比例等。

资源性资产由于具有独特的自然、经济、法律属性，因而与其他资产相比，资源性资产的评估具有一定的特点：（1）资源性资产的价格是自然资源的使用权价格。我国矿产资源属于国家所有，大部分森林资源属于国家所有，并实行所有权和使用权相分离的制度，因此评估的是资源性资产的使用权。（2）资源性资产价格一般受资源的区位影响较大。（3）资源性资产评估必须遵循自然资源形成和变化的客观规律。在资源性资产评估中，评估人员要充分了解资源性资产实体和资产使用权的专业特点，以合理评估资源性资产的价值。

影响股票价格的因素主要源于三个层面。

1.来自企业层面的因素。

（1）公司的经营状况。税后利润既是股息和红利的唯一来源，又是上市公司分红派息的最高限额。（2）公司的财务状况。体现在各种财务指标和财务比率上。（3）公司的收益分配政策。（4）公司的人事状况，主要指公司领导层的经营管理水平和公司员工的整体素质。（5）公司的未来发展前景，包括公司的内部因素和外部因素。

2.来自产业层面的因素。

（1）产业性质。（2）产业生命周期。（3）产业政策。（4）相关产业的发展。

3.来自宏观经济层面的因素。

（1）经济周期的变动。（2）政府的宏观经济政策。（3）汇率和国际收支状况。

此外，还有来自其他层面的因素，包括政治、市场以及心理因素。

影响房地产价格的个别因素具体应划分为影响土地价格的个别因素和影响建筑物价格的个别因素。

影响土地价格的个别因素也就是宗地个别因素，是指宗地自身的自然条件和特征对该地价格的影响。影响土地价格的个别因素有：

（1）区位因素。区位是影响地价的一个非常重要的因素。区位也叫宗地位置，有自然地理区位与社会经济区位之分。土地的自然地理区位是固定不变的，但其社会经济区位却会随着交通建设和市政设施的变化而变化。当区位由劣变优时，地价会上升。

（2）面积与形状。一般来说，宗地面积必须适宜，规模过大或过小都会影响土地效用的充分发挥。不同的土地利用方式对土地的面积和形状要求不同，而土地的利用方式是决定土地价格的重要因素，因此土地的面积和形状就间接影响着土地价格。如在商业区，面积大的土地会由于规模效益产生高额收益，其地价必然高，而面积狭小的地块由于土地利用受到诸多限制，地价不会很高。土地形状有长方形、三角形、菱形、梯形等，形状规则的土地比形状不规则的土地的利用效率高，因而价格更高。另外，同一形状的地块由于宽度和深度不同地价也有差异。

（3）地形与地势。地形是指地面的起伏形状，地形高低不平会加大开发成本，价格较低。地势是指被评估地块与相邻地块的高低关系，地势低洼会造成背阳、潮湿等问题，因而地势高的土地其价格必然高于地势低的土地。

（4）地力与地质。两者分别对农用地与城市土地价格产生影响。对农用地而言，地力越好（即土地越肥沃），其地价当然越高。对城市土地而言，地质条件决定着土地承载力的大小，限制了建筑物的高度，从而影响土地的使用效益，也就影响了土地的价格。城市中空间有限，高层大楼、摩天大厦的建设是必然的选择，而土地的地基承载力直接限制了这一发展。土地的承载力越好，越有利于建设高层大厦，地价也越高。

（5）容积率。容积率是指建筑面积与建筑物占地总面积的比值。它是反映土地利用程度的重要指标，也是影响土地价格的主要因素之一。容积率不同，意味着土地的集约利用强度不同。一般来说，容积率越大，其单位土地面积的经济收益也越多，地价越高。但随着容积率的进一步提高，超过最佳容积率后，由于建筑物过高而带来的采光、通风不便等因素又会使地价下降。容积率与地价一般不呈线性关系。

（6）土地用途。土地用途对地价影响较大，同一地块，规划为不同用途，则地价不同。一般来说，对于同一宗土地，规划为商业用地、住宅用地、工业用地的地价是依次递减的。

（7）土地使用年限。土地剩余使用年限越长，地价越高。

影响建筑物价格的个别因素是指影响建筑物价格的房屋建筑物个别特性和相关条件。影响建筑物价格的个别因素有：

（1）面积、结构、材料等。房屋建筑物的面积（包括建筑面积、套内面积、使用面积）、高度、结构类型、建筑材料等不同，则建筑物的重置成本也不相同，从而影响其价格。

（2）设计、设备等。建筑物形状、设计风格、装饰装潢、外观、着色、设备是否与其功能相匹配，对建筑物的价格有很大的影响。

（3）施工质量。建筑物施工质量不仅影响建筑物的投入成本，更重要的是会间接影响到其耐用年限和使用的安全性、方便性和舒适性。因此，施工质量是否良好，会对建筑物价格有很大的影响。

（4）产权状况、已使用年限、物业管理情况等。有产权的建筑物价格大于无产权的建筑物价格；已使用年限短，且维护保养好的建筑物价格一般高于建设年限长的建筑物价格；物业管理情况良好的价格亦会稍高。

（5）建筑物是否与周围环境相协调。建筑物应当与周围环境相协调，才会有最佳使用状态。当建筑物不能充分发挥其使用效用时，其价格自然会降低。

各类资产评估中涉及的个体因素见表2-2。

表2-2　　　　　　　　　　　**各类资产评估中涉及的个体因素**

资产类型	评估中涉及的个体因素
机器设备	名称，外观，型号规格，生产能力，制造厂家，技术指标，附件，设备的出厂日期，使用年限（役龄），安装方式，实体状态，生产能力的大小，能源材料消耗水平，自动化程度
无形资产	市场供需状况，机会成本，效益因素，使用期限，技术成熟程度，国内外该种无形资产的发展趋势，更新换代情况和速度，无形资产取得成本，同行业同类无形资产的价格水平
资源性资产	自然资源使用权价格，自然资源的形成和变化规律，资源区位
股票	公司的经营状况，公司的财务状况，公司的收益分配政策，公司的人事结构，政治及心理因素，产业性质，产业政策，相关产业的发展，经济周期的变动，政府的宏观经济政策，汇率和国际收支状况，公司的未来发展前景
土地	区位因素，面积与形状，地形与地势，地力与地质，容积率，土地用途，土地使用年限
建筑物	面积、结构、材料，建筑物是否与周围环境相协调，施工质量，产权状况，已使用年限、物业管理情况以及设计、设备等
企业	企业规模，产品种类，市场条件，管理水平，信息处理系统，技术利用水平，承受的风险，投资的流动性，预计的经营期限，潜在的预期收益，增长趋势等

● 第四节　市场法的主要评估方法

市场法实际上是在一种评估思路下的若干具体评估方法的集合。它可以被分为两大类：其一是直接比较法，其二是类比调整法。市场法中的具体评估方法，如图2-1所示。

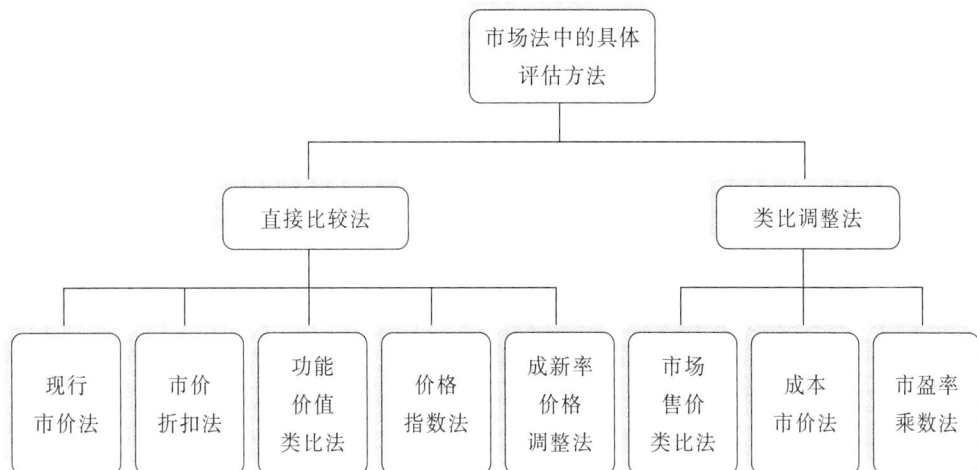

图2-1　市场法中的具体评估方法

一、直接比较法

直接比较法是指利用参照物的交易价格及参照物的某一基本特征直接与评估对象的同一基本特征进行比较，从而判断评估对象价值的一类方法。其基本计算公式为：

被评估对象价值=参照物合理成交价格×修正系数1×修正系数2×…×修正系数n　　　　（2-1）

或：被评估对象价值=参照物成交价格±特征差额1±特征差额2±…±特征差额n　　　　（2-2）

直接比较法直观简洁、便于操作，但通常对参照物与评估对象之间的可比性要求较高。参照物与评估对象要达到相同或基本相同的程度，或参照物与被评估对象的差异主要体现在某几项明显的因素上，例如功能、交易条件、新旧程度或交易时间等。

直接比较法主要包括现行市价法、市价折扣法、功能价值类比法、价格指数法和成新率价格调整法等，但不限于以上方法。

（一）现行市价法

当被评估对象本身具有现行市场价格或与被评估对象基本相同的参照物具有现行市场价格的时候，可以直接利用被评估对象或参照物在评估基准日的现行市场价格作为被评估对象的评估价值。例如，上市流通的股票和债券可按其在评估基准日的收盘价作为评估价值。批量生产的设备、汽车等可按同品牌、同型号、同规格、同厂家、同批量的设备、汽车等的现行市场价格作为评估价值。现行市价法的计算公式为：

资产评估价值=评估基准日的现行市价　　　　（2-3）

（二）市价折扣法

市价折扣法是以参照物成交价格为基础，考虑到被评估对象在销售条件、销售时间等方面的不利因素，凭评估人员的经验或有关部门的规定，设定一个价格折扣率来估算被评估对象价值的方法。其计算公式为：

资产评估价值=参照物成交价格×（1-价格折扣率）　　　　（2-4）

市价折扣法一般只适用于被评估对象与参照物之间仅存在交易条件（快速变现）方面差异的情况。

【例2-1】中顺公司因严重的资不抵债而进行破产清算，其中有一套机器设备A需拍卖。评估人员从市场上搜集到正常交易情况下的一个交易案例，该交易资产与待评估设备在型号、性能、新旧程度等方面基本相同，成交时间为 2×23 年 6 月，成交价格为 365.2 万元。评估基准日为 2×23 年 8 月。经分析，待评估资产快速脱手的价格将低于正常价格的 30%。

分析：（1）市场上有交易案例，可选择市场法评估；（2）交易资产与待评估设备可比性达到相同程度，宜采用直接比较法；（3）待评估资产与参照资产的差异仅仅在市场交易条件这一指标上，可采用市价折扣法，通过调整交易条件来估算该套设备 A 的市场价值。

解：待评估资产评估值=365.2×（1-30%）=255.64（万元）

（三）功能价值类比法

功能价值类比法，亦称类比估价法，是以参照物的成交价格为基础，考虑参照物与被评估对象之间仅存在功能差异，通过调整两者功能差异来估算被评估对象价值的方法。根据资产的功能与其价值之间的关系，可分为线性关系和指数关系两种情况：

（1）资产价值与其功能呈线性关系的情况，通常被称作生产能力比例法，其计算公式为：

资产评估价值=参照物成交价格×（评估对象生产能力÷参照物生产能力）　　　　（2-5）

当然，功能价值类比法不仅仅表现在资产的生产能力这一指标上，它还可以通过对参照物与被评估对象的其他功能指标的对比，利用参照物成交价格推算出评估对象价值。

【例 2-2】 中顺公司待评估资产为一台机器设备 A，年生产能力为 150 吨。评估基准日为 2×24 年 2 月 1 日。

评估人员收集的信息：（1）从市场上收集到一个该类设备近期交易的案例，该设备的年生产能力为 210 吨，市场成交价格为 160 万元。（2）将待评估设备与收集的参照设备进行对比并寻找差异。（3）发现两者除生产能力指标存在差异外，从参照设备成交到评估基准日之间，该类设备的市场价格都比较平稳，其他条件也基本相同。

分析：（1）由于待评估资产的市场交易案例易于选取，可采用市场法进行评估；（2）交易资产与待评估设备可比性达到相同程度，可采用直接比较法；（3）待评估资产与参照资产的差异主要体现在生产能力这一指标上，可采用功能价值类比法来估算该资产的价值。

解：待评估资产评估值=160×（150÷210）=114.29（万元）

（2）资产价值与其功能呈指数关系的情况，通常被称作规模经济效益指数法。其计算公式为：

资产评估价值=参照物成交价格×（评估对象生产能力÷参照物生产能力）^{功能价值指数}　　　（2-6）

【例 2-3】 中顺公司被评估资产年生产能力为 90 吨，参照资产的年生产能力为 120 吨，评估基准日参照资产的市场价格为 10 万元，该类资产的功能价值指数为 0.7。

解：待评估资产评估价值=10×（90÷120）$^{0.7}$=8.18（万元）

（四）价格指数法

价格指数法亦称物价指数法，是以参照物成交价格为基础，考虑参照物的成交时间与评估对象的评估基准日之间的时间间隔对资产价值的影响，利用价格指数调整估算评估对象价值的方法。其计算公式为：

资产评估价值=参照物成交价格×（1+物价变动指数）　　　　　　　　（2-7）

或：资产评估价值=参照物成交价格×价格指数　　　　　　　　　　　　　　　　　　　　（2-8）

物价指数法一般只用于被评估对象与参照物之间仅有时间因素差异的情况，并且时间差异不能过大。当然，此方法稍作调整即可作为市场售价类比法中估测时间差异系数或时间差异值的方法。

【例2-4】中顺公司待评估资产为两室一厅居住用房，面积为58平方米，建筑时间为2×19年，位置在某市的闹市区，评估基准日为2×23年5月11日。在待评估房屋附近，于2×21年12月曾发生过房屋交易活动，交易价格为58 000元。经调查和分析，评估人员认为该居住用房在所处位置、面积、建造时间、交易的市场条件等方面与待评估资产基本相同。经调查，2×23年居住用房价格与2×21年相比上涨了9.3%。

分析：（1）由于可以找到待评估资产的市场交易案例，应采用市场法进行评估。（2）该居住用房在所处位置、面积、建造时间、交易的市场条件等方面与待评估资产基本相同，故采用直接比较法评估。（3）待评估资产与参照资产的差异仅仅在交易时间这一指标上，所以采用价格指数法只对时间差异进行调整即可推算出被评估资产的价值。

解：待评估资产评估值=58 000×（1+9.3%）=63 394（元）

（五）成新率价格调整法

成新率价格调整法，是以参照物的成交价格为基础考虑参照物与被评估对象新旧程度上的差异，通过成新率调整估算出被评估对象的价值。其计算公式为：

资产评估价值=参照物成交价格×（被评估对象成新率÷参照物成新率）　　　　　（2-9）

式中：

$$资产的成新率 = \frac{资产的尚可使用年限}{资产的已使用年限 + 资产的尚可使用年限} \times 100\%$$　　　　　（2-10）

成新率价格调整法一般只被运用于评估对象与参照物之间仅有新旧程度差异的情况。当然，将此方法略加改造也可以作为测算被评估对象与参照物成新程度差异调整率与差异调整值的方法。

【例2-5】中顺公司待评估资产为某机器设备A，2×15年初投入使用，评估基准日为2×23年1月。搜集到一交易案例，该机器设备和待评估设备型号相同，属同一厂家生产，交易时间为2×22年12月，交易价格为124 000元，该机器设备的生产时间为2×17年。经调查了解，待评估设备的尚可使用年限为13年。参照资产已使用8年，尚可使用年限为15年。

分析：（1）资产的市场交易案例易于选取，应采用市场法进行评估。（2）参照物和待评估设备型号相同，属同一厂家生产，可比性达到相同程度，应采用直接比较法。（3）待评估资产与参照资产的差异主要体现在新旧程度这一指标上，可采用成新率价格调整法通过对成新率指标的调整来估算待评估资产的市场价值。

解：待评估资产成新率=待评估资产尚可使用年限÷（待评估资产已使用年限+待评估资产尚可使用年限）×100%

=13÷（8+13）×100%=62%

参照资产的成新率=15÷（8+15）×100%=65%

待评估设备的评估值=参照物成交价格×（评估对象成新率÷参照物成新率）

=124 000×（62%÷65%）=118 276.92（元）

由于直接比较法对参照物与评估对象的可比性要求较高，在具体评估的过程中寻找参照物可能会受局限。因而，直接比较法的使用也相对受到一定制约。

【例 2-6】中顺公司评估模拟快速变现资产，在评估时点与其完全相同的正常变现价为 10 万元。经评估师综合分析，认为快速变现的折扣率应为 40%，因此，模拟快速变现资产价值接近 6 万元。

资产评估价值=10×（1-40%）=6（万元）

二、类比调整法

类比调整法并不要求参照物与被评估对象必须一样或者基本一样。只要参照物与被评估对象在大的方面基本相同或相似即可。该法通过对比分析，调整参照物与被评估对象之间的差异，在参照物成交价格的基础上调整估算被评估对象的价值。类比调整法具有适用性强、应用广泛的特点，但该法对信息资料的数量和质量要求较高，而且要求评估人员有较丰富的评估经验、市场阅历和评估技巧。没有足够的数据资料，以及对资产功能、市场行情的充分了解和把握，很难准确地评定估算出评估对象的价值。类比调整法具体表现为以下方法：

1.市场售价类比法

市场售价类比法是以参照物的成交价格为基础，考虑参照物与被评估对象在功能、市场条件和销售时间等方面的差异，通过对比分析和量化差异，调整估算出被评估对象价值的各种方法。其计算公式为：

资产评估价值=参照物售价+功能差异值+…+时间差异值+…+交易情况差异值　　　　（2-11）

资产评估价值=参照物售价×功能差异修正系数×时间差异修正系数×…×交易情况差异修正系数　（2-12）

2.成本市价法

成本市价法是以评估对象的现行合理成本为基础，利用参照物的成本市价比率来估算被评估对象价值的方法。其计算公式为：

资产评估价值=评估对象现行合理成本×（参照物成交价格÷参照物现行合理成本）　　（2-13）

【例 2-7】中顺公司评估时点参照的某市商品住宅的成本市价率为 150%，已知被估全新住宅的现行合理成本为 20 万元，则其市价接近于 30 万元。

资产评估价值=20×150%=30（万元）

3.市盈率乘数法

市盈率乘数法主要适用于整体企业的评估。市盈率乘数法是以参照物（企业）的市盈率作为乘数（倍数），以此乘数与被评估对象（企业）的收益额相乘，估算被评估对象（企业）价值的方法。其计算公式为：

资产评估价值=评估对象（企业）收益额×参照物（企业）市盈率　　　　（2-14）

【例 2-8】中顺公司某被评估企业的年净利润为 1 000 万元，评估时点资产市场上同类企业的平均市盈率为 20 倍，则：

该企业的评估价值=1 000×20=20 000（万元）

在现代市场经济条件下，单项资产和整体资产都可以作为交易对象进入市场流通，不论是单项资产还是整体资产的交易实例，都可以为运用市场途径及其方法进行资产评估提供可资参照的评估依据和资料。

当然，上述具体方法只是市场途径中的一些经常使用的方法，市场途径中的具体方法还有许多。读者必须注意的是，以上具体方法还可能成为评估成本途径的具体方法。但是，作为市场途径中的具体方法，其使用前提必须满足两个最基本的条件：（1）用参照物进行评估，且参照物与评估对象必须相同或相似（即具有可比性）。（2）参照物的交易时间与评估基准日间隔不能过长。作为成本途径中的具体方法的使用前提，可能会与作为市场途径的具体方法的使用前提有所区别。

● 第五节　市场法的应用与评价

一、市场法的优缺点

（一）市场法的优点

1.市场法原理简单，容易被理解和掌握。市场法遵循市场经济运行中的替代原理、供求平衡原理，在现实生活中人们也总是自觉、不自觉地在使用它们，例如消费者会购买具有相同效用的商品中价格最低的那个，另外消费者也知道"物以稀为贵"的道理。这些原理清晰、简单、易懂。

2.在评估过程中充分考虑了市场变化的因素。运用市场法首先要进行市场调查，寻找交易实例，收集其交易价格、相关指标和参数资料，筛选鉴别后得到比较对象的参照物资产。其次要在当前市场状态下，比较参照物与评估对象的差异因素，调整修正交易原价，得到现行市场价。最后将现行市场价进行平均，得到评估值。可见整个市场法的评估过程直接体现了"市场化"的特征，直接反映了资产的市场状态，而且评估值也以现行市场价格的形式直接表现，符合当事人各方的现实经济行为。

3.评估结果容易使交易双方接受，便于在评估实务中推广。市场法的评估过程使人们有理由相信，其评估结果是建立在直接反映资产的市场状态的基础上的。既然该类资产的市场交易状态如此，修正后得到的评估值也就客观可信，说服力较强，易被认可和接受。

资产评估本质上就是要揭示资产在当前市场上的客观价值，评估结果也应得到多方评估报告使用者的认可，市场法本身所具备的上述显著特点，使其在评估方法体系中作为最简单、最直接、最常用的一种方法，得到了国际评估界的认可。从西方发达国家的评估实务来看，市场法已处于主导地位。

（二）市场法的缺点

1.一个公开、活跃的交易市场条件在现实中很难找到，这就使该方法的运用受到局限。市场法的应用受到条件的限制较大，两个应用条件缺少任何一个都无法使用此方法。另外，市场经济具有不可避免的自发性和盲目性，供求关系常受人为因素影响，信息不对称、市场失灵的状况也时常发生，导致价格不能反映出资产的真实价值。

2.市场法不适用于对专用设备等固定资产及大部分无形资产的评估，也不适用于受地区、环境等因素严格限制的一些资产的评估。

3.在运用过程中，参照资产与被评估资产之间的差异量化的难度较大，这会影响评估结果的准确性。市场法要求评估人员对市场要有相当深入的了解，能及时把握市场变动的信息，并发挥主观能动性，去探究参照物交易背景及交易双方的动机等。如果评估人员业务水平没有达到一定的程度，就会直接影响市场法评估结果的公正性。

二、市场法的具体应用

市场是开展资产评估业务的场所，市场法的应用前提之一就是要有充分活跃、充分公

开的市场体系。一个完善的市场体系具有以下特征：（1）市场结构完善。市场应当包括消费品市场、生产资料市场、劳动力市场、金融市场、房地产市场、知识产权市场、信息市场等各种市场组成部分。（2）市场组织良好。就是有能够协调运行、相互作用的市场网络。（3）市场环境统一，即各种生产资料要素在国内都可以自由流动，存在统一的国际大市场，没有地方割据和对市场进行人为割裂的现象，同时国内市场和国际市场是相通的，能积极地参与国际市场的分工和分配资源。（4）市场价格合理。除少数商品和服务的价格基于特定目的而由国家决定和管理外，其余大部分商品和生产要素的价格必须由市场决定。（5）市场制度健全，要有完整的法律体系和相应的执法制度。

1.市场法在机器设备中的应用

用市场法评估机器设备时，评估人员会分析市场上与被评估设备类似的设备的成交价格，并对被评估对象和参照物之间的差异进行调整，由此确定被评估设备价值。

2.市场法在不动产评估中的应用

用市场法评估不动产时，在同一地区或同一供求范围内类似地区中与被评估不动产相类似的不动产交易越多，市场法应用越有效。市场法难以适用于下列不动产的评估：（1）没有发生不动产交易或在不动产交易发生较少地区的不动产；（2）某些类型很少见的不动产或交易实例很少的不动产，如教堂建筑、寺庙建筑等；（3）风景名胜区的土地；（4）图书馆、体育馆、学校用地等。

3.市场法在无形资产评估中的应用

从理论上说，市场法是一种最简单、最有效的方法，应该是资产评估的首选方法。但是，由于无形资产的特征（特殊性、唯一性、非标准性）和我国无形资产市场的状况，无形资产的评估较多地采用收益法，也有选用市场法评估的，例如，土地使用权、矿业权、租赁权等。总体而言，从我国目前的实际情况出发，运用市场法评估无形资产的情况并不多见。

我国进入改革开放阶段以后，市场体系有了很大的发展，各类市场都在逐步建立和扩大，国民经济市场化程度日益提高。但从整体上看，完整的、统一的、开放的、竞争的、适应转型经济过程和社会主义市场经济体制要求的市场体系目前尚未最终形成。中国的市场体系在形成和发育过程中，还存在一些亟待解决的问题，主要包括：市场体系发育不平衡，要素市场发育相对滞后，市场竞争机制不健全，部门、行业垄断和地区封锁等现象较为严重，市场运行的法规制度相对滞后等。另外，目前我国资产评估的相关法律体系初步建立，还不完善，无论在法律效力上还是范围上都还远远不能满足资产评估业发展的需要。

■ 本章小结

市场法是相对最具客观性的评价方法，其评估值结果比较容易被交易双方理解和接受。因此在发达市场经济国家，市场法是运用得最广泛的评估方法。但是，市场法的运用需要有一定的前提条件：一是对产权交易市场成熟度有较高的要求；二是对被评估资产本身有较高的要求，即被评估资产应是具有一定通用性的资产。比如，核武器的生产设备就无法用市场法评估。

市场法适用于在活跃市场上交易的资产的评估。例如，通用设备、房地产等。在发达国家，由于资本市场较成熟，产权交易十分活跃，企业整体资产评估也可以采用市场法，或者通过市场法对收益法的评估结果进行验证。

■ 本章练习题

一、单项选择题

1.市场法适用的条件，是在同一供求范围内存在着较多的（　　）。

A.类似房地产的交易　　　　　　　　B.相同房地产的交易

C.相关房地产的交易　　　　　　　　D.房地产的市场交易

2.搜集交易实例时应注意所搜集内容的（　　）。

A.相关性和规范化　　　　　　　　　B.统一性和相关性

C.统一性和规范化　　　　　　　　　D.统一性和准确性

3.由于房地产的价值高，成交后人们往往采用（　　）的方式支付。

A.支付定金　　　　B.分期付款　　　　C.一次付清　　　　D.预付房款

4.房地产正常成交价格的形成方式是（　　）。

A.招标、拍卖　　　　　　　　　　　B.合同定价

C.通过市场交易成交　　　　　　　　D.买卖双方经过充分讨价还价达成协议

5.在中国，招标、拍卖土地使用权的出让价较能反映市场行情，而协议出让价（　　）。

A.往往偏高　　　　　　　　　　　　B.往往偏低

C.往往高于或低于市场价　　　　　　D.基本与市场价吻合

6.正常成交，是指（　　）交易税费后的价格。

A.买卖双方缴纳　　　　　　　　　　B.买方缴纳

C.卖方缴纳　　　　　　　　　　　　D.买卖双方均不缴纳

7.如估价对象为一宗土地，那么选取的可比实例的土地面积（　　）。

A.应与该宗土地的面积相等　　　　　B.可大于或小于该宗土地的面积

C.应与该宗土地的面积近似　　　　　D.应与该宗土地的面积保持一定差距

8.可比实例的交易类型应与（　　）吻合。

A.估价目的　　　　B.估价时点　　　　C.估价对象　　　　D.估价方法

9.以抵押、抵债为目的的估价，应选取（　　）的交易实例为可比实例。

A.抵押、抵债　　　B.类似　　　　　　C.一般买卖　　　　D.市场成交

10.交易实例的成交日期与估价时点相隔（　　）以上的一般不宜采用。

A.半年　　　　　　B.1年　　　　　　C.2年　　　　　　D.3年

11.选取可比实例时，一般要求选取（　　）可比实例即可。

A.5个以上　　　　B.10个以下　　　　C.5～10个　　　　D.3～10个

12.估价中为便于比较，价格以（　　）为基准。

A.房地产总价　　　B.房地产单价　　　C.一次付清　　　　D.分期付款

13.某宗房地产的交易总价款为50万元，其中首期付款为20%，余款于半年后和1年后分两期平均支付。假设季度利率为1.2%，则在成交日一次付清的价格为（　　）万元。

A.48.60　　　　　B.47.90　　　　　C.49.20　　　　　D.50.00

14.在统一采用单价方面，通常为单位面积的价格，其中土地除了用单价，还

可用（   ）。

A.总价　　　　　　B.楼面地价　　　　　C.容积率　　　　　D.覆盖率

15.如果先按原币种的价格进行交易日期修正，则对进行了交易日期修正后的价格，应采用（   ）的市场汇价进行换算。

A.估价作业日期　　　　　　　　　　B.成交日期

C.估价时点　　　　　　　　　　　　D.交易日期修正后

16.可比实例房地产状况，应是可比实例房地产在其（   ）的状况。

A.估价作业日期　　　　　　　　　　B.成交日期

C.交易价格　　　　　　　　　　　　D.交易日期修正后

17.交易情况的修正，要以（   ）为基准。

A.成交价格　　　　B.市场价格　　　　C.交易价格　　　　D.正常价格

18.交易日期修正实际上是（   ）。经过了交易日期修正后，可比实例在其成交日期的价格就变成了在估价时点的价格。

A.房地产市场状况修正　　　　　　　B.交易时间修正

C.资金时间价值修正　　　　　　　　D.成交日期修正

19.价格指数中以某个固定时期作为基期的，称为（   ）。

A.固定价格指数　　B.定基价格指数　　C.长期价格指数　　D.环比价格指数

20.价格指数中以上一时期作为基期的，称为（   ）。

A.前期价格指数　　B.定基价格指数　　C.长期价格指数　　D.环比价格指数

21.下列最适用的房地产价格指数或变动率是（   ）。

A.全国房地产价格指数或变动率

B.可比实例所在地区的同类房地产价格指数或变动率

C.全国同类房地产价格指数或变动率

D.可比实例所在地区的房地产价格指数或变动率

二、多项选择题

1.下列关于可比实例的说法中，正确的有（   ）。

A.可比实例一定是交易实例　　　　　B.可比实例不一定是交易实例

C.交易实例一定是可比实例　　　　　D.交易实例不一定是可比实例

E.可比实例可以是交易实例，也可以不是交易实例

2.选取可比实例时，应符合的要求包括（   ）等。

A.可比实例与估价对象所处的地区必须相同

B.可比实例的交易类型与估价目的吻合

C.可比实例的规模与估价对象的规模相当

D.可比实例的成交价格是正常价格或可修正为正常价格

E.可比实例的大类用途与估价对象的大类用途相同

3.评估某套住宅价格的过程中，进行区位状况调整时，比较、调整的内容包括（   ）等。

A.环境景观　　　　　　B.离市中心的距离　　　　　C.朝向

D.城市规划限制条件　　E.地势

4.运用市场法时，估价人员根据基本要求选取可比实例后，需要建立价格可比基础，主要包括（　　）等。

A.统一采用总价　　　　　　　　B.统一采用单价

C.统一币种和货币单位　　　　　D.统一面积内涵和大小

E.统一付款方式

5.影响房地产价格的区位因素有（　　）等。

A.建筑规模　　　　　B.临路状况　　　　　C.楼层

D.建筑容积率　　　　E.繁华程度

6.市场法中关于实物状况比较和调整的内容包括（　　）。

A.环境　　　　　　　B.地形地势　　　　　C.外部配套设施

D.内部基础设施完备程度　E.装饰装修

7.直接比较法直观、简捷，便于操作，但通常对参照物与评估对象之间的可比性要求较高。直接比较法主要包括现行市价法、市场折扣法、价格指数法和成新率价格调整法及（　　）等。

A.市价法　　　　B.市价折扣法　　　C.功能价值类比法　　D.市价调整法

8.工业房地产的区位影响因素主要考虑（　　）。

A.临街状况　　　　　　　　　　B.动力是否易于取得

C.废料处理是否方便　　　　　　D.是否接近大自然

E.获取产品原料的方便程度

9.城市房屋拆迁估价中，房地产估价师对被拆迁房屋面积的界定可来自于（　　）。

A.被拆迁房屋的权属证书记载的面积

B.拆迁人提供的被拆迁房屋的面积

C.拆迁人与被拆迁人对被拆迁房屋面积的协商结果

D.具有房产测绘资格的机构对被拆迁房屋面积的测量结果

E.房地产管理部门权属档案记载的被拆迁房屋的面积

10.某估价对象为一宗熟地，当进行可比实例权益状况调整时，应包括的内容有（　　）。

A.后退道路红线距离　　　　　　B.土地使用期限

C.基础设施完备程度　　　　　　D.容积率

E.合并的可能性

三、判断题

1.可比实例的权利性质应与估价对象的权利性质相同或相似。（　　）

2.假如估价对象为单独的土地或单独的建筑物，但缺少相应的交易实例，而只有土地与建筑物合成体的交易实例，则一般不宜采用市场法估价。（　　）

3.在统一币种时，不同币种在价格之间的换算应参照该价格所对应日期的市场汇率。（　　）

4.如果买方不了解市场行情，盲目购买，那么成交价格往往偏低。（　　）

5.买方执意要购买自己满意的房地产，其成交价格往往偏高。（　　）

6.相邻房地产合并交易的成交价格往往要高于单独存在的、与其不相邻者交易时的正常市场价格。（　　）

7.如果可比实例房地产优于估价对象房地产，则应对可比实例的价格做减价调整。反之，则应做提价调整。（　　）

8.不同使用性质的房地产，在进行区位状况和实物状况的调整时，其调整的内容及权重应相同。（　　）

9.如果某宗交易实例的成交价格不是正常的，则不能选为可比实例。（　　）

10.利害关系人之间的交易，其成交价格通常低于正常市场价格。（　　）

11.交易日期修正的关键，是要把握估价对象这类房地产的价格自某个时期以来的涨落变化情况。（　　）

12.在交易情况修正中应考虑正常价格比可比实例的成交价格是高还是低。（　　）

四、计算题

1.为评估某住宅楼的价格，估价人员在该住宅楼附近地区调查选取了A、B、C、D、E共5个类似住宅楼的交易实例，有关资料见表2-3。

表2-3   住宅楼交易实例表

实例		A	B	C	D	E
成交价格（元/平方米）		5 100	5 800	5 200	5 300	5 000
成交日期		2×22-11-30	2×23-06-30	2×23-01-31	2×21-07-31	2×23-05-31
交易情况		+2%	+21%	0	0	−3%
房地产状况	区位状况	0	−3%	+3%	+1%	0
	权益状况	−2%	0	+2%	−1%	−1%
	交易实物	−4%	−5%	−2%	+2%	+1%

表2-3中，"交易情况""房地产状况"中的各正负值都是直接比较所得的结果。其中，"房地产状况"中的三方面因素产生的作用程度相同。另据调查得知：2×21年7月1日至2×22年1月1日该类住宅楼市场价格每月递增1.5%，其后至2×22年11月1日则每月递减0.5%，而从2×22年11月1日至2×23年4月30日的市场价格基本不变，以后每月递增1%。试利用上述资料根据估价相关要求选取最合适的3个交易实例作为可比实例，并估算该住宅楼2×23年8月31日的正常单价（如需计算平均值，请采用简单算术平均法）。

2.现拟采用比较法评估某房地产价格，选取了甲、乙、丙三宗可比实例，有关资料见表2-4。

表2-4   房地产价格实例表

项目	可比实例甲	可比实例乙	可比实例丙
建筑面积	1 000平方米	1 200平方米	9 687.6平方英尺
成交价格	240万元人民币	300美元/平方米	243万元人民币
成交日期	2×21年10月初	2×22年8月初	2×23年2月初
交易情况	−5%	0	0
状况因素	0	+2%	+5%

另：可比实例中，乙和丙的付款方式均为一次付清，可比实例甲为分期付款：首期付

96万元；第一年年末付72万元，月利率1%；第二年年末付72万元，月利率1.05%。假设2×22年8月初人民币与美元的市场汇价为1：8.5，2×23年8月初的市场汇价为1：8.3。该类房地产的人民币价格在2×21年逐月下降0.8%，2×22年逐月上涨1.0%，2×23年逐月上涨1.2%。又知1平方米=10.764平方英尺。试利用上述资料评估该房地产2×23年8月初的正常单价（如需计算平均值，请采用简单算术平均法）。

五、思考题

1.应用市场法的前提条件有哪些？

2.价值类型在资产评估中起什么作用？

3.市场价值有哪些基本特征？

4.价值类型与评估目的及其相关条件的关系如何？

5.为什么说市场价值以外的价值也具有合理性？

6.资产的投资价值与投资性资产价值有什么区别？

第三章
资产评估的收益法

育德育人

祖冲之（公元429—500年），南北朝时期杰出的数学家和天文学家，是世界上第一个将圆周率的数值精确到7位小数的人。他主张不"虚推古人"，不把自己束缚在古人陈腐的错误结论之中，总是亲自进行精密的测量和仔细的推算。祖冲之一生钻研自然科学，其主要贡献在数学、天文历法和机械制造三方面，创制了新的历法《大明历》，这种历法测定月亮环行一周的天数，跟现代科学测定的相差不到1秒。在科学发明领域他还是个多面手：造过"指南车"，还造过"千里船"，又编写了一本《缀术》。最突出的贡献是数学方面关于圆周率的精确计算，据《隋书·律历志》记载，祖冲之以一忽（一丈的一亿分之一）为单位，求直径为一丈的圆的周长，求得盈数为3.1415927、朒数为3.1415926，圆周率的真值介于盈朒两数之间。

古人曾用"头悬梁，锥刺股"来比喻学习的刻苦与勤奋。祖冲之正是通过这种坚持不懈、勤奋努力的精神，才能不断攀登科学的高峰。一分耕耘，一分收获，我们要向祖冲之等伟大的科学家们学习，学习他们那种坚忍不拔、勤奋好学的求知精神。

资产评估收益法的核心在于确定预期收益额、未来收益期、折现率，"圆周率之父"祖冲之表现出的严谨性和科学性是我们学习并运用收益法的关键。即通过估算被评估资产对象在未来期间的预期收益，选择一定的折现率，将未来收益一一折算成评估基准日的现值，用各期未来收益现值累加之和作为评估对象重估价值。

课前准备

资产评估的收益法是通过估算被评估资产对象在未来期间的预期收益，选择使用一定的折现率，将未来收益一一折成评估基准日的现值，用各期未来收益现值累加之和作为评估对象重估价值的一种方法。

其适用条件是：评估对象使用时间较长且具有连续性，能在未来相当长一段时间内取得一定收益；评估对象的未来收益和评估对象的所有者所承担的风险能用货币来衡量。显然，资产评估的收益法涉及预期收益额、未来收益期、折现率这三个基本参数。收益法的核心问题就是确定预期收益额、未来收益期、折现率。

学习目标

了解收益法的基本概念及理论依据；掌握收益法的适用范围及条件；熟悉并掌握收益法的公式及估价步骤等。

● 第一节 收益法的概念及使用的前提条件

一、收益法的概念

人类历史上，收益法思想产生得很早，世界上第一个提出复利理论的人是约翰·牛顿（Jhon Newton），折现是收益法的重要数学基础。1693年，埃德蒙·海利（Edmlnd Haile）正式提出了第一份现值表。约翰·斯马特（Jhon Smart）在1726年提出了一套完整的表格及第一份部分付款表，在其著作《利息与年金表》中包含许多与现值及利息表相似的表格。最早将这种"类似的表格"应用于不动产评估有关活动的是威廉·英伍德，他不但用不动产估价案例说明如何使用斯马特的"类似的表格"，也在其书中提出包含可计算永久年金的收益现值表格。

阿法德·马歇尔成为第一位专门讨论评估技术的经济学家，提出了"价值=收益÷利率"的公式，并首创了包括收益资本化法在内的3种传统估价方法。最早提出价值是未来收益现值的命题并为资本化理论作出了重大贡献的是欧文·费雪，其理论为收益法评估奠定了基础。

收益法是估测被评估资产预期收益并折算成现值，从而得到被评估资产价值的方法。收益法的理论基础是效用价值论，从需求方的角度确定被评估资产的价值，资产的效用越大，获利能力越强，它的价值也越大。

收益法评估实质是将未来的收益折现到评估基准日的时点上，其基本的计算公式为：

$$P = \sum_{i=1}^{n} \frac{R_i}{(1+r)^i} \tag{3-1}$$

式中：R_i——未来各期收益。

　　　　r——折现率。

　　　　n——收益期限。

　　　　i——年序号。

二、收益途径

收益途径，是指通过估测被评估资产未来预期收益的现值来判断资产价值的各种评估方法的总称。

收益途径是资产评估若干评估思路中的一种，它采用资本化和折现的思路及方法来判断和估算资产价值的评估技术规程。因为任何一个理智的投资者在购置或投资于某一资产时，他所愿意支付或投资的货币数额不会高于他所购置或投资的资产在未来能给他带来的回报，即收益额。收益途径正是利用投资回报和收益折现等技术手段，把评估对象的预期产出能力和获利能力作为评估标的来估测评估对象的价值。根据评估对象的预期收益来评估其价值，显然其评估结果是容易被资产业务各方所接受的。因此，从理论上讲，收益途径是资产评估中最为科学合理的评估途径之一。当然，运用收益途径评估尚需满足一些基本条件。

三、收益途径的基本前提

收益途径是依据资产未来预期收益（经折现或本金化处理后）来估测资产价值的，它涉及三个基本要素：（1）被评估资产的预期收益；（2）折现率或资本化率；（3）被评估资产取得预期收益的持续时间。

应用收益途径必须具备的前提条件是：首先，被评估对象的预期收益必须能被较为合理地估测。这就要求被评估资产与其经营收益之间存在较为稳定的比例关系。评估人员可以据此分析和测算出被评估资产的预期收益。其次，被评估对象所具有的行业风险、地区风险及企业风险是可以比较和测算的，这是测算折现率或资本化率的基本参数之一。最后，评估对象收益期限的长短，即评估对象的寿命，也是影响其价值和评估值的重要因素之一。

● 第二节　收益法的基本程序

运用收益法进行资产评估时，一般按照如下步骤进行：

一、收集验证资产的有关信息资料

收益法评估案例——某办公大厦价值

资料的收集工作是资产评估业务质量的信息保证，也是进行分析、判断进而形成评估结论的基础。由于资产评估的专业性和评估对象的广泛性，不同的项目、不同的评估目的、不同的资产类型对评估资料有着不同的要求。

需收集的资料一般包括：

1.资产近几年的盈利状况。资产近几年的收益额是预测其未来收益的重要依据。如果评估对象是企业价值或无形资产价值，则应该详细了解企业的经营管理、产品销售等资料；如果评估对象是收益性房地产则需要关注该房地产的经营项目、入住率等问题。有关人员在收集资料的过程中，要注意保证资料的客观性，一般是以审计过的财务报表数据为依据。

2.分析国家产业政策和经济形势的发展趋势。要预测企业未来的收益额，不仅需要历史数据，还必须关注影响资产未来收益的重要宏观因素，特别是企业价值评估以及房地产评估，这些资产受国家产业政策以及宏观经济环境的影响较大。

3.分析、预测资产在未来几年的经营状况和市场状况，资产未来收益额的确定在很大程度上取决于资产未来的经营状况和市场状况。例如，对于专利权的评估，其未来能产生的差额收益在很大程度上取决于该专利技术生产的产品在未来的销售状况，而产品的销售状况一方面是由企业内部的经营管理所决定的，另一方面则受产品所面临的市场需求变化的影响。

二、预测资产收益额

评估人员在根据收集到的各种资料计算收益和费用指标，分析各项指标的变化趋势的过程中要注意以下问题：

1.在进行收益额预测之前，要把预测的指标调整为客观收益。主要是把收集到关于资产的实际收益和实际费用的数据进行调整，调整成可以长期持续获取的客观收益，以分析测算被评估对象的未来预期收益。

2.在预测收益额的过程中要在科学、合理的定性分析的基础上，选择合理的假设条件和合适的定量模型来预测未来收益，并且要对定量模型做定性分析与检验，检查预测结果是否合理。

3.确定折现率或资本化率。在确定折现率时，要对资产未来所面临的各种风险进行分析，主要包括市场风险、经营风险、行业风险、财务风险等。

4.用折现率或资本化率将评估对象的未来预期收益折成现值。

5.分析确定评估结果。

● 第三节　影响收益法评估的因素

一、收益额

在资产评估中，资产的收益额是指根据投资回报的原理，资产在正常情况下所能得到的收益的金额。资产评估中的收益额有两个比较明显的特点：

其一，收益额是资产未来预期收益额，而不是资产的历史收益额或现时收益额。

其二，用于资产评估的收益额是资产的客观收益，而不是资产的实际收益。

影响收益法评估的因素

资产的种类较多，不同种类资产收益额的表现形式不完全相同，如企业的收益额通常表现为净利润或净现金流量，而房地产则通常表现为纯收益等。

二、折现率

从本质上讲，折现率是一种期望投资报酬率，是投资者在投资风险一定的情况下，对投资所期望的回报率。折现率由无风险报酬率和风险报酬率组成。无风险报酬率，亦称安全利率，是指没有投资限制和障碍，任何投资者都可以投资并能够获得的投资报酬率。一般是指同期国库券利率。风险报酬率，是对风险投资的一种补偿，在数量上是指超过无风险报酬率部分的投资回报率。在资产评估中，因资产的行业分布、种类、市场条件等不同，折现率也不相同。资本化率与折现率在本质上是相同的。

习惯上，人们把将未来有限期内的预期收益折算成现值的比率称为折现率，而把将未来永续性预期收益折算成现值的比率称为资本化率。至于资本化率与折现率在量上是否恒等，主要取决于同一资产在未来不同的时期所面临的风险是否相同。

确定折现率，首先应该明确折现的内涵。折现作为一个时间优先的概念，其前提是将来的收益或利益低于现在同样的收益或利益，并且随着收益时间向将来推迟的程度而有序地降低价值。折现是把一个特定比率应用于一个预期的收益流，从而得出当前价值的一种计算方式。

三、收益期限

收益期限，是指资产具有获利能力并产生净收益的持续时间，通常以年为时间单位。它由评估专业人员根据被评估资产自身效能、相关条件，以及有关法律、法规、契约、合同等加以测定。

● 第四节　收益法的主要评估方法

从大的方面来看，收益法中的具体方法可以分为若干类别：

1.针对评估对象未来预期收益有无期限的情况划分，分为有限期和无限期的评估方法。

2.针对评估对象预期收益额的情况划分，可分为等额收益评估方法、非等额收益评估方法等等。

为了便于学习收益法中的具体方法，我们先对这些具体方法中所用字符的含义进行统一的定义：

P——评估值　　　　　　　　　　i——年序号

FV_i——未来第 i 年的评估值　　　R_i——未来第 i 年的预期收益

r——折现率或资本化率　　　　　r_i——第 i 年的折现率或资本化率

n——收益年期　　　　　　　　　PV——复利现值

P_n——未来第 n 年的预计变现值　　A——年金

R_0——基期收益

1.纯收益不变。

（1）在收益永续、各因素不变的条件下，计算公式为：

$$P=\frac{A}{r} \tag{3-2}$$

公式（3-2）的成立条件是：①纯收益每年不变。②资本化率固定且大于零。③收益年期无限。

（2）在收益年期有限、资本化率大于零的条件下，计算公式为：

$$PV=\frac{A}{r}\left[1-\frac{1}{(1+r)^n}\right] \tag{3-3}$$

公式（3-3）在估价实务中经常被运用，其成立条件是：①收益每年不变。②资本化率固定且大于零。③收益年期有限，为 n。

（3）在收益年期有限、资本化率等于零的条件下，计算公式为：

$$P=A \cdot n \tag{3-4}$$

公式（3-4）的成立条件是：①收益每年不变。②收益年期有限，为 n。③资本化率为零。

2.纯收益每年变化。

在纯收益每年不等，收益年期有限的条件下，评估价值为各年的预期收益乘以与之对应的复利现值系数。

计算公式为：

$$PV=\sum FV_i \cdot PVIFr,n = FV_i \cdot (P/F,r,n) \tag{3-5}$$

● 第五节　收益法的应用与评价

收益法的适用
范围与局限性

一、应用案例

【例3-1】中顺公司尚能继续经营，3年的营业收益全部用于抵充负债，现评估其3年经营收益的折现值。经预测，得出3年内各年预期收益的数据，见表3-1。

表3-1　　　　　　　　　　中顺公司未来3年的预期收益　　　　　　　　金额单位：万元

项目	收益额	折现率	折现系数	收益折现值
第1年	300	6%	0.9434	283
第2年	400	6%	0.8900	356
第3年	200	6%	0.8396	167.9

由此可以确定其折现额为：

资产评估价值=283+356+167.9=806.9（万元）

【例3-2】中顺公司收益性资产预计未来5年收益额分别是12万元、15万元、13万元、11万元、14万元。假定从第6年开始，以后各年收益均为14万元，确定的折现率和资本化率为10%。分别确定该收益性资产在永续经营条件下和50年收益的评估值。

（1）永续经营条件下的评估过程。

首先，确定未来5年收益额的现值。计算中的现值系数，可从复利现值表中查得。

$$P_1 = \sum_{t=1}^{5} \frac{P_t}{(1+i)^t} = 12 \times (PVIF, 10\%, 1) + 15 \times (PVIF, 10\%, 2) + 13 \times (PVIF, 10\%, 3) + 11 \times$$
$$(PVIF, 10\%, 4) + 14 \times (PVIF, 10\%, 5)$$
$$= \frac{12}{1+10\%} + \frac{15}{(1+10\%)^2} + \frac{13}{(1+10\%)^3} + \frac{11}{(1+10\%)^4} + \frac{14}{(1+10\%)^5}$$
$$=12\times0.9091+15\times0.8264+13\times0.7513+11\times0.6830+14\times0.6209$$
$$=49.2777（万元）$$

其次，将第6年以后的收益进行资本化处理，即：

$$P_2 = \frac{A}{r} = 14 \div 10\% = 140（万元）$$

最后，确定该企业的评估价值：

企业评估价值
$$P = P_1 + P_2 \frac{1}{(1+i)^5} = P_1 + P_2(PVIF, 10\%, 5)$$
$$=49.2777+140\times0.6209$$
$$=136.2037（万元）$$

（2）50年的收益价值评估过程。

$$评估价值 = \sum_{t=1}^{5} \frac{P_t}{(1+i)^t} + \frac{A}{R(1+R)^t}\left[1 - \frac{1}{(1+r)^{n-1}}\right]$$
$$= \frac{12}{1+10\%} + \frac{15}{(1+10\%)^2} + \frac{13}{(1+10\%)^3} + \frac{11}{(1+10\%)^4} + \frac{14}{(1+10\%)^5} + \frac{14}{10\% \times (1+10\%)^5} \times$$
$$\left[1 - \frac{1}{(1+10\%)^{50-5}}\right]$$
$$=49.2777+140\times0.6209\times（1-0.0137）$$
$$=135.01（万元）$$

二、收益法的优缺点

（一）收益法的优点

1.使用收益法进行资产评估，充分考虑了资产未来的收益和货币的时间价值，可以真实、准确地反映资产的价值。

对于具备获利能力的资产来说，其价值并不取决于其购建成本，而是取决于其未来的获利能力。无论一项资产购建成本多高，如果获利能力不强的话，对投资者来说，其价值也不是很高。收益法评估的基本思路是充分考虑资产未来的收益能力，并且考虑资产带来收益所承担的风险，并把这种风险量化，把未来的收益折现成评估基准日的现值，可以从资产获利能力的角度真实、准确地反映资产的价值。

2.资产未来预期收益的折现过程与投资决策相结合，评估结果易于被买卖双方接受。

收益法是从投资者的角度来考虑资产的价值的，投资者所愿支付的价格不会超过资产未来预期收益折现成的现值。这个价值是资产售价的最高限度，也是投资者购买资产预期获利的最低要求。与资产售价相等的未来收益折现的现值和，可以作为投资者进行投资决策的依据，是投资者投资的盈亏平衡点。从这个意义上来讲，评估结果更有说服力，容易被买卖双方所接受。

（二）收益法的缺点

1.收益法参数预测的难度较大。

根据收益法的原理，收益法涉及多个参数：收益额、折现率和收益期限，这三个参数均需要通过预测得到。

（1）收益额。资产所能带来的未来收益额受到很多因素的影响：资产所要面临的市场状况、企业具体的经营状况、企业所要面临的财务状况等，众多因素决定了未来收益的不确定性。这种不确定性导致了在对未来收益额进行预测时，存在很多评估者个人的判断。

（2）折现率。折现率是投资者要求的投资报酬率。投资报酬率包括无风险报酬率和风险报酬率。无风险报酬率一般是采用银行利率或国债利率，这个比较容易确定。但是风险报酬率是对未来风险的度量，虽然有不少关于风险报酬率的计算方法，但是在应用的过程中，都存在使用条件的限制和人为主观因素的影响。

（3）折现年限。关于收益年限的判断，相对简单，例如对专利权收益年限的确定，《专利法》有关于其保护年限的规定，再分析专利技术水平的影响以及有关合同约束来共同确定收益年限，可以看出，在这个过程中也存在主观判断。

总之，在使用收益法的过程中，各个参数的确定都需要在对历史数据进行分析的基础上对未来形势作出判断。因此，要尽量依据客观资料，采取合理的方法进行预测，力求减少主观性所带来的误差或错误。

2.收益法的适用范围较小。

收益法应用的前提条件是收益和风险均可被预测、量化。这就要求，被评估资产首先是具备获利能力的。对于那些不具备获利能力的资产，例如大量的单项资产或者是非营利性资产均不适合采用收益法进行评估。

收益法一般适用于那些形成资产的成本费用与其获利能力不对称以及成本费用无法或难以准确计算的资产，如企业价值、无形资产以及可被预测未来收益的单项生产经营性资产的评估。

■ 本章小结

资产评估人员在使用收益法的过程中需要对各个参数、适用范围及条件进行确定,在对历史数据进行分析的基础上了解、掌握收益法的相关公式及评估步骤等,从而对未来形势作出判断。要尽量依据客观资料,采取合理的方法进行预测,力求减少主观性所带来的误差或错误。

■ 本章练习题

一、单项选择题

1.收益法是以( )为基础的。评估房地产价值时,重要的不是过去的因素,而是未来的因素。

A.收益原理   B.预期原理   C.未来原理   D.替代原理

2.购买收益性房地产可以视为( ),实质是以现在的资金去换取期望在未来可以获得的一系列资金。

A.一种收益   B.一种房地产交易   C.一种贷款   D.一种投资

3.某单位拥有的房地产每年可产生100万元净收益,同时此单位有2 000万元货币以5%的年利率存入银行,每年可得到与该宗房地产等额的收益,即每年能获得100万元的利息,则对该单位来说,这宗房地产的价值与( )万元的货币等价。

A.2 000   B.400   C.4 000   D.10 000

4.收益法适用的对象,是有收益或有( )的房地产。

A.潜在收益   B.实际收益   C.客观收益   D.正常收益

5.收益法适用的条件,是房地产的收益和( )都易于量化。

A.成本   B.风险   C.运营费用   D.报酬率

6.现代的收益法是建立在货币具有( )的观念基础上的。

A.投资价值   B.市场价值   C.时间价值   D.资本价值

7.某房地产是在有偿出让的国有土地上开发建造的,当时获得的土地使用权年限为50年,现在已使用了5年,预计利用该房地产正常情况下每年可获得净收益10万元,该类房地产的报酬率为6%,则该房地产的收益价格为( )万元。

A.150.56   B.154.56   C.157.61   D.152.69

8.已知某收益性房地产50年收益权利的价格为4 000元/平方米,报酬率为8%,试求其40年收益权利的价格为( )元/平方米。

A.3 899   B.3 865   C.3 855   D.3 920

9.已知某收益性房地产40年土地使用权的价格为4 000元/平方米,对应的报酬率为6%,假设其土地使用权为50年,报酬率为8%条件下的价格为( )元/平方米。

A.3 252   B.3 435   C.3 565   D.3 343

10.有A、B两宗房地产,A房地产的收益年限为50年,单价为4 000元/平方米;B房地产的收益年限为40年,单价为3 500元/平方米。假设报酬率为6%,则比较两宗房地产的价格，A比B（　　）。

A.高　　　　　　　B.低　　　　　　　C.相同　　　　　　D.无法确定

11.不同年限的价格换算，对于运用（　　）估价时进行有关土地使用年限或不同收益年限的修正是特别有用的。

A.市场法　　　　　B.成本法　　　　　C.收益法　　　　　D.假设法

12.某宗工业用地出让的土地使用年限为50年，所处地段的基准地价为2 000元/平方米，在评估基准地价时设定的土地使用权年限为无限，现行土地资本化率为6%。通过对基准地价进行土地使用权年限修正后的该工业用地的价格为（　　）元/平方米。

A.1 855　　　　　B.1 921　　　　　C.1 878　　　　　D.1 891

13.某宗房地产，通过预测得到未来5年的净收益分别为30万元、32万元、33万元、35万元、38万元，从第6年到未来无穷远，每年的净收益将稳定在40万元左右，该类房地产的报酬率为6%，该房地产的收益价格为（　　）万元。

A.628　　　　　　B.639　　　　　　C.615　　　　　　D.648

14.某宗房地产现行的价格为4 500元/平方米，年净收益为250元/平方米，报酬率为6%。现获知该地区将兴建一座大型的现代化火车站，该火车站将在5年后建成并投入使用，到那时该地区将达到该城市现有火车站所在地区的繁荣程度，在该城市现有火车站所在地区，同类房地产的价格为6 000元/平方米。据此预计新火车站投入使用后，该地区房地产的价格将达到6 000元/平方米。则获知新建火车站后该宗房地产的价格为（　　）元/平方米。

A.5 250　　　　　B.5 655　　　　　C.5 536　　　　　D.5 456

15.目前的房地产市场不景气，但预测3年后价格会回升，现有一座正在出租的写字楼要估价。该写字楼现行市场租金较低，年出租净收益1 000万元，预计未来的3年内仍维持这个水平，但等到3年后市场回升时，将其转卖的售价会高达25 000万元，销售税费为6%。如果投资者要求该类投资的收益率为10%，则该写字楼目前的价值为（　　）万元。

A.21 225　　　　B.19 854　　　　C.22 358　　　　D.20 143

16.某宗房地产预计未来第1年的净收益为50万元，此后每年的净收益会在上一年的基础上增加3万元，收益年限可视为无限年，该类房地产的报酬率为7%。则该宗房地产的收益价格为（　　）万元。

A.1 535　　　　　B.1 327　　　　　C.1 486　　　　　D.1 252

17.某宗房地产预计未来第1年的净收益为50万元，此后每年的净收益会在上一年的基础上增加2%，收益年限可视为无限年，该类房地产的报酬率为6%。则该宗房地产的收益价格为（　　）万元。

A.1 242　　　　　B.1 235　　　　　C.1 250　　　　　D.1 277

18.某旧办公楼的租约尚有3年到期，在此3年的租期中，每年可获取净收益100万元，到期后要拆除此楼作为商业用地。预计作为商业用地的价值为1 500万元，拆除费用为50万元，该类房地产的报酬率为8%。则该旧办公楼的价值为（　　）万元。

A.1 329　　　　　B.1 238　　　　　C.1 409　　　　　D.1 147

19.某宗房地产预计未来第1年的有效毛收入为50万元，运营费用为30万元，此后每年的有效毛收入会在上一年的基础上增长3%，运营费用每年增长2%，收益年限可视为无限年，该类房地产的报酬率为7%，则该宗房地产的收益价格为（ ）万元。

A.650 B.687 C.585 D.630

20.运营费用与（ ）之比称为运营费用率。

A.潜在毛收入 B.有效毛收入 C.有效纯收入 D.实际纯收入

21.租赁收入包括有效毛租金收入和（ ）等利息收入。

A.租金、押金

B.租金、租赁保证金、押金

C.租金、租赁保证金

D.租赁保证金、押金

22.在有租约限制的房地产的估价中，租约期内的租金应采用（ ）。

A.市场租金

B.租约所确定的租金

C.正常客观的租金

D.实际租金

23.对于土地与建筑物合成体的估价对象，如果建筑物的经济寿命长于土地使用年限，或与土地使用年限一起结束，就根据（ ）确定未来可获得收益的年限，选用对应的年限的收益法计算公式，净收益中不扣除建筑物折旧费和土地摊提费。

A.土地使用权年限

B.建筑物经济寿命

C.土地剩余使用年限

D.建筑物的剩余年限

24.某类房地产，在其购买中通常抵押贷款占60%，抵押贷款的年利率为5%，自有资金要求的年收益率为8%，则该类房地产的综合资本化率为（ ）。

A.6.5% B.5.8% C.6.2% D.6.35%

25.某宗房地产的年净收益为4万元，购买者的自有资金为10万元，购买者要求的年收益率为8%，抵押贷款的年利率为5%，该房地产的价格为（ ）万元。

A.64 B.74 C.58 D.87

26.某宗房地产，其土地价值是总价值的30%，土地资本化率为5%，建筑物资本化率为7%，综合资本化率为（ ）。

A.6.6% B.5.8% C.6.2% D.6.4%

27.某宗房地产的净收益为每年100万元，建筑物价值为1 000万元，建筑物的资本化率为8%，土地的资本化率为6%，该宗房地产的价值为（ ）万元。

A.1 468 B.1 333 C.500 D.1 287

二、判断题

1.收益法是求取估价对象未来的净收益，选用适当的报酬率将其折现到估价时点后累加，以此估算估价对象的客观合理价格或价值的方法。 （ ）

2.从收益法的观点看，房地产的价值是其未来净收益之和。 （ ）

3.收益法是以收益原理为基础的。 （ ）

4.由于房地产的寿命长久，占用收益性房地产不仅现在能获得收益，而且预计在未来能继续获得收益。 （ ）

5.投资者购买收益性房地产，实质上是以现在的一笔资金去换取期望在未来可以获得的一系列资金。 （ ）

6.对于投资者来说，用资金购买房地产获取收益，与将资金存入银行获取利息所起的作用是相同的。 （ ）

7.收益法是建立在货币具有时间价值的基础上的，货币的时间价值是指现在的钱比过去的钱有更高的价值。　　　　　　　　　　　　　　　　　　　　　　（　　）

8.收益法适用的对象，是有收益或潜在收益的房地产，如商店、旅馆、餐馆、写字楼、教学楼、公寓等。　　　　　　　　　　　　　　　　　　　　　　　　（　　）

9.收益法不限于估价对象本身现在是否有收益，只要它所属的这类房地产有收益即可。　　　　　　　　　　　　　　　　　　　　　　　　　　　　　　　　　（　　）

10.收益法适用的条件是房地产的净收益和报酬率都能够量化。　　　　　　（　　）

11.要比较两宗房地产价格的高低，如果该两宗房地产的收益年限或土地使用年限不同，直接比较是不妥的。如果要比较，则需要将它们转换成不同年限下的价格。（　　）

12.在收益法中，通过计算有限年的公式可以发现，报酬率越高，接近无限年的价格越快。　　　　　　　　　　　　　　　　　　　　　　　　　　　　　　　（　　）

13.净收益按一定数额递增或递减的公式有重要的实用价值，特别是像写字楼、宾馆这类房地产，在建成后的前几年由于试营业等原因，收益可能不稳定，更适宜采用此类公式估价。　　　　　　　　　　　　　　　　　　　　　　　　　　　　　　　（　　）

14.运营费用是维持房地产正常生产、经营或使用必须支出的费用及归属于其他资本或经营的收益。　　　　　　　　　　　　　　　　　　　　　　　　　　　　（　　）

15.运营费用是从估价角度出发的，与会计上的成本费用有所不同，如不包含所得税、房地产抵押贷款偿还额、建筑物折旧费、土地摊提费、房地产改扩建费用等。　　（　　）

16.运营费用包含其他资本或经营的收益，如商业、餐饮、工业、农业等经营者的正常利润。　　　　　　　　　　　　　　　　　　　　　　　　　　　　　　　（　　）

17.房地产的收益包括有形收益和无形收益，在求取净收益时不仅要考虑有形收益，而且要考虑无形收益，但如果无形收益已通过有形收益得到体现，则不应再单独考虑。（　　）

18.资本化率是将房地产的净收益转换成价值的比率。由于资本化率的微小变化会导致价值的很大变化，资本化率如果选取不当，计算结果会出现很大的差异，因此即使净收益的估算很准确，计算结果仍然不可信。　　　　　　　　　　　　　　　　　（　　）

19.从全社会来看，收益率与投资风险负相关，风险大的收益率低，风险小的收益率高。　　　　　　　　　　　　　　　　　　　　　　　　　　　　　　　　　（　　）

三、思考题

1.收益途径依据的是什么样的经济学原理？

2.复原重置成本与更新重置成本存在哪些联系与区别？

3.判断经济性贬值是否发生的依据及经济性贬值的特征是什么？

4.在运用市场途径时，选择参照物需要注意哪些问题？

5.评估途径与评估具体技术方法之间的关系如何？

6.不同的评估具体技术方法之间是一种什么样的关系？

第四章

资产评估的成本法

育德育人

唯物辩证法指出：规律是事物本身所固有的、本质的、必然的、稳定的联系，是发展的必然趋势。规律具有客观性、稳定性、可重复性和普遍性。规律是事物的内部联系和发展的必然趋势。客观性是规律的根本特点，它的存在不依赖于人的意识。相反，人的意识及其指导下的实践却要受规律的支配。规律的客观性表明，人们不能蔑视规律，更不能创造和消灭规律（也不能改造规律），但人们在实践中可以认识规律或发现规律，并利用对规律的认识指导实践。

唯物辩证法是客观世界规律和人类实践经验的高度概括。我们要把马克思主义唯物辩证法原理应用于资产成本法的学习中，用以说明事物，解决问题。成本法作为国际公认的资产评估三大基本方法之一，具有一定的科学性和可行性，在进行计算的时候人们只需要确定重置成本和实体损耗贬值，即可确定两个评估参数的资料，计算的依据又比较具体，并且很容易被搜集到，因此该方法在资产评估中具有重要的意义。

课前准备

成本法是在现时条件下，用被评估资产全新状态下的成本减去该项资产的实体性贬值、功能性贬值和经济性贬值，估算资产价值的方法。用成本法进行资产评估的，应当根据该项资产在新情况下的成本，减去按成本计算的已使用年限的累计折旧额，考虑功能变化、成新率（即被评估资产的新旧程度，如八成新、六成新）等因素，评定重估价值，或者根据资产的使用期限，考虑资产功能变化等因素重新确定成新率，评定重估价值。

学习目标

了解成本法的理论依据；熟悉成本法的概念、适用对象和条件；掌握成本法估价的程序及基本方法。

● 第一节　成本法的概念及使用的前提条件

案例与例题
解析

一、成本法的概念

成本法，是指首先估测被评估资产的重置成本，然后估测被评估资产已存在的各种贬损因素，并从其重置成本中予以扣除，而得到被评估资产价值的各种评估方法的总称。

成本法始终贯穿着一个重建或重置被评估资产的思路。在条件允许的情况下，任何一个潜在的投资者在决定投资某项资产时，他所愿意支付的价格不会超过购建该项资产的现行购建成本。具体的表现包括：（1）如果投资对象并非全新，投资者所愿支付的价格会在全新投资对象购建成本的基础上扣除资产的实体有形损耗。（2）如果被评估资产存在功能和技术落后的状况，那么投资者所愿支付的价格会在全新投资对象购建成本的基础上扣除资产的功能性贬值。（3）如果被评估资产及其产品面临市场困难和外力影响，投资者所愿支付的价格会在全新投资对象购建成本的基础上扣除资产的经济性贬损因素。

具体的计算公式为：

资产的评估值=资产的重置成本-资产的实体有形损耗-资产的功能性贬值-资产的经济性贬值　（4-1）

公式（4-1）所概括的成本法是按成本法各构成要素出现的概率的大小排列而成的，因此该表达式也称为成本法的理论表达式。如果在资产评估的实际操作中，被评估资产确实存在这三种贬值，那么在此种情况下具体运用成本法时，应按成本法的逻辑顺序进行操作，即按照资产的经济性贬值、功能性贬值和实体有形损耗这一顺序，依次从资产的重置成本中予以扣除，具体的计算公式调整为：

资产的评估值=资产的重置成本-资产的经济性贬值-资产的功能性贬值-资产的实体有形损耗　（4-2）

成本法是以再取得被评估资产的重置成本为基础的评估途径。由于被评估资产的再取得成本的有关数据和信息来源相对广泛，并且资产的重置成本与资产的现行市价及收益现值也存在着内在联系和替代关系，因此，在市场发育欠完善的条件下，成本法被广泛应用。

二、成本法的基本前提

成本法通过资产的重置成本反映资产的交换价值。只有当被评估资产处于继续使用的状态下时，再取得被评估资产的全部费用才能构成其交换价值的内容。

资产的继续使用不仅仅是一个物理上的概念，还包含着其使用有效性的经济意义。只有当资产能够继续使用并且在持续使用中为潜在所有者和控制者带来经济利益时，资产的重置成本才能为潜在投资者和市场所承认和接受。

从这个意义上讲，成本法主要适用于继续使用前提下的资产评估。可能资产的继续使用并不是决定成本法能否被使用的唯一前提。但是，对于非继续使用前提下的资产，如果运用成本法进行评估，需对成本法的基本要素做必要的调整。

综上所述，从相对准确合理、减少风险和提高评估效率的角度出发，把继续使用作为运用成本法的前提是有积极意义的。

三、成本法的基本要素

1.资产的重置成本。

简单地说，**资产的重置成本**就是资产的现行再取得成本。具体来说，重置成本又分为：

（1）复原重置成本，是指采用与评估对象相同的材料、建筑标准或制造标准、设计、规格及技术等，以现时价格水平重新购建与评估对象相同的全新资产所发生的费用。

（2）更新重置成本，是指采用新型材料，现代建筑标准或制造标准，新型设计、规格和技术等，以现行价格水平购建与评估对象具有同等功能的全新资产所需要的费用。

2.资产的有形损耗。

资产的有形损耗也称实体性贬值，是指资产由于使用及自然力的作用导致的资产的物理性能的损耗或下降而引起的资产价值损失。资产的有形损耗通常采用相对数进行计量，即有形损耗率，其计算公式为：

　　资产有形损耗率=资产有形损耗额÷资产重置成本×100%　　　　　　　　　　（4-3）

3.资产的功能性贬值。

资产的功能性贬值，是指由于技术进步引起的资产功能相对落后而造成的资产价值损失。包括新工艺、新材料和新技术的采用等而使原有资产的建造成本超过现行建造成本的超支额，以及原有资产的运营成本的超支额。功能性贬值可以体现在两个方面：一是从运营成本的角度看，在产出量相等的情况下，被评估资产的运营成本要高于同类技术先进的资产；二是从产出能力的角度看，在运营成本相类似的情况下，被评估资产的产出能力要低于同类技术先进的资产。

4.资产的经济性贬值。

资产的经济性贬值，是指由于外部条件的变化引起资产闲置、收益下降等而造成的资产价值损失。主要表现为运营中的设备利用率下降，甚至闲置，并由此引起设备的运营收益减少。外部条件造成的经济性贬值可以源自国际、国内行业基础或地方。各种各样的外部因素影响潜在的经济回报，因而直接影响资产的市场价值。经济性贬值可分为以下几类：

（1）生产能力相对过剩引起的经济性贬值。

（2）生产要素提价，产品售价没有提高引起的经济性贬值。

（3）缩短资产的使用寿命引起的经济性贬值。

● 第二节　成本法的应用

一、重置成本的估算方法

1.重置核算法。

重置核算法也称细节分析法、核算法等，它是利用成本核算的原理，根据重新取得资产所需的费用项目逐项进行实际测算，然后累加得到资产的重置成本。实际测算的过程又具体划分为两种类型：

案例与例题
解析

（1）购买型，是以购买资产的方式作为资产的重置过程，所以又称市场重置法。资产的重置成本具体是由资产的现行购买价格、运杂费、安装调试费以及其他必要费用构成

的。将上述取得资产的必需费用累加起来，便可计算出资产的重置成本。

（2）自建型，是把自建资产作为资产重置的方式。它根据重新建造资产所需的料、工、费及必要的资金成本和开发者的合理利润等分析和计算出资产的重置成本。资产的重置成本应包括开发者的合理收益。一是重置成本是按在现行市场条件下重新购建一项全新资产所支付的全部货币总额，应该包括资产开发和制造商的合理收益。二是资产评估旨在了解被评估资产模拟条件下的交易价格。一般情况下，价格都应该含有开发者或制造者合理收益的部分。资产重置成本中合理收益部分的确定，应以现行行业或社会平均资产收益水平为依据。

【例4-1】重置购建设备一台，现行市场价格每台5万元，运杂费1000元，直接安装成本800元，其中原材料300元、人工成本500元。根据统计分析，计算求得安装成本中的间接成本为：每1元人工成本对应0.8元间接成本，则该机器设备的重置成本为：

直接成本=50 000+1 000+800=51 800（元）

算式中：买价为50 000元，运杂费为1 000元，安装成本为800元（其中：原材料300元，人工成本500元），间接成本（安装成本）为400元，重置成本合计52 200元。

2.价格指数法。

价格指数法，是利用与资产有关的价格变动指数，将被评估资产的历史成本（账面价值）调整为重置成本的一种方法，其计算公式为：

重置成本=资产的账面原值×（1+价格变动指数）　　　　　　　　　　（4-4）

或：重置成本=资产的账面原值×价格指数　　　　　　　　　　　　　（4-5）

公式（4-5）中：价格指数可以是定基价格指数或环比价格指数。

定基价格指数是评估时点的价格指数与资产购建时点的价格指数之比。计算公式为：

定基价格指数=（评估时点定基价格指数÷资产购建时定基价格指数）×100%　（4-6）

环比价格变动指数可考虑按下式求得：

$X=（1+a_1）（1+a_2）（1+a_3）\cdots（1+a_n）×100\%$　　　　　　　（4-7）

公式（4-7）中：X为环比价格指数；a_n为第n年环比价格变动指数，n=1，2，3…

【例4-2】某被评估资产购建于2×18年，账面原值为50 000元，当时该类资产的定基价格指数为95%，评估时该类资产的定基价格指数为160%，则：

被评估资产重置成本=50 000×（160%÷95%）=84 210.53（元）

又如，被评估资产账面价值为200 000元，2×18年建成，2×23年进行评估，经调查已知同类资产环比价格变动指数分别是：2×19年为11.7%，2×20年为13%，2×21年为30.5%，2×22年为6.9%，2×23年为4.8%，则有：

被评估资产重置成本=200 000×（1+11.7%）×（1+13%）×（1+30.5%）×（1+6.9%）×（1+4.8%）

≈369 072.01（元）

价格指数法与重置核算法是重置成本估算较常用的方法，但二者具有明显的区别：

首先，价格指数法估算的重置成本仅考虑了价格变动因素，因而确定的是复原重置成本；重置核算法既可以考虑价格因素，又可以考虑生产技术进步和劳动生产率的变化因素，因而既可以估算复原重置成本又可以估算更新重置成本。

其次，价格指数法建立在不同时期的某一种或某类甚至全部资产的物价变动水平上，重置核算法建立在现行价格水平与购建成本费用核算的基础上。

明确价格指数法和重置核算法的区别，有助于重置成本估算方法的判断和选择。一项科学技术进步较快的资产，采用价格指数法估算的重置成本往往会偏高。

当然，价格指数法和重置核算法也有其相同点，它们都是建立在利用历史资料的基础上的。因此，分析、判断资产评估时重置成本口径与委托方提供历史资料（如财务资料）的口径差异，是应用上述两种方法时需注意的共同问题。

3.功能价值类比法。

功能价值类比法，也称生产能力比例法，这种方法是寻找一个与被评估资产相同或相似的资产为参照物，根据参照资产的重置成本及参照物与被评估资产生产能力的比例，估算被评估资产的重置成本。具体的计算公式为：

$$被评估资产重置成本 = \frac{被评估资产年产量}{参照物年产量} \times 参照物重置成本 \tag{4-8}$$

【例4-3】现知被评估资产（一台机器设备）年产量为4 000件，而一台全新的该机器设备的价格为5万元，年产量为5 000件。由此可以确定其重置成本：

$$被评估资产重置成本 = 4\ 000 \div 5\ 000 \times 50\ 000 = 40\ 000 （元）$$

运用这种方法的前提条件和假设是资产的成本与其生产能力呈线性关系，生产能力越大，成本越高，而且是呈正比例变化。应用这种方法估算重置成本时，首先应分析资产成本与生产能力之间是否存在这种线性关系。如果不存在这种关系，就不可以采用这种方法。

4.规模经济效益指数法。

通过对不同资产的生产能力与成本之间关系的分析可发现，许多资产的成本与生产能力之间不存在线性关系。当资产A的生产能力比资产B的生产能力大一倍时，其成本却不一定大一倍。也就是说，资产生产能力和成本之间只是同方向变化，而不是等比例变化，这是规模经济效益作用的结果。

两项资产的重置成本和生产能力相比较，其关系可用下列公式表示：

$$\frac{被评估资产的重置成本}{参照物资产的重置成本} = \left(\frac{被评估资产的产量}{参照物资产的产量}\right)^x \tag{4-9}$$

推导可得：

$$被评估资产的重置成本 = 参照物资产的重置成本 \times \left(\frac{被评估资产的产量}{参照物资产的产量}\right)^x \tag{4-10}$$

公式（4-10）中的x是一个经验数据，又被称为规模经济效益指数。在美国，这个经验数据一般在0.4~1.2之间，如加工工业的规模经济效益指数一般为0.7，房地产行业的规模经济效益指数一般为0.9。到目前为止，我国尚未形成统一的经验数据，在评估过程中要谨慎使用这种方法。公式中的参照物一般可选择同类资产中的标准资产。

上述4种方法均可用于确定在成本法下的重置成本，至于选用哪种方法，应根据具体的评估对象和可以搜集到的资料确定。在这些方法中，某项资产可能同时适用多种方法，而有的则不然。应用时必须注意分析方法运用的前提条件，否则将得出错误的结论。

另外，在用成本法对企业整体资产及某一相同类型资产进行评估时，为了简化评估业务，节省评估时间，还可以采用统计分析法确定某类资产的重置成本。这种方法运用的步骤是：

（1）在核实资产数量的基础上，把全部资产按照适当标准划分为若干类别。如房屋建筑物按结构划分为钢结构、钢筋混凝土结构等，机器设备按有关规定划分为专用设备、通用设备、运输设备、仪器、仪表等。

（2）在各类资产中抽样选择适量、具有代表性的资产，应用功能价值法、价格指数法、重置核算法或规模经济效益指数法等方法估算其重置成本。

（3）依据分类抽样估算资产的重置成本额与账面历史成本，计算出分类资产的调整系数，其计算公式为：

$$K=\frac{R'}{R} \tag{4-11}$$

式中：K代表资产重置成本与历史成本的调整系数。

R′代表某类抽样资产的重置成本。

R代表某类抽样资产的历史成本。

根据调整系数K估算被评估资产的重置成本，其计算公式为：

$$被评估资产重置成本=\sum 某类资产账面历史成本 \times K \tag{4-12}$$

某类资产账面历史成本可从会计记录中取得。

【例4-4】评估人员评估某企业某类通用设备，经抽样选择了具有代表性的通用设备5台，估算其重置成本之和为30万元，而这5台具有代表性的通用设备的历史成本之和为20万元，该类通用设备账面历史成本之和为500万元，则：

K=30÷20=1.5

该类通用设备的重置成本之和=500×1.5=750（万元）

二、实体性贬值的估算方法

对资产的实体性贬值的估算一般可以选择以下几种方法进行估测：

1. 观测法。

观测法，也称成新率法，是指由具有专业知识和丰富经验的工程技术人员对被评估资产的实体各主要部位进行技术鉴定，并综合分析资产的设计、制造、使用、磨损、维护、修理、改造情况和物理寿命等因素，将评估对象与其全新状态相比较，考察由于使用磨损和自然损耗对资产的功能、使用效率带来的影响，判断被评估资产的成新率，从而估算实体性贬值。其计算公式为：

$$资产实体性贬值=重置成本 \times （1-实体性成新率） \tag{4-13}$$
$$=重置成本 \times 实体性贬值率$$

$$实体性成新率=1-实体性贬值率 \tag{4-14}$$

【例4-5】被评估资产于2×21年1月1日购建，其重置成本为100万元。该设备于评估基准日2×23年12月31日的全新购置价格为150万元。经专家鉴定，该设备由于使用磨损所造成的贬值率为20%。在不考虑其他因素的条件下，该设备的实体性贬值为：

$$资产实体性贬值=重置成本 \times 实体性贬值率$$
$$=150 \times 20\%$$
$$=30（万元）$$

2. 使用年限法。

使用年限法，是利用被评估资产的实际已使用年限与其总使用年限的比值来判断其实体贬值率（程度），进而估测资产的实体性贬值的方法。与使用年限法具有相同评估原理的技术方法还有工作量比率法等。使用年限法的计算公式为：

$$资产的实体性贬值=\frac{重置成本\times实际已使用年限}{总使用年限} \quad\quad\quad (4-15)$$

公式（4-15）中：总使用年限指的是实际已使用年限与尚可使用年限之和，即：

总使用年限=实际已使用年限+尚可使用年限　　　　　　　　　　　　（4-16）

预计残值，是指被评估资产在清理报废时净收回的金额。在资产评估中，通常只考虑数额较大的残值，如残值数额较小则可以忽略不计。人们可以通过实体性贬值率来计算实体性贬值，实体性贬值率的计算公式为：

实体性贬值率=实际已使用年限÷总使用年限×100%　　　　　　　　　（4-17）

实际已使用年限=名义已使用年限×资产利用率　　　　　　　　　　　（4-18）

由于资产在使用中负荷程度的影响，必须将资产的名义已使用年限调整为实际已使用年限。**名义已使用年限**，是指资产从购进使用到评估时的年限。名义已使用年限可以通过会计记录、资产登记簿、登记卡片查询确定。实际已使用年限，是指资产在使用中实际损耗的年限。实际已使用年限与名义已使用年限的差异可以通过资产利用率来调整。资产利用率的计算公式为：

$$资产利用率=\frac{截至评估日资产累计实际利用时间}{截至评估日资产累计法定利用时间}\times100\% \quad\quad\quad (4-19)$$

当资产利用率＞1时，表示资产超负荷运转，资产实际已使用年限比名义已使用年限长；

当资产利用率=1时，表示资产满负荷运转，资产实际已使用年限等于名义已使用年限；

当资产利用率＜1时，表示开工不足，资产实际已使用年限小于名义已使用年限。

【例4-6】某资产2×13年2月购进。2×23年2月评估时，其名义已使用年限是10年。根据该资产的技术指标，在正常使用的情况下，每天应工作8小时，而该资产实际每天工作7.5小时。由此可以计算资产的利用率：

资产利用率=［10×360×7.5÷（10×360×8）］×100%=93.75%

由此可确定其实际已使用年限为9.4年。

在实际评估过程中，由于企业基础管理工作较差以及资产运转中的复杂性，资产利用率的指标往往很难确定。评估人员应综合分析资产的运转状态，诸如资产开工情况、大修间隔期、原材料供应情况、电力供应情况、是否属于季节性生产等。

尚可使用年限指的是根据资产的有形损耗因素，预计资产的继续使用年限。

3.修复金额法。

修复金额法，是根据修复资产的已损实体所需要支付的金额来判断资产的有形损耗额。此方法主要适用于具有特殊结构的可补偿性资产的有形损耗额的估测。可补偿性有形损耗，是指技术上可修复且经济上合理的有形损耗。

三、功能性贬值的估算方法

功能性贬值，是由于技术相对落后造成的贬值。估算功能性贬值时，人们主要根据资产的效用、生产加工能力、工耗、物耗、能耗水平等功能方面的差异造成的成本增加或效益降低，相应地确定功能性贬值额。同时，还要重视技术进步的因素，注意替代设备、替代技术、替代产品的影响以及行业技术装备水平现状和资产更新换代速度。

通常情况下，功能性贬值的估算可以按下列步骤进行：

（1）将被评估资产的年运营成本与功能相同且被广泛使用的主流资产的年运营成本进行比较。

（2）计算二者的差异，确定净超额运营成本。由于企业支付的运营成本是在税前扣除的，因此企业支付的超额运营成本会导致税前利润额下降、所得税额降低，使得企业负担的运营成本低于其实际支付额。因此，净超额运营成本是超额运营成本扣除其抵减的所得税以后的余额。

（3）估计被评估资产的剩余寿命。

（4）以适当的折现率将被评估资产在剩余寿命内每年的超额运营成本进行折现，这些折现值之和就是被评估资产功能性损耗（贬值）。其计算公式为：

被评估资产功能性贬值额=∑（被评估资产年净超额运营成本 × 折现系数）　　　　　　（4-20）

应当指出，将新老技术设备进行对比时，除生产效率影响工资成本超额支出外，还可对原材料消耗、能源消耗以及产品质量等指标进行对比，计算其功能性贬值。此外，由于技术进步造成被评估资产出现超额投资成本而形成的功能性贬值还可以通过对超额投资成本的估算进行评估，即超额投资成本可视同功能性贬值。其计算公式为：

功能性贬值=复原重置成本−更新重置成本　　　　　　　　　　　　　　　　　（4-21）

功能性贬值主要是由于技术相对落后造成的贬值。在资产评估实践中，并不排除由于资产功能过剩而形成资产的功能性贬值。

四、经济性贬值的估算方法

就表现形式而言，资产的经济性贬值主要表现为运营中的资产利用率下降，甚至闲置，并由此引起资产的运营收益减少。当有确凿证据表明资产已经存在经济性贬值时，可参考下面的方法估测其经济性贬值率或经济性贬值额。

（1）当确信被评估资产的功能与其价值呈指数关系时：

资产的经济性贬值率=［1−（资产预计可被利用的生产能力÷资产原设计生产能力）^{x}］×100%　（4-22）

公式（4-22）中：x为功能价值指数，实践中多采用经验数据，数值一般在0.4~1之间选取。

（2）当确信被评估资产的功能与其价值呈线性关系时：

资产的经济性贬值率=［1−（资产预计可被利用的生产能力/资产原设计生产能力）］×100%　（4-23）

资产的经济性贬值额=资产的重置成本×经济性贬值率　　　　　　　　　　　　（4-24）

（3）当确信被评估资产持续存在收益损失时：

资产的经济性贬值额=资产年收益损失额×（1−所得税税率）×（P/A，r，n）　　　（4-25）

公式（4-25）中：（P/A，r，n）为年金现值系数。

【例4-7】某被评估生产线的设计生产能力为年产20 000台产品。因市场需求结构变化，在未来可使用年限内，每年产量估计要减少6 000台，功能价值指数取0.6。根据上述条件，该生产线的经济性贬值率计算如下：

经济性贬值率=［1−（14 000÷20 000）$^{0.6}$×100%］

　　　　　　=（1−0.81）×100%

　　　　　　=19%

假定每年减少6 000台产品，每台产品利润100元，该生产线尚可继续使用3年，企业所在行业的投资回报率为10%，所得税税率为25%，则该资产的经济性贬值额大约为：

经济性贬值额=（6 000×100）×（1-25%）×（P/A，10%，3）

=450 000×2.4869

=1 119 105（元）

在资产评估的实践中，当外部环境更有利于资产发挥功能和效用时，资产也存在经济性溢价。

■ 本章小结

成本法作为资产评估的基本方法之一，是从再取得的角度来反映资产评估的价值的，也就是通过资产的重置成本来确定资产的预期可实现价值。采用成本法评估资产价值能够比较充分地考虑资产的损耗，在不易计算资产未来收益或难以取得市场参考物的条件下可广泛应用，有利于单项特定用途资产的评估。但是，成本法没有考虑资产的最佳用途，其确定的是特定资产在特定用途下对特定使用者的价值，即在用价值。

■ 本章练习题

一、单项选择题

1.成本法的理论依据，从卖方的角度看，是（　　　）。

A.替代原理　　　　　　　　　　B.生产费用价值论

C.预期原理　　　　　　　　　　D.收益理论

2.成本法特别适用于（　　　）的房地产估价。

A.收益小和发生交易少　　　　　B.收益大和发生交易少

C.收益小和发生交易多　　　　　D.收益大和发生交易多

3.用成本法评估某宗房地产的价格时，应选取（　　　）成本作为评估依据。

A.该宗房地产的实际　　　　　　B.类似房地产的客观

C.类似房地产的最高　　　　　　D.类似房地产的最低

4.用成本法评估新开发土地价格的基本公式为：新开发土地的价格=取得待开发土地费用+（　　　）+正常利税。

A.拆迁安置补偿费　　　　　　　B.基础设施建设费

C.公共配套设施费　　　　　　　D.开发土地所需费用

5.公司取得某块面积为3平方千米的成片荒地的价格为500元/平方米，将其开发成熟的土地开发成本、管理费用、销售费用、投资利息合计为500元/平方米，税率为可转让熟地价格的15%，其可转让土地面积为2平方千米，则该荒地开发完成后可转让熟地的平均单价为（　　　）元/平方米。

A.1 765　　　　　　B.1 150　　　　　　C.1 725　　　　　　D.1 500

6.某宗土地取得成本为1 000万元，开发成本为1 500万元，管理费用为75万元，销售费用为35万元，无利息，投资利润率为12%，则开发利润为（　　　）万元。

A.180.0　　　　　　B.300.0　　　　　　C.309.0　　　　　　D.313.2

7.开发利润与开发完成后的房地产价值之比为（   ）。

A.投资利润率   B.成本利润率

C.销售利润率   D.直接成本利润率

8.估价上的折旧注重的是（   ）。

A.原始取得价值的减价修正   B.原始取得价值的摊销与回收

C.重置价值的摊销与回收   D.价值的减价修正

9.某住宅小区附近新建了一座酿酒厂，由此引起的该住宅小区房地产价值贬损属于（   ）。

A.物质折旧   B.功能折旧   C.外部折旧   D.会计折旧

10.建筑物估价中年限通常指（   ）。

A.物理耐用年限   B.建筑物消亡的年限

C.经济年限   D.已使用年限

11.已知建筑物重置价格为800元/平方米，建筑物已使用10年，折旧率为0.012，若为直线折旧，则该建筑物的现时单价是（   ）元/平方米。

A.800   B.640   C.704   D.720

12.某建筑物经实地勘察，预计尚可使用30年，无残值。该类建筑物的耐用年限为50年，则该建筑物的成新率为（   ）。

A.40%   B.60%   C.50%   D.67%

13.某建筑物已使用8年，经实地勘察，估计尚可使用32年，残值率为5%，则该建筑物的成新率为（   ）。

A.76%   B.80%   C.81%   D.84%

14.一厂房建成8年后被改造为超级市场，并补办了土地使用权出让手续，土地使用权出让年限为40年，建筑物的经济寿命为50年，土地使用权期满后建筑物由国家无偿收回，则计算该建筑物折旧的经济寿命应为（   ）年。

A.40   B.42   C.48   D.50

15.同一建筑物若使用性质不同，则其年折旧额由大到小的排列顺序为（   ）。

A.一般生产用房、腐蚀性生产用房、非生产用房

B.非生产用房、一般生产用房、腐蚀性生产用房

C.腐蚀性生产用房、一般生产用房、非生产用房

D.非生产用房、腐蚀性生产用房、一般生产用房

16.建筑物的寿命有自然寿命和经济寿命之分，两者的长短关系有（   ）。

A.自然寿命≥经济寿命   B.自然寿命≤经济寿命

C.自然寿命=经济寿命   D.无关

17.某商业大楼建造期2年，建成8年后补办了土地使用权出让手续，土地使用年限为40年，建筑物的经济寿命为35年，评估时该建筑物的折旧年限应取（   ）年。

A.35   B.45   C.48   D.50

18.某商业房地产企业于2×08年9月15日以出让方式获得一项40年的土地使用权。该项目于2×09年3月15日开始建造，于2×12年3月15日竣工验收，于2×12年9月15日开始营业。建筑物的重置成本为5 000元/平方米，正常使用的经济寿命为50年，土地使用权

期满后建筑物由国家无偿收回,残值率为2%。该建筑物2×16年9月15日每平方米的折旧额为(　　)元/平方米。

A.450　　　　　　B.616　　　　　　C.563　　　　　　D.604

二、多项选择题

1.在成本法中,直接成本利润率的计算基数包括(　　)。

A.土地取得成本　　B.建设成本　　　　C.管理费用　　　　D.销售费用

2.建筑物的重新购建价格是(　　)的价格。

A.扣除折旧后　　　B.估价时点　　　　C.客观　　　　　　D.全新的

3.求取建筑物重新建造成本的方法有(　　)。

A.指数调整法　　　B.实际观察法　　　C.工料测量法　　　D.分部分项法

4.成本法中的"开发利润"是指(　　)。

A.开发商所期望获得的利润　　　　　　B.开发商所能获得的税前利润

C.开发商所能获得的平均利润　　　　　D.开发商所能获得的税后利润

5.用成本法评估商品住宅的价格时,其中的土地重新购建价格可用(　　)求取。

A.市场比较法　　　　　　　　　　　　B.基准地价修正法

C.假设开发法　　　　　　　　　　　　D.成本法

6.在成本法中投资利润率的计算基数包括(　　)。

A.土地取得成本　　　　　　　　　　　B.建设成本

C.管理费用　　　　　　　　　　　　　D.销售费用

三、判断题

1.资产评估人员不得随意删减基本评估程序。　　　　　　　　　　　　　(　　)

2.在执行评估业务的过程中,由于受到客观限制,无法或者不能完全履行评估程序,评估人员可直接决定终止评估业务。　　　　　　　　　　　　　　　　　　　(　　)

3.只要执行了资产评估程序就可以防范资产评估风险。　　　　　　　　　(　　)

4.资产评估程序是规范资产评估行为、提高资产评估业务质量的重要保证。　(　　)

四、案例分析

某商品住宅,预计建设期为2年,建筑费为每平方米800元,专业费用为建筑费的8%,第1年投入60%的建筑费及专业费用,第2年投入40%的建筑费及专业费用;销售费用为未来楼价的3%;贷款年利息率为10%;销售税费为未来楼价的6%;投资利润率为20%。试计算该房屋的重建价格。

第五章
流动资产评估

育德育人

党的二十大报告指出，必须坚持系统观念。世界是一个普遍联系的有机整体，要用普遍联系的、全面系统的、发展变化的观点观察事物，善于通过历史看现实、透过现象看本质，不断提高思维能力，把握好复杂关系，分清主次矛盾，为前瞻性思考、全局性谋划、整体性推进党和国家各项事业提供科学的思维方法。

在复杂事物的发展过程中，有许多矛盾存在，其中必有一种是主要矛盾，抓住了这个主要矛盾，一切问题就迎刃而解了。唯物辩证法指出，矛盾力量的不平衡性，要求我们把唯物辩证法的两点论和重点论结合起来。两点论就是要同时看到主要矛盾和非主要矛盾、矛盾的主要方面和非主要方面之间的辩证关系。重点论就是在看到两个方面的同时，必须分清主次，抓住主要矛盾和矛盾的主要方面。

流动资产评估是单项评估，必须选准评估的基准时间，流动资产评估的时点要尽可能与评估结论使用时点接近。由于流动资产有着流动性和价值的波动性，既要认真进行资产清查，又要分清主次，掌握重点。在流动资产评估之前必须认真进行资产清查，这直接影响着评估质量的好坏。但是，由于流动资产往往数量较大、种类较多，清查工作量很大，因此，需要同时考虑评估的时间要求和评估成本。流动资产评估过程中，评估人员往往需要根据不同企业的生产经营特点和流动资产分布的特点，对其分清主次，选择不同的方法进行清查和评估。清查采用的方法可以是抽查、重点清查和全面盘点。当抽查核实中发现原始资料或清查盘点工作的可靠性较差时，要扩大抽查范围，直至核查全部流动资产。

课前准备

振华公司流动资产评估

振华公司委托中介机构对其长期拥有的全部流动资产进行评估，为振华公司整体改制为股份有限公司提供价值依据。评估范围包括货币资金、应收账款、预付账款、其他应收款、存货、待摊费用等。在了解被委托评估的资产现状的基础上，评估人员和振华公司的有关部门进行了充分的交流与分析，并据此开展流动资产评估的具体工作。

中介机构首先对振华公司提供的价值评估申报清单进行逐项核对、归纳，并将其与资产负债表、总账及明细账的相关科目进行核对，验证评估申报表的正确性，同时通过抽查部分凭证和查阅有关资料进行验证。

然后，中介机构进行了现场勘查及实物核对，与振华公司有关人员共同到存货现场进行盘查，对重要的、价值量较大的存货进行了抽查，并结合库存账进行了清查核实，对往来账项、债权债务进行了函证核实。

根据振华公司流动资产的具体情况，中介机构主要采用了成本法和市场法进行评估。

振华公司货币资金的账面金额为 8 880 972.48 元，其中现金为 1 676.87 元，银行存款为 8 879 295.61 元。在验证振华公司提供的申报表、银行对账单等资料的基础上，以核对无误后的账面价值确认评估值，评估值为 8 880 972.48 元。

应收账款、其他应收款的账面金额分别为 3 206 873 元、8 214 180 元。在对各种应收账款核实无误的基础上，根据每笔款项可能收回的数额确定评估值。在操作中应注意借助历史资料、行业函证调查了解的情况，具体分析应收数额、欠款时间和原因、款项回收情况，以及欠款方的资金、信用、经营、管理现状等，从而对款项回收的可能性进行综合判定。由于振华公司的应收款项全部为近两年经营性业务往来发生额，不存在无法回收的不确定因素，因此确认应收款项评估值为 3 206 873 元，其他应收款评估值为 8 214 180 元。

预收款项的账面价值为 13 902 280 元。在对预付账款账面价值核实无误的基础上，以账面价值确认评估值为 13 902 280 元。

预付账款的账面余额为 390 217 元，经核实，全部为在用工具、器具，将其转入低值易耗品评估，因此此项预付账款的评估值为零。

存货包括原材料、在产品、半成品、产成品、委托加工材料及低值易耗品，原材料大都为近期购入，历史成本与市场价格差别不大，故按账面价值评估。在产品、自制半成品、产成品等都按账面价值估值。低值易耗品分为在库和在用两种情况。在库低值易耗品为近期购入、保存良好，按账面面值确定其评估值。在用低值易耗品单位价值量低、数量大、难以逐项操作，适合按产品规模、用途、使用部门、使用年限等分项归类，采用重置成本进行评估。按历史成本增加 5%～10% 的模具设计费用、购置费用、保管费用，再按机械工业产品出厂价格指数求取重置成本，成新率采用年限法。另有从"预付账款"项目内转入"在用工具器具"项目的账面价值 390 217 元，也采用上述方法进行评估。

学习目标

通过本章的学习，使学生了解：流动资产的内容与特点，流动资产评估的特点，流动资产的评估范围与程序，库存材料、低值易耗品、在产品、产成品及库存商品等实物类流动资产的评估，应收账款、应收票据及预付账款等债权类流动资产的评估，库存现金、银行存款等货币类流动资产的评估，以及其他流动资产的评估。重点要掌握实物类流动资产评估和债权类流动资产评估。

● 第一节 流动资产评估概述

一、流动资产概述

例题及解析

（一）流动资产的概念与分类

流动资产，是指企业可以在1年或者超过1年的一个营业周期内变现或者耗用的资产，包括库存现金（含存款）、应收及预付款项、存货等。流动资产不同于固定资产，它只能一次或短期地使用于生产和消费过程，并在一个周期内变现或耗用。流动资产在周转过渡中，从货币形态开始，依次改变其形态，最后又回到货币形态（货币资金→储备资金、固定资金→生产资金→成品资金→货币资金），各种形态的资金与生产流通紧密结合，周转速度快，变现能力强。加强对流动资产业务的审计，有利于确定流动资产业务的合法性、合规性，有利于检查流动资产业务账务处理的正确性，揭露其存在的弊端，从而提高流动资产的使用效益。低值易耗品、包装物等虽然在周转方式上与固定资产相似，但由于使用时间短、价值低，通常也被划入流动资产的范畴。

资产满足下列条件之一的，应当归类为流动资产：

（1）预计在一个正常营业周期中变现、出售或耗用。

（2）主要为交易目的而持有。

（3）预计在资产负债表日起1年内（含1年，下同）变现。

（4）从资产负债表日起1年内，交换其他资产或清偿负债的能力不受限制的现金或现金等价物。

企业的流动资产品种繁多、形态各异，可以按不同的分类标准进行分类：

1.按流动资产在企业生产经营中的形态和作用分类。

（1）货币资产，包括库存现金、银行存款和其他货币资金。

（2）结算资产，是指企业因销售商品、提供劳务等形成的短期债权性资产，包括应收账款、应收票据和预付账款等。

（3）储备资产，指从购买到投入生产为止，处于生产准备状态的流动资产，包括材料、燃料、修理备用件、低值易耗品、包装物、外购半成品等。

（4）生产资产，指从投入生产过程开始到产品制成入库为止，处于生产过程中的流动资产，包括在产品、自制半成品、待摊费用等。

（5）商品资产，指从产品或外购商品入库到销售为止，处于待销售状态的流动资产，包括产成品或商品、准备销售的半成品等。

2.按流动资产取得或重置时的资金形态分类。

（1）非实物性流动资产。非实物性流动资产包括货币资产、短期债权、短期证券投资等。这类资产的价值一般表现为确定的金额，评估时不需要考虑价格变动的影响。

（2）实物性流动资产。在实物形态上，流动资产基本上体现为各种物资储备，包括：①处于生产和消费准备状态的流动资产，是指生产单位储备的生产资料和消费的消费品；②处于待售状态的流动资产，是指生产部门和流通部门库存尚未出售的生产资料和消费品储备以及储藏的后备性物资；③处于生产过程中的流动资产，是指生产单位的在产品、半成品储备。

在物价变动的情况下，实物性流动资产的价值将随着物价水平的升降而变动，因此，评估时必须考虑物价变动对其价值的影响。

3.按照流动性大小分类。

（1）速动资产，是指在很短时间内可以变现的流动资产，如货币资金、交易性金融资产和各种应收款项。

（2）非速动资产，包括：存货、预付账款、1年内到期的非流动资产以及其他流动资产。

（二）流动资产的特点

流动资产的特点主要表现在以下几个方面：

（1）周转速度快。流动资产在使用中经过一个生产经营周期，就会改变其实物形态，并将其价值全部转移到产品中去，构成成本费用的组成部分，然后从营业收入中得到补偿。可见，判断一项资产是否属于流动资产，不仅要看资产的表面形态，还要视其周转状况而定。

（2）变现能力强。各种状态的流动资产都可以在较短的时间内被出售或变卖，具有较强的变现能力，是企业对外支付和偿还债务的重要保证。变现能力强是企业中流动资产区别于其他资产的重要标志。但各种形态的流动资产，其变现速度是有区别的，按其可变现的速度排序，首先是货币形态的流动资产，它们本来就是随时可用的资金，其次是可在短期内出售的存货或近期可变现的债权性资产，再次是生产加工过程中的在产品及准备耗用的物资。一家企业拥有的流动资产越多，企业对外支付和偿还债务的能力就越强，企业的财务风险就越小。

（3）形态多样且具有并存性。流动资产在周转过程中不断改变其形态，由货币形态开始，经过供应、生产、销售等环节，从一种形态转化为另一种形态，最后又变为货币形态。各种形态的流动资产在企业中并存，分布于企业的各个环节。

二、流动资产评估概述

流动资产评估包括实物类流动资产评估、货币性资产评估、应收账项流动资产评估及其他流动资产评估。流动资产评估因受评估对象特点的影响，也具有其特殊性，主要包括：

1.流动资产评估是单项评估。流动资产评估对具体的某项资产进行单独评估，不考虑该资产的综合获利能力，因此不需要以其综合获利能力进行综合性的价值评估。

2.必须选准评估基准时间。由于实物类流动资产属生产流通环节资产，具有较强的流动性，其数量和状态随时都在发生变化，不可能停止运转，而评估价值则是某一时点的价值，因此，选准基准日尤为重要。与我国会计核算制度相适应，基准日应选在月末、季末，这样可避免或减少重复登记或漏记，使存货的清查结果更符合实际状况。

3.对企业会计核算资料依赖程度高。流动资产评估受企业牵制大，现场清查会影响到企业的正常生产，因而需要企业相关部门的配合，在相对静止的环境中开展盘点清查工作。此外，流动资产的种类繁多，大多数物资都有不同型号、批号、价格，对于这些物资的价值估算主要依靠企业的会计核算资料。

4.要考虑评估时间和评估成本。流动资产评估一般工作量较大，清查工作的细致与否直接影响流动资产评估的准确程度。因此需要合理地、科学地组织开展清查、评估工作，结合评估成本，确定评估时间，既要认真进行资产清查，又要分清主次，掌握重点。

5.流动资产的账面价值基本上可以反映其现值。在正常情况下流动资产周转速度快，变现能力强。在价格变化不大的情况下，流动资产的账面价值基本上可以反映出流动资产的现值。在特定情况下，也可以采用历史成本作为评估值。资产的实体性损耗的计算也只适用于低值易耗品以及呆滞、积压存货类流动资产的评估，评估流动资产时不需要考虑资产的功能性贬值因素。

三、流动资产评估的目的和价值类型

当企业发生产权变动、清算和资产变卖、保险索赔、对外投资等情形时，需要对企业相关的流动资产进行评估；编制财务报告时需要对企业全部或部分的资产进行评估，包括流动资产。

在正常情况下，由于经济行为需要单独对流动资产进行评估，因此其价值类型均为市场价值。在采用单项评估加总的方法确定企业价值的情况下，流动资产评估的价值类型为在用价值。在企业进行清算时，其价值类型为清算价格。

四、流动资产的评估程序

（一）确定评估对象和评估范围

进行流动资产评估前，首先要确定评估的对象和范围，这是保证评估质量的重要条件之一。评估对象和评估范围应根据经济活动所涉及的资产范围而定。同时在实施评估前应做好下列工作：第一，鉴定流动资产的资产属性。第二，查核待评估流动资产的产权。第三，对被评估流动资产进行抽查核实，验证基础材料。

（二）清查核实

清查采用的方法是抽查、重点清查和全面清查。在抽查核实中发现原始资料或清查盘点工作可靠性较差时，应扩大抽查面，直至核查全部流动资产。

（三）对实物形态进行质量检测和技术鉴定

对有实物形态的流动资产进行质量检测和技术鉴定，目的是了解这部分资产的质量状况，以便确定其是否还具有使用价值，并核对技术情况和等级与被评估资产清单的记录是否一致。

（四）对债权情况进行分析

根据对评估企业与债务人经济往来活动中的资信情况的调查了解和每一项债权资产的经济内容、发生时间的长短及未清理的原因等因素，综合分析确定这部分债务、票据等回收的可能、回收的时间、回收时将要发生的费用及风险。

（五）合理选择评估方法

选择评估方法时，一是根据目的选择，二是根据不同种类流动资产的特点选择。如前所述，人们根据不同流动资产的特点，从评估的角度将流动资产划分为四种类型，不同类型的流动资产对评估方法的选择有很大影响。对于实物类流动资产，可以采用市场法和成本法，对存货中价格变动较大的要考虑市场价格，对买价较低的要按现价调整，对买价提高的，除考虑市场价格外，还要分析最终产品价格是否能够相应提高，或存货本身是否具有按现价出售的现实可能性。对于货币类流动资产，其清查核实后的账面价值本身就是现值，不需采用特殊方法进行评估，但应对外币存款按评估基准日的汇率进行折算。对于债

权类流动资产评估只适用于按可变现价值进行评估。对于其他流动资产，应分不同情况进行评估，有物质实体的流动资产，应视其价值情形，采用与机器设备等相同的方法进行评估。

（六）评定估算，出具评估结论

在确定评估对象、评估范围、评估方法，并进行一系列分析、鉴定后，最后一步就是要评定估算流动资产，并最终产生评估结论。

● 第二节　存货类资产评估

存货类资产属于实物资产，包括各类材料、商品、在产品、半成品、产成品等，种类繁多、形态各异，需要根据其特点确定恰当的评估途径和方法。

一、存货类资产的内容及特点

存货，是指企业在日常生产经营过程中持有以备出售，或者仍然处在生产过程中，或者在生产或提供劳务过程中将消耗的材料或物料等，包括各类材料、商品、在产品、半成品、产成品等。存货类资产的特点主要表现在以下几个方面。

1.流动性。流动性是存货类资产最主要的特征。存货类资产一般都直接参与商品生产流通的整个过程，依次经过购买、生产和销售3个阶段，并分别呈现储备资产、生产资产和成品资产等形态，不断地循环流动，其价值也在生产和流通中一次性消耗、转移和实现。

2.变现性。变现性是存货类资产区别于其他资产的又一显著标志。存货类资产的变现能力较强，一般都可以在较短的时间内出售，因此是企业对外支付和偿还债务的重要保证。当然，不同种类的存货资产的变现速度是不同的。

3.多样性。企业的存货类资产不仅品种繁多，形式多样，存于企业生产经营的各个环节，而且不同行业由于经营特点的不同，其资产的构成及比例也存在差异。

二、存货类资产评估的特点

与其他资产的评估相比，存货类资产的评估具有如下显著的特点：

1.存货类资产评估是单项资产评估，即以单项资产作为评估对象，而不需要对其综合获利能力进行综合性价值评估。

2.存货类资产评估必须选准评估基准日。存货类资产与其他资产的显著不同在于其流动性，其形态随时都可能发生变化，其价值也因此发生变化，而评估是确定其在某一时点的价值，不可能人为地停止流动资产的运转，因此评估人员必须合理确定评估基准日，应尽可能选择在会计期末，并在规定时间进行资产清查和登记，确定此类资产的数量和账面价值，避免重复或遗漏。

3.存货类资产评估既要认真清查资产，又要分清主次，掌握重点。评估之前的资产清查工作直接影响评估质量的好坏，必须认真对待。但是，企业的存货类资产一般种类多且数量大，若一一清查，则费时又费力，评估成本太高。因此，评估人员在具体操作时应根据不同企业的生产经营特点，对被评估资产进行分类，采取不同的方法进行清查和评估，做到突出重点，兼顾一般。

4.由于存货类资产的价值是一次性全部转移到产品中，周转的时间短、速度快，因此一般不需要考虑其功能性贬值，而且实体性贬值只适用于低值易耗品及呆滞、积压资产的评估。同时，在价格变化不大的情况下，此类资产的会计账面价值基本可以反映其市场价值。因此，在特定情况下，可以采用历史成本作为评估值，而其他资产一般不可以采用历史成本评估。

三、存货类资产评估的程序

存货类资产一般按照下列程序进行评估。

（一）确定评估对象和评估范围

为了保证评估质量，提高评估效率，评估人员在评估之前必须认真确定评估对象及范围，即需要做好以下几个方面的工作：

（1）根据评估所在企业的生产经营特点，划清存货类资产与其他资产的界限。由于资产评估技术及资产归类的原因，低值易耗品也划入存货类资产评估的范围，而不归入机器设备类资产，此时需要注意避免重复评估和漏评。

（2）核实待评资产的产权。有些存货类资产在评估时虽然为企业所占有，但其产权不属于企业，故不应纳入评估范围，例如：外单位委托加工材料、代销、寄代管材料及产品或商品、借入材料、包装物，错发到本企业或来历不明的材料，已抵押的存货等。

（3）验证待评资产的基础资料。评估人员需对委托方提供的资产负债表和相应的资产清单进行审核，并实施全面清查或局部抽查，其中包括委托方提供的资料与财务记录是否吻合，数字是否正确等。有关清单要按财政部关于评估报告规范要求的流动资产评估清单填列。

需要说明的是，除了以委托方的资产清单及财务记录作为认定流动资产的产权依据外，评估人员并无其他依据。因此，委托方提供的资产清单构成了评估范围的重要资料，清单列示的资产范围全面与否、是否有虚列资产的现象，均由委托方负责，评估人员仅仅承担核实及产生评估结论正确与否的责任。因此评估人员应对清单的核实情况做相应的记录。如果在审核中发现短缺或溢出，则应对清单进行调整；如果清单所列数量严重失实，则应要求委托方重新组织清查工作，并重新编制被评估资产清单。

（二）对存货类资产进行质量检测和技术鉴定

质量检测和技术鉴定是正确评估资产价值的重要基础，尤其是对那些有时效要求的各种存货，比如化学试剂、药品、食品等，这些存货若在存货期内发生质量变化，会直接影响其市场价格，从而影响评估值。故这项工作不容忽视，可由被评估企业的有关技术人员和管理人员会同当时的评估人员完成。检测和鉴定结果要与被评估资产的清单记录相核对，以确定它们的实际技术状况和质量等级。

（三）分析预测市场行情，判断资产变现情况

评估人员要调查分析被评估存货的现行市场行情，并预测其变化趋势，在此基础上对存货变现的可能性、变现时间、变现费用和变现风险等因素作出判断，从而为估价提供基本依据。

（四）合理选择评估方法

选择评估方法，一是要根据评估目的，二是要根据不同种类活动资产的特点。对企业存货类资产进行评估的目的一般有：企业产权变动、企业清算、资产变卖、保险索赔及清算核资等。评估人员应根据不同的评估目的，选用不同的评估价值类型和评估途径、方

法。对于存货类资产，一般采用市场途径和成本途径，但在具体评估时应考虑稳健性原则，比如，对价格变动较大的存货要考虑市场价格，对买入价较低的存货要按现价调整，而对买入价较高的存货，除考虑市场价格外，还要分析最终产品价格是否能相应提高，或存货本身是否有按现价出售的可能性。

（五）出具评估结论

计算出各项存货资产的评估值后，加总得到存货类资产的评估值。

四、材料类存货评估

材料类存货是指材料购买后尚未加工或使用的原材料等物资。

（一）评估步骤

企业中的材料按其存放地点，可以分为库存材料和在用材料。在用材料在生产过程中已经形成产品或半成品，不再作为单独的材料存在，因此这里所说的材料评估主要是对库存材料的评估。库存材料包括原材料、各种主要材料、辅助材料、燃料、修理用备件、包装物、低值易耗品等。低值易耗品的评估在后面有专门的介绍，这里主要介绍对前面几种材料的评估。

库存材料具有品种多、数量大、金额大，而且计量单位、购进时间和自然损耗等各不相同的特点，在评估时应注意以下几点：

1.进行实物盘点，使其账实相符。在进行材料的价值评估前，首先应进行材料清查，做到账实相符。与此同时，还应查明材料有无霉烂、变质、呆滞、毁损等情况。

2.根据不同评估目的和待估资产的特点，选择相应的评估方法。在评估方法的选择上更多地采用成本法或市场法。因为材料等流动资产的功效高低取决于其自身，而且是生产过程中的"消费性"资产，所以即使在发生投资行为的情况下，仍可采用成本法或市场法评估。就这两种方法而言，在某种材料存在活跃市场、供求基本平衡的情况下，成本法和市场法二者可以替代使用。如不具备上述条件，则应分析使用。

3.运用存货管理的ABC分析法，突出重点。**ABC分析法**，是指将库存物资按照重要程度分为特别重要库存（A类物资）、一般重要物资（B类物资）和不重要物资（C类物资）三个等级，根据不同类型的物资进行分类管理和控制的方法。

由于企业的材料品种、规格繁多，而且单位价值不等，在实际进行资产评估时，可按照一定的目的和要求，对材料按照ABC分析法进行排队，分清主次，突出重点，着重对重点材料进行评估。在资产评估中，一般认为，A类品种占10%，价值占60%～75%；B类品种占20%～30%，价值占15%～25%；C类品种占60%～75%，价值小于15%。对库存材料进行评估时，可以根据材料购进情况的不同选择合适的评估方法。

（二）对库存材料的评估

1.对近期购进库存材料的评估。

近期购进的材料库存时间短，在市场价格变化不大的情况下，其账面价值与现行市价基本接近。在对近期购进库存材料进行评估时，可以采用成本法，也可以采用市场法。购进时发生了运杂费的，如果是从外地购进的原材料（本地没有这种材料），则运杂费发生额较大，评估时应将由被评估材料分担的运杂费计入评估值；如果是从本地购进的，则运杂费发生额较少，评估时可以不考虑运杂费的因素。

【例5-1】中顺公司A型材料系两个月前从外地购进的，材料明细账的记载为：数量

3 000千克，单价300元/千克，运杂费600元。根据材料消耗原始记录和清查盘点，评估时库存结余尚有1 200千克。

根据上述资料，可以确定该材料的评估值如下：

A型材料的评估值=1 200×（300+600÷3 000）=360 240（元）

2.对购进批次间隔时间长、价格变化大的库存材料的评估。

采用重置成本法计算，选用最接近市场价格的材料价格或直接以评估基准日的市场价格作为其评估值。由于材料是分期购进的，而且购价各不相同，各企业采用的核算方法不同（如先进先出法、加权平均法、双倍余额递减法、年数总和法等），其账面余额就不一样。因此，评估时要重点核查库存材料的实际数量，并按最接近市场价格的重置成本计算确定其评估值。

【例5-2】中顺公司要求对其库存的B型材料进行价值评估。该材料分两批购进，第一批购进时间为前一年的12月份，购进量为1 000吨，单价为3 800元/吨；第二批购进时间为本年3月份，数量为300吨，单价为4 200元/吨。本年6月1日进行价值评估，经核实，去年购进的该材料尚存500吨，本年3月购买的B型材料尚未使用。根据上述资料，可以确定该材料的评估值如下：

B型材料的评估值=（500+300）×4 200=3 360 000（元）

3.对缺乏准确现行市价的库存材料的评估。

对购进时间早，市场已经脱销，没有准确市场现价的库存材料进行评估需要结合市场相关材料的实际情况：

（1）通过寻找替代品的价格变动资料来修正材料价格。

（2）在市场供需分析的基础上，确定该项材料的供需关系，并以此修正材料价格。

（3）通过市场同类商品的平均物价指数进行评估。

4.对呆滞材料的评估。

（1）呆滞材料的定义。

呆滞材料，是指从企业库存材料中清理出来，需要进行处理的那部分资产。呆滞材料主要包括物料存量过多，耗用量极少，而库存周转率极低的物料。每家公司的划分标准不同，例如某家公司规定，以下材料都可称为呆滞材料：①质量（规格、材质）不符合标准、存储时间超过1个月，已无使用机会，或虽有使用机会但用量极少的原材料、外购件及外协件。②处于良好状态，存储时间超过3个月，在以后的生产中没有机会使用或者很少使用的原材料、外购件及外协件。③凡因质量不符合标准、在制或制成后因客户取消订单、存在过多库存等因素影响，储存时间超过1年的成品、半成品。

（2）评估方法。

①应对其数量和质量进行核实和鉴定，然后分不同情况进行评估。

②对其中失效、变质、残损、报废、无用的材料，应通过分析计算，扣除相应的贬值额后，确定评估值。

5.盘盈、盘亏材料的评估。

盘盈、盘亏的材料应以有无实物存在为原则进行评估，并选用相适应的评估方法（即使用前面的方法）：盘盈材料——采用成本法或市场法；盘亏材料——不存在评估问题的，应从待评估材料的申报额中扣除。

五、低值易耗品的评估

低值易耗品，是指劳动资料中单位价值在规定限额以下，或者使用年限在1年以内，不能作为固定资产的劳动资料。它跟固定资产有相似的地方，在生产过程中可以多次使用不改变其实物形态，在使用时也需维修，报废时可能也有残值。由于它价值低，使用期限短，所以可采用简便的方法将其价值摊入产品成本。

（一）低值易耗品的界定

在评估过程中判定劳动资料是否属于低值易耗品，原则上视其在企业中的作用而定，一般可尊重企业原来的划分方法。

（二）低值易耗品的分类

（1）按低值易耗品的用途分类。

① 一般工具。直接用于生产过程的各种工具，如刀具、夹具、模具及其他各种辅助工具。

② 专用工具。专门用于生产各种产品或仅在某道工序中使用的各种工具，如专门模具、专用夹具等。

③ 替换设备。容易磨损、更换频繁或为生产不同产品需要替换使用的各种设备，如轧制钢材用的轧辊、浇铸钢锭用的锭模。

④ 包装容器。用于企业内部周转使用，既不出租也不出借的各种包装物品，如盛放材料、储存商品用的木桶、瓷缸等。

⑤ 劳动保护用品。发给工人用于劳动保护的安全帽、工作服和各种防护用品。

⑥ 管理用具。管理部门和管理人员用的各种家具和办公用品，如文件柜、打字机等。

按用途对低值易耗品进行分类的目的在于，在对低值易耗品进行评估的过程中可以简化评估工作，可以按大类对其进行评估。

（2）按低值易耗品的使用情况分类。

① 在库低值易耗品。

② 在用低值易耗品。

此种分类考虑了低值易耗品的具体情况，会直接影响评估方法的选用。

（三）评估方法

（1）在库低值易耗品的评估。

① 可以采用与库存材料评估相同的方法，即成本法和市场法进行评估。

② 全新低值易耗品的评估，可以采用现行市场价格，在账面价值的基础上乘以其物价变动指数确定在库低值易耗品的评估值。如果价格变动不大，则可以直接采用其账面价值。

（2）在用低值易耗品的评估。

在用低值易耗品的评估一般采用成本法进行评估，其计算公式为：

在用低值易耗品评估值=全新低值易耗品的成本价值×成新率 （5-1）

关于在用低值易耗品损耗的计算，由于其使用期限较固定资产使用期限短，所以一般不考虑其功能性损耗和经济性损耗，其成新率的计算公式为：

$$成新率=1-\frac{低值易耗品实际已使用月数}{低值易耗品可使用总月数}\times100\%$$ （5-2）

　　注意：对低值易耗品进行评估的过程中，在确定成新率时应该根据其实际损耗程度确定，不能完全按照其摊销方法确定。

　　【例5-3】中顺公司C型低值易耗品，原价750元，预计使用1年，现已使用3个月。该低值易耗品现行市价为800元。由此确定其评估值为：

　　在用低值易耗品评估值=800×（1-3/12）=600（元）

六、在产品的评估

　　企业的在产品包括产品生产过程中尚未加工完毕的在制品和已加工完毕但不能单独对外销售的半成品。在此，外购的半成品视同材料评估，可直接对外销售的自制半成品视同产成品评估。

　　由于在产品的数量不太容易核查清楚，而且对其进行评估还需要估计其完工程度，所以对在产品的评估应结合它的特点，采用成本法或市场法。

　　（一）成本法在在产品评估中的运用

　　1.适用对象。

　　（1）适用于生产周期较长的在产品的评估。

　　（2）对于生产周期较短的在产品，在没有变现风险的情况下，可以根据账面价值进行调整。

　　2.具体运用。

　　（1）按价格变动系数调整原成本。

　　①适用对象。对生产经营正常、会计核算水平较高的企业在产品的评估。

　　②评估的方法与步骤。

　　第一，对被评估的在产品进行技术鉴定，将其中超出正常范围的不合格在产品成本从总成本中剔除。

　　第二，分析原成本，将不合理的费用从总成本中剔除。

　　第三，分析原成本中材料从其生产准备开始到评估日为止的市场价格变动情况，并测算出价格变动系数。

　　第四，分析原成本中的工资、燃料、动力费用以及制造费用从开始生产到评估日，有无大的变动，是否做了调整，并测算出调整系数。

　　第五，根据技术鉴定、原始成本的分析及价格变动系数的预算，调整成本，确定评估值，必要时还要从变现的角度修正评估值。

　　具体的计算公式为：

$$\text{某在产品评估值} = \text{原合理材料成本} \times (1 + \text{价格变动系数}) + \text{原合理工资、费用（含借款费用）} \times (1 + \text{原合理工资、费用变动系数}) \qquad (5-3)$$

　　（2）按社会平均工艺定额和现行市价评估。

　　按社会平均工艺定额和现行市价评估，是指按照重置同类资产的社会平均成本确定被评估资产的价值。评估时需要掌握被评估在产品的完工程度、被评估在产品有关工序的工艺定额、被评估在产品耗用物料的近期市场购买价格、被评估在产品的合理工时及单位工时的取费标准（这个数据应按正常生产经营情况进行测算）。其计算公式为：

$$\text{某在产品评估值} = \text{在产品实有数量} \times (\text{该工序单件材料工艺定额} \times \text{单位材料现行市价} + \text{该工序单件工时定额} \times \text{正常工资费用}) \qquad (5-4)$$

如果存在行业的平均物料消耗标准，则可按行业的标准计算。没有行业统一标准的，可按企业现行的工艺定额计算。

【例5-4】中顺公司处于某一生产阶段的在产品有300件，已知每件在产品消耗A型材料50千克，市场中A型材料的单价为5.00元/千克；在产品的累计单位工时定额为20小时/件，每定额小时内：燃料和动力费用定额为0.45元、工资及附加费定额为10.00元、车间经费定额为2.00元、企业管理费用定额为4.00元。假设该在产品不存在变现风险。

则该在产品的评估值计算如下：

原材料成本=300×50×5.00=75 000（元）

工资成本=300×20×10=60 000（元）

费用成本=300×20×（2.00+4.00）=36 000（元）

燃料和动力成本=300×20×0.45=2 700（元）

该在产品评估值=75 000+60 000+36 000+2 700=173 700（元）

（3）按在产品的完工程度计算评估值（又称为约当产量法）。

约当产量法，是指将在产品的数量按其完工程度折算为相当于完工产品的数量（即约当产量），然后根据产成品的重置成本和约当产量计算在产品评估值的方法。其计算公式为：

在产品的评估值=产成品重置成本×在产品约当产量　　　　　　　　　　　　（5-5）

在产品的约当产量=在产品数量×在产品完工程度　　　　　　　　　　　　　（5-6）

其中，在产品的完工程度有很多种确定方法，可以根据已完成工序（工时）与全部工序（工时）的比例来确定，也可根据生产完成时间与生产周期的比例来确定。

【例5-5】中顺公司在评估时，有D型在产品40件，材料随生产过程陆续投入。已知这批在产品的材料投入量为75%，完工程度为70%，该产品的单位定额成本为：材料定额3 800元，工资定额500元，费用定额600元。现确定D型在产品的评估价值如下：

在产品材料约当产量=40×75%=30（件）

在产品工资、费用约当产量=30×70%=21（件）

在产品评估值=30×3 800+21×（500+600）=137 100（元）

（二）市场法在在产品评估中的应用

市场法是用同类在产品的市场销售价格，扣除销售过程中预计发生的费用后确定在产品评估值的方法。这种方法适用于因产品下线，在产品不能进一步加工，只能对外销售情况下的评估。但如果在产品属于不能继续生产又无法通过市场调剂出去的专用配件，则只能按废料回收价格进行评估。其计算公式为：

$$\frac{某在产品}{评估值}=\frac{该种在产品}{实有数量}×\frac{可接受的不含税}{的单位市场价格}-\frac{预计在销售过程}{中发生的费用}$$　　（5-7）

如果在调剂过程中有一定的变现风险，还要考虑设立一个风险调整系数，计算可变现的评估值。某报废在产品的评估值的计算公式为：

某报废在产品的评估值=可回收废料的重量×单位重量现行的回收价格　　　　（5-8）

【例5-6】中顺公司因产品技术落后而全面停产，准备与W公司合并，有关在产品评估资料如下：

在产品原账面记载的成本为175万元。按在产品的状态及通用性的好坏分为三类：

第一类：已从仓库中领出，但尚未进行加工的原料。

第二类：已加工成部件，可通过市场调剂且流动性较好的在产品。

第三类：加工成的部件无法调剂出去，又不能继续加工，只能报废处理的在产品。

对于第一类在产品，可按实有数量、技术鉴定情况、现行市场价格计算评估值。

对于第二类在产品，可根据市场可接受现行价格、调剂过程中的费用、调剂的风险确定评估值。

对于第三类在产品，只能按废料的回收价格确定评估值。

根据评估资料可以确定评估结果，见表5-1至表5-3。

表5-1　　　　　　　　　　　　　　车间已领用尚未加工的原材料

材料名称	编号	计量单位	实有数量	现行单位市价	按市价计算的资产价格（元）
甲	A001	吨	150	1 600 元/吨	240 000
乙	A002	千克	3 000	18 元/千克	54 000
丙	A003	千克	7 000	12 元/千克	84 000
合　计					378 000

表5-2　　　　　　　　　　　　　车间已加工成部件并可直接销售的在产品

部件名称	编号	计量单位	实有数量	现行单位市价	按市价计算的资产价格（元）
A	B001	件	1 800	54 元/件	97 200
B	B002	件	600	100 元/件	60 000
C	B003	台	100	250 元/台	25 000
D	B004	台	130	165 元/台	21 450
合　计					203 650

表5-3　　　　　　　　　　　　　　　　报废在产品

在产品名称	计量单位	实有数量	单位在产品可回收废料（千克/件）	可回收废料数量（千克）	回收价格（元/千克）	评估值（元）
D001	件	5 000	35	175 000	0.4	70 000
D002	件	6 000	10	60 000	0.4	24 000
D003	件	4 500	2	9 000	6	54 000
D004	件	3 000	11	33 000	5	165 000
合　计						313 000

七、产成品及库存商品的评估

（一）产成品及库存商品的构成

产成品，是指企业已经完成全部生产过程并已验收入库、合乎标准规格和技术条件，可以按照合同规定的条件送交订货单位，或者可以作为商品对外销售的产品。**库存商品**，是指企业已完成全部生产过程并已验收入库，合乎标准规格和技术条件，可以按照合同规定的条件送交订货单位，或可以作为商品对外销售的产品以及外购或委托加工完成验收入库用于销售的各种商品。

产成品包括：完工入库和已完工并经过质量检验但尚未办理入库手续的产成品、商业企业的库存商品等。可以直接对外销售的产成品及库存商品的评估依据其变现的可能性和市场接受的价格，通常可采用成本法和市场法进行评估。

（二）成本法在产成品及库存商品评估中的应用

（1）评估基准日与产成品完工时间较接近，且物价变动不大时，可以直接按产成品的账面成本确定评估值，其计算公式为：

产成品评估值=产成品数量×单位产成品账面成本　　　　　　　　　　　　（5-9）

（2）评估基准日与产成品完工时间相距较长，成本费用变化较大时，产成品评估值可按下面两种方法进行计算：

$$\frac{产成品}{评估值}=\frac{产成品}{实有数量}×\left(\frac{合理材料}{工艺定额}×\frac{材料单位}{现行价格}+\frac{合理工}{时定额}×\frac{单位工时合理}{工资及费用开支}\right)　（5-10)$$

$$\frac{产成品}{评估值}=\frac{产成品}{实际成本}×\left(\frac{材料成}{本比率}×\frac{材料综合}{调整系数}+\frac{工资费用}{成本比率}×\frac{工资费用综}{合调整系数}\right)　（5-11)$$

【例5-7】三人评估事务所对中顺公司进行资产评估。经核查，中顺公司产成品的实有数为14 000件，根据该企业的成本资料，结合同行业的成本耗用资料分析，合理材料工艺定额为500千克/件，合理工时定额为20小时。评估时，生产该产成品的材料价格上涨，由原来的60元/千克涨至65元/千克，单位小时合理工时工资、费用不变，仍为15元/小时。根据上述分析和有关资料，可以确定该企业产成品的评估值为：

产成品评估值=14 000×（500×65+20×15）=459 200 000（元）

【例5-8】在对中顺公司进行评估时，A型产成品的实有数量为100台，每台的实际成本为150元，根据会计核算资料，生产该产品的材料费用与工资、其他费用的比例为65：35，根据目前价格变动情况和其他相关资料，确定材料综合调整系数为1.3，工资、费用综合调整系数为0.9。

根据上述分析和有关资料，可以确定产成品的评估值为：

产成品评估值=100×150×（65%×1.3+35%×0.9）

　　　　　　=17 400（元）

（三）市场法在产成品及库存商品评估中的应用

市场法，是指按不含税的可接受市场价格，扣除相关费用后确定产成品评估价值的方法。在运用市场法时应注意以下几点：

（1）产成品及库存商品的使用价值。评估人员要对产品本身的技术水平和内在质量进行鉴定，明确产品的使用价值及技术等级，进而确定合理的市场价格。

（2）分析产品的市场供求关系和被评估产品的前景。这样做也有利于产品市场价格的合理确定。

（3）市场价格的选择应以公开市场上形成的产品近期交易价格为准，非正常交易情况下的交易价格不能作为评估的依据。

（4）对于产成品及库存商品的实体性损耗，如表面的残缺等可以根据其损坏程度，确定适当的调整系数来进行调整。

采用市场法进行评估时，市场价格中包含了成本、税金、利润等因素，对这部分利润和税金的处理应视产成品及库存商品评估的不同目的和评估性质而定。如果评估是为了销售，则应直接以现行的市场价格作为评估值，不需要考虑销售费用和税金的问题；如果评估是为了投资等，则这时税金要流出企业，销售费用也可得到补偿，应从市价中扣除各种税金作为评估价值。

【例5-9】中顺公司生产A型产品，评估基准日的账面价值为392 500.54元，评估中根据厂方提供的年度会计报表及评估人员的清查结果得知，评估基准日该产品的库存数量为5 000件，单位成本为50元/件，出厂价为60元/件（含增值税），该产品的销售费用率为4%，销售税金及附加占销售收入的3%，利润率为13%，该企业的增值税税率为13%。

现计算A型产品的评估值，其过程如下：

$$A型产品的评估值=5\,000×\left(\frac{60}{1+13\%}\right)×(1-4\%-3\%-13\%)$$

$$≈212\,389（元）$$

● 第三节 货币性资产、应收账款、应收票据、预付费用的评估

一、货币性资产的评估

货币性资产，是指企业持有的现金及将以固定或可确定金额的货币收取的资产，包括现金、应收账款、应收票据以及准备持有至到期的债券投资等。这里的现金包括库存现金、银行存款和其他货币资金。

伪造银行对账单，挪用公款获刑

货币性资产是相对于非货币性资产而言的，二者区分的主要依据是资产在将来为企业带来的经济利益，即货币金额是否为固定的或可确定的。如果资产在将来为企业带来的经济利益，即货币金额是固定的或可确定的，则该资产是货币性资产。反之，如果资产在将来为企业带来的经济利益，即货币金额是不固定的或不可确定的，则该资产是非货币性资产。

一般来说，资产负债表所列示的项目中，属于货币性资产的项目有：货币资金、准备持有至到期的债券投资、应收票据、应收股利、应收利息、应收账款、应收补贴款、其他应收款等。

（一）对库存现金、银行存款的评估

资产评估主要是对非货币性资产而言的，货币性资产不会因时间的变化而产生差异，因此对于货币资金的评估，尤其是对库存现金、银行存款的评估，主要是对数额的清查确认。要对库存现金进行盘点，并与库存现金日记账和总账核对，实现账实相符；对银行存款要进行函证，核实其实有数额。评估时要以核实后的实有值作为评估值，如有外汇存款，则应按评估基准日的国家外汇牌价折算成人民币计算。对库存现金和银行存款的评估包括：（1）对库存现金的评估。对库存现金进行盘点，并与库存现金日记账和总账核对，实现账实相符。（2）对各项银行存款的评估。对各项银行存款进行清查确认，核实各项银

行存款的实有数额，以核实后的实有数额作为评估值，如有外币存款，则应按评估基准日的汇率折算成等值的人民币予以评估。

（二）对短期投资的评估

短期投资主要是企业为了利用正常营运中暂时多余的资金，购入一些可随时变现的有价证券，主要包括：交易性金融资产和可供出售的金融资产（其他债权投资）。由于企业的短期投资大多为有价证券，因此，短期投资的评估实际上是对企业拥有的有价证券的评估。对于在证券市场上公开交易的有价证券，可按评估基准日的收盘价计算确定评估值；对于不能公开交易的有价证券，可按其本金加持有期利息计算评估值。

二、应收账款的评估

应收账款，是指企业在正常的经营过程中因销售商品、产品、提供劳务等业务，应向购买单位收取的款项，包括应由购买单位或接受劳务单位负担的税金、代购买方垫付的各种运杂费等。应收账款表示企业在销售过程中被购买单位所占用的资金。企业应及时收回应收账款以弥补企业在生产经营过程中的各种耗费，保证企业的持续经营；对于被拖欠的应收账款应采取措施，组织催收；对于确实无法收回的应收账款，凡符合坏账条件的，应在取得有关证明并按规定程序报批后，作坏账损失处理。

（一）应收账款数额的确定

对应收账款进行评估时，要进行清查核实，确定应收账款的数额。评估人员要进行账证核对、账表核对，还要尽可能地按客户名单发询证函，查明每项应收账款的发生时间、金额、债务人单位的基本情况等，为预计坏账损失提供依据。对机构内部独立核算的单位间的往来应收账款要进行双向核对，以避免重记、漏记。

1. 应收账款评估值的基本公式。

应收账款评估值=应收账款账面余额−已确定的坏账损失−预计可能发生的坏账损失与费用 （5-12）

2. 应收账款评估的步骤。

（1）确定应收账款的账面余额。具体而言，就是核对企业有多少应收账款（注意：这里并不扣除坏账准备，准确地说，它应该是通过对"应收账款"账户的账面余额分析获得），具体的核对方法及其注意事项和会计、审计中讲授的方法基本上是一致的。

注意：本步骤中只要有欠款没有收回，都计算在内，不论以后是否能够收回。

（2）确认已发生的坏账损失（防止会计上确认的坏账有错误）。已确定的坏账损失是指评估时债务人已经死亡或破产倒闭，以及有证据证明确实无法收回的应收账款。

（3）确定可能发生的坏账损失。不是以会计确认的坏账为准，而是对应收账款回收的可能性进行判断，一般可以根据企业与债务人的业务往来和债务人的信用情况将应收账款分为几类，并按分类情况估计应收账款回收的可能性。

一般来说符合下列条件之一的，就可确认为坏账：

① 债务人死亡，以其遗产清偿后仍然无法收回的账款。

② 债务人破产，以其破产财产清偿后仍然无法收回的账款。

③ 债务人较长时期内未履行其偿债义务，并有足够的证据表明无法收回或收回的可能性极小的账款。

上述三个条件中的每一个条件都是充分条件，其中第3个条件是需要会计人员作出职业判断的。我国现行制度规定，上市公司坏账损失的决定权在公司董事会或股东大会手中。

（二）预计坏账损失定量分析的方法

确定预计坏账损失，即判断应收账款回收的可能性。影响其回收可能性的因素主要有：

① 业务往来的密切程度，依存关系。

② 债务人的偿债能力及信用。

③ 被评估单位的索债能力及相互拖欠的"三角债"等的影响等。

预计坏账损失定量分析的方法都是以历史数据为基础分析的。

（1）坏账损失比例法。

坏账损失比例是根据企业被评估前若干年（一般为3~5年）的实际坏账损失额与其应收账款发生额的比例确定的。确定坏账损失比率时，还应该分析其特殊原因造成的坏账损失，这部分坏账损失产生的坏账比率有其特殊性，不能直接作为未来预计损失计算的依据。其计算公式为：

$$坏账比例 = \frac{评估前若干年发生的坏账数额}{评估前若干年应收账款余额} \times 100\% \tag{5-13}$$

如果一家企业的应收项目多年未清理，账面找不到处理坏账的数额，也就无法推算出坏账损失率，在这种情况下就不能采用这种方法。

【例5-10】中顺公司前三年发生的坏账损失分别为150万元、110万元、90万元；前三年的应收账款余额分别为1 800万元、2 300万元、2 300万元。

该企业的坏账比例=（150+110+900）÷（1 800+2 300+2 300）×100%≈18.13%

（2）账龄分析法。

一般来说，应收账款账龄越长，坏账损失的可能性越大，所以可按应收账款拖欠时间的长短，分析判断可收回的金额和坏账。评估时可将应收账款按账龄长短分成几组，按组估计坏账损失的可能性，并进而计算坏账损失的金额。

【例5-11】中顺公司以2×23年12月31日为评估基准日，经核实，其应收账款的实有数额为35 000元，应收账款明细表见表5-4。

表5-4　　　　　　　　　　　　　　　应收账款明细表　　　　　　　　　　　金额单位：元

应收账款账龄	余额	估计坏账损失率（%）	坏账损失额
未到期	18 000	1	180
过期1个月	10 000	3	300
过期2个月	4 350	10	435
过期3个月	1 000	20	200
过期3个月以上	1 650	50	825
合　计	35 000		1 940

应收账款评估值=35 000-1 940=33 060（元）

应收账款评估以后，"坏账准备"账户按零值计算。因为"坏账准备"账户是"应收账款"的备抵账户，其金额是按会计制度规定的一定比例计提的，而对应收账款进行评估时，是按照应收账款实际可收回的可能性进行的，这时已经考虑了坏账损失的因素，因此，应收账款评估值就不应再包括坏账准备数额。预付账款评估可参照应收账款的评估方法进行。

【例5-12】中顺公司委托评估的应收款项账面原值为9 000元，坏账准备为800元，净值为7 200元。评估时确定其回收风险损失率为20%，审计机构确定的坏账准备为1 000元。

应收款项的评估值=9 000×（1-20%）=7 200（元）

本例中，账面坏账准备与审计后的坏账准备都是干扰项。资产评估中评估应收账款的公式中的各个因素都是通过分析和评估确定的，与审计和会计确定的相关数据不同。

三、应收票据的评估

应收票据，是指企业持有的未到期或未兑现的商业票据。商业票据是一种载有一定付款日期、付款地点、付款金额和付款人的无条件支付的流通凭证，也是一种可以由持票人自由转让给他人的债权凭证。根据我国现行法律的规定，商业汇票的付款期限不得超过6个月，符合条件的商业汇票的持票人，可以持未到期的商业汇票和贴现凭证向银行申请贴现。应收票据的评估可采用下列两种方法进行：

1.按票据的本利和计算。

由于商业汇票有带息和不带息之分，所以对于不带息的商业汇票，其票面金额即为评估值；对于带息商业汇票的评估值则是本金和利息的和。其计算公式为：

（1）无息票据评估值=票面金额　　　　　　　　　　　　　　　　　　　（5-14）

（2）应收票据评估值=本金×（1+利息率×到评估基准日实际时长）　　　（5-15）

【例5-13】中顺公司拥有一张期限为1年的票据，票面金额为20万元，月利息率为10‰，截至评估基准日离付款期尚差3个月的时间。

应收票据评估值=20×（1+10‰×9）=21.8（万元）

【例5-14】中顺公司拥有一张期限为半年的票据，本金为45万元，月利息率为12‰，截至评估基准日离付款期尚差两个半月的时间。

应收票据评估值=45×（1+12‰×2.5）=46.35（万元）

2.按票据的贴现值计算。

这种方法是对企业拥有的尚未到期的票据，按评估基准日到银行可获得的贴现值计算确定评估值。其计算公式为：

应收票据评估值=票据到期价值-贴现息　　　　　　　　　　　　　　　（5-16）

其中不带息票据的到期价值为票据的面值，带息票据的到期价值则为票据到期时的本利和。

贴现息=票据到期价值×贴现率×贴现期　　　　　　　　　　　　　　　（5-17）

【例5-15】中顺公司向ABB公司售出一批材料，价款5 000万元，双方商定6个月结款，采用商业承兑汇票结算。ABB公司于4月10日开出汇票，并经甲企业承兑。汇票到期日为10月10日。评估人员对ABB公司进行评估，基准日为6月10日，贴现日期为120天，贴现率按月息6‰计算，计算应收票据评估值。

贴现息=5 000×（$\frac{1}{30}$×6‰）×120≈120（万元）

应收票据评估值=5 000-120=4 880（万元）

四、预付费用的评估

预付费用的评估取决于其未来可产生效益的时间，只有在评估基准日以后仍将产生效益的预付费用才是评估的对象。

预付费用是在评估日之前企业已经支出，但在评估日之后才能产生效益的特殊资产，如预付的租金、预付的保险费等。它是一种未来可取得服务的权利，所以预付费用的评估也就是对未来可取得服务的权利价值进行评估，其依据主要是未来可产生效益的时间。如果预付费用的效益已在评估日前全部体现，只因发生的数额过大而采取分期摊销的方法，那么这种预付费用不应在评估中作价。

【例5-16】中顺公司评估基准日为2×23年6月30日，经核实发现，评估基准日预付费用情况如下：预付1年的保险金84万元；预付房租200万元，租期为5年，尚有3年的使用权。具体的评估过程如下：

（1）预付保险金的评估。

根据保险金全年支付金额计算每月的分摊数额为：

分摊数额=84÷12=7（万元）

保险金评估值=7×6=42（万元）

（2）预付房屋租金的评估。

按总租金数额和合约规定的租期计算得出每年的租金为40万元（200÷5），房屋的租期还有3年，则：

房租评估值=40×3=120（万元）

该企业在评估基准日的预付费用的评估值=42+120=162（万元）

● 第四节　金融资产评估

金融资产评估是资产评估中发展还不太成熟的领域，而与之相联系的微观金融学中的资产定价理论在近50年来则获得了突破性发展。现在人们面临的问题是如何把这些金融理论应用到资产评估的实践工作当中。

案例及解析

一、金融资产概述

金融资产是经济主体所拥有的以价值形态存在的资产，是一种索取实物资产或者货币的权利。当金融工具成为投资对象时，就成了金融资产，一切金融工具都可以成为金融资产。金融工具也称为金融商品，是指金融市场上交易的对象。广义的金融工具不仅包括股票、债券等有价证券，而且包括存款、贷款等。根据这个定义，任何资金融通的过程都可以看作资金与金融工具之间的交换过程。狭义的金融工具则是指那些已经标准化了的、在金融市场上被普遍接受和交易的金融资产。

要掌握金融资产评估的技术，首先要了解金融资产的分类和特性。

1.金融资产的分类。

（1）债权类金融资产。债权类金融资产的所有者拥有实现债权、索取本金和利息以及转让债权的权利。债权类金融资产包括（外国）货币、应收账款、票据、债券、可转换债券等。

（2）权益类金融资产。权益类金融资产的所有者拥有对公司净收入和净资产的要求权，包括普通股、优先股。股权类投资虽然不属于金融资产，但是评估技术与此相似。

（3）衍生金融资产。衍生金融资产是一种合约，它的价值取决于作为合约标的物的某一金融工具、指数或者其他投资工具的变动情况。衍生金融资产主要包括远期合约、期货合约、期权合约、认股权证、互换协议及可转换证券等。

（4）金融不良资产。金融不良资产是指银行持有的次级、可疑及损失类贷款，金融资产管理公司收购或接管的不良资产，以及其他非银行金融机构持有的不良债权。

本章将按照以上四种金融资产的分类，分别介绍其评估内容。

2.金融资产的特性。

（1）收益性。金融资产一般具有收益性，其收益性有多种表达形式：一是获得的如利息、股息、红利等形式的孳息收益；二是出售金融资产获得的资本利得收益；三是衍生金融资产中合约到期时行使合约约定权利或差额结算带来的收益。多数金融资产对价值都可以通过收益途径确定。

（2）风险性。金融资产的种类不同，其风险差异很大，金融资产的风险主要包括：①信用风险，即对方违约的风险；②利率风险，市场利率变动对金融资产价格的影响；③期限风险，期限越长则风险越大；④汇率风险，即本外币汇率变动对资产价格的影响。除这些基本的风险因素以外，股票、期货等资产的价值会受到众多因素的影响，承担的风险较大，在资产评估中要充分考虑。

（3）流动性。资产的流动性是指资产由实物形态向货币形态转化的能力，即实物形态的经营资产转化为已知金额现金的难易程度，一般而言，通用性强的资产流动性强，通用性弱的资产流动性弱。金融资产的流动性是指金融资产在无损失的状态下迅速变为金额确定的现金的能力。相对于实物资产而言，金融资产的流动性要强一些，特别是在交易所挂牌公开交易的股票、债券、期货、基金、权证等资产流动性更强，非常适应市场途径的要求。

二、金融资产评估的理论基础

金融资产评估大量借鉴了微观金融学中的资产定价理论和技术，后者在半个世纪以来取得了突破性发展，下面介绍与金融资产评估相关的四个资产定价理论。

1.资产组合理论。

1952年，美国经济学家马科维茨（Markowitz，1990年诺贝尔经济学奖获得者）在《金融》杂志上发表了《资产组合选择：投资的有效分散化》一文，最早同时采用风险投资的期望收益率（均值）和用方差（或标准差）表示的风险来研究资产的组合选择问题。这被金融界看作现代资产组合理论的起点。

投资组合是指两种或者两种以上的资产（证券）构成的集合。在资产组合中，该资产组合的期望收益率等于该组合包含的各个资产的期望收益率按照其占组合的比重进行加权平均。但是，由于不同证券资产风险的相互抵减，该组合的风险甚至可以完全消除。也就是说，通过不同的资产组合，可以达到在风险一定的情况下期望收益率尽可能大，或者在期望收益率一定的情况下风险尽可能小的目标。资产组合的期望收益率的计算公式为：

$$R_p = \sum_{i=1}^{n} R_i \times \omega_i \tag{5-18}$$

式中：R_p——资产组合的期望收益率；

R_i——第i种资产的期望收益率；

ω_i——第i种资产占资产组合的比重。

资产组合的期望收益率是各个单项资产预期收益率的线性函数。

2.资本资产定价模型。

在资本资产定价模型中，资本资产是指股票、债券等有价证券，它代表对真实资产所产生的收益的求偿权利。资本资产定价模型的贡献在于提供了一种与组合资产理论相一致的关于个别证券的风险衡量的方法。这个模型使投资者可以估计单项资产承受的不可分散的风险，从而形成最优投资组合，作出合适的投资决策，同时该模型在资产估价、计算股权资本的成本、资本预算编制和利率结构风险的解释等方面也有应用。资本资产定价模型的计算公式为：

$$R_i = R_F + (R_M - R_F) \times \beta_i \tag{5-19}$$

式中：R_i——第 i 种证券或者投资组合的必要收益率；

R_F——无风险收益率；

R_M——市场组合的期望收益率；

β_i——第 i 种证券或者资产组合的 β 系数。

3.套利定价模型。

套利定价模型的成立依赖于一个基本假设，即某项资产的收益是由一系列的因素所决定的，也就是说风险资产的收益率不仅仅与单一因素之间存在线性关系，而且与多因素之间也存在着线性关系，这些因素必须经过实验来判断。套利定价模型的计算公式为：

$$R_j = A_j + \beta_{1j} \times F_1 + \beta_{2j} \times F_2 + \cdots + \beta_{nj} F_n \tag{5-20}$$

式中：R_j——资产 j 的收益率；

A_j——各影响因素为 0 时的收益率；

F——对各种资产都产生影响的因素；

β——影响因素的反应系数，表示某因素变动 1 个单位时，所引起的资产收益率的变动量。

4.期权定价模型。

$$C = SN(d_1) - X_e^{-r(T-t)} N(d_2)$$

$$d_1 = \frac{\ln\left(\dfrac{S}{X}\right) + (r + \dfrac{\sigma^2}{2}) \times (T-t)}{\sigma \sqrt{T-t}}$$

$$d_1 = \frac{\ln\left(\dfrac{S}{X}\right) + (r - \dfrac{\sigma^2}{2}) \times (T-t)}{\sigma \sqrt{T-t}} \tag{5-21}$$

式中：C——买入期权的价格；

S——股票的现行市场价格；

r——无风险利率；

X——期权的执行价格；

σ——股票的价格波动率；

T——期权到期日；

t——计算时点的时间（$t \in [0, T]$）；

N（x）——标准正态分布变量的累积概率分布函数。

■ 本章小结

实物类流动资产的评估包括材料评估、在产品评估、成品资产的评估。债权及货币类流动资产评估包括应收账款及预付账款的评估、应收票据的评估、预付费用和短期投资（交易性金融资产投资）的评估、库存现金和各项存款的评估。

■ 本章练习题

一、单项选择题

1.评估流动资产时会考虑其（ ）。

A.经济性贬值   B.功能性贬值   C.实体性损耗   D.各种贬值

2.在用低值易耗品的评估一般采用（ ）。

A.成本法   B.市场法   C.收益法   D.清算价格法

3.企业中A材料为1个月前从外地购进的，数量为5 000千克，单价为200元/千克，当时支付运杂费500元。评估时清查盘点尚有1 500千克A材料，则该材料评估值为（ ）元。

A.30 000   B.300 150   C.300 500   D.以上都不对

4.某低值易耗品原价700元，预计可使用1年，现已使用6个月。据调查，该低值易耗品的现行市价为1 100元，则其评估值为（ ）元。

A.1 100   B.1 000   C.800   D.550

5.采用成本法对在用低值易耗品进行评估时，成新率的确定应根据（ ）。

A.已使用月数   B.已摊销数额   C.实际损耗程度   D.尚未摊销数额

6.某企业截至评估基准日，经核实的应收账款余额为200万元，前5年有关资料见表5-5。

表5-5   **应收账款信息表**   单位：万元

年份	应收账款余额	坏账金额
第1年	30	0.25
第2年	35	0.5
第3年	60	0.8
第4年	90	8
第5年	105	20

根据上述资料，该企业应收账款的评估值应为（ ）万元。

A.200   B.190.45   C.181.6   D.175.5

7.确定应收账款评估值的基本公式是：应收账款评估值=（ ）。

A.应收账款账面价值-已确定坏账损失-预计坏账损失

B.应收账款账面价值-坏账准备-预计坏账损失

C.应收账款账面价值-已确定坏账损失-坏账损失

D.应收账款账面价值−坏账准备−坏账损失

8.一般来说，应收账款评估后，"坏账准备"账户应记入（　　）。

A.0

B.应收账款的3‰～5‰

C.按账龄分析确定的坏账金额

D.评估确定的坏账金额

9.某企业向甲企业售出一批半成品，货款金额为500万元，约定半年后付款。采用商业承兑汇票结算。该企业6月10日开出汇票，并经甲企业承兑。汇票到期日为12月10日。现对该企业进行评估。评估基准日为8月10日，月贴现率为5‰，则应收票据的评估值为（　　）万元。

A.500　　　　　　B.490　　　　　　C.510　　　　　　D.495

10.某企业三月初预付6个月的房屋租金90万元，当年5月1日对该企业评估时，该预付费用的评估值为（　　）万元。

A.35　　　　　　B.60　　　　　　C.45　　　　　　D.30

11.对上市的有价证券进行评估时，一般可按评估基准日的相关有价证券的（　　）计算评估值。

A.最高价　　　　B.最低价　　　　C.中间价　　　　D.收盘价

12.将外币存款折算为人民币时，一般应按（　　）折算。

A.月平均外汇牌价

B.年平均外汇牌价

C.评估基准日外汇牌价

D.当年最低外汇牌价

13.某企业2×23年1月31日预付未来1年的保险金12万元，至评估基准日2×23年4月30日已摊销3万元。则该预付费用的评估值为（　　）万元。

A.9　　　　　　B.3　　　　　　C.12　　　　　　D.10

14.某企业有一张为期1年的票据，票面值为65万元，年利率为7.2%，截至评估基准日距付款期还有两个半月的时间，该应收票据的评估价值为（　　）元。

A.659 750　　　　B.687 050　　　　C.640 250　　　　D.678 050

15.某企业有一张期限为10个月的应收票据，本金为500 000元，月利率为1%，截至评估基准日距付款期还有三个半月，则该应收票据的评估值为（　　）元。

A.532 500　　　　B.500 000　　　　C.517 500　　　　D.523 500

16.某企业于2×14年10月购进1 000吨钢材，每吨价格为3 800元，2×15年9月购进钢材500吨，每吨价格为4 000元，2×23年10月库存钢材700吨，则该批库存钢材2×23年10月的评估价值为（　　）万元。

A.280　　　　　　B.266　　　　　　C.273　　　　　　D.276

17.某企业产成品实有数量为80台，每台实际成本为940元，该产品的材料费用与工资费用的比例为70∶30，根据有关资料，材料费用综合调整系数为1.2，工资费用调整系数为1.08。该产品的评估价值为（　　）元。

A.97 450　　　　B.87 530　　　　C.75 200　　　　D.88 000

18.流动资产评估不需要考虑功能性贬值是因为（　　）。

A.周转速度快　　B.流动性强　　　C.形态多样化　　D.库存数量少

二、多项选择题

1.流动资产的实体性贬值可能会体现在（　　）。

A.在产品　　　　　　　　　B.应收账款　　　　　　　　C.在用低值易耗品

D.呆滞、积压物资　　　　　E.货币资金

2.采用市场法对库存材料进行评估时，需要考虑的问题有（　　　）。

A.市场价格的选取

B.被评估材料的变现成本

C.被评估材料的变现风险

D.市场已脱销，没有准确的市场现价时应如何处理

E.被评估材料能否变现

3.评估流动资产时不需要考虑功能性贬值，是因为流动资产（　　　）。

A.周转速度快　　　　　　　B.变现能力强　　　　　　　C.形态多样化

D.库存数量大　　　　　　　E.获利能力强

4.应收票据指企业持有的尚未兑现的各种票据，主要包括（　　　）。

A.客户交来的自己签发的本票

B.客户交来的他人签发背书的本票

C.企业本身签发的经付款人承兑的汇票

D.顾客交来的他人签发背书的汇票

E.银行没有承诺兑付的票据

5.对于购进时间早，市场已脱销，没有准确的市场现价的库存材料进行评估，可以采用的评估方法有（　　　）。

A.通过市场同类商品的平均物价指数进行评估

B.通过材料的账面价值进行评估

C.通过寻找替代品的价格变动资料来修正材料价格

D.在市场供需分析的基础上，确定供需情况，并以此来修正材料价格

E.用历史成本来确定材料成本

6.使用（　　　），对于材料评估的评估值没有影响。

A.先进先出法　　　　　　　B.后进先出法　　　　　　　C.加权平均法

D.移动平均法　　　　　　　E.移动加权平均法

7.用成本法评估在产品时，是根据技术鉴定和质量检测的结果，按评估时的相关市价及费用水平重置同等级的在制品及自制半成品所需投入的合理的料工费的方法计算评估值。这种评估方法只适用于（　　　）。

A.生产周期在半年以下　　　　　　　B.生产周期在半年或1年以上

C.仍需继续生产、销售　　　　　　　D.有盈利

E.生产周期在半年以上、1年以下

8.评估应收账款时，其坏账的确定方法有（　　　）。

A.坏账估计法　　　　　　　B.账龄分析法　　　　　　　C.历史成本法

D.财务制度规定的3‰~5‰　E.重置成本法

9.材料评估使用的方法有（　　　）。

A.成本法　　　　　　　　　B.材料交易双方商定　　　　C.市场法

D.收益法　　　　　　　　　E.清算法

10.有关低值易耗品的叙述正确的有（　　　）。

A.单项价值在规定限额以下　　　　　B.使用期限不满1年

C.周转时间长　　　　　　　　　　　D.不构成产品实体

E.种类繁多

11.流动资产评估的程序包括（　　　）。

A.确定评估对象和评估范围

B.对有实物形态的流动资产进行质量控制和技术鉴定

C.对企业的债权、票据、分期收款发出商品等基本情况进行分析

D.合理选择评估方法

E.评定估算流动资产，产生评估结论

12.对流动资产清查采用的方法一般有（　　　）。

A.抽查　　　　　　　　B.重点清查　　　　　　　C.全面清查

D.一般清查　　　　　　E.查看

13.流动资产评估的特点有（　　　）。

A.流动资产评估是单项评估

B.必须选准流动资产的基准时间

C.流动资产评估比固定资产的评估简单

D.既要认真进行资产清查，同时又要分清主次，掌握重点

E.流动资产周转速度快，变现能力强

14.流动资产的特点有（　　　）。

A.周转速度快　　　　　B.变现能力强　　　　　　C.形态多样化

D.使用期限超过1年　　E.获取收益大

15.流动资产包括（　　　）。

A.原材料　　　　　　　B.存货　　　　　　　　　C.长期待摊费用

D.厂房　　　　　　　　E.各项存款

三、计算题

1.某企业中，某材料是2个月前从外地购进的，数量为300千克，单价为150元/千克，当时支付的运杂费为1 500元。根据原始记录和清查盘点，评估时库存尚有100千克这种材料。试评估该材料的价值。

2.某企业要对其库存的某种钢材进行评估。该种钢材是分两批购进的，第一批购进的时间是去年10月，购进量为1 000吨，单价为3 800元/吨；第二批是今年4月购进的，数量为100吨，单价为4 500元/吨。今年5月1日评估时，经核实去年购进的此种钢材尚存500吨，今年4月购进的尚未使用。因此，需评估的钢材数量是600吨，价格可采用每吨4 500元计算，试计算其评估值。

3.某企业2×23年3月份向甲企业售出材料，价款为1 000万元，买卖双方商定于9个月后付款，采取商业承兑汇票方式结算，该企业于2×23年3月10日开出汇票并委托甲企业承兑，汇票到期日为2×23年12月10日。现对该企业进行评估，评估基准日为2×23年6月10日，贴现率为月利息率6‰，试评估该汇票的价值。

第六章

机器设备评估

育德育人

人工智能是引领新一轮科技革命和产业变革的战略性技术。在各方共同努力下，我国人工智能与实体经济融合取得了积极进展。一是传统行业转型升级不断加速。一批"传统行业+AI"的典型企业逐渐成长壮大，一批智能化升级的典型案例得到推广应用，AI与实体经济融合的新模式、新方法不断形成。在智能制造领域，智能技术的应用极大地提升了产品检测效率和设备利用效率；在智慧医疗领域，智能技术有效减轻了医护人员工作压力，提高了医疗装备的诊断准确性与服务便捷性。二是智能产业实力持续提升。据测算，中国人工智能核心产业规模超过4 000亿元，企业数量超过3 000家。智能芯片、开源框架等关键核心技术不断取得重要突破，智能芯片、终端、机器人等标志性产品的创新能力持续增强。三是新型基础设施布局逐步完善。通过以建带用、以用促建，目前，中国已建成5G基站170万个，培育大型工业互联网平台150家、连接工业设备超过7 800万台（套）。全国建成多个算力中心、数据中心等公共服务平台，行业数据集建设数量与质量不断提升。

我国要从制造大国走向制造强国，离不开人工智能技术的支撑。人工智能的应用场景日新月异，新理论和技术创新层出不穷，机器设备评估作为资产评估的重要领域，在资产评估中占有很大比重，在现代社会中已经发展成为一个不可或缺的环节，机器设备的价值是否可以准确计量与评估，对于相关交易是否可以顺利进行有着决定性意义。机器设备评估中，存在着评估情况复杂、作业量大、问题多等状况，因此，对机器设备进行评估必须进行必要的规范，以跟进"中国速度"，展现"中国力量"，选择正确的评估方法，科学有效地进行机器设备评估。

课前准备

创业办厂中的评估

A、B、C三人出资组建以机械加工为主营业务的公司，A和B分别以货币出资，C以自己所有的一台二手机床出资。按照我国《公司法》的规定，设立公司以非货币出资的应当进行评估。为确定该经济行为所涉及的机床的价值，公司发起人委托资产评估事务所对该二手机床进行评估。假设您是该资产评估事务所的员工，承接了该评估业务后如何对该机器设备进行评估？

学习目标

本章系统地介绍了机器设备及其评估特点、机器设备评估的程序、机器设备评估的各种途径及方法。通过本章的学习，学生应掌握成本途径、市场途径、收益途径在机器设备评估中的应用；熟悉机器设备评估的特点、机器设备评估的程序；了解机器设备的共性和特点。

● 第一节　机器设备评估

机器设备评估
案例

资产评估对象中的机器设备主要包括：具备固定资产性质的机器、设备、仪器、工具、器具等。

一、机器设备评估概述

（一）机器设备的概念

机器设备，是指人类利用机械原理以及其他科学原理制造的装置，它们是被特定主体拥有或控制的不动产以外的有形资产，包括机器、仪器、器械、装置，以及附属的特殊建筑物等资产。

机器设备是企业必要的劳动手段，马克思称之为"生产的骨骼系统和肌肉系统"。机器设备技术状态的好坏对企业的正常生产、产品质量和成本等都有直接影响，所以，马克思称之为"人类劳动力发展的测量器"。一台复杂的机器设备是由数以万计的零部件组成的，各部件的构造、性能各不相同。一般来说，典型的机器设备主要是由原动力设备、传动和工作部分组成的。例如在普通车床中，电动机为原动部分，三角皮带、齿轮系统、丝杆为传动部分，卡盘、刀架等为工作部分。另外在机器设备中，控制部分也是一项重要内容。

（二）机器设备的特点

对机器设备的一般了解，从其机器特征以及评估需要，可以看出机器设备的特点：（1）机器设备作为主要劳动手段，属于会计学中所称的固定资产，具有单位价值高、使用期限长的特点，要求评估者充分认识其功能的实用性和风险性。（2）机器设备属于动产类资产，与房地产比较不具有直接关系。（3）机器设备属于有形资产，同时要考虑无形资产。（4）机器设备更新换代比较快，尽管实体成新率高，但仍应该按照低值甚至报废处理。

根据上述特点，确定机器设备评估范围应注意区别下列问题：

第一，资产评估中，机器设备和土地，房屋及建筑物可能出现以下几种情况：（1）有些设备安装是附着在土地房屋以及建筑物上的，它们对后者的功能会有很大影响，如油井、电梯等。（2）许多物业为了方便使用或具有多种功能，配备了很多附属物，在评估这些具有独立功能的物业时可以将诸如配电设备、锅炉、电话交换机等附属物，列入物业范围，随建筑物一起评估。（3）许多加工设备都有设备基础等构筑物，在续用条件下不能将设备基础漏评。简易基础，如机床的设备基础可以包含在设备评估价值中，大型设备基础要单独作为构筑物评估。

检测设备等功能的正常发挥还需要专利权、专有技术或者计算机软件等机器设备和无形资产的支持。一般来说，对单台设备或通用性较强的无形资产，应将设备和无形资产分开评估。而成套设备、复杂的检测设备中含有的专用无形资产，可在设备价值中一起评估。

第二，比较复杂或先进的机器设备，特别是成套设备和流动资产，在其价值构成中包含用车、原材料、配套易损件及技术培训费等。在一定条件下对这些机器设备进行评估时，应注意不要重复评估或漏评。

（三）机器设备的分类

机器设备的种类很多，可以按不同标准进行分类。

1.按国家相关规定分类。

国家技术监督管理局在1994年1月24日发布了《固定资产分类与代码》（GB/T 14885—1994），根据该标准，机器设备可分为：（1）通用设备；（2）专用设备；（3）交通运输设备；（4）电气设备；（5）电子产品及通信设备；（6）仪器仪表、计量标准及器具。该标准中对上述6类设备都列出了详细目录。而后，该标准被《固定资产分类与代码》（GB/T 14885—2010）代替。

2.按会计制度规定分类。

按固定资产的用途，机器设备可分为6种类型：（1）生产经营用机器设备；（2）非生产经营用机器设备；（3）租出机器设备；（4）未使用机器设备；（5）不需用机器设备；（6）融资租入机器设备。

3.按机器设备的组合程度分类。

机器设备在使用过程中，通常将不同功能的设备进行分配组合完成某种生产工艺活动。按其组合方式和程度可分为：（1）单台设备；（2）机组，如柴油发电机组等；（3）成套设备，它包括若干不同的设备，这些设备按生产工艺过程依次排序连接，形成一个完整的或包含主要生产过程的体系，如胶合板生产线等。

4.按机器设备的来源分类。

机器设备如果按其来源划分，可分为自制设备和外购设备两种。外购设备中又有国内购置和国外引进之分。机器设备还有许多分类方式，在此不一一列举了。值得注意的是，上述分类并不是独立的，分类之间可以有不同程度的关联。成套设备中可能部分是外购的，部分是自制的，资产评估中可以根据委托单位或生产技术的特点、评估目的、采用的操作方法、操作人员的专业特长等，按不同分类进行操作，最后按评估结果汇总要求进行统计。在评估时，可按生产车间进行清查；也可按通用设备、专用设备分类进行评估；还可按自制设备、外购设备、国内设备和进口设备分类评估，完成这些工作后再进行分类汇总。

如1999年财政部颁布的《资产评估报告基本内容与格式的暂行规定》（财评字〔1999〕91号文件），通常将作为固定组成部分的设备在资产汇总时归纳成机器设备、运输车辆及电子设备3类。此外在企业改制评估中，还需要划分生产经营用机器设备和非生产经营用机器设备等。

二、机器设备评估的特点

机器设备类资产一般是企业整体资产的一部分，通常与企业的其他资产，如房屋建筑物、土地、流动资产、无形资产等，共同完成某项特定的资产目的，一般不具备独立的盈利能力。所以在进行机器设备评估时，收益法的使用受到很大的限制，通常采用成本法和市场法进行评估，其评估特点如下：

1.机器设备专业门类多，其评估多以技术检测为基础。

2.存在形式与使用方式影响评估价值。

3.使用状态影响评估价值。

4.与土地及建筑物不可分离的机器设备放在土地及建筑物中评估，如建筑物中的电梯、水、电、气、通信设备等。

5.对数量多、单位价值低的同类设备可以按照分类标准进行评价，但必须逐台、逐件核实数量。

整体性的机器设备是为了实现某种功能，由若干机器设备组成的有机整体。评估人员在进行价值分析时应注意机器设备之间的有机联系对价值的影响，整体的价值不仅仅是单台设备的简单相加。影响机器设备磨损的因素很多，设备的磨损、失效规律不容易确定，个体差异较大。机器设备的某些因素难以确定。

设备的贬值因素比较复杂，除实体性外，往往还存在功能性贬值和经济性贬值，科学技术的发展、国家的有关政策等，都可能对设备的评估价值产生影响。

三、机器设备评估的程序

1.明确评估目的，收集与机器设备评估有关的资料。

机器设备评估大体可分为两种情形：（1）机器设备作为独立的评估对象评估。（2）机器设备与企业的其他资产一起评估。机器设备单独评估的评估目的有：机器设备转让（包括出售、继承、赠与、抵债等），机器设备抵押，购买机器设备保险，进行机器设备投资，处理机器设备纠纷和有关法律诉讼等。机器设备与企业的其他资产一起评估的评估目的有：企业合资与合作、企业兼并与分立、企业出售、企业租赁经营、企业承包经营、企业改制、企业上市、企业破产清算等。因此，在受理机器设备评估业务时，必须了解评估的目的并明确地写进资产评估委托协议中和资产评估报告中。

2.明确评估对象。

主要是明确评估对象机器设备的类别和范围。在资产评估中可根据需要选择不同的标准对机器设备进行分类。

（1）按现行会计制度规定分类。机器设备可分为生产经营用机器设备、非生产经营用机器设备、租出机器设备、未使用机器设备、不需用机器设备、融资租入机器设备等。

（2）按国家固定资产分类标准分类。机器设备可分为通用设备、专有设备、交通运输设备、电气设备、电子及通信设备、仪器仪表、计量标准器具等。

（3）按机器设备的组合程度分类。机器设备可分为单台设备（独立设备）、机组（如组合机床）、成套设备（包括生产线）等。

资产评估时除根据上述分类明确评估对象的类别外，还需根据评估的特定目的，明确评估对象的具体范围，如评估对象中是否包含租出和融资租入机器设备、是否包含房地产中的有关机器设备，以避免重复评估或者遗漏。

3.明确评估价值类型。

机器设备评估中的价值一般分为市场价值和非市场价值（或称市场以外价值）两类。

机器设备的市场价值要考虑机器设备的评估目的、评估时的市场条件、评估对象自身的性质和状况，如在机器设备交易市场较发达的情况下，对单台（件）通用设备的市场出售价值进行评估时，其价值类型可确定为市场价值。

机器设备评估中的投资价值、抵押价值、保险价值、抵债价值、续用价值、清算价值等一般属于非市场价值。如果将机器设备作为房地产的有机组成部分评估，其价值类型应与房地产评估的价值类型相一致；如果机器设备与企业整体资产一起评估，其价值类型应与企业价值评估的价值类型相一致。

4.明确评估基准日。

机器设备评估基准日通常由委托方提出，评估机构与委托方协商确定。如果机器设备作为单独的评估对象评估，评估基准日通常选择现在的某个日期评估，即现实性评估，个别情况下评估基准日也可以选择在过去日期评估，即追溯性评估或预测评估。

机器设备评估基准日的确定应根据评估的特定目的，遵循与评估目的实现日相接近的原则。如果将机器设备作为房地产的有机组成部分评估或者与企业整体资产一起评估，则其评估基准日应与房地产或者企业价值评估的评估基准日相一致。

5.确定评估方法，计算评估价值。

6.撰写评估报告。

四、机器设备评估的准备

1.签订评估委托协议。

评估师首先要求委托方对委托评估的机器设备进行自查，查实机器设备的数量，做到账实相符，在此基础上，填写机器设备评估申报明细表，提供租出及融资租赁机器设备的合同、证明，提供新购设备及重点设备的购货合同、发票及运输安装调试费用的收据，同时提供其他必要的经济技术资料。

2.制订具体的评估工作计划。

根据委托方提供的有关资料，明确评估范围和评估重点后，应制订合理的评估作业计划，包括设计主要机器设备的评估思路，落实评估人员，聘请有关专家，安排评估进度，规定评估作业完成时间等，以此保证评估工作顺利进行。

3.广泛搜集与评估相关的资料，为机器设备的评定估算做好准备。

4.按照评估重点和人员的安排，核实评估对象并进行分类。

机器设备评估除委托方提供的资料外，在评估准备阶段应广泛地收集与评估工作有关的数据资料，包括机器设备的成本资料、市场价格资料、技术资料，对机器设备价格产生影响的利率、税率、汇率等资料，这对于提高评估工作的效率是非常重要的。有的资料通过市场调查获得；有的资料通过评估人员现场勘查获得。

五、机器设备的现场勘查

1.清查核实评估对象。

清查核实评估对象应根据委托方提供的机器设备评估申报明细表，通过核对企业的账面记录和盘点实物两种方法对评估对象进行核对，要尽可能对所有申报评估的机器设备逐台核实。

对数量较多的、成批、同型号的设备可采用抽查的办法，以落实评估对象。要特别注意对未入账的机器设备、已摊销完的设备、租入和租出设备、建筑附属设备的清查核实，以避免发生重复评估或者漏评的情况。

2.对机器设备进行勘查和技术鉴定。

（1）对机器设备所在的整个生产系统、生产环境、生产强度以及生产系统的产品结构、产品市场需求状况进行总体鉴定和评价，以此为单台（件）机器设备的技术鉴定提供背景资料。

（2）对机器设备的使用状况，包括对机器设备的购建时间、已使用年限、利用率及运行负荷的大小、完好率、技术改造情况、大修理情况等进行勘查和鉴定。

（3）对机器设备的技术状况，包括设备的类别、规格型号、制造厂家、生产能力、加工精度、设备时间等状况进行分析和鉴定。

对机器设备进行勘查和技术鉴定时，应注意向操作工人、技术人员、维修管理人员调查了解设备的使用、维护、修理情况，向财务人员了解资金发生和使用情况。对于大型、复杂、高精尖的设备，应由多名专业技术人员组成专家组进行勘查鉴定。

3.填写、签发工作票等。

六、机器设备的核查与鉴定

（一）机器设备的核查

评估人员在评估机器设备时，要根据评估目的对被评估的机器设备进行必要的核查，以确定机器设备的客观存在。对机器设备进行核查的方式可分为逐项清查和抽样核查两种。

1.逐项清查。

采用这种方法，评估人员要依据委托评估的资产清单，对所有被评估的机器设备逐台进行清点、核实，分别考察每一台设备的实体状态，确定实体性贬值、功能性贬值和经济性贬值。一般来讲，由于机器设备单台价值较大，在评估时多采用逐项清查的方式，用这种方法核查资产，风险性较小，但核查的工作量较大。

2.抽样核查。

抽样核查是在满足核查任务的前提条件下，根据随机抽样的原理，核查被评估机器设备的一种方法。在某些特定情况下，比如一些机器设备，单台价值量较低，而数量较多，规格型号及使用环境、使用条件相同或类似，评估人员为了提高评估工作效率，可以采用抽查的方式。另外，有些客户在选择合资伙伴或投资对象时，在项目的初步可行性研究阶段，常需要评估人员对某些资产提供初步估价意见。对于这种类型的评估项目，客户并不要求评估结果十分准确，他们只是希望对资产的规模、构成等有一个大致的了解。在这种情况下也可以采用抽样核查的方式。

对机器设备的抽样核查，一般采用分层抽样（也称类型抽样）的方法。这种方法的基本步骤如下：（1）以规格型号、使用条件及环境、购置年代等作为样本的标志值，把标志值比较接近的归到一组，将被评估的机器设备分为若干组；（2）根据抽样要求确定抽样比例；（3）确定抽样调查指标；（4）随机抽样；（5）进行抽样结果分析。

需要指出的是，评估人员使用抽样的方式进行资产核查时，在评估报告中，必须对所采用的抽样方法以及抽样比例、抽样误差等问题作出详细说明，并指出可能存在的抽样

成本法评估机器设备实例分析1

风险。

（二）机器设备的鉴定

机器设备的鉴定目的是：通过确定评估对象的存在状态为价值判断提供依据。设备的价值与它的存在状态密切相关，比如设备的磨损程度、生产能力、加工精度、安装方式等。对设备的鉴定，就是分析、采集各种影响设备价值因素的过程，然后通过分析和量化这些因素与价值之间的关系，获得评估对象的评估值。

评估人员在对设备进行鉴定之前，首先要明确评估对象的范围、评估目的、拟采用的评估方法，制订设备鉴定方案。机器设备的型号繁多，需要采集的内容千差万别，使用的鉴定方法和手段也各不相同。

机器设备的鉴定按其工作阶段可分为统计性鉴定和判断性鉴定，其内容包括统计性鉴定中的宏观鉴定和微观鉴定，以及判断性鉴定。

1.统计性鉴定。

统计性鉴定是按照资产类别预先设计一套能够反映资产现时及历史现状的项目或指标，如设备名称、型号、规格、设计生产能力、规定运转里程、实际生产能力等，然后根据账、卡、测试仪表等反映出的有关信息，进行逐项登记。统计性鉴定是资产评估的前期工作之一，属于调查摸底，可以采用编制资产清册的方式，结合清查资产进行鉴定。这种鉴定分为宏观鉴定和微观鉴定。

（1）宏观鉴定。**宏观鉴定**，是对机器设备在整个生产过程中的状况进行调查摸底。宏观鉴定主要解决下列问题：企业制造或生产何种产品？产品是如何生产的？企业的生产能力如何？为解决上述问题，在为宏观鉴定收集数据资料时，应考虑下列内容：①企业的名称和地址；②设备的生产购建日期；③设备生产产品的名称，需列出生产工序的名称及简要说明；④设备的数量；⑤设备的生产能力，包括设计能力、额定及实际的均衡生产能力；⑥设备的维修状况、维修方式及维修费用，大修理间隔期及每次维修所需要的时间；⑦设备的日生产能力和工作时间；⑧原材料的供应情况；⑨产成品及半成品销售渠道及市场需要情况；⑩每台设备的燃料、动力消耗；⑪设备的自动化程度；⑫设备的役龄（账面年限和有效寿命）；⑬安全、环保及辅助设施的情况；⑭收益或亏损的原因。

对设备进行评估时，评估人员需收集过去3～5年的上述数据资料。

（2）微观鉴定。**微观鉴定**，是辨识设备个别特征的过程，主要针对单台设备。由于机器设备的类型很多，其鉴定项目和内容也不一致。一般来讲，微观鉴定的内容包括以下几个方面：①设备名称；②设备型号；③设备规格；④生产厂家；⑤出厂日期、投入使用日期；⑥设备技术参数；⑦传动类型及传动系统状况；⑧动力系统状况；⑨控制系统状况；⑩工作装置状况；⑪安装基础、供水、供电、供气及其他辅助设备及费用；⑫设备的设计生产能力和实际生产能力；⑬设备的精度；⑭设备的主要部件情况；⑮设备的工作负荷、班次；⑯设备的工作环境；⑰设备的维修保养情况；⑱设备的设计制造品质等。

初次进行调查和记录时，注意观察细节是非常重要的。随着经验的不断积累，评估人员采集数据的技巧也会提高。评估人员掌握了所有的资料后，还要对信息进行去粗取精的整理工作。

2.判断性鉴定。

判断性鉴定，是指由专业工程技术人员在现场勘查的基础上，对机器设备的有关指标进行分析判断。这些指标包括：设备的新旧程度、剩余经济寿命等。判断性鉴定一般是在完成统计性鉴定后才能进行，属于机器设备鉴定的第二阶段工作。

鉴定机器设备的新旧程度一般可以分为总体鉴定机器设备新旧程度和分结构鉴定设备新旧程度两种。总体鉴定机器设备新旧程度，是指用观察法对处于不同状态条件下的机器设备，确定其损耗率或成新率。一台机器设备往往是由若干结构或部件组成的，在运转过程中，各部分结构的损耗程度不同，同时各部分结构对机器设备主体的影响也不相同。因此，应采取分结构鉴定机器设备的新旧程度的方法。在分结构鉴定其新旧程度的基础上，再采取加权平均的方法计算其总体新旧程度。对于整体型机器设备，无论采用何种评估方法，宏观鉴定都是非常重要的。

机器设备的评估大部分采用成本法。这种方法是从微观入手来确定每一台设备的价值的，而对于整体型机器设备，则是通过单台设备的组合，来达到某种生产目的的。单台设备的状态可能是好的，但设备组合的整体性能不一定能达到设计要求。因此，评估人员还应从宏观的角度对评估对象进行考查，了解整个车间或生产线的整体能力如何，是否存在整体的经济性和功能性贬值等。确定这些因素，要通过宏观鉴定解决。

● 第二节　成本法在机器设备评估中的应用

机器设备评估的成本途径及其方法为：首先估测被评估机器设备的重置成本，然后判定和估测机器设备的实体性贬值、功能性贬值和经济性贬值，最后用机器设备的重置成本扣减各种贬值来测定被评估机器设备价值的评估技术思路及其各种方法。成本途径及其方法的计算公式为：

机器设备评估值=重置成本-实体性贬值-功能性贬值-经济性贬值　　　　　　　(6-1)

=重置成本×成新率-功能性贬值-经济性贬值　　　　　　　(6-2)

一、机器设备的重置成本及其估测

机器设备的重置成本，通常是指按现行价格水平购建与被评估机器设备相同或相似的全新设备所需的成本。资产评估中，机器设备的重置成本通常分为直接成本费用、间接成本费用、资金成本。(1)复原重置成本，是指按现行的价格水平购建一台与原有机器设备完全相同的全新设备所需的成本。(2)更新重置成本，是指按现行的价格水平购建一台能够提供同样服务和功能的全新设备替代现有设备所需的成本。

复原重置成本和更新重置成本虽然都属于重置成本范畴，但二者在成本构成因素上却是有差别的。复原重置成本基本上是在不考虑技术条件、材料替代、制造标准等因素变化的前提下，仅考虑物价因素对成本的影响，即将资产的历史成本按照价格变动指数或趋势转换成重置成本或现行成本。更新重置成本则是在充分考虑了技术条件、建筑标准、材料替代，以及物价变动等因素变化的前提下所确定的重置成本或现行成本。

两种重置成本在成本构成要素上的差别，要求评估人员在运用成本途径对机器设备进行估价时，准确把握所使用的重置成本的确切含义，特别注意两种重置成本对机器设备的功能性贬值及成新率可能产生的不同影响。

（一）机器设备重置成本的构成

机器设备的重置成本一般包括设备自身的购置价格、运杂费、安装费、基础费及其他合理成本。作为评估对象的机器设备包括外购国产设备、进口设备以及自制设备等，由于机器设备的取得方式不同，其成本构成项目也不一致。

1.外购国产设备重置成本。

外购国产设备重置成本主要包括：（1）设备自身购置价格；（2）设备运杂费；（3）设备安装费；（4）基础费；（5）资金成本；（6）其他费用等。

2.进口设备重置成本。

进口设备重置成本主要包括：（1）设备自身购置价格（通常为离岸价）；（2）国外运输费；（3）国外运输保险费；（4）进口关税；（5）增值税；（6）银行财务费用；（7）外贸手续费；（8）国内运杂费；（9）安装费；（10）基础费；（11）资金成本；（12）其他费用等。

其中设备离岸价格（FOB价格）、境外运杂费、境外途中保险费三者之和即为到岸价格（CIF价格）。

3.自制设备重置成本。

自制设备重置成本主要包括：（1）生产成本（包括直接材料、直接人工、燃料及动力和制造费用）；（2）合理利润；（3）税金；（4）安装费；（5）基础费；（6）资金成本；（7）其他费用等。

（二）机器设备重置成本的估测

机器设备重置成本的估测可以按照机器设备重置成本的构成分别估测设备的自身购置价格、运杂费、安装费、基础费和其他成本费用，然后将各部分的数额相加得到机器设备的重置成本。

成本法评估机器设备实例分析2

1.设备自身购置价格的估测。

（1）市场询价法。

市场询价法是通过市场调查，从生产厂家、销售部门或其他途径获得设备购买价格或建造费，在此基础上加上合理的运杂费、安装调试成本及其他费用估测被评估机器设备的重置成本，该方法主要适用于评估时市场上有被评估设备销售的情况。

对于机器设备的市场价格而言，制造商与销售商，或者不同的销售商之间的售价可能是不同的，在同等条件下，评估人员应该选择可能获得的最低售价。一些专用设备和特殊设备，由于只有少数厂家生产，市场交易也少，一般没有公开的市场价格，由于市场透明度较差，生产厂家的报价和实际成交价往往存在较大的差异，评估人员应谨慎使用报价，一般应该向近期购买该厂同类产品的其他客户了解实际成交价。

对于进口设备进行评估时，可以从国外生产厂家、销售商、外贸进出口公司、海关等单位获得设备的离岸价或到岸价。由于进口渠道不同，进口设备的市场价格可能也存在不同，评估人员应在充分调查和认真分析后确定进口设备的自身重置价格。

【例6-1】评估某企业的一台机床时，生产厂家的产品目录和价格表中标示的价格为65 000元，当地经销商的报价为64 800元。评估人员调查了解到，该机床如果直接从生产厂家购买则可以打九八折，但运费需500元；如果从当地经销商处购买则没有折扣，但可以赠送一套价值300元的备件。

经综合分析，评估人员确定被评估机床的自身重置价格为 64 200 元。

（2）功能价值类比法。

功能价值类比法是指根据被评估机器设备的具体情况，寻找现有同类设备的市价、建造费用，或市价、建造费用加运杂费和安装调试费得到同类设备的现行重置成本，然后根据该同类设备与被评估设备的功能比较，调整得到被评估机器设备的重置成本。

功能价值法中的同类设备是指与被评估设备类型相同，但规格型号或加工能力不同的设备（如普通车床）。同类设备必须是新的，同类设备的市场价格可以根据市场询价法获得。对于进口设备进行评估，所选择的同类设备也应该是进口设备，而不宜选择国产设备。

采用此方法应重点对被评估对象与所选择的机器设备之间的功能与重置成本之间的关系进行分析判断，根据不同的情况采取不同的计算方法。当设备的功能与购置价格之间呈线性关系时，评估的计算公式为：

设备自身购置价格=同类设备的市场价格×被评估设备的功能÷同类设备的功能   (6-3)

当设备的功能与购置价格之间呈指数关系时，评估的计算公式为：

设备自身购置价格=同类设备的市场价格×(被评估设备的功能÷同类设备的功能)^x (6-4)

式 6-4 中：x 为功能价值指数（或称规模效益指数），它是用来反映资产成本与其功能之间指数关系的具体指标。在国外经过大量数据的测算，取得的经验数据是：指数 x 的取值范围一般为 0.4~1，在机器设备评估中 x 的取值范围为 0.6~0.8。

【例 6-2】被评估机器设备的年生产能力为 90 吨，选择的与被评估对象具有相同性质和用途的全新参照物机器设备的年生产能力为 120 吨，参照物机器设备的现行成本为 100 000 元，经分析，资产的功能与成本之间呈线性关系。则：

$$设备自身购置价格=100\,000×\frac{90}{120}=75\,000（元）$$

【例 6-3】对某公司年产 6 000 吨产品的设备进行评估时得知，该设备 3 年前的购置价格为 150 万元，但无法获得该型号设备在评估时的市场销售价格。同时，年产 8 000 吨产品的同类型设备当前的市场价格为 300 万元，经测算，该类设备的功能价值指数为 0.7。则：

$$设备自身购置价格=300×(\frac{6\,000}{8\,000})^{0.7}≈245（万元）$$

（3）价格指数法。

价格指数法是根据被评估机器设备的原始成本和价格指数，按照现行的价格水平计算重置成本，在运用价格指数法时，可根据获得价格指数的情况，采用定基价格指数或环比价格指数进行调整。

①定基价格指数。运用定基价格指数计算被评估设备自身购置价格的计算公式为：

$$设备自身购置价格=设备原购置价格×\frac{评估时定基价格指数}{购置时定基价格指数}$$ (6-5)

【例 6-4】某被评估设备购置于 2×18 年，当时的购置价格为 65 000 元，2×18 年该类设备的定基价格指数为 106%，2×23 年进行评估时，该类设备的定基价格指数为 125%。则被评估设备的自身购置价格为：

$$65\,000×\frac{125\%}{106\%}≈76\,651（元）$$

【例6-5】某被评估设备是2×19年从美国进口的，当时的购置价格（离岸价）为125 300美元，2×23年对该设备进行评估。经调查，2×23年该类设备在美国的价格比2×19年下降了3%，评估时美元与人民币的比价为1∶6.7。则被评估设备的自身购置价格（离岸价）为：

$$125\ 300 \times \frac{1-3\%}{100\%} \times 6.7 \approx 814\ 325\ （元）$$

②环比价格指数。运用环比价格指数计算被评估设备自身购置价格的计算公式为：

$$设备自身购置价格 = 设备原购置价格 \times \prod_{t=t_0+1}^{t_n} 环比价格指数 \tag{6-6}$$

式中：t_0——设备购置时间（年、月）；

t_n——设备评估时间（年、月）。

【例6-6】被评估设备购置于2×19年，当时的购置价格为45 800元，2×23年进行评估，该类设备2×20年至2×23年的环比价格变动指数分别为4.5%、2.6%、1.1%、4.2%。则被评估设备自身购置价格为：

设备自身购置价格 = 45 800×（1+4.5%）×（1+2.6%）×（1+1.1%）×（1+4.2%）≈51 731（元）

（4）重置核算法。

重置核算法是通过分别测算机器设备的各项成本费来确定设备净价的方法。重置核算法主要适用于非标准的、自制的设备重置成本的核算。自制设备通常是根据某企业自身的特定需要，自行设计和制造的设备。估测自制设备的自身购置价格时不能采用市场询价法，如果有同类设备的市场价格和生产能力指标等资料或者能够获得同类设备的价格指数资料，则可以采用功能价值法或价格指数法。运用重置核算法估测设备自身购置价格的计算公式为：

$$设备自身购置价格 = 生产成本 + 利润 + 税金 \tag{6-7}$$

生产成本包括按照现行价格水平和费用标准计算的直接成本和间接成本；利润是以行业平均成本利润率计算的利润总额，利润率可以选择直接成本利润率或生产成本利润率等；税金包括增值税、城市维护建设税和教育费附加。

【例6-7】某公司对一台自制设备进行评估，该设备是3年前企业自行设计和制造的，根据企业提供的账目，该设备制造过程中有关材料成本（不含税）、工时、制造费用等核算资料见表6-1。

表6-1　　　　　　　　　　　自制设备核算表

项目	数量	单价	金额（元）
钢材的消耗	8吨	3 200元/吨	25 600
铸铁的消耗	6吨	2 500元/吨	15 000
电机	1台	12 500元/台	12 500
工时消耗	3 000工时	8元/小时	24 000
直接成本合计			77 100
制造费用		0.5*	38 550
生产成本合计			115 650

注：*为制造费用占直接成本的比重。

评估人员经过市场调查和测算获得以下资料：有关材料不含税的价格分别为：钢材3 500元/吨，铸铁2 600元/吨；外协件（电机）为12 800元/台；单位工时成本为12元，制造费用占直接成本的比重为0.48；行业平均成本利润率为10%；该企业适用的增值税税率为13%，城市维护建设税税率为7%，教育费附加为增值税税额的3%。

根据现行价格水平和费用标准，该设备自身购置价格计算如下：

（1）计算生产成本。

直接成本=8×3 500+6×2 600+12 800+3 000×12=92 400（元）

制造费用=92 400×0.48=44 352（元）

生产成本=92 400+44 352=136 752（元）

（2）计算利润。

制造利润=136 752×10%≈13 675（元）

（3）计算应缴纳的税金。

增值税=销项税额−进项税额

  =（136 752+13 675）×13%−（8×3 500+6×2 600+12 800）×13%≈12 224（元）

城市维护建设税=12 224×7%≈856（元）

教育费附加=12 224×3%≈367（元）

税金合计=12 224+856+367=13 447（元）

（4）计算设备自身购置价格。

设备自身购置价格=136 752+13 675+13 447=163 874（元）

2.运杂费的估测。

设备的运杂费，是指国产设备从生产厂家，进口设备从港口、车站、码头等地到安装使用地点所发生的装卸、运输、保管、保险及其他有关费用。运杂费的估测方法有以下两种：

（1）运费标准计算法。

运费标准计算法，是根据设备的生产地点、使用地点以及重量、体积、运输方式，根据铁路、公路、船运、航空等部门的运输计费标准进行计算。运杂费计算公式如下：

运杂费=设备的购置净价×运杂费率

以铁路运输为例，原铁道部《铁路货物运价规则》将货物共分为26类115项，如工业机械、电子机械、农业机械分别为17类、18类和19类，同时也规定了各种货物的整车运价号、零担运价号和集装箱运价号。货物运价由货物的发到基价和运行基价两部分构成，其中：发到基价是与运送里程远近无关的始发和终到作业费，该部分费用是固定的；运行基价是车辆运行途中的运行作业费，与运送里程成正比例。货物的运费计算公式如下：

①货物运输费用。

整车运费=（发到基价+运行基价×运价里程）×计费重量   (6-8)

②零担货物运输费用。

零担运费=（发到基价+运行基价×运价里程）×计费重量÷10   (6-9)

③其他费用。

建设基金=费率×计费重量×运价里程   (6-10)

电气化附加费=费率×计费重量×电化里程   (6-11)

（2）运杂费率计算法。

运杂费率计算法，是按国产设备价格、进口设备到岸价的一定比率作为设备的运杂费率，并以此来计算设备的运杂费。国产设备价格和进口设备到岸价是按照现行的价格水平计算的设备自身购置价格和到岸价。机械行业国产设备运杂费率表和机械行业进口设备陆运方式国内运杂费率表见表6-2和表6-3。

表6-2　　　　　　　　　　　　　机械行业国产设备运杂费率表

地区类别	建设单位所在地	运杂费率	备注
一类	北京、天津、河北、山西、山东、江苏、上海、浙江、安徽、辽宁	5%	指标中包括建设单位仓库离车站或码头50千米以内的短途运输费。当超过50千米时按每超过50千米增加1.5%费率计算，不足50千米的，可按50千米计算
二类	湖南、湖北、福建、江西、广东、河南、陕西、四川、甘肃、吉林、黑龙江、海南	7%	
三类	广西、贵州、青海、宁夏、内蒙古	8%	
四类	云南、新疆、西藏	10%	

表6-3　　　　　　　　　　　机械行业进口设备陆运方式国内运杂费率表

地区类别	建设单位所在地	运杂费率	备注
一类	内蒙古、新疆、黑龙江	1%～2%	进口设备国内运杂费指标是以离陆站距离划分指标上、下限的：100千米以内为靠近陆站，取下限；100千米以上、300千米以内为邻近陆站，取中间值；300千米以上为远离陆站，取上限
二类	青海、甘肃、宁夏、陕西、四川、山西、河北、河南、湖北、吉林、辽宁、天津、北京、山东	2%～3%	
三类	上海、江苏、浙江、广东、安徽、湖南、福建、江西、广西、云南、贵州、西藏	3%～4%	

运用运杂费率计算法计算国产和进口设备国内运杂费的公式为：

国产设备运杂费=国产设备价格×国产设备运杂费率　　　　　　　　　　（6-12）

进口设备运杂费=进口设备到岸价×进口设备运杂费率　　　　　　　　　（6-13）

3.安装费的估测。

设备安装包括设备的装配和安装、锅炉及其他各种工业锅窑的砌筑、设备附属设施的安装、设备附属管线的敷设、设备及附属设施、管线的绝缘、防腐、油漆、保温等。设备安装费是指上述工程所发生的所有材料费、人工费、机械费及其他费用等。设备安装费的估测可以采用以下方法：

①重置核算法。重置核算法是指根据设备原来安装过程中材料、人工、机械的消耗

量，按照现行的价格水平和费用标准重新计算，再加上其他费用，以此得到重置安装费的方法。重置核算中可以按照原来的材料计算，也可以按照新型材料进行计算。其计算公式为：

　　设备安装费=设备的购置价格×设备安装费率　　　　　　　　　　　　　　　　　　(6-14)

　　②安装费率计算法。安装费率计算法是按国产设备的价格、进口设备的到岸价的一定比率作为设备的安装费率，并以此来计算设备的安装费。国产设备价格和进口设备到岸价是按照现行的价格水平计算的设备自身购置价格和到岸价。运用安装费率计算法计算国产和进口设备安装费的公式为：

　　国产设备安装费=国产设备价格×国产设备安装费率　　　　　　　　　　　　　　　(6-15)

　　进口设备安装费=进口设备到岸价×进口设备安装费率　　　　　　　　　　　　　　(6-16)

　　国产设备安装费率可参考国家有关部门关于机械工程建筑项目概算指标的相关规定，进口设备安装费率可按照同类型国产设备的30%~70%确定。

　　4.基础费的估测。

　　设备的基础是为安装设备而建造的特殊构筑物。设备基础费是指建造设备基础所发生的材料费、人工费、机械费和其他费用。

　　设备基础费=设备原价×设备基础费率　　　　　　　　　　　　　　　　　　　　　(6-17)

　　5.国外运费的估测。

　　国外运费通常以设备的离岸价为基数乘以海运费率计算，也可以按设备的重量、体积及海运公司的收费标准计算。远洋运输的海运费率一般取5%~8%，近洋运输的海运费率一般取3%~4%。国外运费的计算公式为：

　　国外运费=离岸价格×海运费率　　　　　　　　　　　　　　　　　　　　　　　　(6-18)

　　6.国外运输保险费的估测。

　　国外运输保险费一般以设备的离岸价与海运费之和为基数乘以保险费率计算。保险费率可根据保险公司费率表确定，一般在0.4%左右。国外运输保险费的计算公式为：

　　国外运输保险费=到岸价格×保险费率=（离岸价格+海运费）×保险费率　　　　　　(6-19)

　　7.关税的估测。

　　关税以进口设备的关税完税价格乘以相应关税税率计算。关税的完税价格为进口设备的到岸价（CIF），关税税率按照"进境物品进口税税率表"确定。关税的计算公式为：

　　关税=到岸价格×关税税率=（离岸价格+海运费+海运保险费）×关税税率　　　　　(6-20)

　　8.消费税的估测。

　　消费税以关税完税价格与关税之和为基数，换算成含消费税的计税价格后乘以消费税税率计算。进口设备中只有小汽车、中轻型商用客车以及摩托车等车辆征收消费税，消费税税率按照国家发布的"消费税税率表"确定。消费税的计算公式为：

$$消费税=\frac{关税完税价格+关税}{1-消费税税率}×消费税税率 \tag{6-21}$$

　　9.增值税的估测。

　　增值税以关税完税价格、关税和消费税之和为基数乘以增值税税率计算。不缴纳消费税的进口设备以关税完税价格和关税之和为基数计算。进口设备增值税税率为13%，同时还要以增值税税额为基数按照7%和3%的税率缴纳城市维护建设税和教育费附加。增值税的计算公式为：

增值税=（到岸价格+关税+消费税）×增值税税率　　　　　　　　　　　　　　（6-22）

10.银行财务费的估测。

银行财务费是银行为客户进口设备办理外汇结算业务而收取的费用。银行财务费以设备离岸价为基数乘以相应的费率计算，现行银行财务费率一般为0.4%～0.5%。银行财务费的计算公式为：

银行财务费=设备离岸价×费率　　　　　　　　　　　　　　　　　　　　　　（6-23）

11.外贸手续费的估测。

外贸手续费是外贸进出口公司为客户代理设备进口业务而收取的费用。外贸手续费通常以设备到岸价为基数乘以相应的费率计算，外贸公司进口业务的收费率一般为1%～1.5%。外贸手续费的计算公式为：

外贸手续费=设备到岸价×费率　　　　　　　　　　　　　　　　　　　　　　（6-24）

12.车辆购置税的估测。

车辆购置税以关税完税价格、关税和消费税之和为基数乘以车辆购置税税率计算，车辆购置税的税率为10%。车辆购置税的计算公式为：

车辆购置税=（完税价格+关税+消费税）×车辆购置税税率　　　　　　　　　　（6-25）

【例6-8】对某企业一套从美国进口的设备进行评估，评估人员经过调查了解到，现在该设备从美国进口的离岸价为60万美元，海运费率为6%，保险费率为4‰，该设备现行进口关税税率为10%，增值税税率为13%，银行财务费率为0.5%，外贸手续费率为1.5%。国内运杂费率为2%，安装费率为0.8%，基础费率为1.2%。评估基准日，美元同人民币的比价为1∶6.7。则该进口设备重置成本的计算如下：

国外运费=60×6%=3.6（万美元）

保险费=（60+3.6）×4‰≈0.25（万美元）

到岸价（外汇计价）=60+3.6+0.25=63.85（万美元）

到岸价（人民币计价）=63.85×6.7≈427.80（万元）

关税=427.80×10%=42.78（万元）

增值税=（427.80+42.78）×13%=61.18（万元）

银行财务费=60×6.7×0.5%=2.01（万元）

外贸手续费=427.80×1.5%=6.42（万元）

国内运杂费=427.80×2%=8.56（万元）

安装费=427.80×0.8%≈3.42（万元）

基础费=427.80×1.2%=5.13（万元）

进口设备重置成本=427.80+42.78+61.18+2.01+6.42+8.56+3.42+5.13=557.3（万元）

二、机器设备实体性贬值及成新率的估测

机器设备的实体性贬值是由于生产经营中的磨损和暴露于自然环境造成的侵蚀而引起的资产价值的损失。反映实体性贬值的相对数是实体性贬值率，其计算公式为：

$$实体性贬值率=\frac{实体性贬值额}{重置成本}$$　　　　　　　　　　　　　　　　　　（6-26）

成新率是反映机器设备新旧程度的指标，可以理解为机器设备现实状态与设备全新状

态的比率。成新率与实体性贬值率是同一事物的两面，二者的关系为：

成新率=1-实体性贬值率 　　　　　　　　　　　　　　　　　　　　　　　(6-27)

评估中，对机器设备实体性贬值的估测通常是估测其成新率。成新率的估测是机器设备成本法估价中的重点和难点问题。

（一）观察法

观察法，就是评估师通过现场观察，查阅机器设备的历史资料，向操作人员询问设备的使用情况、使用精度、故障率、磨损情况等信息之后，依据经验判断设备的磨损程度及贬值率。在具体操作中可采用以下两种具体方法：

1.直接观测法。

该方法是首先确定和划分不同档次的成新率标准，然后根据被评估对象的实际情况，经观测、分析、判断直接确定被评估机器设备的成新率。这种办法的特点是相对简便、省时、易行，但主观性强，精确度较差。一般适用于单位价值小，数量多，技术性不是很强的机器设备成新率的确定。机器设备成新率评估参考表，见表6-4。

表6-4　　　　　　　　　　　　　　**机器设备成新率评估参考表**

类别	新旧情况	有形损耗率	技术参数标准参考说明	成新率
1	新设备及使用不久的设备	0～10%	全新或刚使用不久的设备。在用状态良好，能按设计要求正常使用，无异常现象	100%～90%
2	较新的设备	11%～35%	已使用1年以上或经过第一次大修恢复原设计性能使用不久的设备，在用状态良好，能满足设计要求，未出现过较大故障	89%～65%
3	半新设备	36%～60%	已使用2年以上或大修后已使用一段时间的设备，在用状态较好，基本上能达到设备设计要求，满足工艺要求，需经常维修以保证正常使用	64%～40%
4	旧设备	61%～85%	已使用较长时间或几经大修，目前仍能维持使用的设备。在用状态一般，性能明显下降，使用中故障较多，经维修后仍能满足工艺要求，可以安全使用	39%～15%
5	报废待处理设备	86%～100%	已超过规定使用年限或性能严重劣化，目前已不能正常使用或停用，即将报废待更新	15%以下

2.打分法。

打分法又称分部分鉴定法，是按机器设备的构成部分分项，按各项的价值比重或贡献度打分，然后根据对设备各部分实际状况的技术鉴定，通过打分来确定被评估机器设备的成新率。这种方法的特点是使单项设备的成新率的确定定量化，在一定程度上克服了主观随意性，使成新率的确定更加科学合理。下面以普通机床为例对这种方法加以具体说明。

在对机床采用打分法估测成新率时，首先把机床划分为机床精度、操作系统、润滑系统、运动系统、电气系统、外观及其他等几个部分，并给定每个部分的标准分，然后对各部分进行观测或技术鉴定，在此基础上对各部分实际状况打分，最后把各部分实得分数相加，即可得到被评估机床的成新率。具体情况见表6-5。

表6-5　　　　　　　　　　　　　　　机器设备（机床）成新率鉴定表

单位名称：　　　　　　　　　　　　　　　　　　　　　　　　　　　　　评估基准日：

设备名称			规格型号		制造厂家	
购置时间			已使用年限		近期大修理日期/金额	
序号	项目	标准分	鉴定内容及实际情况			实际打分
1	机床精度	55分	（1）几何精度，如溜板移动在垂直平面内的直线度、主轴锥孔中心线的径向跳动等指标是否达到设计及有关要求 （2）工作精度，如精车轴类零件外圆的圆度和圆柱度、精车端面的平面度等指标是否达到有关要求			
2	操作系统	6分	变速及溜板操作手轮或手柄是否灵活轻便，丝杠与螺母之间的间隙是否过大			
3	运动系统	8分	包括主轴箱、进给箱的齿轮传动系统，各部位轴承有无振动及发热，各滑动面有无拉伤			
4	润滑系统	10分	润滑油泵出口压力是否达到额定值，油管是否有泄漏，油路是否畅通			
5	电气系统	15分	电控箱中电流开断装置如磁力启动器、交流接触器、空气断路器以及各种继电器触点有无烧损或接触不良，工作是否正常。电动机在运转中是否有发热升温超过正常值的现象			
6	外观及其他	6分	机床附件是否齐全，安全保护装置是否完好，外观有无锈蚀、碰伤及油漆剥落等			
合计		100分		成新率（%）		

如果是数控机床，则可划分为机床精度、数控系统、液压系统、操作系统、润滑系统、电气系统、外观及其他几个部分，各部分的标准分与普通机床相比有较大差别，这里不做详细介绍。用此方法鉴定机床成新率的难点是机床精度的测定，因为机床精度可分为几何精度和工作精度（加工精度），具体又可通过很多指标来反映，这些指标的测定通常需要用仪器来完成，事实上，由于受技术装备条件及评估作业时间的限制，评估机构很难做到这么专业的测定。

在实际的评估工作中，评估人员可通过向机器设备技术管理人员、设备操作人员调查了解机床的实际加工精度情况，再通过与机床的标准加工精度或设计加工精度对比，来给机床的精度打分。

3.几种主要类型的设备的技术检测内容。

观察法的重点是在全面了解被评估设备基本情况的基础上，对机器设备进行技术检测和鉴定。在进行技术检测和鉴定时应根据设备的不同类型，确定检测的项目和重点。下面就评估实务中经常遇到的典型机器设备加以说明，仅供参考。

（1）各类切削机床技术检测的内容。

①精度、性能能否满足生产工艺要求，精密、稀有机床主要精度性能能否达到出厂标准。

②各传动系统是否运转正常、变速齐全。

③各操作系统是否灵敏可靠。

④润滑系统是否装置齐全、管道完整、油路畅通。

⑤电气系统是否装置齐全、管线完整、性能灵敏、运行可靠。

⑥滑动部位运转是否正常，各滑动部位及零件有无严重拉、研、碰伤情况。

⑦机床内部是否清洁，有无油垢、锈蚀现象。

⑧机床有无漏油、漏水、漏气现象。

⑨零部件是否完整，随机附件是否齐全。

⑩安全防护装置是否安全可靠。

（2）起重设备技术检测的内容。

①起重和牵引能力能否达到设计要求。其具体包括：

A.锅炉蒸发量、压力、温度是否达到设计要求或主管部门的规定，锅筒、入孔、联箱、手孔及管路、阀门等是否保温良好，有无锈蚀、泄漏现象。

B.水冷壁、对流管束、烟管、过热器、空气预热器等各受热面有无严重积烟垢现象，受压部件是否符合技术要求，有无泄漏现象。

C.安全阀、压力表、水位表、水位报警器等是否符合技术要求，使用是否可靠。

D.炉墙是否完整，构件有无烧损，炉墙外表温度是否符合有关要求。

E.燃烧设备是否完好无损，锅炉运行热效率是否达到规定要求。

②各传动系统运转是否正常，钢丝绳、吊钩、吊环是否符合安全技术规程。

③制动装置是否安全可靠，主要零件有无严重磨损。

④操作系统是否灵敏可靠，调速是否正常。

⑤主副梁的上拱、下挠、旁弯是否有变形，如变形，变形程度如何。

⑥电器装置是否齐全有效，安全装置是否正常。

⑦车轮与轨道是否接触良好，有无严重啃轨现象。

⑧润滑装置是否齐全，运行是否正常，有无漏油现象。

⑨吊车内外是否清洁，有无锈蚀现象。

⑩零部件及附件是否齐全。

（3）锅炉设备技术检测的内容。

①传动装置是否运转可靠，润滑良好，水、气管道铺设是否整齐合理，有无泄漏现象。

②给煤装置、出渣装置运转是否正常。

③给水设备及水处理设备是否配备合理、运转正常。

④鼓引二次风机是否配备合理、运转正常，各调风门或调鼓风装置调节是否灵活可靠。

⑤吹灰装置是否完备、运行良好，除尘系统是否符合要求。

⑥电气设备、电气线路是否安全可靠、使用良好，各种仪表装置是否符合技术要求。

⑦锅炉外表是否清洁、有无积灰和锈蚀现象。

（4）运输设备技术检测的内容。运输设备技术检测的内容（包括行驶检查和外观检查两个方面）具体包括：

① 发动机是否有活塞敲缸或曲轴、连杆振动等异常声响。

② 变速器是否有脱挡、跳挡及敲击声，转向轮及变速杆操作是否轻便灵活。

③ 离合器分离是否彻底，接合是否平稳可靠，有无发抖、打滑及异常声响。

④ 加速性能、制动性能是否达到设计要求或安全行驶有关规定。

⑤ 汽车行驶后，冷却水温、机油温度、齿轮油温度是否达到有关规定要求，废气排放色度是否正常。

⑥ 发动机及变速器箱体、后桥结合部等部位是否漏油，冷却系统是否漏水。

⑦ 汽车外部有无碰伤、划痕、脱漆及锈蚀，车身及驾驶室的门窗玻璃是否完好，密封是否良好，驾驶室仪表是否完好。

⑧ 轮胎磨损程度如何。

（5）变压器技术检测的内容。

① 变压器的油面高度是否正常，油色是否正常，外壳有无渗油、漏油现象。

② 变压器瓷套管是否有破损或放电痕迹。

③ 变压器运行声响是否正常。

④ 外壳接地是否良好，接地线有无断裂或锈蚀。

⑤ 引线接头、电缆、母线有无发热现象。

⑥ 冷却装置运行是否正常。

⑦ 变压器上层油温是否超过允许值85℃。

⑧ 基础是否牢固，保护、测量、信号装置是否齐全。

（二）使用年限法

使用年限法，是假定设备在使用过程中，价值会随着设备使用寿命消耗而同比例损耗的方法。

$$成新率=\frac{尚可使用年限}{已使用年限 + 尚可使用年限} \times 100\% \tag{6-28}$$

上式是计算成新率的典型算式，因为不是所有的机器设备都是以"年"为单位反映寿命的，如汽车的寿命用行驶里程反映更为准确，有些大型设备可用工作小时反映寿命，大型建筑施工机械可按工作台班反映寿命。尽管反映寿命的单位不同，但评估成新率的原理与按"年"计量的评估方法基本一致，因此我们统称为使用年限法。

1.简单年限法。

简单年限法，是假定机器设备的投资是一次性完成的，没有更新改造和追加投资等情况。

（1）机器设备已使用年限的确定。机器设备已使用年限，是指机器设备从开始使用到评估基准日所经历的时间。由于资产在使用中负荷程度及日常维护保养差别的影响，已使用年限可分为名义使用年限和实际已使用年限。名义已使用年限，是指会计记录记载的资产的已提折旧的年限。实际已使用年限，是指资产在使用中实际磨损的年限，可根据设备运行的记录资料，用下列公式计算：

实际已使用年限=名义已使用年限×设备利用率 $\tag{6-29}$

$$设备利用率=\frac{截至评估基准日设备累计实际工作时间}{截至评估基准日设备累计额定工作时间}\times100\%$$ 　　　　　　(6-30)

若设备利用率的计算结果小于1，则表明开工不足，设备实际已使用年限小于名义已使用年限；若设备利用率的计算结果大于1，则表明设备处于超负荷运转状态，实际已使用年限大于名义已使用年限。在机器设备评估中，应根据机器设备的名义已使用年限（折旧年限），考虑机器设备的使用班次、使用强度和维修保养水平据实估测其实际已使用年限。

（2）机器设备尚可使用年限的测定。**机器设备尚可使用年限，是指从评估基准日开始到机器设备停止使用所经历的时间，即机器设备的剩余寿命。**机器设备的已使用年限加上尚可使用年限就是机器设备的总寿命年限。如果机器设备总寿命年限已确定，尚可使用年限就是总寿命年限扣除已使用年限的余额。

机器设备的尚可使用年限受到已使用年限、使用状况、维修保养状况以及设备运行环境的影响，评估人员应对上述因素进行全面分析和审慎考虑，以便合理确定机器设备的尚可使用年限。

①折旧年限法。该方法是参照国家规定的机器设备的折旧年限，扣除已使用年限即机器设备的尚可使用年限。折旧年限是国家财务会计制度以法的形式规定的机器设备计提折旧的时间跨度。它是综合考虑了机器设备物理使用寿命、技术进步因素、企业承受能力以及国家税收状况等因素确定的。

从理论上讲，折旧年限并不等同于机器设备的总寿命年限，机器设备已折旧年限并不一定能全面反映出机器设备的磨损程度，因此，采用此法计算机器设备的尚可使用年限及成新率时，一定要注意法定年限与机器设备的经济寿命是否相吻合，折旧年限与设备的实际损耗程度是否相吻合，并注明使用前提和使用的条件。折旧年限法一般适用于较新的机器设备尚可使用年限及成新率的确定。

对于国家明文规定限期淘汰，禁止超期使用的设备，其尚可使用年限不能超过国家规定禁止使用的日期，而不论设备的现时技术状态如何。

②寿命年限平均法。该方法是根据企业已退役的机器设备使用寿命年限的记录，按加权平均法确定机器设备的平均寿命年限，并以此作为被评估机器设备的总寿命年限，扣除已使用年限后即得尚可使用年限。该方法的运用前提是：A.企业机器设备报废资料数量较多且内容比较完整；B.企业的机器设备使用保养情况正常，或被评估对象与退役的机器设备使用情况、维修保养情况以及运行环境状况基本相同；C.被评估机器设备与退役的机器设备在类型、规格型号、制造质量等方面基本相同。

【例6-9】评估企业一台普通金属切削机床的成新率相关资料如下：该机床已使用5年；查阅近3年设备退役记录，共报废该类机床8台，其中使用寿命13年的1台，使用寿命15年的2台，使用寿命16年的3台，使用寿命17年和20年的各1台。

经分析，被评估设备与退役设备的使用情况、维修保养情况及运行环境状况基本相同，则：

$$设备的平均使用寿命=\frac{13\times1+15\times2+16\times3+17\times1+20\times1}{8}=16（年）$$

尚可使用年限=16-5=11（年）

成新率＝$\frac{11}{16}$×100%=68.75%

2.预期年限法。

预期年限法也称技术鉴定法，是运用工程技术手段进行现场勘察和技术鉴定，检测机器设备的各项性能指标，确定资产的磨损程度，并与现场操作人员和设备管理人员交谈，了解设备的使用状况、维修保养状况及运行环境状况，依靠专业知识和经验判定机器设备的尚可使用年限的一种方法。在对已使用时间较长、比较陈旧的机器设备以及超龄服役的机器设备确定尚可使用年限时，一般采用此方法。预期年限法主观性较强，难度也较大，需要评估人员具有较强的专业水准和丰富的评估经验，这也是评估人员必备的能力。

3.综合年限法。

综合年限法是由于机器设备的不同构成部分的剩余寿命不同，机器设备进行过分次的更新改造和追加投资，需要通过对各部分的年限进行加权平均来估算机器设备的实体性贬值率的一种方法。

（1）综合已使用年限的确定。一台机器设备由于分次投资、更新改造追加投资等情况，使不同部件的已使用年限不同，因此确定整个设备的已使用年限，评估人员应按各部件重置成本的构成划分权重，对各部件参差不齐的已使用年限进行加权平均，确定使用年限。

【例6-10】被评估设备购于2×13年，购置成本为50 000元，2×16年和2×18年进行过两次更新改造，主要是添置一些自动化控制装置，当年投资分别为3 000元和2 500元，2×21年进行过一次大修，更换了一些部件，投资额为18 500元。

假设从2×13年至2×23年，该类机器设备每年的环比价格变动指数均为10%，试估测该设备2×23年评估时的已使用年限。其计算步骤及过程如下：

用价格指数法计算被评估设备的重置成本，具体做法是用机器设备各部分的历史成本乘以相应的价格指数，得出各部分的重置成本，将各部分的重置成本相加，即得到该设备的重置成本。具体计算见表6-6。

表6-6　　　　　　　　用价格指数法计算被评估设备的重置成本　　　　　　金额单位：元

投资日期	历史成本	价格指数	重置成本
2×13年	50 000	$(1+10\%)^{10}$=2.60	130 000
2×16年	3 000	$(1+10\%)^{7}$=1.95	5 850
2×18年	2 500	$(1+10\%)^{5}$=1.61	4 025
2×21年	18 500	$(1+10\%)^{2}$=1.21	22 385
合计	74 000	—	162 260

计算重置成本时应以机器设备各部分的现实存在为基础，对于更换的部件，在计算机器设备重置成本时应该予以扣除。本例中，2×21年大修时换掉的那部分部件的成本被计算了两次，应将重复计算的部分扣除，调整设备的重置成本，其计算如下：

机器设备重置成本=130 000-22 385=107 615（元）

扣除重复计算的部分后，机器设备主体部分的重置成本应该为107 615元，而不是130 000元。最后，计算加权投资成本，即用价格指数法得出的各次投资的重置成本乘以各次投资的尚可使用年限，具体计算见表6-7。

表6-7   被评估设备的尚可使用年限

项目	重置成本 （元）	尚可使用年限 （年）	加权投资成本 （元/年）
主体框架	107 615	12	1 291 380
自控装置	9 875	2	19 750
结构部件	22 385	5	111 925
合计	139 875	—	1 423 055

（2）综合尚可使用年限的确定。与已使用年限一样，一台设备各部件的尚可使用年限也可能有长有短，在评估时，可按重置成本对各部件的尚可使用年限进行加权平均，求得整个设备的尚可使用年限。各部件尚可使用年限可用简单年限法进行评估，现举例说明综合尚可使用年限的评估。

【例6-11】根据【例6-10】的重置成本资料估测该设备的尚可使用年限。评估人员经现场勘查分析认为，该设备的主体框架比较合理，在正常使用及维护保养条件下，尚可使用12年，自控装置已使用了5年和7年，预计2年后就要替换，结构部件在5年后更换。有关资料见表6-7。

$$设备综合尚可使用年限 = \frac{1\,423\,055}{139\,875} \approx 10.17（年）$$

（三）修复费用法

修复费用法，是假定设备所发生的实体性损耗是可以补偿的，则设备的实体性贬值就应该等于补偿实体性损耗所发生的费用。它适用于某些特定结构部件已经被磨损但能够以经济上可行的办法修复的情形，对机器设备来说，包括主要零部件的更换或者修复、改造费用等。

修复费用法确定成新率的公式为：

$$成新率 = \left(1 - \frac{修复费用}{重置成本}\right) \times 100\% \tag{6-31}$$

在使用这种方法时，应注意以下两点：

（1）应当将实体性损耗中的可修复磨损和不可修复磨损区别开来。二者之间根本的不同点就是可修复的实体性损耗不仅在技术上具有修复的可能性，而且在经济上是划算的，不可修复的实体性损耗则无法以经济上划算的办法修复。

（2）运用修复费用法应该区分可补偿（修复）性损耗和不可补偿（修复）性损耗，二者的差别主要体现在经济上是否合理，而不是技术上是否可能。

【例6-12】评估人员对某企业的一台加工炉进行评估，该加工炉是每周7天，每天24小时连续运转的。经现场观察并与操作人员和技术人员交谈，了解到这台设备是8年前安装的，现在需要对炉内的耐火材料、一部分管道及外围设备进行更换。

如果更换耐火材料、管道和外围设备，该加工炉就能再运转15年。经与设备维修和技术部门讨论，更换耐火材料需投资15万元，更换管道及外围设备需投资7万元，共投资22万元，需估测重置成本。评估人员采用成本法求得该加工炉的重置成本为160万元，之后测该加工炉的成新率，具体步骤如下：

（1）估测不可修复部分的重置成本。用加工炉的重置成本扣减可修复的实体性损耗得：

不可修复部分的重置成本=160-22=138（万元）

（2）计算不可修复部分的损耗率和损耗额。

不可修复部分的损耗率=8÷（8+15）×100%=34.78%

不可修复部分的损耗额=138×34.78%=48（万元）

（3）计算实体性贬值额及成新率。

实体性贬值额=22+48=70（万元）

$$成新率=（1-\frac{22+48}{160}）×100%=56.25%$$

上述三种估算实体性损耗及成新率的方法，在资料信息充足并有足够时间进行分析时都是行之有效的，但评估时很难做到三种方法同时运用，只能根据实际情况和所掌握的有关资料选择合适的某一种方法。在评估时还应注意，采用某一种方法计算的成新率是否包含了功能性贬值和经济性贬值的因素，以避免功能性贬值和经济性贬值的重复计算和漏评。

三、机器设备功能性贬值和经济性贬值的估测

（一）机器设备功能性贬值及估测

机器设备的功能性贬值是指技术进步引起的资产功能相对落后而造成的资产价值损失，它体现于建造成本超过现行成本的超值额或者超额的运营成本。按照造成贬值的原因，贬值主要分为以下几种：

1.第一种功能性贬值。

这主要是由于新技术引起的布局、设计、材料、产品工艺、制造方法、设备规格和配置等方面的变化和改进，使购建新设备比老设备的投资成本降低。由于超额投资成本造成的功能性贬值表现为新设备的购建成本比老设备便宜，因此功能性贬值就等于设备的复原重置成本与更新重置成本之间的差额，即：

功能性贬值=设备复原重置成本－设备更新重置成本　　　　　　　　　　（6-32）

在评估操作中应注意的是，如果估测的重置成本是更新重置成本，则实际就已经将被评估设备价值中所包含的超额投资成本部分剔除掉了，而不必再去刻意寻找设备的复原重置成本，然后再减掉设备的更新重置成本，得到设备的超额投资成本。

因此，选择重置成本时，在同时可得复原重置成本和更新重置成本的情况下，应选用更新重置成本。

2.第二种功能性贬值。

这主要是由于技术进步，使原有设备与新式设备相比功能落后，运营成本增加。估测机器设备的功能性贬值，首先应该对已经确定的重置成本和成新率（实体性贬值）进行分析，看其是否已经扣除了功能性贬值的因素，比如采用价格指数法确定的设备重置成本中包含功能性贬值因素，采用功能价值法确定的设备重置成本已经扣除了功能性贬值。再比如，采用使用年限法确定成新率，没有考虑功能性贬值的因素，而采用修复费用法可能扣除了全部或部分的功能性贬值。因此，机器设备的重置成本和成新率确定后，不应匆忙地进行功能性贬值的评估，而应对重置成本和成新率进行分析，如果已经扣除了功能性贬值，就不要重复计算，如果未扣除功能性贬值，并且功能性贬值存在，则应采取相应的方

法估测，不可漏缺。

超额运营成本造成的功能性贬值与实体资产的任何有形损耗均无关联，它是由于技术的发展所引起但发生在设备现场的一种贬值。它很容易出现在下列类型的企业中：

（1）使用高技术设备和制造高技术产品的工业企业。

（2）新兴产业。

（3）长期以来不断扩大规模的老企业。

（4）拥有大量相同设备的企业。

（5）拥有一些开工不足或闲置设备的企业。

（6）加工处理大量材料的企业。

超额运营成本造成的功能性贬值可采用未来超额运营成本折现法估测，具体步骤如下：

（1）对被评估设备的运营报告和生产统计进行分析。

（2）重点分析操作人员数量、维修保养人员数量和材料、能源和水电消耗、产量等几个方面，为估测评估对象未来的运营成本提供依据。

（3）估测被评估设备的剩余经济寿命。

（4）选择参照物，估测并分析在被评估对象剩余经济寿命内，参照物与被评估对象在产量、成本方面的差异，并将参照物的未来年运营成本与被评估对象的未来年运营成本比较，计算被评估对象的年超额运营成本。其计算公式为：

年超额运营成本=评估对象的未来年运营成本−参照物的未来年运营成本   (6-33)

（5）用年超额运营成本扣减采用新设备生产的新增利润应缴纳的所得税，得到被评估设备的年净超额运营成本。其计算公式为：

年净超额运营成本=年超额运营成本×（1−所得税税率）   (6-34)

（6）选择合适的折现率，把整个剩余经济寿命内的各年度净超额运营成本折成现值，其现值和就是功能性贬值额。其计算公式为：

功能性贬值额=年净超额运营成本×年金现值系数   (6-35)

【例6-13】评估机构对某炼油厂的一个锅炉进行评估。该锅炉正常运转需7名操作人员操作，每名操作人员年工资及福利费约9 600元，锅炉的年耗电量为10万千瓦时，目前相同能力的新式锅炉只需4个人操作，年耗电量为7.5万千瓦时，电的价格为1.2元/千瓦时，被评估锅炉的尚可使用年限为8年，所得税税率为25%，适用的折现率为10%。

根据上述数据资料，被评估锅炉的功能性贬值估测如下：

（1）被评估锅炉的年超额运营成本为：

年超额运营成本=（7−4）×9 600+（100 000−75 000）×1.2=58 800（元）

（2）被评估锅炉的年净差额运营成本为：

年净差额运营成本=58 800×（1−25%）=44 100（元）

（3）被评估锅炉在剩余寿命年限内的功能性贬值额为：

功能性贬值额=44 100×（P/A，10%，8）=44 100×5.3349=235 269（元）

（二）机器设备经济性贬值的估测

经济性贬值是指由于外部条件的变化引起资产闲置、收益下降等而造成的资产价值损失。主要表现为三个方面：（1）由于市场竞争的加剧，产品需求减少，导致设备开工不足，生产能力过剩；（2）原材料、能源等提价，造成成本提高，而生产售价没有相应提高；（3）国家有关能源、环境保护等限制或削弱，产权的法律、法规产品生产成本的提高或者使设备强制报废，缩短了设备的正常使用寿命等。

1.贬值率估算法。

对于设备利用率下降造成的经济性贬值，可通过比较设备目前实际生产能力和设计生产能力，以百分比的形式计算设备的经济性贬值率，然后再用设备的重置成本扣减实体性贬值和功能性贬值后的数额乘以设备的经济性贬值率，得出设备的经济性贬值额。其计算公式为：

$$经济性贬值率=\left[1-\left(\frac{实际生产能力}{设计生产能力}\right)^x\right]\times100\% \tag{6-36}$$

式中：x为规模效益指数，它的取值范围是 0.4～1，在机器设备评估中，x 一般取0.6～0.7。

$$经济性贬值额=重置成本\times经济性贬值率 \tag{6-37}$$

【例6-14】评估机构对某企业的一条生产线进行评估，该生产线的设计生产能力为每天生产 1 000 件产品，设备状况良好，技术上也很先进。由于市场竞争加剧，使该生产线开工不足，每天只生产 750 件产品。经评估，该生产线的重置成本为 900 万元，试估测该生产线的经济性贬值额（规模效益指数取0.7）。

经济性贬值率=[1-（750÷1 000)^{0.7}]×100%≈18.2%

经济性贬值额=900×18.2%=163.80（万元）

在估测设备的经济性贬值时，必须注意以下几点：

如果一家工厂是因为某些设备自身的原因而不能按原定生产能力生产，那么这样的能力闲置就可能是有形损耗的结果；如果是因为工厂内部的生产能力不均衡，如同样的人力、物力消耗，生产能力却不同，那么这样的能力闲置就可能是功能性贬值的问题。生产能力与经济性贬值之间通常是呈指数关系，而非线性关系。

【例6-14】中，设备生产能力下降了25%，经济性贬值却是18.2%。

设备的实际生产能力是长时间保持的而非短期的生产能力。【例6-14】中，如果外界因素决定了在今后很长一段时期内该生产线每天的产量都将保持在750件，那么以此生产水平为基础估算的经济性贬值才能有充分的依据。

2.收益损失额折现法。

在评估中，如果设备由于外界因素变化所造成的收益减少额能够直接测算出来，那么可直接按设备继续使用期间的每年的收益损失额折现累加得到设备的经济性贬值额。

（1）对外界影响因素进行综合分析，估测和确定外界因素对机器设备经济性贬值的影响时间（收益损失年限）。

（2）估测在被评估对象未来收益损失年限内，正常情况下（未受影响）年收益额和受外界因素影响情况下年收益额（一般假定未来年收益额不变），并计算年收益损失额。其计算公式为：

$$年收益损失额=正常情况下的年收益额-受外界因素影响情况下的年收益额 \tag{6-38}$$

（3）将被评估对象的年收益损失额扣减所得税得到年净收益损失额。其计算公式为：

$$年净收益损失额=年收益损失额\times(1-所得税税率) \tag{6-39}$$

（4）选择适当的折现率，将被评估对象未来的年净收益损失额折现，即可得到经济性贬值额。其计算公式为：

$$经济性贬值额=机器设备未来年净收益损失额×年金现值系数 \quad\quad (6-40)$$

【例6-15】被评估生产线的设计生产能力为每年生产2 000吨产品，设备状况良好。市场供求的变化使该生产线开工不足，年生产能力预计为1 600吨。假设该企业生产的产品销售价格为620元/吨，销售利润率为10%，被评估生产线尚可继续使用5年，折现率为12%，所得税税率为25%，则被评估生产线的经济性贬值额为：

$$经济性贬值额=（2 000-1 600）×620×10\%×（1-25\%）×（P/A，12\%，5）$$
$$=67 049（元）$$

● 第三节　市场法在机器设备评估中的应用

一、市场途径及其方法的适用范围和前提条件

市场途径及其方法主要用于对机器设备变现价值的评估，而不适用于对机器设备的原地续用价值的评估。变现价值与原地续用价值的不同，不仅在于价值构成项目的不同，更主要的是受市场因素的影响程度不同。应用市场途径及其方法估价必须具备以下前提条件：

1.需要一个充分发育、活跃的机器设备交易市场。

充分发育、活跃的市场是运用市场途径及其方法的基本前提。充分发育、活跃的设备交易市场应包括3种市场：（1）全新机器设备市场，它是常规性的生产资料市场；（2）二手设备市场，即设备的旧货市场；（3）设备的拍卖市场。

从地域的角度来看，机器设备市场还可分为地区性市场、全国性市场和世界性市场，地域因素对机器设备的交易价格也会产生影响。

2.公开市场上要有可比的资产及其交易活动。

在设备市场中与被评估对象完全相同的资产是很难找到的，一般是选择与被评估设备相类似的机器设备作为参照物，参照物与被评估机器设备之间不仅在用途、性能、规格、型号、新旧程度等方面应具有可比性，而且在交易背景、交易时间、交易目的、交易数量、付款方式等方面应具有可比性，这是决定市场途径及其方法运用与否的关键。

二、市场途径及其方法的评估步骤

1.选择参照物。

选择市场途径及其方法后的首要工作就是在掌握被评估设备基本情况的基础上，进行市场调查，收集与被评估对象相同或类似的机器设备交易实例资料。

评估人员所收集的资料一般包括：设备的交易价格、交易日期、交易目的、交易方式、交易双方情况、机器设备的类型、功能、规格型号、已使用年限、设备的实际状态等。对所收集的资料还应进行查实，确保资料的真实性和可靠性。

2.在被评估资产与参照物之间选择比较因素。

对所收集的资料进行分析整理后，评估人员应遵循可比性原则选择所需的参照物。对于参照物选择的可比性评估人员应注意两个方面：一是交易情况的可比性；二是设备本身各项技术参数的可比性。这样就可以对被评估设备与参照物之间的差异进行比较、量化和调整。

3.指标对比和量化差异。

机器设备的交易价格会受到供求状况、交易双方情况、交易数量、付款方式等情况的影响。一般来说，设备在销售时，如果有多个投资者竞相购买，其价格必然较高，反之，价格就会降低。而只销售一台设备与同时销售多台设备相比，价格也会不一样。另外，一次付款和分期付款销售的价格也不相同。因此，应对上述因素进行分析，对由于上述因素引起的价格偏高或偏低的情况进行量化和修正。其计算公式为：

$$交易情况调整后的价值 = 参照物交易价格 \times \frac{正常交易价格}{参照物交易价格} \tag{6-41}$$

4.量化和调整品牌方面的差异。

同一类型的设备由于生产厂家和品牌的不同，产品质量和销售价格也有差别。名牌产品质量好、价格高，一般产品质量差一些，价格也低。因此在评估时应对生产厂家、品牌、质量等对交易价格的影响进行量化，并对这些因素进行调整，剔除其对交易价格的影响。具体的计算公式为：

$$品牌差异调整后价值 = 参照物交易价格 \times \frac{全新被评估设备交易价格}{同型号全新参照物交易价格} \tag{6-42}$$

5.量化和调整功能方面的差异。

机器设备规格型号及结构上的差异会集中到设备间的功能和性能的差异上，如生产能力、生产效率、运营成本等方面的差异。运用功能价值法和超额运营成本折现等方法可以将被评估机器设备与参照物在结构、规格型号、性能等方面的差异量化和调整。其计算公式为：

$$功能差异调整后价值 = 参照物交易价格 \times \left(\frac{被评估设备生产能力}{参照物生产能力}\right)^x \tag{6-43}$$

式（6-43）中：x为功能价值指数，x的取值范围通常为0.6~0.7。

6.量化和调整新旧程度方面的差异。

评估时，被评估机器设备与参照物在新旧程度上往往不一致，评估人员应对被评估设备与参照物的使用年限、技术状态等情况进行分析，估测其成新率。比较而言，对被评估对象成新率的估测相对容易，关键是对参照物的成新率如何进行客观判定。

如有条件，应对参照物进行技术检测和鉴定，确定其成新率；如无条件，可采用年限法估测。取得被评估设备和参照物成新率后，可采用下列公式调整差异：

$$新旧程度差异调整后价值 = 参照物交易价格 \times \frac{被评估设备成新率}{参照物成新率} \tag{6-44}$$

7.量化和调整交易日期的差异。

在选择参照物时应尽可能选择离评估基准日较近的交易实例，这样可以免去对交易时间因素差异的调整。如果参照物交易时的价格与评估基准日交易价格发生变化，则可利用同类设备的价格指数进行调整。其计算公式为：

$$交易日期调整后价值 = 参照物交易价格 \times \frac{评估基准日同类设备价格指数}{参照物交易时同类设备价格指数} \tag{6-45}$$

8.确定被评估机器设备的评估值。

对上述各差异因素量化调整后，评估人员可得出初步评估结果，在对初步评估结果进行分析后，可采用算术平均法或加权平均法确定最终评估结果。如果所选择的参照物的交易地点与评估对象设备不在同一地区，并且设备价格的地区差异较大，还应对区域因素进行修正。

【例6-16】评估机构对某企业一台1515型纺织机进行评估，评估人员经过市场调查，选择本地区近几个月已经成交的1515型纺织机的3个交易实例作为比较参照物，被评估对象及参照物的有关情况，见表6-8。

表6-8　　　　　　　　　　某企业1515型纺织机及其评估参照物的有关资料

项目	参照物A	参照物B	参照物C	被评估对象
交易价格	10 000元	6 000元	9 500元	
交易状况	公开市场	公开市场	公开市场	公开市场
生产厂家	上海	济南	上海	沈阳
交易时间	6个月前	5个月前	1个月前	
成新率	80%	60%	75%	70%

评估人员经过对市场信息的分析得知，3个交易实例都是在公开市场条件下销售的，不存在受交易状况影响导致价格偏高或偏低的现象，影响售价的因素主要是生产厂家（品牌）、交易时间和成新率。

（1）生产厂家（品牌）因素分析和修正。经分析，参照物A和参照物C是上海一家纺织机械厂生产的名牌产品，其价格同一般厂家生产的纺织机相比高25%左右。则参照物A、B、C的修正系数分别为：$\frac{100}{125}$、$\frac{100}{100}$、$\frac{100}{125}$。

（2）交易时间因素的分析和修正。经分析，评估时该类设备的价格水平与参照物A、B、C交易时相比，分别上涨了18%、15%和3%。则参照物A、B、C的修正系数分别为：$\frac{118}{100}$、$\frac{115}{100}$、$\frac{103}{100}$。

（3）成新率因素分析和修正。根据公式：成新率修正系数=被评估对象成新率÷参照物成新率，参照物A、B、C成新率修正系数分别为：$\frac{70}{80}$、$\frac{70}{60}$、$\frac{70}{75}$。

（4）计算参照物A、B、C因素修正后的价格，得出初评结果。

参照物A修正后的价格$=1\,000\times\frac{100}{125}\times\frac{118}{100}\times\frac{70}{80}=8\,260$（元）

参照物B修正后的价格$=6\,000\times\frac{100}{100}\times\frac{115}{100}\times\frac{70}{60}=8\,050$（元）

参照物C修正后的价格$=9\,500\times\frac{100}{125}\times\frac{103}{100}\times\frac{70}{75}=7\,872$（元）

（5）确定评估值。对参照物A、B、C修正后的价格进行简单算术平均，求得被评估设备的评估值为：

被评估设备的评估值$=（8\,260+8\,050+7\,872）\div3=8\,060.67$（元）

【例6-17】被评估对象是某企业6年前购进的生产A产品的成套设备，评估人员通过对该设备进行考察，以及对市场同类设备交易情况的了解，选择了两个与被评估设备相类似的近期成交的设备作为参照物，参照物与被评估设备的有关资料见表6-9。根据表6-9中的资料及市场调查所掌握的其他资料进行评估，评估过程如下：

表6-9 　　　　　　　　　参照物与被评估设备的有关资料

序号	经济技术参数	计量单位	参照物A	参照物B	被评估对象
1	交易价格	元	1 100 000	1 800 000	
2	销售条件		公开市场	公开市场	公开市场
3	交易时间		10个月前	2个月前	
4	生产能力	台/年	40 000	60 000	50 000
5	已使用年限	年	8	6	6
6	尚可使用年限	年	12	14	14
7	成新率	%	60	70	70

（1）对交易时间因素的分析与量化。评估过程中，最重要的是对交易时间因素的分析与量化。经调查分析，近10个月同类设备的价格变化情况是每月平均上升0.5%。

被评估对象与参照物A和参照物B相比，价格分别上升了5%和1%，则参照物A和参照物B的交易时间因素修正系数为：

参照物A的交易时间因素修正系数=105÷100=1.05

参照物B的交易时间因素修正系数=101÷100=1.01

（2）对功能因素的分析与差异量化。经分析，设备的功能与其市场售价呈指数关系，功能价值指数取0.6，则参照物A和参照物B的功能因素修正系数为：

参照物A的功能因素修正系数=（50 000÷40 000）$^{0.6}$=1.14

参照物B的功能因素修正系数=（50 000÷60 000）$^{0.6}$=0.90

（3）对成新率因素差异的量化。根据资料，参照物B与被评估设备的成新率相同，修正系数为1；参照物A的成新率修正系数为：

参照物A的成新率修正系数=70%÷60%≈1.17

（4）调整差异，确定评估结果。对上述分析与量化的各种差异进行调整，参照物A和参照物B因素调整后的价格为：

参照物A的评估值=1 100 000×1.05×1.14×1.17=1 540 539（元）

参照物B的评估值=1 800 000×1.01×0.90×1=1 636 200（元）

（5）采用算术平均法计算评估值。被评估设备的评估值为：

评估值=（1 540 539+1 636 200）÷2≈1 588 370（元）

● 第四节　收益法在机器设备评估中的应用

一、收益法概述

收益法，是指通过估测被评估资产未来预期收益的现值，来估算资产价值的各种评估技术方法的总称。

收益途径及其方法（简称"收益法"），是通过测算由于获取资产所有权而带来未来收益的现值评估资产价值的一种方法。收益法要求被评估对象具有独立的、连续可计量的、可预期收益的能力。该评估思路对于单台机器设

运用收益法
评估租赁设备
价值

备评估通常是不适用的，因为要想分别确定各台设备的未来收益相当困难。如果把若干台机器设备组成生产线，作为一个整体生产出产品，那么它们就能为企业创造收益。在这种情况下，可以用收益法对这一组能产生收益的资产进行评估。

需要说明的是，在采用成本法和市场法对机器设备进行评估时，往往不能测定经济性贬值的全部影响，因为采用成本法和市场法评估时都是把机器设备作为企业整体中的一个部分来看待，以单台、单件的机器设备作为评估的具体对象，而在收益法中却是把机器设备作为一个具有获利能力的整体来看待，是以盈利能力为基础的，反映经济有效地运用所有资产的结果。

资产价值的波动和差异，正是反映了诸如利率升降、通货膨胀、竞争、需求变化、市场热点转移、经营成本增加、利润率降低等因素，这些都是无法用成本法和市场法全面、充分估测出来的，而要充分考虑到所有这些因素的最佳途径就是利用收益法进行评估。

二、收益法评估机器设备的适用范围

运用收益法评估资产的价值，其前提是该资产应具备独立的生产能力和获利能力。就单项机器设备而言，它们大部分不具有独立的获利能力。因此，单项设备评估通常不采用收益法评估。对于自成体系的成套设备、生产线以及可以独立作业的车辆等设备，特别是租赁的设备可以采用收益法评估。由于机器设备通常都只能在有限年限内获得收益，因此，运用收益法评估其价值时，应合理估测其尚可使用年限。该方法需要预测收益和收益年限，并确定合理的折现率。

对于租赁的设备，其租金就是收益，而且租金通常是不变的。为估测租金可以进行市场调查，分析比较可比的租赁设备的租金，经调整后得到被评估设备的预期收益。调整的因素可包括时间、地点、规格和使用年限等。同时，根据可比的机器设备，估计被评估机器设备的尚可使用年限。为了求得折现率（或资产收益率），必须调查和分析类似租赁资产的价格。把市场调查得到的折现率调整到适用于被评估设备的水平，然后代入式6-46得出评估值：

$$P = \frac{A}{r} \left[1 - \frac{1}{(1+r)^n} \right] \tag{6-46}$$

式中：P——机器设备评估值；

A——被评估机器设备的预测收益；

n——机器设备的收益年限。

【例6-18】试用收益法估测某租赁设备的市场价值，该设备的评估基准日为2×23年5月，收益期限为10年，无残值。评估人员从租赁市场了解到被评估设备的3个参照物的年租金信息，见表6-10。

表6-10 被评估设备的3个参照物的年租金

参照物	租赁日期	租金（元/年）
1	2×23年1月	80 000
2	2×23年1月	80 000
3	2×22年1月	75 000

3个参照物和被评估资产是相同的设备，前两个和被评估设备是同期租赁的，第3个是前一年同期租赁的，由于物价上涨了3%，应对第3个参照物的租金进行调整。

第3个参照物的租金=75 000×（1+3%）=77 250（元/年）

因此预期年收益为80 000元是合理的。根据该机器设备的当前状况，估测其尚可使用年限为10年，10年后残值为0。又查到两个类似于被评估设备的参照物的销售价格和租金信息，见表6-11。

表6-11 被评估设备的两个参照物的销售价格和租金

参照物	日期	销售价格（元）	年收益（元）	本金年化率（%）
4	2×23年1月	424 000	64 000	11.7
5	2×23年1月	584 000	96 000	12.5

本金年化率平均值=（11.7%+12.5%）÷2=12.1%

由于该本金年化率平均值是根据出售的机器设备估计的，其包含的风险要高于租赁的机器设备的收益风险，因此要将其适当调低后作为被评估机器设备的本金化率，在本例中取12%。机器设备评估值为：

$$P=\frac{A}{r}\left[1-\frac{1}{(1+r)^n}\right]=\frac{80\,000}{12\%}\times\left[1-\frac{1}{(1+12\%)^{10}}\right]\approx452\,017.84（元）$$

■本章小结

在进行机器设备评估工作时，明确评估的基本事项、对机器设备进行现场勘查和技术鉴定是评估程序的重要环节。在评估工作开始时，应根据评估目的、评估对象的实际情况、评估时的市场条件以及能否收集到评估所需有关资料等情况，合理地选择评估途径和方法。

成本途径及其方法是机器设备评估的主要途径，成本途径的基本思路是首先评估机器设备的重置成本，然后估测机器设备的实体性贬值、经济性贬值和功能性贬值，最后用重置成本扣减各种贬值后得到被评估机器设备的价值。

市场途径主要适用于通用性较强的机器设备变现价值的评估。运用市场途径评估机器设备价值必须具备两个前提条件：一是存在充分活跃的机器设备交易市场，特别是二手设备交易市场；二是市场上有类似设备的交易活动。

收益途径的运用范围比较窄，主要适用于具有独立生产能力的生产线或生产机组和租赁设备的评估。

■本章练习题

一、单项选择题

1.机器设备本体的重置成本通常是指设备的（　　）。

A.购买价+运杂费 　　　　　　　　B.建造价+安装费

C.购买价+运杂费+安装费 　　　　D.购买价或建造价

2.机器设备评估中的直接法是确定设备（　　）的最直接的方法。

A.更新重置成本　　　　　　　　　　　B.可修复部分实体性贬值

C.设备本体重置成本　　　　　　　　　D.设备复原重置成本

3.物价指数法只能用于确定设备的（　　）。

A.复原重置成本　　　B.更新重置成本　　　C.实体性贬值　　　D.功能性贬值

4.机器设备评估中的综合估价法是利用了设备的（　　）之间的比例关系设计的。

A.投入与产出　　　　　　　　　　　　B.费用与收入

C.重置成本与某项费用　　　　　　　　D.价值与功能

5.进口机器设备消费税的计税基数是设备的（　　）。

A.FOB+关税　　　　　　　　　　　　B.FOB+关税+增值税

C.CIF+关税　　　　　　　　　　　　D.CIF+关税+增值税

6.设备的（　　）属于进口设备的从属费用。

A.到岸价　　　　B.离岸价　　　　C.国内运杂费　　　D.国外运杂费

7.机器设备重置成本中的直接费用包括（　　）。

A.各种管理费用　　　B.总体设计费用　　　C.人员培训费用　　　D.安装调试费用

8.计算机器设备的重置成本时，不应计入的费用是（　　）。

A.维修费用　　　　B.购建费用　　　C.安装费用　　　D.调试费用

9.估测一台在用、续用设备的重置成本，首选的方法应该是（　　）。

A.价格指数法　　　　　　　　　　　　B.功能价值法

C.重置核算法　　　　　　　　　　　　D.用询价法询价后再考虑其他费用

10.进口设备的到岸价格是指（　　）。

A.设备的离岸价+进口关税

B.设备的离岸价+海外运杂费+进口关税

C.设备的离岸价+海外运杂费+境外保险费

D.设备的离岸价+境外保险费

11.采用价格指数调整法评估进口设备所适用的价格指数是（　　）。

A.设备进口国零售商品价格指数　　　　B.设备出口国生产资料价格指数

C.设备出口国综合价格指数　　　　　　D.设备出口国零售商品价格指数

E.机器设备的调试费用

12.设备的成新率是指（　　）。

A.设备综合性陈旧贬值率的倒数

B.设备有形损耗率的倒数

C.设备有形损耗率与1的差

D.设备现实状态与设备重置成本的比率

13.机器设备的经济寿命是指（　　）。

A.机器设备从使用到报废为止的时间

B.机器设备从使用到因运营成本过高而被淘汰的时间

C.从评估基准日到设备继续使用，在经济上不划算的时间

D.机器设备从使用到出现了新的技术性能更好的设备而被淘汰的时间

14.鉴定机器设备的实际已使用年限，不需考虑的因素是（   ）。

A.技术进步因素

B.设备使用的日历天数

C.设备使用强度

D.设备的维修保养水平

15.运用修复费用法估测成新率适用于（   ）。

A.所有机器设备

B.具有特殊结构及可补偿性有形损耗的设备

C.具有特殊结构及在技术上可修复的有形损耗的设备

D.具有特殊结构及不可补偿性有形损耗的设备

二、多项选择题

1.按工作原理分类，机器设备具体可划分为（   ）。

A.水轮机械   B.流体机械   C.电动机械

D.蒸汽动力机械   E.压缩机械

2.按功能分类，机器设备具体可划分为（   ）。

A.起重机械   B.水轮机械   C.压缩机械

D.动力机械   E.运输机械

3.在设备评估中，重置核算法经常适用于（   ）设备重置成本的估算。

A.通用   B.进口   C.非标准

D.自制   E.租赁

4.进口机器设备的从属费用包括（   ）。

A.关税   B.离岸价   C.公司代理手续费

D.国外运费   E.消费税

5.机器设备的重置成本应包括（   ）。

A.机器设备的日常维修费用   B.机器设备的购置费用

C.机器设备的大修理费用   D.机器设备操作人员的培训费用

6.构成机器设备重置成本的间接费用主要有（   ）。

A.购建机器设备所发生的管理费用   B.购建机器设备所发生的运输费用

C.购建机器设备所发生的保险费用   D.购建机器设备所发生的总体设计费用

E.机器设备的调试费用

7.影响机器设备自然寿命的因素有（   ）。

A.机器设备的使用强度   B.机器设备的经济用途

C.同类机器设备的技术更新速度   D.机器设备的维修保养水平

E.机器设备的自身质量

8.对于机器设备，估测其重置成本常用的直接方法有（   ）。

A.类比估价法   B.点面推算法   C.价格指数法

D.重置核算法   E.年金折余法

9.进口设备的重置成本包括（   ）。

A.设备购置价格   B.设备运杂费   C.设备进口关税

D.银行手续费   E.设备安装调试费

10.运用市场法评估机器设备通常采用（   ）进行评估。

A.年金折余法   B.直接匹配法   C.因素调整法

D.点面推算法   E.重置核算法

11.从大的方面来讲，运用市场法评估设备，被评估设备与参照设备之间的比较因素一般包括（   ）因素。

A.地域   B.行业   C.一般

D.交易   E.个别

12.当利用参照物及比较法估测被评估设备的重置成本时，需考虑的重要参数有（   ）。

A.设备交易的时间差别因素

B.设备的生产能力因素，包括年产量、单位时间产量

C.设备所在地与参照物所在地的地区自然景观

D.被评估设备所在地、参照物所在地与设备供应地之间的距离和通达条件

E.设备生产效率的差异和自动化程度差异

13.运用使用年限法估测设备的成新率，涉及的基本参数是（   ）。

A.设备的总使用寿命   B.设备的技术水平

C.设备的使用时间   D.设备的负荷程度

E.设备的尚可使用年限

14.运用观察法估测设备的成新率时需考虑的主要因素有（   ）。

A.设备的使用时间   B.设备的负荷程度

C.设备的制造质量   D.同类设备的技术更新速度

E.设备的各种物耗指标

15.机器设备的经济寿命与（   ）等因素有关。

A.设备的物理性能   B.社会技术的进步速度

C.设备的配套情况   D.设备使用人员的技术水平

E.设备所产产品的市场状况

三、判断题

1.物价指数法是评估设备的重置成本最好的估测方法。   （   ）

2.各种机器设备原始成本的费用构成都是相同的。   （   ）

3.在机器设备评估实践中，确定设备成新率的唯一手段是技术检测。   （   ）

4.技术检测是机器设备评估的基础工作之一。   （   ）

5.确定评估目的和评估基准日是接受机器设备评估委托的前提条件。   （   ）

6.机器设备评估现场工作完成的标志是查明了实物，落实了评估对象。   （   ）

7.在企业价值评估中，对机器设备进行技术鉴定只是针对每一台设备，而不需要对设备间的匹配情况进行鉴定。   （   ）

8.设备的重置成本，是指评估时点再获取与被评估对象相同或相似的全新设备的取得成本。   （   ）

9.从价值构成的角度看，设备的重置成本的价值是由c+v构成的。   （   ）

10.进口关税、增值税是进口设备重置成本中的从属费用。   （   ）

11.对于不需要安装的小型设备，其现行市场购置价可以视同其重置成本。   （   ）

12.对于大型的、安装调试周期很长的成套设备，其设备投资中的贷款部分的利息才

可以作为成套设备的重置成本构成部分。 （　　）

13.在机器设备评估中，重置核算法是一种最为普遍的方法。 （　　）

14.机器设备的已提折旧年限就是机器设备的实际已使用年限。 （　　）

15.进口设备的FOB价格加上途中保险费等于进口设备的CIF价格。 （　　）

16.运用价格指数法估测进口大型设备的重置成本时，对支付的外汇部分和人民币部分，应分别按设备生产国和我国相关时期的价格变动率或价格变动指数分别调整求取。 （　　）

17.在利用市场询价法估测机器设备的重置成本时，通常是不把设备供应商的报价直接作为估测结果的。 （　　）

18.机器设备的技术水平是决定其成新率的关键。 （　　）

19.利息费用是机器设备评估中确定机器设备重置成本时必须考虑的一个因素。 （　　）

20.设备的有形损耗率相当于设备实体损耗状况与全新状态的比率。 （　　）

21.综合成新率反映被评估对象现行价值与其全新状态重置成本的比率。 （　　）

22.设备的有形损耗率=1÷设备成新率。 （　　）

23.运用年限法估测设备的实体有形损耗率，是假设设备在整个寿命期内的有形损耗与使用时间呈指数关系变化。 （　　）

24.设备的技术寿命与社会的技术更新速度无关，与本企业的设备更新速度有关。 （　　）

四、计算题

1.被评估设备为2×18年从德国引进的设备，进口合同中的FOB价格是20万欧元，2×23年10月进行评估时，德国厂家已不再生产这种设备了，其替代产品的FOB价格为35万欧元，而国内其他企业2×23年6月从德国进口同种类设备的CIF价格为30万欧元，按照通常情况，设备的实际成交应为报价的90%，境外运杂费约占FOB价格的5%，保险费约占FOB价格的0.5%，被评估设备所在企业以及与之交易的企业均属于进口关税、增值税免税单位，银行手续费按CIF价格的0.8%计算。国内运杂费按CIF价格加银行手续费之和的3%计算，安装调试费包含在设备的价格之中不另行计算。被评估设备尚可使用5年，年运营成本比其替代设备超支2万元人民币，被评估设备所在企业的正常投资报酬率为10%。评估时欧元与美元的汇率为1.5∶1，人民币与美元的汇率为8∶1，2×23年6—10月进口设备价格没有变化。

要求：（1）计算被评估进口设备的更新重置CIF价格。

（2）计算被评估进口设备的重置成本。

（3）计算被评估进口设备的评估值。

2.某被评估生产线，年设计生产能力为10 000吨，评估时，由于受政策调整因素的影响，产品销售市场不景气，如不降价销售产品，则企业必须减产至年产产品6 000吨，或采取产品降价措施以保持设备设计生产能力的正常发挥。假设政策调整将会持续3年，降价将会造成每吨产品净损失100元，该企业正常投资报酬率为10%，生产线的规模经济效益指数x为0.6。

要求：（1）估测该设备的经济性贬值率。

（2）估测该设备的经济性贬值额。

3.被评估机组为5年前购置，账面价值为20万元人民币，评估时该机组已经被新型机组所取代。通过调查和咨询，评估人员了解到在评估时点，其他企业购置新型机组的价格为30万元人民币，专家认定被评估机组与新型机组的功能比为0.8：1，被评估机组尚可使用8年。假定其他费用可以忽略不计。

要求：（1）估测该机组的现时全新价格。

（2）确定该机组的成新率。

（3）确定该机组的评估值。

4. 被评估设备购建于2×13年，账面价值为30 000元，2×18年和2×21年进行过两次技术改造，主要是添置了一些自动控制装置，当年投资分别为3 000元和2 000元。2×23年对该设备进行评估，假设2×13—2×23年每年该设备的价格上升率为10%，尚可使用年限为8年。

要求：试根据所给条件估测被评估设备的成新率。

5. 某被评估设备拟长期用于租赁，根据该设备当前的状况，评估人员估测其尚可使用年限为10年；根据市场调查，评估人员估测该设备的预期年收益为7 500元。另外，评估人员又搜集到3台与被评估设备相类似的参照物的销售和租金信息（见表6-12）。

表6-12 参照物的销售和租金信息

参照物	日期	售价（元）	年收益（元）
1	上周	44 300	6 200
2	上周	42 500	6 800
3	上周	57 300	8 600

要求：试用收益法评估该设备的价值。

6. 被评估设备购建于2×19年5月，账面原值为100万元，2×22年6月对该设备进行改造，改造费用为10万元。2×23年6月对该设备进行评估，并取得以下数据：

（1）2×19年至2×23年设备类价格变动指数（定基）分别为105%、110%、115%、120%。

（2）被评估设备的月人工成本比同类设备节约1 000元。

（3）被评估设备所在企业的正常投资报酬率为10%，规模效益指数为0.7，该企业为正常纳税企业。

（4）经了解，该设备在使用期间因技术改造等因素，实际利用率仅为正常利用率的60%。经评估人员分析，该设备尚可使用6年，评估基准日后其利用率可达到设计要求的80%。

要求：根据以上条件，估测该设备的有关经济参数和评估值。

第七章

房地产评估

育德育人

沉舟侧畔千帆过，病树前头万木春。

——唐·刘禹锡

随着高速发展与日趋成熟，房地产业已经成为我国国民经济的支柱产业，但同时房地产业也是最容易产生泡沫经济、引发金融风险的行业之一，因此，作为联系银行金融风险和房地产市场纽带的房地产抵押贷款评估体系的健全就显得极为重要。自2021年7月恒大地产出现流动性危机以来，除了较为稳健的金地集团、滨江集团等，大部分地产公司股价出现了快速下跌，其中，大量民营地产商被部分市场信息传播人士宣扬为"走上不可挽回的破产之路"，因此市场普遍认为应该规避这类地产公司。但是，正所谓"人舍我取"，最大的危局往往伴随着最大的机遇。当前地产股估值已经击穿历史极值，处于历史最低位，如果地产行业流动性困境出现边际改善，政策层推出超预期政策，再加上部分高杠杆低效地产企业退出行业，那么当前地产股中部分杠杆较高但可控且运营能力较强的企业就有可能迎来历史最佳的击球位。

对于地产股投资，长期来看应当秉持终局思维，也就是中国未来20年后地产行业的格局大致是什么模样。地产行业在未来20年仍然是一个重要产业，尽管可能不再是支柱产业。在假设一个合理的房地产年销售额和净利润率后，该行业中部分股票未来会有很大的修复空间。房地产投资短期来看应当关注地产小周期，核心变量是政策预期，地产政策边际宽松已成共识，只要保持"房住不炒"的核心思想不变，在细节层面可能出现更为激进的宽松政策，当前地产行业面临房价触底反弹和政策面宽松的大好局面，短期预计会有超额收益。房地产行业是国家的重要行业，其本身体量巨大，上下游影响极广，另外，即使在10年甚至20年后，房地产行业仍然将在较大程度上影响国家的税收和就业，仍然会是中国经济的重要组成部分。

课前准备

海南发生咄咄怪事：一座大厦被评估出10个价格

近日，记者在海南省三亚市采访了这样一件事：该市的一座标志性建筑——创业大厦，竟先后由6个单位评估出10个价格，以至于最高价格和最低价格竟相差近两倍！对此，该大厦的产权人——海口中海建设开发公司（以下简称中海公司）总经理丁爱笛非常气愤，却无可奈何，因为创业大厦又将面临第11次评估了。

据悉，创业大厦建成于1994年12月，是中海公司和中创公司共同投资2.5亿元开发建设的，该大厦总建筑面积4.4万平方米，因其设计标准和建筑质量高而成为三亚市标志性建筑，也是海南的标志性建筑之一。

1997年4月，先是由光大资产评估公司对创业大厦进行了首次综合评估：每平方米均价为7 120元。其中：A栋和D栋为7 522元/平方米；B栋为6 801元/平方米；C栋为6 394元/平方米。当时，中海公司因无力偿还贷款和借款，愿意通过法律诉讼程序以楼抵债。然而，创业大厦却被法院先后委托的5家不动产评估所评估出9个价格，加上光大资产评估公司的评估共有10次评估。中海公司认为，虽然楼与楼、层与层之间的价格是有差别的，但对创业大厦先后评估出10个价格，却不能不让人生疑：

①同样的一栋建筑2 874元/平方米的最低评估价与7 522元/平方米的最高评估价竟相差近两倍！②同是一个不动产评估所，评估出的最好的楼层房价为2 874元/平方米，而几个月前评估同一大厦的地下室评估价值却为6 443元/平方米，如此"地下"价格竟比"地上"价格贵1倍多，真是荒唐至极！③还是这家不动产评估所，对同一地段的8层投资大厦的评估价为7 030元/平方米，这样的普通楼宇竟然也比创业大厦贵出1.5倍的价格，让人觉得不可思议。④国佳公司一开始评估出创业大厦A栋价值为4 060元/平方米，半年后又无故自我否定，竟作出3 637元/平方米的评估。⑤海南省建设厅表示同意省法院委托国佳公司进行评估，去年年末却又以"无资格跨地区"为由，正式下文取消了国佳公司的二次评估资格。⑥法院明明委托的是评估创业大厦的"房产价值"，可是不动产评估所非要评估"拍卖起价"为2 874元/平方米，而这两者根本就是两回事。

本案例中，多家评估机构对同一栋大楼及大楼的不同楼层，在几年内多次评估，评估出的价值相差很大，这引起了有关当事人及媒体的关注，出现这种现象是评估机构或评估师本身的问题吗？这需要我们在了解房地产评估的基本原理和方法的基础上，结合案例的实际情况作出合理判断。

资料来源：薛子进. 海南发生咄咄怪事：一座大厦被评估出10个价格［N］. 法治日报，2001-10-20.

学习目标

本章是实务重点章。通过本章的学习，使学生了解房地产评估的对象、类别及相关概念；认识房地产的特性、影响房地产价格的因素及房地产评估的特点；掌握并熟练运用房地产评估的市场法、收益法、成本法、剩余法、基准地价法和路线价法；理解各种房地产评估方法的基本思路、操作方式及使用条件，根据不同的情况正确地选择适合的评估方法；重点掌握不动产评估的市场法、收益法、成本法。

● 第一节　房地产评估概述

一、房地产概述

（一）房地产的概念

作为一种客观存在的物质形态，**房地产**是指房产和地产的总称，包括土地和土地上永久建筑物及其所衍生的权利。房产是指建筑在土地上的各种房屋，包括住宅，厂房，仓库和商业、服务、文化、教育、卫生、体育以及办公用房等。地产是指土地及其上下一定的空间，包括地下的各种基础设施、地面道路等。房地产由于其自身的特点即位置的固定性和不可移动性，在经济学上又被称为不动产。房地产可以有三种存在形态，即土地、建筑物、房地合一。在房地产拍卖中，其拍卖标的也可以有三种存在形态，即土地（或土地使用权）、建筑物和房地合一状态下的物质实体及其权益。随着个人财产所有权的发展，房地产已经成为商业交易的主要组成部分。

法律意义上的房地产本质上是一种财产权利，这种财产权利是指寓含于房地产实体中的各种经济利益以及由此而形成的各种权利，如所有权、使用权、抵押权、典当权、租赁权等。

（二）房地产的特性

房地产包括土地和建筑物，其中土地是大自然的产物，是永存的；建筑物为人工建造，它定着在土地上。因此，房地产的特性主要取决于土地的特性，是以土地的特性为基础的。从房地产估价和把握房地产价值的角度来看，房地产的特性主要有以下 10 个：

1.不可移动性。

房地产的不可移动性是由土地的不可移动性决定的。而房地产的不可移动性又决定了任何一宗房地产只能就地开发、利用或消费，而且要受制于其所在的空间环境（邻里及当地的社会经济）。所以，房地产市场不存在全国性市场，更不存在全球性市场，而是一个地区性市场，其供求状况、价格水平和价格走势等都是当地的，在不同地区之间各不相同。

2.独一无二性。

房地产的不可移动性派生出了其独一无二性，可以说房地产市场上没有完全相同的两套房子。即使两处的建筑物一模一样，但由于坐落的位置不同，周围环境、景观不同，这两宗房地产实质上也是不相同的。房地产的独一无二性使得房地产交易基本上是一房一价并容易受到个别因素的影响，房地产估价时也需要到实地进行勘查。

3.寿命长久性。

土地具有不可毁灭性，建筑物虽然不像土地那样具有不可毁灭性，但是一经建造完成，寿命通常可达数十年，甚至上百年。在正常情况下，建筑物很少发生倒塌，只是为了土地的更好利用或更高价值才会被拆除。因此，房地产的使用寿命长达几十年甚至上百年。

4.供给有限性。

土地是不可再生资源，在土地上特别是好位置土地上可建造的建筑物数量也是有限的。因此从长远看，房地产具有增值的趋势。但是房地产数量有限性的本质，主要不在于

房地产评估案例

土地总量有限和不能增加，相对于人类的需要来讲，土地的数量目前还是很丰富的，关键在于不可移动性造成的房地产供给不能集中于一处（这是房地产不同于一般商品供给的最主要之处）。

5.价值高大性。

房地产的价值不仅高，而且大。其价值高即单位价值高，其价值大即总体价值大。

6.用途多样性。

用途多样性主要针对空地而言，土地上一旦建造了建筑物，用途即被限定，通常难以改变（但并不绝对，如厂房改成展览空间等）。土地虽然有多种用途，但现实中土地的用途并不是人们可以随意决定的，而是受到严格的管制。从经济角度来看，土地利用选择的先后顺序一般为商业、办公、居住、工业、耕地、牧场、林地、荒地等。

7.易受限制性。

正是由于房地产具有相互影响性，世界上任何国家和地区都会对房地产的使用和支配进行一些限制。政府对房地产的限制一般是通过下列4种特权来实现的：

（1）管制权：政府为增进公众安全、健康、道德和一般福利，可以直接限制某些房地产的使用，如通过城市规划对土地用途、建筑高度、容积率、建筑密度和绿地率等作出规定。

（2）征收或征用权：政府为了社会公共利益，如修公路、建学校等，可以强行取得单位和个人的房地产，如果违反这些被征用人的意愿，要给予合理补偿。

（3）征税权：政府为提高财政收入，可以对房地产征税或提高房地产税收，只要这些税收是公平课征的。

（4）充公权：政府可在房地产业主死亡或消失而无继承人的情况下，无偿收回房地产。

房地产易受限制性还表现在逃避不了未来制度、政策变化的影响，这导致房地产投资具有很大的风险。

8.相互影响性。

房地产的价值不仅与其本身的状况有直接的关系，还受邻近房地产的用途、开发等的影响。

9.难以变现性。

房地产由于价值高，加上不可移动性和独一无二性，使得同一宗房地产的买卖不频繁，一旦需要买卖，要花费相当长的时间来寻找合适的买者进行讨价还价。所以，当急需资金或有其他急需时，不易将房地产变成现款；如果要快速变现，只有进行相当幅度的降价。

10.保值增值性。

引起房地产价格上升的原因主要有5个方面：（1）对房地产本身进行的投资改良，如装修改造、更新或添加设备，改进物业管理；（2）通货膨胀即物价的持续普遍上涨（保值）；（3）需求增加导致稀缺性增加，如人口或收入增加；（4）外部经济或相互影响，如交通条件或周围环境改善；（5）房地产使用管制的改变。

（三）房地产的分类

房地产的类型众多，可以按照不同的标准进行分类。

1.按用途划分。

房地产按其用途来划分，主要分为下列10类：

（1）居住房地产：可分为住宅和集体宿舍两大类，其中住宅又可分为普通住宅、高档公寓、别墅等。

（2）商业房地产：包括百货商场、购物中心、商业店铺、超级市场、批发市场等。

（3）办公房地产：包括商务办公楼（写字楼）、政府办公楼等。

（4）旅馆房地产：包括饭店、酒店、宾馆、旅店、招待所、度假村等。

（5）餐饮房地产：包括酒楼、美食城、餐馆、快餐店等。

（6）体育和娱乐房地产：包括体育场馆、高尔夫球场、滑雪场、保龄球馆、游乐场、娱乐城、康乐中心、俱乐部、夜总会、影剧院等。

（7）工业和仓储房地产：包括工业厂房、（物流）仓库等。

（8）农业房地产：包括农地、农场、林场、牧场、果园等。

（9）特殊用途房地产：包括车站、机场、码头、医院、学校、教堂、寺庙、墓地等。

（10）综合房地产：是指具有两种或两种以上用途的房地产，如商住楼、宾馆（餐饮+住宿）。

2.按开发程度划分。

房地产按其开发程度来划分，主要分为下列5类：

（1）生地：是指不具有城市基础设施的土地，如荒地、农地。

（2）毛地：是指具有一定城市基础设施，但地上有待拆迁房屋的城市土地。

（3）熟地：是指具有完善的城市基础设施，土地平整，能直接在其上进行房屋建设的土地。按照基础设施完备程度，熟地又可分为"三通一平""五通一平""七通一平"等。

（4）在建工程：是指地上建筑物已开始建设但尚未建成，不具备使用条件的房地产。该房地产不一定正在建设，也可能是停工多年的建筑物（缓建工程）。

（5）现房（含土地）：是指地上建筑物已建成，可直接使用的房地产。现房按照其新旧程度又可分为新房和旧房，新房又可分为毛坯房、初（简）装修房、精装修房。

3.按实物形态划分。

按照房地产的实物形态，可以将房地产划分为：

（1）土地；（2）建筑物；（3）房地（土地和建筑物的综合体）；（4）房地产的局部；（5）未来状况下的房地产（期房）；（6）已经灭失的房地产；（7）现在状况下的房地产与过去状况下的房地产的差异部分；（8）以房地产为主的整体资产或者包含其他资产的房地产；（9）整体资产中的房地产。

4.按权益状况划分。

房地产按其权益状况划分，可分为以下几类：

（1）具有完全产权的房地产（完全的房屋所有权和出让的土地使用权）；（2）具有部分产权的房地产（如完全的房屋所有权和划拨的土地使用权、以标准价购买的公房）；（3）共有的房地产；（4）有租约限制的房地产；（5）设立了他项权利的房地产（如地役权、抵押权、典权等）；（6）有拖欠建设工程价款的房地产；（7）列入征收征用范围的房地产；（8）权利受到司法机关限制的房地产；（9）权属有争议的房地产；（10）违法违章建设的房地产。

5.按是否产生收益划分。

房地产按其是否产生收益来划分，主要分为下列2类：

（1）收益性房地产，是指能直接产生租赁或其他经济收益的房地产，包括商店、商务办公楼、公寓、旅馆、餐馆、影剧院、游乐场、加油站、厂房、农地等。

（2）非收益性房地产，是指不能直接产生经济收益的房地产，如私人宅邸、未开发的土地、政府办公楼、教堂、寺庙等。

收益性房地产可以采用收益法估价，非收益性房地产则难以采用收益法估价。收益性房地产与非收益性房地产的划分，不是看它们目前是否正在直接产生经济收益，而是看这种类型的房地产在本质上是否具有直接产生经济收益的能力。

6.按经营使用方式划分。

房地产按其经营使用方式来划分，主要分为下列4类：

（1）出售型房地产；（2）出租型房地产；（3）营业型房地产；（4）自用型房地产。

（四）房地产价格

房地产价格是指建筑物连同其占用土地的价格，即房地产价格，土地价格和建筑物价格，是房地产经济运行和资源配置最重要的调节机制。

1.房地产价格的特征。

房地产价格的特征主要有5个：

（1）房地产价格具有区域性。

由于房地产具有不可移动性，因此没有产地和销地之分。房地产价格的区域性主要体现在不同城市区域之间的房地产差价上。了解房地产价格的区域性对房地产估价具有很重要的意义。在实际进行房地产估价时，应该进行地区因素的比较。

（2）房地产价格具有双重性。

房地产价格的双重性体现在两个方面：第一，房地产从物质形态上是土地和建筑物的有机综合体，因此其价格在内涵上具有双重的实体性基础，即房地产价格既是建筑物价格与土地价格的综合，同时又是房地产开发建设所耗费的社会必要劳动以及土地所有权价格（地租）的结合；第二，房地产价格既有以交换为代价的价格，也有以使用为代价的租金，买卖和租赁两种方式并存。

（3）房地产价格具有单件性。

房地产价格的单件性体现在：房地产都是单件生产，在生产过程中受多种因素的影响；市场上没有完全相同的房地产；房地产交易容易受交易者个别因素的影响。

（4）房地产价格具有权益性。

房地产由于不可移动，在交易中转移的不是实物，而是其所有权、使用权或其他权益，其价格实质上是房地产权益的价格。因此，估价时需要重视对房地产权益的调查、了解和分析。

（5）房地产价格是长期综合考虑的结果。

一方面，由于人们对房地产的使用具有长期性，房地产估价既要考虑过去如何使用，又要兼顾以后的变化趋势；另一方面，房地产价格的形成受到法规政策以及其他多种因素的影响。

2.房地产价格的形态。

进行房地产估价必须弄清楚房地产价值和价格的形态及其确切含义，以正确理解和把握所评估的房地产价值或价格的内涵。与房地产存在形态相联系，房地产价格从实物形态上可分为土地价格、建筑物价格和房地合一的房地产价格（即房地价格），不同形态的价格具有不同的用途，运用的估价原则和估价方法也不尽相同。

（1）土地价格。

土地价格简称地价，如果是一块无建筑物的空地，那么此价格即指该块土地的价格；如果是一块有建筑物的土地，那么此价格是指该宗房地产中土地部分的价格，不含建筑物的价格。土地价格又可以从不同的角度按照不同的标准进行划分：按照土地权属，土地价格可以分为所有权价格和使用权价格；根据形成基础，土地价格可以分为征用地价、批租地价和转让地价；根据计算单位划分，土地价格可分为总地价、单位地价和楼面地价；根据土地的"生熟"程度，可把土地粗略地分为生地、毛地、熟地3种，由此又有生地价格、毛地价格、熟地价格；土地使用权的出让方式有拍卖出让、招标出让和协议出让三种，相应的土地价格可分为拍卖价格、招标价格和协议价格。

（2）建筑物价格。

建筑物价格是指在不考虑土地价格的前提下，因某种需要所确定的建筑物部分的价格。建筑物价格与一般所说的房价不同，后者一般包括土地价格在内。根据流通形式不同，建筑物价格可分为出售价格和出租价格；根据计算单位不同，建筑物价格可分为总价格和单位价格；根据交房时间的差异，建筑物价格可以分为现房价格和期房价格；按照入账价值，建筑物的价格可分为原始价值、账面价值和市场价值。

（3）房地价格。

房地价格又称房地混合价，是指建筑物连同其占用的土地的价格，它往往等同于人们平常所说的房价。

对同一宗房地产而言，有：

房地价格=土地价格+建筑物价格　　　　　　　　　　　　　　　　　　　（7-1）

房地价格按照形成基础划分，可以划分为市场价格、理论价格、成交价格、公开市场价值和评估价值；按照政府对房地产价格的管制或干预程度不同划分，房地价格可划分为市场调节价、政府指导价和政府定价；按照房地产的投资主体划分，可以划分为投资价值和市场价值。

二、房地产评估概述

房地产评估全称为房地产价格评估，就是对房地产进行估价。也就是说，由持有"房地产估价人员岗位合格证书"或"房地产估价师注册证"的专业人员，根据估价目的，遵循估价原则，按照估价程序，运用估价方法，在综合分析影响房地产价格因素的基础上，结合估价经验及对影响房地产价格因素的分析，对房地产的特定权益，在特定时间最可能实现的合理价格所作出的估计、推测与判断。它实质上不是估价人员的定价，而是模拟市场价格形成过程将房地产价格显现出来，它具有专业性、技术性、复杂性，是科学、艺术和经验三者的结合。房地产交易、租赁、抵押、担保、商品房开发与销售等环节都离不开对房地产的估价。

（一）评估类型

1.一般评估。

这类评估一般是在交易双方发生意见分歧或有争议时求助于评估机构，以解决分歧和争议，使之趋于一致的手段，一般不具备法律效力，是参考性评估，它反映的是某一地域、某一时间点、某一特定物业一般的价值水平。

2.房地产抵押贷款评估。

这类评估是购房者寻求金融支持时，对自己所抵押的房屋的价值进行评估，它必须由金融部门指定或委派的评估机构进行，评估一经确定，即具备法律效力，形成法律文件，对双方均有约束力。

（二）评估原则

（1）供需原则。商品的价格由该商品供给和需求的均衡点来决定。供小于求时价格上升，否则下降。房地产的价格由类似房地产的供求状况决定。

（2）替代原则。在同一市场上效用相同或相似的房地产，价格趋于一致。

（3）最有效使用原则：以最佳使用所能带来的收益评估房地产的价格。

（4）贡献原则。它是收益法和剩余法的基础。

（5）合法原则。房地产评估要在法律规定的条件下进行。测算房地产的纯收益时，不能以临时建筑或违章建筑的收益为测算基础。

（6）估价时点原则。估价时点又称估价基准日、估价期日、估价时间，是一个具体的日期，通常用年、月、日表示，估价额是在该日期的价格。房地产市场是不断变化的，房地产价格有很强的时间性，它是某一时点的价格，不同的时点，同一宗房地产往往会有不同的价格。也就是说，估价实际上只是求取某一时点上的价格，所以估算一宗房地产的价格时，必须假定市场情况停止在估价时点上，以其在该时点的状况为准。

（7）谨慎原则。

（三）评估特点

1.房地产投资价值评估结果为"非市场价值"。

投资价值是针对特定投资者而言的，市场价值是对于典型投资者或大多数投资者而言的。因此，投资价值可能高于、等于市场价值，也可能低于市场价值。

2.房地产投资价值评估条件是基于"特定对象"。

特定对象包括特定投资者（双方或多方）、特定的房地产项目双重含义。房地产投资价值评估一般以特定对象为基础，这是房地产投资价值区别于市场价值的根本原因。

3.房地产投资价值评估更强调合理性原则。

房地产投资价值评估除应考虑一般的房地产估价原则外，更应强调合理性原则，即估价人员需要站在投资行为各方的角度综合平衡，得出客观、合理的价值，评估结果应考虑各方的可接受性，有些估价行为需要超出狭隘的合法性原则范畴。

4.房地产投资价值评估方法突破传统。

房地产投资价值评估与传统市场价值评估在方法的选择上有较大的不同。传统市场价值评估方法的选择一般基于估价对象和估价目的进行考虑，除此之外，同时要关注投资行为的特点和潜在投资行为，除较多地采用假设开发法和收益法等传统方法外，还要考虑现金流量折现法等经济评价方法。

5.房地产投资价值评估需比较多个方案。

由于投资方式的不同，房地产投资价值评估往往需要对多个方案进行比较，分析各个方案实施的风险性和价值效益，为委托方提供多个价值指标或区间指标，这也是房地产投资价值评估区别于传统鉴证类评估的重要表现形式之一。

三、房地产评估的程序

房地产评估的前期工作，主要是指资产评估机构和注册资产评估师在接受评估委托后开展的明确房地产评估基本事项、拟订评估作业方案、实地勘查评估对象、收集评估所需资料等工作。

（一）明确评估基本事项

1.评估目的。

从本质上讲，评估目的作为资产评估结果的具体用途，它在宏观上和微观上影响或决定着资产评估的条件，因此，不同评估目的下评估结果的价值内涵也不完全相同。

房地产的评估目的可按业务性质划分为：房地产转让，房地产抵押，房地产典当，房地产保险和损害赔偿，房地产课税，房地产征用拆迁补偿，处理房地产纠纷和有关法律诉讼，企业合资、合作、兼并、分立、租赁经营、承包经营、改制、上市、破产清算等。

因此，在受理房地产评估业务时，必须了解评估目的并将其明确地写在资产评估业务约定书和资产评估报告中。

2.评估对象。

明确评估对象，就是对房地产的类别、实体状况和产权状况进行了解和掌握，并在资产评估业务约定书和评估报告中写明评估的具体对象。具体内容包括：

（1）明确评估对象类别。

从实物角度来看，房地产有土地、建筑物和房地3种类别，具体又可分为以下几种情况：空地；有建筑物（包括尚未建成的建筑物）的土地；地上建筑物；土地与建筑物（已建成的建筑物）的合成体；在建工程（土地与尚未建成的建筑物的合成体）；未来状况下的房地产；已经消失的房地产；现在状况下的房地产与过去状况下的房地产的差异部分，如后来增加的装修；房地产局部，如某栋公寓中的某套房；包含其他资产（如电梯、锅炉）的房地产；作为企业整体的一部分的房地产。

（2）明确评估对象的实体状况。

评估对象的实体状况包括：房地产的用途（如工业建筑、商业建筑、住宅建筑、农业建筑、公共建筑等）；土地面积、土地形状、临街状态、土地开发程度、地质、地形及水文状况；建筑物的建筑结构（如钢结构、钢筋混凝土结构、砖混结构、砖木结构、简易结构等）、建筑面积、建筑式样、建筑物层数、朝向、平面布局、施工质量、新旧程度、装修水平、室内外设施等。

（3）明确评估对象的产权状况。

评估对象的产权状况包括：土地使用权性质（如国有土地使用权或集体土地使用权、划拨土地使用权或出让土地使用权等）、土地使用权的权属状况（如独立土地使用权或共享土地使用权等）、土地使用权年限、建筑物权属状况（如所有权或使用权、独立所有权或共享所有权等）、评估对象设定的其他权利状况等。

3.评估价值类型。

房地产评估的价值类型，是房地产评估结果的价值属性及其表现形式。

（1）市场价值。

市场价值又称公开市场价值，是指房地产在评估基准日公开市场上最可能形成的价值。

公开市场，是指在该市场上交易双方进行交易的目的，在于最大限度地追求经济利益，并掌握必要的市场信息，有较充裕的时间进行交易，对交易对象具有必要的专业知识，交易条件公开且不具有排他性。

评估房地产市场价值的基础条件包括：房地产评估目的（如以市场交易为目的）、评估时的市场条件（如发达的房地产市场）、评估对象自身的性质和状况（如商业房地产、住宅房地产等）。

（2）市场价值以外的价值。

凡不符合房地产市场价值评估定义条件的资产价值类型都属于市场价值以外的价值。

房地产评估中，市场价值以外的价值包括投资价值、抵押价值、典当价值、保险价值、课税价值、征用价值等。

评估房地产的市场价值和市场价值以外的价值所采用的评估途径和方法可能相同，但其中参数选择的立场可能不同。如对房地产市场价值和投资价值的评估，都可以采用收益途径评估，但在评估市场价值时，收益途径中的折现率是与该房地产的风险程度相对应的社会平均收益率；而在评估投资价值时，该折现率是某个具体的投资者所要求的最低收益率（通常称为最低期望收益率）。这个投资者所要求的最低收益率可能高于也可能低于与该房地产的风险程度对应的社会平均收益率。

4.明确评估基准日。

评估基准日，是指房地产评估结果所对应的日期，通常用公历年、月、日表示。

评估基准日通常由委托方提出，评估机构与委托方协商确定，一般选择与评估目的实现日较近的某个日期。房地产评估基准日的确定有以下3种情形：

（1）选择现在某个日期（现实性评估）。

这是房地产评估中最常见的情形，通常将评估基准日选择在评估作业期（评估的起止年月日）的某个日期。

（2）选择过去某个日期（追溯性评估）。

如房地产损害索赔中对房地产损失价值的评估、房地产纠纷中对评估结果有争议而引起的复合评估等。

（3）选择未来某个日期（预测性评估）。

预测性评估多出现于房地产市场预测、为房地产投资分析提供价值依据的情形中，如房地产在未来建成后对价值的评估。在明确房地产评估基本事项的基础上，资产评估机构与委托方便可签订评估业务约定书，正式接受房地产评估委托，并用法律形式保护各自的权益。

评估业务约定书的内容一般包括：委托方和评估机构名称、评估目的、评估对象和评估范围、评估价值类型、评估基本假设、评估基准日、委托方应提供的资料及对提供资料的真实性和合法性的承诺、评估服务费用及其支付方式、评估报告提交日期、违约责任和解决争议的方法、委托方和评估机构认为需要约定的其他事项等。

（二）制订工作计划

在明确了评估基本事项的基础上，评估人员应对评估项目进行初步分析，拟订评估作业方案。

1.确定评估投入的人员。

评估机构应根据评估任务量的大小、性质及评估工作的难易程度，合理确定投入多少人力参加评估。在安排评估人员时，应充分考虑评估人员的专长。

2.确定评估作业步骤及进度安排。

应在与委托方共同商定的评估作业日期内，合理确定评估工作步骤和时间安排。

3.确定评估作业所需经费预算。

应根据评估工作的地点、评估人员的多少、评估工作时间的长短等合理安排评估所需经费，做到既满足需要，又节省资金。

（三）实地勘查评估对象

1.勘察房地产的位置及周围环境。

应查明被评估房地产具体的坐落位置（如区、街、号），与相邻建筑物（或土地）及道路的关系，还要观察附近的建筑布局、道路及交通状况、绿化及卫生状况、地形及地势状况、日照及通风状况等，如果评估对象是商业房地产，还应对周边商业繁华状况进行调查了解。

2.勘查房地产使用状况。

应查实被评估房地产的实际用途，检查其用途、权利状况是否与规定相一致，要查明建筑物的结构、建成时间、新旧程度、装修状况、设备状况，了解建筑面积、使用面积或可供出租和营业面积等。

对房地产实际状况和周边环境进行勘查时，应做好详细的记录，并且进行拍照或摄像，作为评估的工作底稿和存档的基础资料。

（四）收集评估所需资料

1.房地产评估的资料收集。

房地产评估的资料收集可分为日常收集和评估时收集。

日常收集，就是要求评估人员平常应留意和收集与房地产评估有关的资料，并将收集的资料分类，建立资料库，以备评估时使用。

评估时收集，是根据初选的评估途径和方法，评估人员通过市场调查、委托人提供或现场勘察等获得本次评估所需资料。

房地产价格的普遍影响因素，基本上都是宏观因素，如政治因素、行政因素、经济因素等，这些因素一般并不决定某宗房地产的价格，但它们对整体房地产市场价格的走势具有决定意义，对某类房地产价格变化有时能产生特别大的影响。

这类资料主要包括：工业化和城市化状况、房地产制度、土地使用权出让方式、税收政策、经济发展速度、财政金融状况、利率水平、汇率水平、科技进步状况等。

2.对评估对象所在地区的房地产价格有影响的资料。

由于房地产市场的区域性，地区市场的资料对评估对象价格的影响更大。

对评估对象所在地区的房地产价格有影响的资料主要有：地区的人口数量和质量、家庭结构、城市发展和建设规划、房地产供求状况、居民收入和消费水平、工资水平、物价水平、就业状况，以及房地产所在区域的繁华程度、道路通达程度、交通便捷程度、环境质量、基础设施和公共设施状况等。

3.反映评估对象状况的资料。

反映评估对象状况的资料主要由委托人提供和评估人员现场勘查获得，具体包括评估对象实体状况、权利状况和周围环境状况等。

其中，反映土地状况的资料包括土地的区位、面积、临街状况、土地形状、地形、地势、容积率、土地使用权年限等；反映建筑物状况的资料包括建筑物的面积、结构、材料、设计、设备、施工质量、装修水平、新旧程度、周边环境等。

4.类似房地产的交易、成本、收益实例资料。

收集什么样的实例资料，主要取决于拟采用的评估途径和方法。

采用市场途径，主要收集交易实例资料；采用成本途径，主要收集成本实例资料；采用收益途径，主要收集收益实例资料。

具体应收集的内容，则需要针对评估途径和方法中的计算所需要的资料数据确定。

（五）运用估价法进行评估

在选择评估方法时，要结合评估方法的适用范围、评估对象特征、评估目的以及评估前提等因素，综合评价。

估价人员应深刻理解并能正确运用市场比较法、收益法、成本法、假设开发法、基准地价修正法等估价方法，并能综合运用这些估价方法。

评估时的注意事项：

（1）同一估价对象一般需同时采用两种或两种以上的估价方法，以使估价结果相互补充和印证。

（2）根据已明确的估价目的，估价对象适宜采用多种估价方法进行估价，应同时采用这些估价方法进行估价，不得随意取舍；若必须取舍，则应在估价报告中予以说明并陈述理由。

（3）有条件采用市场法进行估价的，应将市场法作为主要的估价方法。

（4）具有收益性的房地产的估价，应选用收益法作为其中的一种方法。

（5）具有投资开发或再开发潜力的房地产估价，应选用假设开发法作为其中的一种估价方法。

（6）在无市场依据或市场依据不充分而不宜采用市场法、收益法、假设开发法进行估价的情况下，可采用成本法作为主要的估价方法。

（六）综合分析确定评估结果

评估结果的确定过程，是使评估价格不断接近客观实际的过程。不同的估价方法是从不同的角度考虑对房地产进行估价的，因此，用不同估价方法对同一宗房地产进行估价，其计算结果自然不会相同。估价人员应对这些结果进行分析、处理，以确定最终估价额。

确定估价结果可分3个步骤进行：

（1）分析采用不同估价方法计算出的结果的可靠性，尤其是当这些计算结果差异较大时，应找到并排除产生差异的原因。对采用不同估价方法计算出的结果进行检查时应按从低级错误到高级错误的顺序进行：计算过程是否正确；基础数据是否准确；参数选择是否合理；是否符合估价原则；公式选用是否恰当；采用的估价方法是否适宜估价对象和估价目的。

（2）求出估价综合值。房地产估价的结果只能有一个，因为房地产的估价额在一定条件下是客观而唯一的。因此，该步骤是把采用各种房地产估价方法计算出的价格调整成最可能的单一金额或落入范围。调整的性质取决于估价事项、所采用的估价方法和所求出计算价格的可靠性。在确认所选用的估价方法计算出的结果无误后，根据待估房地产具体情况及估价师的判断，采用某种数值处理的数学方法，计算出一个估价的综合值。

在估价报告中，估价师可以解释用不同估价方法所求出的计算结果的差异，说明每一种估价方法的适用性和相对依赖度。

（3）确定最终估价额。通过上面两个步骤，虽然综合出了一个价格，但这个价格通常还不能定为被评估房地产的最终估价。因为影响房地产价格的因素众多，估价人员不能拘泥于用某些计算公式得出的结果，还需要依靠自己的专业经验及对房地产市场行情的理解来把握最终估价。因此，在上面第二个步骤的基础上，估价人员应考虑一些不可量化的价格影响因素，同时可听取有关人士的意见，对该估价综合值进行适当的调整，或取整，或认定，作为最终的估价结果。当有调整时，应在估价报告中明确阐述理由。

（七）撰写估价报告

房地产估价报告一般由8大部分组成：

（1）封面——内容包括：标题、估价项目名称、委托人、估价机构、注册房地产估价师、估价作业日期、估价报告编号。

（2）目录。

（3）致委托人函——估价机构正式地向委托人报告估价结果及呈送报告的信件。说明受何委托人委托，估价机构选派哪些估价师，根据什么估价目的，对什么估价对象在什么日期的什么价值进行了独立、客观、公平的评估，估价结果是多少，以及估价报告使用期限等。

（4）注册房地产估价师声明——注册房地产估价师对估价报告的合法性、真实性、合理性以及估价的独立性、客观性、公正性等问题的说明或保证。

（5）估价的假设和限制条件——有针对性并尽量简洁地说明估价过程中不能肯定，而又必须予以明确的必要的前提条件。包括：评估的价值类型，说明其主要条件；对委托人提供的有关情况和资料进行了必要的关注，无理由怀疑委托人提供的情况和资料的真实性；说明未经调查核实或无法调查核实的有关情况和资料；说明在情况不明确或资料不全时是以何种情形来估价的；说明估价中的一些特殊处理；说明在估价中未考虑的因素。

（6）估价结果报告——简明扼要地说明下列事项：委托人、估价机构、估价目的、估价对象、估价时点、评估的价值类型和定义、估价依据、估价原则、估价方法、估价结果、其他需要说明的事项、注册房地产估价师及其他参与估价人员。

（7）估价技术报告——包括：估价对象分析、房地产市场分析、估价方法选用分析、估价的详细测算过程、估价结果及其确定理由。

（8）附件——通常包括：估价委托书、估价对象位置图、估价对象外部状况以及周围环境和景观的图片、估价对象权属证明、估价中所引用的其他专用文件资料、估价机构资质证书及营业执照证书、注册房地产估价师的注册证书复印件。

（八）估价资料归档

向委托人交付了估价报告之后，应及时地对在该项估价业务中形成的各种文字、图表、照片、影像等资料进行清理，对其中有保存价值的资料进行整理、分类，然后妥善保存起来，即归档。

归档的估价资料在可能的情况下应当全面、完整，一般包括：向委托人出具的估价报告，委托人出具的"估价委托书"及与委托人签订的《估价委托合同》和"估价对象实地查勘记录""估价报告内部审核表""估价报告交接表"、估价项目来源、接洽情况记录、估价过程中的不同意见和估价报告定稿之前的重大调整后修改意见记录以及估价师和估价机构认为有必要保存起来的其他估价资料。

● 第二节　市场法在房地产评估中的应用

一、市场法概述

（一）市场法的概念

市场法是将估价对象与在估价时点的近期有过交易的类似房地产进行比较，对这些类似房地产的成交价格做适当的修正，以此估算估价对象的客观、合理价格或价值的方法。市场法有时又称为市场比较法、比较法、交易实例比较法等。

房地产评估案例解析与对比

市场法的理论依据是房地产价格形成的替代原理。正是因为在房地产价格形成中有替代原理的作用，所以在进行房地产估价时，估价对象的未知价格可以通过类似房地产的已知成交价格来求取。

（二）市场法适用的对象

市场法适用的对象是在同一地区或同一范围内的类似地区中，与被评估房地产相类似的房地产交易较多的情况。

（三）市场法的操作步骤

运用市场法估价一般分为下列7个步骤：

1.收集交易实例。

运用市场法估价，首先需要拥有大量真实、可靠的交易实例。只有拥有了大量真实、可靠的交易实例，才能把握正常的市场价格行情，才能评估出客观合理的价格。所以，首先应尽可能多地搜集交易实例。

交易实例的内容包括：（1）交易双方的基本情况和交易目的；（2）交易实例房地产的状况，如坐落位置、用途、土地状况、建筑物状况、周围环境、景观等；（3）成交日期；（4）成交价格；（5）付款方式；（6）交易情况，如交易税费的负担方式，有无隐价瞒价、人为哄抬价格、亲友间的交易等特殊交易情况。

2.确定可比实例。

可比实例选取得恰当与否，直接影响到市场法评估出的价格的准确性，因此应特别慎重。

在实际选取时，可比实例应符合下列8个要求：

（1）可比实例所处的地区应与估价对象相同，或是在同一供求范围内的类似地区。

（2）可比实例的用途应与估价对象的用途相同，这里的用途主要指大类用途，如果能做到小类用途也相同，则更好。大类用途一般分为：居住、商业、办公、旅馆、工业、农业等。

（3）可比实例的建筑结构应与估价对象的建筑结构相同，这里的建筑结构主要指大类建筑结构，若能做到小类建筑结构相同，则更好。大类建筑结构一般分为钢结构、钢筋混凝土结构、砖混结构、砖木结构、简易结构。

（4）可比实例的规模应与估价对象的规模相当。

（5）可比实例的权利性质应与估价对象的权利性质相同。

（6）可比实例的交易类型应与估价目的相吻合。交易类型主要有土地使用权协议出让、一般买卖、租赁、征用等。为抵押、抵债目的的估价，应选取一般买卖的交易实例为可比实例。

（7）可比实例的成交日期应与估价时点接近，交易实例的成交日期与估价时点相隔一年以上的不宜采用，因为难以进行交易日期修正，即使修正也可能出现较大偏差。

（8）可比实例的成交价格应是正常成交价格，或可修正为正常成交价格。

选取可比实例时，估价对象为土地的，应选取类似土地的可比实例；为建筑物的，应选取类似建筑物的交易实例；估价对象为房地产的，应选取类似房地产的可比实例。

3.建立价格可比基础。

建立价格可比基础包括5个方面：

（1）统一付款方式。

由于房地产的价值量大，款项往往采用分期付款的方式支付。但是，付款期限的长短不同，付款数额在付款期限内的分布不同，实际价格会有所不同。估价中为便于比较，价格以一次付清所需支付的金额为基准，所以需要对分期付款的情况进行折现，具体可参照货币的时间价值中的折现计算。

$$一次付清所需支付的金额 = 分期付款金额 / (1+i)^m \qquad (7-2)$$

式中：m——分期付款时间与计息期的比值。

（2）统一采用单价。

在统一采用单价方面，通常单价为单位面积上的价格，其中土地除了单价，还可为楼面地价。在这种情况下，单位面积是一个比较单位。根据估价对象的具体情况，还可以有其他的比较单位，如仓库以单位体积为比较单位，停车场以每个车位为比较单位，旅馆以每个房间或床位为比较单位，电影院以每个座位为比较单位，医院以每个床位为比较单位，保龄球馆以每个球道为比较单位等。

还需要说明的是，有些可比实例适宜先进行某些修正后，再转化为单价进行其他修正，因为这样处理时，价格修正更容易、更准确。

（3）统一币种和货币单位。

在统一币种方面，对于不同币种的价格之间的换算，应采用该价格所对应的日期的市场汇率。在通常情况下，应采用成交日期的市场汇率，但如果先按原币种的价格进行交易日期修正，则对进行了交易日期修正后的价格，应采用估价时点的市场汇率进行换算。

在统一货币单位方面，按照使用习惯，人民币、美元、港币等，通常都采用"元"。

（4）统一面积内涵。

在现实房地产交易中，有按建筑面积计价的，有按套内建筑面积计价的，也有按使用面积计价的。它们之间的换算如下：

$$建筑面积下的价格=套内面积下的价格×\frac{套内建筑面积}{建筑面积} \tag{7-3}$$

$$使用面积下的价格=使用面积下的价格×\frac{使用面积}{建筑面积} \tag{7-4}$$

$$套内建筑面积下的价格=使用面积下的价格×\frac{使用面积}{套内建筑面积} \tag{7-5}$$

（5）统一面积单位。

在面积单位方面，中国大陆通常采用平方米（土地的面积单位有时还采用公顷、亩），美国、英国和中国香港地区习惯采用平方英尺，日本、韩国和中国台湾地区一般采用坪。它们之间的换算如下：

平方米下的价格=亩下的价格÷666.67

平方米下的价格=公顷下的价格÷10 000

平方米下的价格=平方英尺下的价格×10.764

平方米下的价格=坪下的价格×0.303

4.进行交易情况修正。

可比实例的成交价格可能是正常的，也可能不是正常的。由于要求评估的估价对象的价格是客观合理的，因此，如果可比实例的成交价格不是正常的，则应将其调整为正常的，如此才可以作为估价对象的价格。这种调整称为交易情况修正。因此，经过了交易情况修正后，就将可比实例中的异常的价格变成了正常价格。

由于房地产具有不可移动、独一无二、价值高等特性，以及房地产市场是不完全市场，房地产的成交价格往往容易受交易中一些特殊因素的影响，从而使其偏离正常的市场价格。如利害关系人之间的交易，急于出售或购买的交易，对市场行情缺乏了解的交易，交易税费非正常负担的交易等。

有上述特殊交易情况的交易实例不宜选为可比实例，但当可供选择的可比实例较少而不得不选用时，则必须对其进行交易情况修正，修正的方法主要有百分率法和差额法。

采用百分率法进行交易情况修正的一般公式为：

$$正常价格=可比实例的成交价格×交易情况修正系数 \tag{7-6}$$

采用差额法进行交易情况修正的一般公式为：

$$正常价格=可比实例的成交价格±交易情况修正额 \tag{7-7}$$

在百分率法中，交易情况修正系数应以正常价格为基准来确定。假设可比实例的成交价格比其正常市场价格高低的百分率为±S%（当可比实例的成交价格比其正常市场价格高时，为+S%，低时，为-S%），则：

$$可比实例的成交价格×\frac{1}{1±S\%}=正常价格 \tag{7-8}$$

$$或者 \quad 可比实例的成交价格×\frac{100}{100±S}=正常价格 \tag{7-9}$$

在交易情况修正中，之所以要以正常价格为基准，是因为只有这样，比较的基准才会只有一个，而不会出现多个。因为在市场法中要求选取多个可比实例来进行比较修正，如果以每个可比实例的实际成交价格为基准，就会出现多个比较基准。

如果以正常价格为基准，可比实例的成交价格比正常价格高10%，则可比实例的成交价格=正常价格×（1+10%）；如果以可比实例的成交价格为基准，正常价格比可比实例的成交价格低10%，则正常价格=可比实例的成交价格×（1-10%）。

对于交易税费非正常负担的修正，只要调查、了解清楚了交易税费非正常负担的情况，然后依此计算即可。具体是将成交价格调整为符合政府有关规定的成交价格，无规定的依照当地习惯，调整为交易双方负担各自应负担的税费后的价格。主要是把握下列两点：

（1）正常成交价格-应由卖方负担的税费=卖方实际得到的价格

（2）正常成交价格+应由买方负担的税费=买方实际付出的价格

5.进行交易日期修正。

可比实例的成交价格是其成交日期的价格，是在其成交日期的房地产市场状况下形成的。要求评估的估价对象的价格是估价时点的价格，是在估价时点的房地产市场状况下形成的。如果成交日期与估价时点不同，房地产市场状况可能发生了变化，价格就有可能不同。因此，应将可比实例在其成交日期的价格调整为估价时点的价格，这种调整被称为交易日期修正。交易日期修正实际上是对房地产市场状况的修正。

在可比实例的成交日期至估价时点期间，随着时间的推移，房地产价格可能发生的变化有3种情况：（1）平稳；（2）上涨；（3）下跌。当房地产价格平稳发展时，可不进行交易日期修正。而当房地产价格上涨或下跌时，则必须对交易日期进行修正，以使其符合估价时点的房地产市场状况。采用百分率法进行交易日期修正的一般公式为：

在估价时点的价格=可比实例在成交日期的价格×交易日期修正系数   （7-10）

式中：交易日期修正系数应以成交日期的价格为基准来确定。假设从成交日期到估价时点，可比实例价格涨跌的百分率为±T%，则：

可比实例在成交日期的价格×（1±T%）=在估价时点的价格   （7-11）

交易日期修正的关键，是要把握估价对象这类房地产的价格自某个时期以来的涨落变化情况，具体是调查在过去不同时间的数宗类似房地产的价格，找出这类房地产的价格随着时间的变化而变动的规律，据此再对可比实例的成交价格进行交易日期修正。修正时，可通过价格指数或价格变动率进行调整，也可采用时间序列分析。

（1）采用价格指数进行调整。

价格指数有定基价格指数和环比价格指数。在价格指数编制中，需要选择某个时期作为基期。如果是以某个固定时期作为基期的，则称为定基价格指数；如果是以上一时期作为基期的，则称为环比价格指数。

①定基价格指数。

可比实例在成交日期的价格×$\dfrac{\text{估价时点的价格指数}}{\text{成交日期的价格指数}}$=在估价时点的价格   （7-12）

【例7-1】中顺房地产2×23年4月至10月的价格指数分别为103.5%、105.4%、105.8%、107.6%、109.3%、110.5%、114.7%（2×23年1月为100%）。其中某宗房地产在2×23年5月的价格为9 500元/平方米，对其进行交易日期修正，修正到2×23年10月的价格为：

$$9\,500×\dfrac{114.7\%}{105.4\%}=10\,338.24（元/平方米）$$

②环比价格指数。

采用环比价格指数进行交易日期修正的公式为：

$$\frac{可比实例在}{成交日期的价格} \times \frac{成交日期的}{下一时期的价格指数} \times \frac{再下一时期的}{价格指数} \times \cdots \times \frac{估价时点的}{价格指数} = \frac{在估价}{时点的价格} \tag{7-13}$$

【例7-2】中顺房地产2×23年4月至10月的价格指数分别为99.6%、94.7%、96.7%、105%、109.2%、112.5%、118.1%（均以上个月为100%）。其中某宗房地产在2×23年6月的价格为2 000元/平方米，对其进行交易日期修正，修正到2×23年10月的价格为：

2 000×1.05×1.092×1.125×1.181=3 046.8（元/平方米）

（2）采用价格变动率进行调整。

价格变动率有逐期递增或递减的价格变动率和期内平均上升或下降的价格变动率两种。

采用逐期递增或递减的价格变动率进行交易日期修正的公式为：

可比实例在成交日期的价格×（1±价格变动率）^{期数}=在估价时点的价格 $\tag{7-14}$

采用期内平均上升或下降的价格变动率进行交易日期修正的公式为：

可比实例在成交日期的价格×（1±价格变动率×期数）=在估价时点的价格 $\tag{7-15}$

【例7-3】为评估中顺房地产某项目2×23年9月末的价格，评估人员选取了下列可比实例：成交价格为3 000元/平方米，2×22年10月末成交。另调查获知该类房地产价格2×22年6月末至2×23年2月末平均每月比上月上涨1.5%，2×23年2月末至2×23年9月末平均每月比上月上涨2%。对该可比实例进行交易日期修正，修正到2×23年9月末的价格为：

3 000×（1+1.5%）^{4}×（1+2%）^{7}=3 658（元/平方米）

【例7-4】中顺房地产某项目2×23年2月1日的价格为1 000美元/平方米，该类房地产以人民币为基准的价格平均每月比上月上涨0.2%。假设2×23年2月1日人民币与美元的市场汇价为1美元=8.26元人民币，2×23年10月1日为1美元=8.29元人民币。对该可比实例进行交易日期修正，修正到2×23年10月1日的价格为：

1 000×8.26×（1+0.2%）^{8}=8 393（元/平方米）

【例7-5】中顺房地产某项目的可比实例房地产2×23年2月1日的价格为1 000美元/平方米，该类房地产以美元为基准的价格平均每月比上月下降0.5%。假设2×23年2月1日人民币与美元的市场汇价为1美元=8.26元人民币，2×23年10月1日为1美元=8.29元人民币。对该可比实例进行交易日期修正，修正到2×23年10月1日的价格为：

1 000×（1-0.5%）^{8}×8.29=7 964（元/平方米）

在实际交易日期的修正中，有下列几类价格指数或价格变动率可供选用：（1）一般物价指数或变动率；（2）建筑造价指数或变动率；（3）建筑材料价格指数或变动率；（4）建筑人工费指数或变动率；（5）房地产价格指数或变动率。房地产价格指数或变动率又可细分为：（1）全国房地产价格指数或变动率；（2）某地区房地产价格指数或变动率；（3）全国某类房地产价格指数或变动率；（4）某地区某类房地产价格指数或变动率。

6.进行房地产状况修正。

如果可比实例房地产与被评估房地产本身之间有差异，则还应进行房地产状况修正，因为房地产的价格还反映其本身的状况。进行房地产状况修正，是将可比实例在其房地产状况下的价格，调整为在估价对象房地产状况下的价格。因此，经过了房地产状况修正后，就将可比实例在其房地产状况下的价格变成了在估价对象房地产状况下的价格。

房地产状况修正可分为区位状况修正、权益状况修正和实物状况修正。

房地产状况修正的方法主要有百分率法、差额法和回归分析法。

（1）百分率法。

采用百分率法进行房地产状况修正的一般公式为：

可比实例在其房地产状况下的价格×房地产状况修正系数=被评估房地产在估价状况下的价格　　（7-16）

（2）差额法。

采用差额法进行房地产状况修正的一般公式为：

可比实例在其房地产状况下的价格±房地产状况修正额=被评估房地产在估价状况下的价格　　（7-17）

在百分率法中，房地产状况修正系数应以估价对象的房地产状况为基准来确定。假设可比实例在其房地产状况下的价格比在估价对象状况下的价格高低的百分率为±R%，则：

$$可比实例在其房地产状况下的价格×\frac{1}{1 \pm R\%}=被评估房地产在估价状况下的价格\quad（7-18）$$

或者　$$可比实例在其房地产状况下的价格×\frac{100}{100 \pm R}=被评估房地产在估价状况下的价格\quad（7-19）$$

7.求取比准价格。

以市场法估价需要进行交易情况、交易日期、房地产状况三大方面的修正。经过了交易情况修正后，就将可比实例的实际（可能不是正常的）价格变成了正常价格；经过了交易日期修正后，就将可比实例在其成交日期的价格变成了在估价时点的价格；经过了房地产状况修正后，就将可比实例在其房地产状况下的价格变成了在估价对象房地产状况下的价格。这样，经过了这三大方面的修正后，就把可比实例房地产的实际成交价格变成了对被评估房地产在估价时点的客观合理价格。如果把这三大方面的修正综合起来，则计算公式为：

（1）修正系数连乘形式。

估价对象价格=可比实例价格×交易情况修正系数×交易日期修正系数×房地产状况修正系数　　（7-20）

（2）修正系数累加形式。

估价对象价格=可比实例价格×（1+交易情况修正系数+交易日期修正系数+房地产状况修正系数）　　（7-21）

要注意的是，上述连乘形式和累加形式都只是文字上的形象表示。这就导致从表面上看，好像各项修正系数在连乘形式和累加形式中都是相同的，而实际上应有所不同。仍然假设交易情况修正中可比实例的成交价格比其正常市场价格高低的百分率为±S%，交易日期修正中从成交日期到估价时点可比实例价格涨跌的百分率为±T%，房地产状况修正中可比实例在其房地产状况下的价格比在被评估房地产状况下的价格高低的百分率为±R%，则修正系数连乘形式为：

$$估价对象价格=可比实例价格×\frac{1}{1 \pm S\%}×（1 \pm T\%）×\frac{1}{1 \pm R\%}\quad（7-22）$$

修正系数累加形式为：

$$估价对象价格=可比实例价格×\frac{1 \pm T\%}{1 \pm S\% \pm R\%}\quad（7-23）$$

与累加形式相比，连乘形式更加科学和简便。另外，对交易情况、交易日期和房地产状况的修正，以及对它们中的某些具体因素的修正（如对交易税费非正常负担的修正、土地使用年限的修正），可视具体情况采用百分率法、差额法和回归分析法等。

二、将多个可比实例对应的比准价格综合成一个最终比准价格的方法

每个可比实例的成交价格经过上述各项修正之后，都会相应地得出一个比准价格，但这些比准价格可能是不一致的，需要将它们综合成一个比准价格，以此作为市场法的估算结果。

理论上讲，综合的方法有4种：平均数法；中位数法；众数法；其他方法。

（1）平均数法。

平均数法有简单算术平均数和加权算术平均数法两种。

简单算术平均数法，是把修正出来的各个价格直接相加，再除以这些价格的个数，所得的数即为综合出的一个比准价格。设 V_1，V_2，V_3，…，V_n 为修正出的 n 个价格，则其简单算术平均数的计算公式如下：

$$V=\frac{V_1 + V_2 + \cdots + V_n}{n}=\frac{1}{n}\sum_{i=1}^{n}v_i \tag{7-24}$$

加权算术平均数法，是在把修正出的各个价格综合成一个比准价格时，根据每个价格的重要程度，赋予不同权数，进行加权综合。

（2）中位数法。

中位数法是把修正出的各个价格按从低到高或从高到低的顺序排列，当项数为奇数时，位于正中间位置的那个价格为综合比准价格；当项数为偶数时，位于正中间位置的那两个价格的简单算术平均数为综合比准价格。

（3）众数法。

众数法是将一组价格中出现次数最多的价格作为比准价格的方法。

（4）其他方法。

评估人员还可以采用其他的方法将修正出的多个价格综合成一个比准价格，如分别去掉一个最高的价格和一个最低的价格，将余下的价格进行简单算术平均。

三、类比调整法

类比调整法是在公开市场上无法找到与被评估资产完全相同的参照物时，可以选择若干类似资产的交易案例作为参照物，通过对比、分析调整参照物与被评估对象之间的差异，在参照物成交价格的基础上调整、估算评估对象价值的方法。

类比调整法是市场中最基本的评估方法，该方法并不要求参照物与评估对象必须一样或者基本一致，只要参照物与被评估对象在大的方面基本相同或者相似即可。类比调整法具有实用性强、应用广泛的特点，因为在资产评估过程中，完全相同的参照物几乎不存在，即使是从同一个工厂生产出来的相同规格、型号的设备，在不同企业中使用时，由于维护保养条件、操作使用水平及利用率高低等多种因素的作用，其实体损耗也不可能是相同的。该方法对信息资料的数量和质量要求较高，而且要求评估人员有较丰富的评估经验、市场阅历和评估技巧，没有足够的数据资料以及对资产功能、市场行情的充分了解和把握，很难准确地估算出评估对象的价值。

在具体操作过程中，类比调整法中使用频率较高的有以下技术方法：

1.市场售价类比法。**市场售价类比法**是以参照物的成交价格为基础，考虑参照物与评估对象在功能、市场条件和销售时间等方面的差异，通过对比分析和量化差异，调整估算

出被评估对象的价值的各种方法。其基本数学表达式为：

评估价值=参照物售价+功能差异值+时间差异值+⋯+交易情况差异值　　　　　(7-25)

评估价值=参照物售价×功能差异修正系数×时间差异修正系数×⋯×交易情况差异修正系数　(7-26)

【例7-6】某评估项目的情况为：（1）估价对象情况：待评估地块在城市规划中属于住宅区的一块空地，面积为600平方米，地形为长方形。（2）评估要求：评估该地块2×23年10月3日的公平市场交易价格。

分析：该项目为土地较多的交易实例，故采用市场法下的类比调整法进行评估。

解：（1）搜集有关的评估资料——待评估土地资料（略）及交易实例资料。选择4个交易实例作为参照物，具体情况见表7-1。

表7-1　　　　　　　　　　　　　　　　　交易实例情况表

项目		交易实例A	交易实例B	交易实例C	交易实例D	估价对象
位置		略	略	略	略	略
所处地区		临近	类似	类似	类似	一般地区
用地性质		住宅	住宅	住宅	住宅	住宅
土地类型		空地	空地	空地	空地	空地
交易日期		2×23年4月2日	2×23年3月3日	2×22年10月4日	2×22年12月5日	2×23年10月3日
价格	总价	19.6万元	31.2万元	27.4万元	37.8万元	
	单价	870元/平方米	820元/平方米	855元/平方米	840元/平方米	
面积		225平方米	380平方米	320平方米	450平方米	600平方米
地势		平坦	平坦	平坦	平坦	平坦
形状		长方形	长方形	长方形	正方形	长方形
地质		普通	普通	普通	普通	普通
基础设施		较好	完备	较好	很好	很好
交通情况		很好	较好	较好	较好	很好
正面路宽		5米	6米	8米	8米	8米
容积率		6	5	6	6	6
剩余使用年限		35年	30年	35年	30年	30年

注：类比调整法在西方国家中应用广泛，特别是在技术进步快、产品更新换代周期短的情况下。我国的市场还不完善，类比调整法的使用受到一定的限制。该案例选自：中国资产评估协会. 资产评估实务［M］. 北京：经济科学出版社，2022.

（2）进行交易情况修正。经分析，交易实例A、D为正常买卖，不需要进行交易情况修正；交易实例B较正常买卖价格低2%；交易实例C较正常买卖价格低3%。则各交易实例的情况修正率为：交易实例A为0，交易实例B为2%，交易实例C为3%，交易实例D为0。

（3）进行交易日期修正。根据调查，2×22年10月4日以来土地价格平均每月上涨1%，则各参照物交易实例的交易日期修正率为：

交易实例A的修正率=$(1+1\%)^6-1=6.15\%$

交易实例B的修正率=$(1+1\%)^7-1=7.21\%$

交易实例C的修正率=$(1+1\%)^{12}-1=12.68\%$

交易实例D的修正率=$(1+1\%)^{10}-1=10.46\%$

为计算方便，本例中对修正率取整，即交易实例A为6%，交易实例B为7%，交易实例C为13%，交易实例D为10%。

（4）进行区域因素修正。交易实例A与待评估土地处于同一地区，不需要作区域因素修正。交易实例B、C、D的区域因素修正情况可参照表7-2判断。

表7-2　　　　　　　　　　　区域因素比较表

项目	B	C	D
自然条件	相同10	相同10	相同10
社会环境	稍差7	相同10	相同10
街道条件	相同10	相同10	相同10
交通便捷度	稍差8	稍好12	相同10
到交通车站点的距离	较远7	稍近12	相同10
到市中心的距离	相同10	稍近12	相同10
基础设施状况	稍差8	相同10	稍好12
公共设施完备状况	相同10	相同10	相同10
水、大气、噪声污染状况	相同8	相同10	相同10
周围环境及景观	相同8	相同10	稍差8
综合打分	86	106	100

本次评估设定待估地块的区域因素值为100，则根据表7-2中各种区域因素的对比分析，经综合判定打分，交易实例B所属区域为86分，交易实例C所属区域为106分，交易实例D所属区域为100分。

（5）进行个别因素修正。

①经比较分析，待估土地的面积较大，有利于充分利用，另外环境条件也比较好，判定为比各交易实例的土地价格高2%。

②土地使用年限因素的修正。交易实例B、D与待评估土地的剩余使用年限相同，不需要修正。交易实例A、C均需做使用年限因素的调整，其调整系数测算如下（假定折现率为8%）：

$$年限修正系数=\left[1-\frac{1}{(1+8\%)^{30}}\right]\div\left[1-\frac{1}{(1+8\%)^{35}}\right]$$

$$=(1-0.0994)\div(1-0.0676)$$

$$=0.9006\div0.9324=0.9659$$

（6）计算待估土地的初步价格：

$$交易实例A修正后的单价=870×\frac{100}{100}×\frac{106}{100}×\frac{100}{100}×\frac{102}{100}×0.9659=909（元/平方米）$$

$$交易实例B修正后的单价=820×\frac{100}{98}×\frac{107}{100}×\frac{100}{86}×\frac{102}{100}×1=1062（元/平方米）$$

$$交易实例C修正后的单价=855×\frac{100}{97}×\frac{113}{100}×\frac{100}{106}×\frac{102}{100}×0.9659=926（元/平方米）$$

$$交易实例D修正后的单价=840×\frac{100}{100}×\frac{110}{100}×\frac{100}{100}×\frac{102}{100}×1=942（元/平方米）$$

（7）采用简单算术平均法求取评估结果为：

土地评估单价=（909+1 062+926+942）÷4=960 64.25（元/平方米）

土地评估总价=600×960=576 000（元/平方米）

2.成本市价法。**成本市价法**是以评估对象的现行合理成本为基础，利用参照物的成本市价法比率来估算评估值的方法。其计算公式为：

资产评估价值=评估对象现行合理成本×参照物成交价格÷参照物现行合理成本　　　　（7-27）

【例7-7】评估基准日某市场商品住宅的成本市价率为160%，已知被评估全新住宅的现行合理成本为30万元。

解：某市商品住宅的评估价值=30×160%=48（万元）

3.市盈率乘（倍）数法。**市盈率乘数法**是以参照物的市盈率为乘数（倍数），以此乘数与评估对象的收益额相乘估算评估对象价值的方法。其计算公式为：

资产评估价值=评估对象年收益额×参照物市盈率　　　　（7-28）

市盈率乘数法主要适用于企业价值评估。

【例7-8】某被评估企业的年净利润为1 000万元，评估基准日资本市场中同类企业平均市盈率为20倍。

解：该企业的评估价值=1 000×20=20 000（万元）

在现今市场经济条件下，单项资产和整体资产都可以作为交易对象进入市场流通。单项资产和整体资产的交易实例可以为运用市场法进行资产评估提供可参照的评估依据和资料。当然，上述具体方法只是市场法中的一些经常使用的方法，还有许多其他具体方法。同时，以上具体方法还可能成为或可以成为成本法的具体方法。但是作为市场法中的具体方法，它的使用必须满足两个最基本的条件，而成本法中的具体方法的使用前提则可能与之有所区别。

四、市场法的主要问题

市场法估价的技术路线是：选取满足条件的交易实例作为可比实例，然后进行交易日期、交易情况以及房地产状况修正（调整），最后求取被评估房地产的价格。其中，各种修正过程是影响房地产估价结果的主要环节，也是市场法估价的难点。

（一）《中华人民共和国国家标准房地产估价规范》规定的常用修正公式

《中华人民共和国国家标准房地产估价规范》（以下简称《规范》）对各种修正情况及方法仅仅做了原则性的规定（《规范》规定，交易情况、交易日期、区域因素和个别因素的修正，视具体情况可采用百分率法、差额法），并没有提供各种具体修正计算公式。在实际估价实务中，常用的修正公式有：

$$\frac{比准}{价格} = \frac{可比实例}{价格} \times \frac{交易情况}{修正系数} \times \frac{交易日期}{修正系数} \times \frac{区域因素}{修正系数} \times \frac{个别因素}{修正系数} \tag{7-29}$$

$$\frac{比准}{价格} = \frac{可比实例}{价格} \times (1 + \frac{交易情况}{修正系数} \frac{交易日期}{修正系数} \frac{区域因素}{修正系数} \frac{个别因素}{修正系数}) \tag{7-30}$$

$$\frac{比准}{价格} = \frac{可比实例}{价格} \frac{交易情况}{修正数额} \times \frac{交易日期}{修正数额} \times \frac{区域因素}{修正数额} \times \frac{个别因素}{修正数额} \tag{7-31}$$

（二）修正公式存在重复修正的可能

由于影响房地产价格的某些因素之间具有很强的相关性及依存性，对某项差异因素的调整可能有一部分已包括在另一项目的调整之中，从而产生重复修正的可能。比如，交易日期修正体现的价格波动可能已经包含了区域情况的改变，交易情况不正常也可能包含了个别因素的影响等。因此，如果同时考虑相关性很强的因素的影响，就可能高估了实际差异。

目前，采用系数连乘公式进行比准价格计算的相对较多（可能是由于连乘公式形式上比较简洁），对于连乘公式，同样存在重复修正的可能。连乘公式在对某个因素进行修正时，假设没有其他因素的差异，因此，每项调整基数就应该是可比实例未经修正的价格（交易日期修正除外），即"某项调整额=可比实例价格×对应的调整系数"，但连乘公式中，调整的基数已经发生了变化，存在重叠修正的现象。

（三）不同修正公式之间存在误差

公式（7-29）和公式（7-30）的计算结果并不一致，存在误差，修正因素越多，误差越大。

假设交易情况修正中可比实例的成交价格比其正常市场价格高低的百分率为±S%，交易日期修正中从成交日期到估价时点可比实例价格涨跌的百分率为±T%，区域因素修正中可比实例在其外部环境状况下的价格比在估价对象外部环境状况下的价格高低的百分率为±R%，个别因素修正中可比实例在其个体状况下的价格比在估价对象个体状况下的价格高低的百分率为±G%，则公式（7-29）中的交易情况修正系数、交易日期修正系数、区域因素修正系数、个别因素修正系数分别为1/（1±S%）、（1±T%）、1/（1±R%）、1/（1±G%）。将上述修正系数带入公式（7-29）和（7-30）中，所得结果是不一致的。

百分率法：
$$比准价格 = 可比实例价格 \times \frac{1 \pm T\%}{(1 \pm S\%)(1 \pm R\%)(1 \pm G\%)} \tag{7-32}$$

差额法：
$$比准价格 = 可比实例价格 \times \frac{1 \pm T\%}{1 \pm S\% \pm R\% \pm G\%} \tag{7-33}$$

（四）价格修正没有考虑市场风险因素

我国目前的房地产市场带有两个比较明显的脱节现象，即一手房价格与二手房价格脱节，售价又与租金脱节。一手商品房价格往往会出现虚高，租售比往往又偏离比较正常和合理的范围，即价格脱离价值比较多，而且这种脱节具有相当程度的普遍性（投机力量在市场中占主导地位，均衡价值论遭到严重挑战，市场的供求关系出现失真）。这种现象造成评估人员采用市场法估价往往与采用其他方法估价的结果存在差异，即市场法的估价结果偏高。

（五）个别因素调整考虑不完整

随着房地产市场的发展，根据市场实际情况，价格修正时至少应该再考虑房贷因素、附加权益因素、租约因素、物业管理、交易量（体现了流通性和变现能力的差异）等。

【例7-9】评估中顺房地产概况。

1.评估对象概况。

评估对象中顺房地产为H市黄海路80号中顺小区8号楼一层公建，建筑面积1 400平方米，具体情况如下：

（1）位置与环境。中顺房地产位于H市黄海路80号中顺小区，小区北面靠山，南面俯瞰大海，地势北高南低，依山傍水。小区南靠H市主要交通干道黄海南路，总建筑面积16万平方米，各类住宅共1 300套。

规划为南北向30栋多层和小高层住宅。小区中央设有宽阔的中央公园，各种配套设施齐全，小区内的交通组织体系采用完全人车分流设计，车道全部设置在社区的外围，真正确保住宅区内部居住生活环境的安静与安全。小区周边交通发达，通过此地的交通线路有十几条。

（2）占用土地的基本情况。该评估对象为住宅区，该小区总占地面积98 000平方米，其中商服用地9 900平方米，住宅用地88 100平方米。根据H市政府〔2×00〕40号文件，该地块土地级别为六级。目前已取得国有土地使用证，证号为H市国用〔2×03〕字第188号。

（3）评估对象房屋的基本情况。该评估对象房屋是中顺小区8号楼，建于2×11年，一层为公建，8号楼共13层，总建筑面积11 000平方米，其中一层公建1 400平方米。

公建层高3.3米，全部为框架结构，按八级抗震烈度设防。8号楼位于整个小区的中心、中央公园的北侧。评估对象房屋的外装修为塑钢门窗，西班牙瓦，进口高档外墙黏土砖；内装修为水泥地面，墙面、天棚刮大白。评估对象房屋有完善的水、暖、电设施，冷水采用无毒、无味、无腐蚀性的进口塑料管，热水管采用紫铜管，并设置了结构化布线系统，主干线采用室外光缆。

2.评估要求。

评估该房地产2×23年4月1日的市场价值。

3.评估过程。

（1）选择评估方法。该类房地产有较多的交易实例，故采用市场法下的类比调整法进行评估。

（2）收集有关的评估资料，选择房地产参照物。通过对所选择的类似房地产交易资料的分析和筛选，确定可比性较强的3个交易实例为参照物。

参照物A：中顺小区12号楼一层公建。

该建筑建于2×21年，位于评估对象中顺房地产东面、中央公园的东北角；框架剪力墙结构；外装修为塑钢门窗，西班牙瓦，进口高档外墙黏土砖；内装修为水泥地面，墙面、天棚刮大白；水、暖、电设施完善，冷水采用无毒、无味、无腐蚀性的进口塑料管，热水管采用紫铜管，并设置了结构化布线系统，主干线采用室外光缆。其售价为5 300元/平方米，成交日期为2×20年4月，当时为期房。

参照物B：光明住宅小区的步行商业街一层公建。

光明小区位于中顺小区东侧500米，南靠H市主要交通干道黄海南路，东邻幸福路，小区临幸福路一侧有多家店铺。参照物房地产位于中顺小区中部，建于2×11年，其建筑结构、装修水平及设备状况与评估对象中顺房地产基本相同，售价为5 800元/平方米，成交日期为2×22年9月，交易情况为清盘。

参照物C：中顺小区西侧，靠近黄海南路的一层公建。

该房地产参照物为一临街公建，建于2×21年，其建筑结构、设备状况与评估对象中顺房地产基本相同，该建筑室内进行了精装修，售价为7 000元/平方米，成交日期为2×22年11月。

（3）对房地产参照物进行交易情况、时间因素、区域因素和个别因素修正。评估对象中顺房地产与3个参照物各种因素比较情况如下：

①进行交易情况修正。

经分析，3个参照物中，参照物A为期房，与正常交易相比，交易价格偏低10%，交易情况修正系数为100/90；参照物B为清盘房，与正常交易相比，交易价格偏低5%，交易情况修正系数为100/95；参照物C为正常交易，交易情况修正系数为100/100。

②进行交易日期修正。

经分析，2×23年4月H市该类房地产的市场价格与2×20年4月、2×22年9月和2×22年11月相比分别上涨了15%、5%和3%。则参照物A、参照物B和参照物C的交易日期修正系数分别为：115/100、105/100、103/100。

③进行区域因素修正。

将参照物A、参照物B和参照物C的各区域因素分别与评估对象中顺房地产进行比较，然后打分，并通过加权平均分别得到综合得分，最后得出参照物A、参照物B和参照物C的区域因素修正系数分别为：100/100、100/101.5、100/101.6，具体打分及计算情况见表7-3。

表7-3   打分及计算情况表1

区域因素	权重	评估对象	参照物A	参照物B	参照物C
商服繁华度	0.15	100	100	105	103
到市中心的距离	0.13	100	100	101	100
交通便捷度	0.12	100	100	103	105
道路通达度	0.11	100	100	102	105
土地级别	0.07	100	100	100	100
环境质量优劣度	0.10	100	100	100	100
绿地覆盖度	0.08	100	100	100	100
基础设施完善度	0.10	100	100	100	100
公用设施完备度	0.09	100	100	100	100
规划限制	0.05	100	100	100	100
比较结果	1	100	100	101.5	101.6

④进行个别因素修正。

将参照物A、参照物B和参照物C的个别因素分别与评估对象中顺房地产进行比较，然后打分，并通过加权平均分得到综合得分，最后得出参照物A、参照物B和参照物C的个别因素修正系数分别为：100/99.6、100/100.2、100/101.4，具体打分及计算情况见表7-4。

表7-4　　　　　　　　　　打分及计算情况表2

个别因素	权重	评估对象	参照物A	参照物B	参照物C
小区内所处位置	0.12	100	98	100	105
临街状况	0.15	100	99	101	105
新旧程度	0.10	100	100	100	100
楼层	0.08	100	100	100	100
朝向	0.07	100	100	100	100
建筑结构	0.13	100	100	100	100
建筑质量	0.10	100	100	100	100
建筑物用途	0.09	100	100	100	100
权利状况	0.06	100	100	100	100
装修水平	0.02	100	100	100	103
设备状况	0.05	100	100	100	100
物业管理	0.03	100	100	100	100
比较结果	1	100	99.6	100.2	101.4

⑤计算评估对象中顺房地产价值。

首先计算3个参照物的比准价值，计算过程见表7-5。

表7-5　　　　　　　　　　参照物比准价值表

项目	参照物A	参照物B	参照物C
实际成交价格（元/平方米）	5 300	5 800	7 000
交易情况修正	100/90	100/95	100/100
交易日期修正	115/100	105/100	103/100
区域因素修正	100/100	100/101.5	100/101.6
个别因素修正	100/99.6	100/100.2	100/101.4
比准价值（元/平方米）	6 799	6 303	6 998

通过对3个参照物的可比性分析，对参照物A、参照物B和参照物C分别给出不同的权重0.5、0.2、0.3，采用加权平均法计算评估对象中顺房地产的单价为：

6 799×0.5+6 303×0.2+6 998×0.3=6 760（元/平方米）

4.评估结果。

房地产单价：6 760元/平方米。

房地产总价：1 400×6 760=9 464 000（元）。

● 第三节　收益法在房地产评估中的应用

一、收益法概述

（一）收益法的概念

收益法是指预计评估对象未来的正常净收益，选用适当的还原利率将其折现到估价时点后再累加，以此估算估价对象的客观、合理价格或价值的方法。

（土地使用权评估案例）

收益法既可以用于评估房地产（房地合一）的价值，也可以用于评估土地或建筑物的价值，其理论依据是预期原理。

预期原理认为，房地产的价值通常并非基于其历史价格、建造房地产时所投入的成本或过去的市场状况，而是基于市场参与者对其未来所能获得的收益或得到的满足的预期。

根据预期原理，如果现在购买一宗在未来一定年限可产生收益的房地产，即预示着该房地产的所有者在未来的收益年限内可源源不断地获得净收益，如果现有一定数额的货币与未来的净收益的现值之和相等，则这一货币数额就是该宗房地产的价格。

（二）收益途径适用的条件和对象

收益途径适用的条件，是房地产的未来预期收益及风险能够预测和量化，房地产的收益年限能够确定。

收益途径适用的对象，是有收益或有潜在收益的房地产（收益能用货币度量），如写字楼、住宅、商店、旅馆、餐馆、游乐场、影剧院、停车场、加油站、标准厂房、仓库、农地等。它不限于估价对象本身现在是否有收益，只要估价对象所属的这类房地产有获取收益的能力即可。但对政府办公楼、学校、公园等公用、公益房地产的评估，收益途径及其方法一般不适用。

（三）收益途径的评估步骤

1.收集房地产有关收入和费用的资料。

2.测算房地产的正常收入。

3.测算房地产的正常费用。

4.测算房地产的纯收益。

5.估测并选用适当的资本化率。

6.确定房地产的收益年限。

7.估测并确定房地产评估价值。

（四）收益法的优点与缺点

优点：（1）理论依据充分；（2）应用范围较广；（3）符合购买者的投资理念。

缺点：（1）净收益与资本化率的确定比较困难；（2）预期收益可能脱离实际；（3）适用范围具有一定的局限性。

二、收益法的常用术语与公式

（一）资金时间价值

资金时间价值是指资金在周转使用过程中由于时间因素而形成的不同价值，即等量资金在不同的时间点上具有不同的价值。计算资金时间价值的方法有单利法和复利法。

1.单利法。

单利法又称静态法，是指在计算资金的时间价值（利息）时，只按本金计算利息，而不将利息加入本金进行重复计算利息的方法。用公式可以表示为：

$$I=P \times i \times n; \quad S=P+I=P(1+i \times n) \tag{7-34}$$

式中：i为利率，I为利息总额，P为本金，n为借贷期限，S为本金与利息之和（本利和）。

2.复利法。

复利法又称动态法，是指将按本金计算出的每期利息额再计入本金，重复计算利息的方法，复利法俗称"利滚利"。用公式可以表示为：

$$I=P[(1+i)^n-1] \tag{7-35}$$

$$S=P+I=P(1+i)^n \tag{7-36}$$

收益法中计算房地产的资金时间价值采用复利法。

（二）折现与资本化

1.现值、终值与年金。

现值（P）是指未来一定数量的资金的现在价值；**终值（F）**是指现在一定数量的资金在未来某一个时间点的价值；年金或年值是指在一定时期内，定期（间隔时间相等）、等额收支的金额。在现金流量图中，箭头向下表示资金流出，向上表示资金流入。

2.折现与资本化。

折现是把未来一定数量的资金折算为现在价值的过程，折现既可以是对未来一次性资金的折现，也可以是对未来连续性支付的资金的折现，折现一般采用复利计算。**资本化**是指将未来连续的预期收益折算为现值的过程，资本化通过折现来实现。

（三）常用公式

1.已知现值求终值。

$$F=P(1+i)^n=P(F/P, i, n) \tag{7-37}$$

或者　　$F=P \cdot FVIF_{i,n}$ \hfill (7-38)

上述公式称为普通复利一次支付将来值公式，其中（F/P，i，n）称为一次偿付本利和系数。

推导过程如下：

第一年：$F=P+P \times i=P(1+i)$；

第二年：$F=P(1+i)+P(1+i) \times i=P(1+i)(1+i)=P(1+i)^2$；

……

第n年：$F=P(1+i)^n$。

2.已知终值求现值。

$$P=\frac{F}{(1+i)^n}=F(P/F, i, n) \tag{7-39}$$

或者　　$P = F \cdot PVIF_{i,n}$　　　　　　　　　　　　　　　　　　　　　　　　　(7-40)

上述公式称为普通复利一次支付现值公式，其中（P/F，i，n）称为一次偿付现值系数，也称折现系数。

3.已知年金求终值。

$$F = A \frac{(1+i)^n - 1}{i} = A(F/A, i, n)$$　　　　　　　　　　　　　　　　(7-41)

或者　　$F = A \cdot FVIA_{i,n}$　　　　　　　　　　　　　　　　　　　　　　　(7-42)

上述公式称为普通复利等额支付公式，简称年金终值公式，其中（F/A，i，n）称为等额序列复利和系数。

推导过程为：$F = A(1+i)^{n-1} + A(1+i)^{n-2} + \cdots + A(1+i) + A = A\left[\frac{(1+i)^n - 1}{i}\right]$，此处用到等比数列求和公式 $S_n = a_0(1-q_n)/(1-q)$，其中 a 是首项，q 是公比。

4.已知终值求年金。

$$A = F \frac{i}{(1+i)^n - 1} = F(A/F, i, n)$$　　　　　　　　　　　　　　　　(7-43)

或者　　$A = F/FVIA_{i,n}$　　　　　　　　　　　　　　　　　　　　　　　(7-44)

上述公式称为普通复利等额支付偿债基金公式，简称偿债基金公式，其中（A/F，i，n）称为资金存储系数。

5.已知现值求年金。

$$A = P \frac{i(1+i)^n}{(1+i)^n - 1} = P(A/P, i, n)$$　　　　　　　　　　　　　　(7-45)

或者　　$A = P \div PVIA_{i,n}$　　　　　　　　　　　　　　　　　　　　　　(7-46)

上述公式称为普通复利等额支付资金回收公式，简称资金回收公式，其中（A/P，i，n）称为资金回收系数。按揭贷款中的等额本息还款法就按照该公式计算。

推导过程为：先将现值转换为终值，即 $F = P(1+i)^n$；然后将终值转换为年金，即：

$$A = F\left[i/(1+i)^n - 1\right] = P(1+i)^n \cdot \frac{i}{(1+i)^n - 1} = P \frac{i(1+i)^n}{(1+i)^n - 1}$$

6.已知年金求现值。

$$P = A \frac{(1+i)^n - 1}{i(1+i)^n} = A(P/A, i, n)$$　　　　　　　　　　　　　　(7-47)

或者　　$P = A \cdot PVIFA_{i,n}$　　　　　　　　　　　　　　　　　　　　　(7-48)

上述公式又称普通复利等额支付年金现值公式，简称年金现值公式，其中（P/A，i，n）称为年金现值系数。

上述"已知终值求现值"及"已知年金求现值"公式是后续收益法计算公式的基础。

三、房地产纯收益的测算

（一）纯收益的测算思路

房地产纯收益首先是通过测算房地产的正常收入和房地产的正常费用，然后用房地产的正常收入减去房地产的正常费用得到。

房地产正常收入不是房地产的实际收入，它是剔除了特殊、偶然的因素之后房地产所能得到的正常的客观的收入（有租约限制的除外）。

房地产正常收入通常是在考虑和分析房地产的实际收益、类似房地产收益、房地产市场走势以及房地产收入的风险性和可实现性的基础上确定。

房地产正常费用也不是房地产为取得实际收益而付出的实际费用，它是取得房地产正常收入所必须支付的各项支出，一般以从房地产实际费用中剔除不正常费用项目和数额的方式求得。房地产纯收益的基本公式为：

$$纯收益 = 潜在总收入 - 空置等造成的收入损失 - 运营费用$$
$$= 有效总收入 - 运营费用 \tag{7-49}$$

潜在总收入，是假定房地产在充分利用、无空置状况下可获得的收入。

有效总收入，是潜在总收入扣除空置、拖欠租金以及其他原因造成的收入损失后所得到的收入。

运营费用，是维持房地产正常生产、经营或使用必须支出的费用及归属于其他资本或经营的收入。

运营费用一般不包括所得税、房地产抵押贷款偿还额、建筑物折旧费、土地摊提费、房地产改扩建费用等，但包含其他资本或经营的收益，如商业、餐饮、工业、农业等经营者的正常利润。

（二）不同类型房地产纯收益的测算

1.出租型房地产纯收益的测算。

$$纯收益 = 租赁收入 - 维修费 - 管理费 - 保险费 - 房地产税 - 租赁代理费 \tag{7-50}$$

租赁收入具体包括有效毛租金和租赁保证金、押金等利息收入。

维修费、管理费、保险费、房地产税和租赁代理费等是否要扣除，应在分析租赁合同的基础上决定。关键看租赁合同中规定这些费用具体由谁来负担。如果上述费用由出租方负担，则应将这些费用全部扣除；如果这些费用全部由承租方负担，此时的租赁收入就接近纯收益了。

此外，如果租金中包含了水、电、燃气、暖气等费用，则这些费用也应该扣除。还要根据评估目的和评估对象的情况，考虑同房屋一起出租的家具等房地产以外的物品的收入是否扣除。

2.直接经营型房地产纯收益的测算。

直接经营型房地产，是指房地产所有者同时又是经营者，房地产租金与房地产经营者利润没有分开的房地产，如商场、宾馆、饭店等。

直接经营型房地产纯收益可按下面的公式进行计算：

$$纯收益 = 销售收入 - 销售成本 - 销售费用 - 销售税金及附加 - 管理费用 - 财务费用 - 经营利润 \tag{7-51}$$

3.自用或尚未使用的房地产纯收益的测算。

自用或尚未使用的房地产可以比照同一市场上有收益的类似房地产的有关资料，按上述相应的方法计算纯收益，或直接比较得出纯收益。

4.混合性房地产纯收益的测算。

混合性房地产，是指有多种收益类型（出租、经营、自用等）的房地产，在测算纯收益时，可以把它看成各种单一收益类型房地产的组合，先分别计算，然后进行综合计算。

四、房地产资本化率的估测

（一）房地产资本化率的种类

在房地产评估中，由于评估对象不同，应采用的资本化率也有所不同，主要有以下几种类型：

1. 土地资本化率。

土地资本化率是计算单纯土地的价值时所采用的资本化率。这时对应的纯收益是土地自身的纯收益，而不应包含建筑物及其他方面带来的收益。

2. 建筑物资本化率。

建筑物资本化率是计算单纯建筑物的价值时所采用的资本化率。这时对应的纯收益是建筑物自身的纯收益，而不应包含土地及其他方面带来的收益。

3. 综合资本化率。

综合资本化率是计算房、地合一价值时采用的资本化率。这时对应的纯收益是土地和建筑物共同产生的纯收益。

$$综合资本化率=\frac{土地价值 \times 土地资本化率 + 建筑物价值 \times 建筑物资本化率}{房、地价值} \qquad (7-52)$$

$$土地资本化率=\frac{房地价值 \times 综合资本化率 - 建筑物价值 \times 建筑物资本化率}{土地价值} \qquad (7-53)$$

$$建筑物资本化率=\frac{房地价值 \times 综合资本化率 - 土地价值 \times 土地资本化率}{建筑物价值} \qquad (7-54)$$

采用上述公式时，必须确切地知道土地价值和建筑物价值，这有时难以做到，但如果知道了土地价值或建筑物价值占房、地价值的比率，也可以找出综合资本化率、土地资本化率和建筑物资本化率三者的关系。

$$\frac{综合}{资本化率}=\frac{土地价值占房、}{地价值的比率} \times \frac{土地}{资本化率} + \frac{建筑物价值占房、}{地价值的比率} \times \frac{建筑物}{资本化率} \qquad (7-55)$$

（二）房地产资本化率的估测方法

1. 安全利率加上风险报酬率法。

安全利率，指无风险的资本投资收益率，在我国房地产评估实践中通常选择国债或银行定期存款利率作为安全利率。

风险报酬率要根据社会经济环境、投资风险、变现风险以及通货膨胀等因素对房地产投资的影响综合确定。这种方法的计算公式为：

$$房地产资本化率=安全利率 + 风险报酬率 \qquad (7-56)$$

2. 市场租价比法。

市场租价比法是在市场上选取多个（通常为三个以上）与评估对象房地产相似的交易实例的正常纯租金（纯收益）与价格的比率作为依据，然后求出各交易实例正常纯租金与价格比率的平均值，以此作为评估对象房地产的资本化率。

该方法是通过收集市场上各种投资的收益率资料，如银行存款、政府债券、企业债券、股票以及各个领域的工商业投资等，然后将各项投资收益率按高低排队，制成图表。将评估对象房地产与各类投资风险的程度进行分析、比较，判断出同等风险的投资，确定评估对象风险程度并以此确定评估对象的资本化率。

五、房地产收益年限的确定

（一）单独的土地或建筑物评估的情况

对于单独的土地或建筑物的评估，应分别根据土地使用权年限和建筑物经济寿命确定未来可获得收益的年限。对收益折现时，纯收益中不扣除建筑物折旧费和土地摊提费。

（二）土地和建筑物合成一体评估的情况

1.建筑物的经济寿命比土地的使用年限长或二者相等的情况下，应根据土地使用年限确定未来可获得收益的年限。

对收益折现时，纯收益中不扣除建筑物折旧费和土地摊提费。如果建筑物的经济寿命比土地的使用年限长，还应将土地使用年限到期时建筑物部分的残余价值或政府收回土地使用权对建筑物的补偿价值折现。

2.建筑物的经济寿命比土地的使用年限短的情况下，以土地使用年限作为房地产总的收益年限，但对房地产的收益折现应分两段进行。

第一段以建筑物的经济寿命为界，将房、地合一的纯收益折现，纯收益中不扣除建筑物折旧费和土地摊提费；第二段将土地使用年限超过建筑物经济寿命的土地剩余使用年限中的土地纯收益折现，并把此价值加到第一段的房地产的评估价值中。

【例7-10】评估对象概况如下：

评估对象为6层砖混结构办公楼，土地总面积500平方米，房屋建筑面积1 500平方米，月租金4.5万元，假设建筑物的资本化率为10%，耐用年限为60年，土地资本化率为8%，管理费以年租金的3%计，维修费以房屋现值的1.5%计，房租损失准备费按半月租金计，保险费按房屋现值的3‰计，房产税为租金收入的12%，城镇土地使用税每年每平方米2元，税金及附加综合税率为5.5%，建筑物尚可使用年限为50年，土地使用权年限为40年，建筑物价值依成本法求得，为120万元。

评估要求：

用收益法评估该房屋基地使用权价值。

解：评估过程如下：

（1）计算年有效总收入。

年有效总收入=45 000×12-45 000÷2=517 500（元）

（2）计算年运营费用。

①管理费=540 000×3%=16 200（元）

②维修费=1 200 000×1.5%=18 000（元）

③保险费=1 200 000×3‰=3 600（元）

④房产税=540 000×12%=64 800（元）

⑤税金及附加=540 000×5.5%=29 700（元）

⑥城镇土地使用税=500×2=1 000（元）

⑦年运营费用=16 200+18 000+3 600+64 800+29 700+1 000=133 300（元）

（3）计算房地产纯收益。

房地产纯收益=517 500-133 300=384 200（元）

（4）计算土地纯收益。

① 房屋纯收益=1 200 000×100%=120 000（元）

② 土地纯收益=384 200－120 000=264 200（元）

（5）计算土地使用权价值。

土地使用权价值=3 150 483（元）

土地单价=3 150 483÷500=6 301（元/平方米）

（6）评估结论。

本宗土地使用权的评估值为3 150 483元，单价为每平方米6 301元。

【例7-11】评估对象概况如下：

评估对象是一幢出租用写字楼，土地总面积为5 300平方米，总建筑面积为25 000平方米，建筑层数为18层，建筑结构为钢筋混凝土结构。该写字楼的土地使用权于2×18年4月1日以出让的方式获得，土地使用权年限为50年，写字楼于2×20年4月1日建成并开始出租，建筑物的耐用年限为60年。

评估要求：

评估该写字楼2×23年4月1日的价值。

解：评估过程如下：

（1）选择评估方法。该宗房地产是出租的写字楼，为收益性房地产，故采用收益法评估。

（2）收集有关资料。通过调查，收集的有关资料如下：

① 租金按净使用面积计算。

可供出租的净使用面积为15 000平方米，占总建筑面积的60%，其余部分为大厅、公共过道、楼梯、电梯、公共卫生间、大楼管理人员用房、设备用房等占用面积。

② 租金平均每月每平方米85元。

③ 空置率年平均为10%，即出租率年平均为90%。

④ 建筑物原值为4 800万元。

⑤ 家具设备原值为420万元，家具设备的经济寿命平均为10年，残值率为4%。

⑥ 经常性费用平均每月8万元，包括工资、水电、供暖、维修、保洁、保安等费用。

⑦ 房产税按年总收入的12%缴纳，保险费按建筑物原值的3‰计算。

⑧ 税金及附加为年总收入的5.5%。

（3）估算年有效总收入。

年有效总收入=15 000×85×12×90%=1 377（万元）

（4）估算年运营成本。

① 年经常性费用=8×12=96（万元）

② 房产税=1 377×12%=165.24（万元）

③ 家具设备折旧费=420×（1－4%）÷10=40.32（万元）

④ 年保险费=4 800×3‰=14.40（万元）

⑤ 税金及附加=1 377×5.5%=75.74（万元）

⑥ 年运营成本=96 + 165.24 + 40.32 + 14.40 + 75.74=391.70（万元）

（5）计算年纯收益。

年纯收益=1 377－391.70=985.30（万元）

（6）确定资本化率。经估测，房地产的资本化率确定为8%。

（7）确定房地产收益年限。

房地产收益年限=土地使用权年限−开发建设期−房地产开始出租至评估基准日的年数

$$=50-2-3=45（年）$$

（8）计算房地产评估价值。

房地产单价=11 930.41×10 000÷25 000=4 772（元/平方米）

（9）评估结果。

根据计算结果，经分析确定评估对象2×23年4月1日的公允价值为11 930.41万元，每平方米建筑面积约合4 772元。

● 第四节 成本法在房地产评估中的应用

一、成本法概述

（一）成本法的含义

成本法，是依据评估对象在评估基准日的重置价格或重建价格扣减折旧的部分，计算得到评估价格或价值的方法。

成本法的理论依据，从卖方的角度来看是生产费用价值论，即卖方愿意接受的价格，不能低于其为开发建造该房地产所付出的代价（包括建造费用、税金、利润等）。

从买方的角度来看是替代原理，即买方愿意支付的最高价格，不能高于其所预计的重新开发建造该房地产所付出的代价。

（二）成本法适用的条件和对象

只要是新近开发建造、计划开发建造或者可以假设重新开发建造的房地产，都可以采用成本法估价。但成本法特别适用于：

1.既无收益又很少发生交易的房地产：如学校，图书馆，体育场馆，医院，政府办公楼，军队营房，公园等公用、公益房地产，既不能采用收益法，也不能采用市场比较法。

2.市场不完善或狭小市场上无法运用市场法进行估价的房地产。

3.设计独特或只针对个别用户的特殊需要而开发建造的房地产：如化工厂、钢铁厂、发电厂、油田、码头、机场等。

4.单纯建筑物的估价。

5.其他特殊房地产的估价：如在房地产保险（包括投保和理赔）及其他损害赔偿中，通常也是采用成本法估价。因为在保险事故发生后或在其他损害中，房地产的损毁往往是局部的，需要将其恢复原貌；对于发生全部损毁的，有时也需要用完全重置的办法来解决。

（三）成本法的操作步骤

运用成本法进行评估，一般分为4个步骤进行：

1.搜集有关房地产开发的成本、税费、利润等资料。

2.估算重新购建价格。

3.估算折旧。

土地使用权
评估案例2

4.求估算价格。

（四）成本法的基本公式

成本法估价最基本的公式为：

建筑物价格=重置价格×成新率　　　　　　　　　　　　　　　　　　　（7-57）

上述基本公式因具体的估价对象不同而有所不同，比如，新开发土地、新建房地产以及旧有房地产等。估算新开发土地和新建房地产价格时一般不扣除折旧，但应考虑其工程质量、规划设计、周围环境、房地产市场状况等方面对价格的影响而给予适当的增减修正。

二、房地产价格的构成

成本法估价涉及房地产的价格构成。房地产价格的实际构成极其复杂，不同地区、不同时期、不同类型的房地产，其价格构成可能不同。

（一）土地取得成本

土地取得成本，是取得开发用地所需支付的费用、税金等。

1.通过征用农地取得土地。

土地取得成本包括农地征用费和土地使用权出让金。土地取得成本应按国家和当地政府规定的征地补偿标准和土地出让金标准计算。

2.通过城市房屋拆迁取得土地。

土地取得成本包括房屋拆迁补偿安置费和土地使用权出让金。土地取得成本应按国家和当地政府规定的拆迁安置补偿费标准和土地出让金标准计算。

3.通过市场交易取得土地。

土地取得成本包括：土地价款和买地缴纳的税费（手续费、契税等）。土地取得成本可按实际支出额计算或通过与类似土地进行比较分析后确定。

（二）开发成本

开发成本可分为土地开发成本和房屋建造成本两部分，是在取得土地后进行土地开发和房屋建设所需的直接费用、税金等。

1.勘察设计及前期工程费。

这部分费用包括可行性研究、规划、勘察、设计及场地临时用水、用电及场地平整等工程前期所发生的费用。前期工程费用可按工程设计预算计算或以建筑安装工程费用为基数采用比率的方法来确定。

2.基础及配套设施建设费。

这部分费用包括所需的道路、给水、排水、电力、通信、燃气、热力等的建设及非经营性配套工程费用。基础设施建设费应按国家和地方政府颁发的城市规划定额指标计算；配套设施建设费一般依据详细规划和施工图预算计算，如果有完整的建筑工程决算资料，则可通过对原工程决算数进行调整、修正后确定。

3.公共事业配套费。

这部分费用主要包括公共建筑配套费、公共交通配套费、绿化费、自来水建设费、污水处理建设费、供电建设费、煤气建设费等。公共事业配套费根据国家和地方政府规定的费用标准计算。

4.建筑安装工程费。

这部分费用是开发商（建设单位）向承包商（施工单位）支付的工程款，包括承包商的直接费用、间接费用、利润和税金等。

建筑安装工程费一般按施工图预算计算，如果有完整的建筑工程决算资料，则可通过价格指数调整或采用其他方法通过对原工程决算数进行调整、修正后确定；也可以采用与类似单位工程造价比较的思路确定。

（三）管理费用

管理费用是建设单位为管理和组织房地产开发经营活动而发生的各种费用，包括建设单位的人员工资、办公费、差旅费等。估价时，通常可按土地取得费用与开发费用之和乘以一定的比率来估算，比率一般取1%～3%。

（四）投资利息

投资利息包括土地取得费用、开发费用和管理费用的利息之和。利息率应选择评估基准日建设银行基本建设贷款的利率，如果选择一年期贷款利率，则用复利计息；如果选择与项目建设期相同期限的贷款利率，则采用单利计息。

土地取得成本的计息期一般为整个开发建设期；开发成本和管理费用的计息期一般为开发建设期的一半。

（五）开发利润

开发利润是在正常情况下开发商所能获得的平均利润。开发利润通常以土地取得成本、开发成本和管理费用之和为基数按房地产行业开发同类房地产的平均利润率水平计算。

（六）销售税费

销售税费是销售开发完成后的房地产所需的费用及应由开发商缴纳的税费，主要分为以下几种：

1.销售费用，包括广告宣传、销售代理等费用。按房地产售价的一定比例计算。

2.销售税金及附加，包括城市维护建设税和教育费附加。按税法的有关规定计算。

3.其他销售税费，包括由卖方承担的印花税、交易手续费等。按税法及政府的有关规定计算。

三、房地产的折旧

（一）土地的折旧

在实行土地私有制度的情况下，土地所有人可以永久拥有土地，即其购地资本在拥有土地期间总是以土地的实物形式存在，所有人可以根据需要随时将其转化为货币资本而一次性收回，还可能取得一定的增值收益。在这种情况下，土地所有人不存在购地资本逐渐回收的问题，因此土地所有权无须计提折旧。

我国实行土地产权公有制度（城镇土地国家所有，农村土地集体所有），即实行城镇国有土地有偿、有限期的使用制度。《中华人民共和国城镇国有土地使用权出让和转让暂行条例》规定："土地使用权期满，土地使用权及其地上建筑物、其他附着物所有权由国家无偿取得。"也就是说，我国的土地价格是一种有限年期的使用权价格，这种使用权随着剩余使用年限的缩短而逐渐减少，当达到规定的使用年限后将被国家无偿收回。因此，购地者必须在使用年限内将包括购地资本在内的所有投入收回。因此，对城镇国有土地使用者而言，城镇土地使用权应计提折旧（土地折旧属于会计上的折旧）。

在具体操作上，对于无偿划拨的土地，因征地而支付的补偿费应计入与土地有关的房屋等的价值内，不单独作为土地价值入账，因此可以不用考虑土地折旧。对企业通过交纳土地出让金或支付土地使用权转让金取得土地时取得土地使用权的，土地折旧指的是对土地的重新购建价格（包括土地取得费用、开发费用、管理费用、投资利息及利润等）的摊销，即：

土地的年折旧额=土地的重新购建价格÷土地使用权出让年限　　　　　　　　　　　（7-58）

土地的折旧总额=土地的年折旧额×土地的实际使用年限　　　　　　　　　　　　　（7-59）

土地的现值=土地的重新购建价格-土地的折旧总额　　　　　　　　　　　　　　　（7-60）

土地使用权最高出让年限：（1）居住用地70年；（2）工业用地50年；（3）教育、科技、文化、卫生、体育用地50年；（4）商业、旅游、娱乐用地40年；（5）综合或其他用地50年。

（二）建筑物的折旧

1. 建筑物折旧的概念。

建筑物折旧属于估价上的折旧（真实的折旧），是各种原因造成的真实的价值损失，是建筑物在估价时点的市场价值与其重新购建价格之间的差额。在实际估价中，建筑物的折旧包括下列3个方面：（1）物质折旧；（2）功能折旧；（3）经济折旧。

（1）物质折旧。

物质折旧又称物质磨损、有形损耗，是建筑物在实体方面的损耗所造成的价值损失。引起物质折旧的原因可以归纳为下列4个方面：①自然经过的老朽；②正常使用的磨损；③意外的破坏损毁；④延迟维修的损坏残存。

自然经过的老朽主要是由自然力的作用引起的，如风吹、日晒、雨淋等引起的建筑物腐朽、生锈、老化、风化、基础沉降等，与建筑物的实际经过年数（是建筑物从建成之日到估价时点的日历年数）正相关，同时要看建筑物所在地区的气候和环境条件。

正常使用的磨损主要是由人工使用引起的，与建筑物的使用性质、使用强度和使用年数正相关。如居住用途的建筑物磨损要低于工业用途的建筑物磨损。工业用途的建筑物磨损又可分为有腐蚀性的和无腐蚀性的，有腐蚀性的建筑物磨损要高于无腐蚀性的建筑物磨损。

意外的破坏损毁主要是因突发性的天灾、人祸引起的，包括自然方面的，如地震、水灾、风灾；人为方面的，如失火、碰撞等意外的破坏损毁。

延迟维修的损坏残存主要是由于没有适时地采取预防、保养措施或修理不够及时，造成不应有的损坏或提前损坏，或已有的损坏仍然存在，如门窗有破损，墙或地面有洞或裂缝等。

（2）功能折旧。

功能折旧又称精神磨损、无形损耗，是指由于消费观念改变、规划设计更新、技术进步等原因导致建筑物在功能方面的相对残缺、落后和不适用所造成的价值损失。

（3）经济折旧。

经济折旧又称外部性折旧，是指因建筑物本身以外的各种不利因素所造成的价值损失，不利因素包括供给过量、需求不足、自然环境恶化、噪声、空气污染、交通拥挤、城市规划改变、政府政策变化等。如果一个高级住宅区的附近新建设了一座工厂，那么该住宅区的住宅价值会下降，这就是经济折旧。经济不景气以及高税率、高失业率等，也会使房地产的价值降低，在估价上也应考虑这种折旧，但这种现象不会永久存在，当经济复苏后这方面的折旧就消失了。

2.建筑物折旧的计算。

建筑物折旧的计算方法主要有以下几种：（1）年限法；（2）成新折扣法；（3）实际观察法。

（1）年限法。

年限法将建筑物的折旧建立在建筑物的寿命、经过年数或剩余寿命之间关系的基础上。年限法又分为直线折旧法、余额递减法及偿债基金法等。其中，直线折旧法是年限法中最简单、应用最普遍的方法。直线法折旧的计算公式为：

建筑物的年折旧额=（建筑物的重新购建价格-建筑物的净残值）÷建筑物的折旧年限　　　（7-61）

建筑物的折旧总额=建筑物的年折旧额×建筑物的实际使用年限　　　（7-62）

建筑物的现值=建筑物的重新购建价-建筑物的折旧总额　　　（7-63）

建筑物的净残值是指建筑物的残值减去清理费用后的余额。建筑物的残值是指建筑物达到经济寿命后不宜继续使用，经拆除后的旧料价值；清理费用是指拆除建筑物和搬运废弃物所发生的费用。建筑物的净残值一般用建筑物的残值率（净残值/重新购建价格）来表示。

建筑物的寿命有自然寿命和经济寿命之分。**建筑物的自然寿命**是指建筑物从建成之日起到不堪使用时的持续年数。**建筑物的经济寿命**是指建筑物从建成之日起到预期产生的收入大于运营费用的持续年数，具体来说，根据建筑物的结构、用途和维修保养情况，结合市场状况、周围环境、经营收益状况等进行综合判断。在实际估价中，折旧年限应该为建筑物的经济寿命。建筑物的折旧年限应从建筑物竣工验收合格之日起计，建造期不应计入折旧年限。

计算建筑物折旧时还应注意：①当建筑物的各分部工程、分项工程及主体结构工程的折旧年限不同时，应分别计算各分部工程、分项工程及主体结构工程的折旧额，然后进行累加得到整体建筑物的折旧额；②可修复的损耗（可修复的损耗是指修复所需的费用小于或等于修复后房地产的增值额），可直接将修复所需的费用作为建筑物的折旧额。

（2）成新折扣法。

成新折扣法是根据建筑物的建成年代、新旧程度等，确定建筑物的成新率，直接求取建筑物的现值。成新折扣法适用于同时需要对大量建筑物进行估价的情况，尤其是进行建筑物现值调查时，其缺点是比较粗略，其计算公式为：

建筑物的现值=建筑物的重新购建价格×建筑物的成新率　　　（7-64）

在实际估价中，成新率是一个综合指标，其求取可以采用"先定量，后定性，再定量"的方式按下列3个步骤进行：①用年限法计算成新率；②根据建筑物的建成年代对上述计算结果作初步判断，看是否吻合；③采用实际观察法对上述结果做进一步的调整、修正，并说明上下调整、修正的理由。

（3）实际观察法。

实际观察法是指由估价人员亲临现场，直接观察、估算建筑物在物质、功能及经济等折旧因素方面所发生的折旧总额。

实际观察法不是直接以建筑物的有关年限（特别是实际使用年数）来求取建筑物的折旧，而是注重建筑物的实际损耗程度。实际观察法一般应与其他方法结合使用。

由于不同的折旧方法求得的结果可能不尽相同，在估价实务上，可以采用简单算术平均或加权算术平均等方法对结果进行综合修正，或者先以年限法为基础计算折旧，然后根据实际观察法进行修正。需要说明的是：无论采用上述哪种折旧方法求取建筑物的折旧或现值，估价人员都应亲临估价对象所在的现场，观察、鉴定建筑物的实际新旧程度，根据建筑物的建成时间、维修保养和使用情况等，确定应扣除的折旧额或成新率。

【例7-12】评估对象（土地）基本数据资料如下：

评估对象（土地）为征用农地，面积为500平方米。土地取得成本为230元/平方米，土地开发成本（包括管理费）为246元/平方米。土地开发期为2年，第1年投入的开发费占总开发费的3/4，第2年投入的开发费占总开发费的1/4；银行基本建设贷款年利率为8%，土地开发的平均利润率为10%，城市维护建设税税率为7%，教育费附加为3%，销售费用为开发后土地售价的3%。

估价要求：

计算评估对象土地开发后的市场价值。

解：评估过程如下：

（1）计算土地取得成本。

土地取得成本=500×230=115 000（元）

（2）计算土地开发成本。

土地开发成本=500×246=123 000（元）

（3）计算投资利息。

土地取得费的计息期为2年，土地开发费为分段均匀投入，则：

土地取得费利息=115 000×$[(1+8\%)^2-1]$=19 136（元）

土地开发费利息=123 000×$\frac{3}{4}[(1+8\%)^{1.5}-1]$+123 000×$\frac{1}{4}$×$[(1+8\%)^{0.5}-1]$

$\qquad\qquad\qquad$=11 289+1 206=12 495（元）

总投资利息=19 136+12 495=31 631（元）

（4）计算开发利润。

开发利润=（115 000+123 000）×10%=23 800（元）

（5）计算税金及附加。

城市维护建设税=15 444×7%=1 081（元）

教育费附加=15 444×3%=463（元）

税金及附加=1 081+463=1 544（元）

（6）计算销售费用。

销售费用=（115 000+123 000+31 631+23 800+1 544）×3%=8 849.25（元）

（7）计算土地价值。

土地价格=115 000+123 000+31 631+23 800+1 544+8 849.25=303 824.25（元）

土地单价=303 824.25÷500=608（元/平方米）

（8）评估结论。

根据计算结果，经分析确定评估对象土地的市场价值为303 824.25元，土地单价为每平方米608元。

● 第五节 其他评估方法在房地产评估中的应用

一、剩余法在房地产评估中的应用

（一）剩余法的基本思路

1.剩余法的含义。

剩余法又称假设开发法，它是用评估对象预期开发完成后的价值，减去未来正常的开发成本、利润和税费等，来确定评估对象价值的方法。

剩余法的基本思路是，开发商欲投资开发一宗房地产项目，由于存在竞争，其投资目的是获取社会正常利润。因此，首先应仔细研究所开发土地的内外部条件。如坐落位置、面积大小、周围环境、交通状况、规划所允许的用途、覆盖率、容积率等。然后，进行利用方式设计，包括用途和使用强度。同时，预测开发完成后的房地产转让或租赁价格，以及开发、建造房地产发生的开发及建设成本、获得的正常利润以及应缴纳的税费。这样开发商就知道了待开发房地产可获得的价值，这个价值等于预期开发完成后的价值减去开发成本、开发利润和缴纳税费等项目后的余额。

2.剩余法的运用范围。

（1）待开发土地，包括生地、毛地、熟地。

（2）在建工程，主要指各类未完工的建筑工程项目。

（3）可装修改造或可改变用途的旧房。

3.剩余法的评估计算公式。

$$\begin{array}{l}待开发房地产\\评估价值\end{array} = \left(\begin{array}{l}开发完成后\\的房地产价值\end{array} - \begin{array}{l}开发\\成本\end{array} - \begin{array}{l}管理\\费用\end{array} - \begin{array}{l}投资\\利息\end{array} - \begin{array}{l}开发\\利润\end{array} - \begin{array}{l}销售\\税费\end{array}\right) \times \begin{array}{l}折现\\系数\end{array} \qquad (7\text{-}65)$$

（二）剩余法的评估步骤

1.调查待开发房地产的基本情况。

调查的内容包括：土地位置、土地面积大小、形状、平整情况、地质状态、基础设施状况、交通状况等；政府规划限制，如土地规定的用途、容积率、覆盖率、建筑高度等；土地使用权的限制，如使用年限、可否续期，以及对转让抵押等的有关规定。如果评估在建工程，则应调查工程进度、完工情况、开发成本的投入情况等；如果评估对象是毛地，则调查的内容应包括旧建筑物情况、拆迁规模和费用等情况。

2.选择最佳的开发利用方式。

在政府城市规划所允许的范围内，如土地用途、建筑容积率、覆盖率等，选取最佳的开发方式，最重要的是选择最佳的房地产用途及设计方案，要注意考虑现实社会需要程度和未来发展趋势。

3.估计建设期。

建设期包括整个房地产开发周期，以及在房地产开发过程中的各不同时期的各项费用投入时间，目的在于考虑货币的时间价值。建设期可根据其他相同类型、同等规模的建筑物已有的正常建设期来估计确定。

4.预测开发完成后房地产价值。

开发完成后房地产价值是房地产未来的价值。通常可以根据相同地区、同类用途、建筑规模和式样相同或相似的房地产现行市场价格，再根据该类房地产价格的变化趋势推测。预计房地产开发完成后出租的，可预测未来租金，通过收益折现的方法确定房地产开发后的价值。

5.估测开发成本。

如果评估对象是待开发的土地，开发成本则主要包括勘察设计及前期工程费、基础及配套设施建设费、公共事业配套费、建筑安装工程费等。可根据当地房地产价格构成情况分项估算，估算方法与成本法相同。通常也可采用比较法估算，即通过当地同类房地产开发项目当前开发成本水平推算。如果评估对象是毛地，开发成本中还应考虑拆迁费用。

6.估测管理费用。

管理费用可按开发成本的一定比例估算。

7.估测投资利息。

投资利息以待开发房地产取得成本、开发成本和管理费用3项之和为基数，乘以评估基准日银行基本建设贷款利率求得。其中，待开发房地产取得成本的计息期为整个开发建设期；开发成本和管理费用的计息期为开发建设期的一半。

8.估测开发利润。

投资利润以待开发房地产取得成本、开发成本和管理费用3项之和为基数，按行业中同类房地产开发项目的平均利润率计算。

9.估测销售税费。

销售税金及附加根据国家税法规定估算。其他销售费用，如房地产销售或出租的中介代理费、广告费、买卖手续费等，一般按房地产总售价的一定比例计算。

10.计算并确定待开发房地产价值。

上述各项指标确定后，可根据剩余法的评估计算公式计算待开发房地产价值。需要注意的是，用开发完成后房地产价值减去开发成本、管理费用、利息、利润和销售税费后得到的是待开发房地产在开发完成后时点的价值，如果计算待开发房地产评估时点的价值，还应将待开发房地产开发完成后时点的价值折现。折现率的确定应考虑同一市场上类似房地产开发项目所要求的平均收益率。

【例7-13】估价对象概况如下：

评估对象土地为七通一平的空地，面积为1 000平方米，且土地形状规则，允许用途为商、住混合，允许建筑容积率为7，覆盖率≤50%，土地使用年限为50年。出售时间为2×22年10月10日。

评估要求：需要评估出该地块2×22年10月10日出售时的市场价值。

解：评估过程如下：

（1）确定评估方法。

该地块为待开发土地，可采用剩余法评估。

（2）选取最佳开发方式。

根据规划的要求和市场调查，该地块最佳开发方式为：建筑覆盖率适宜为50%，建造商业、居住混合型大楼。

该建筑为框架结构，总建筑面积为7 000平方米，单层建筑面积均为500平方米，共

14层。其中1~2层为商业用房，共1 000平方米；3~14层为住宅，共6 000平方米。

（3）预计建设期。

预计共用2年完成，即2×24年10月完工。

（4）预计开发完成后房地产价值。

预计开发完成后，其中的商业楼层即可全部售出，住宅楼层的80%在建造完成后即可售出，20%半年后才能售出。

预计当时售价，商业楼层为4 000元/平方米，住宅楼层为2 500元/平方米。折现率为10%，则：

开发完成后房地产价值=1 886.04（万元）

（5）估计开发费用。

经估测，总开发费用（包括管理费）为800万元。

（6）估测投资利息。

该房地产在未来2年的建设期内，开发费用的投入情况为：第1年投入60%，第2年投入40%。经调查了解，银行基本建设贷款年利息率为8%，则投资利息：

投资利息=地价×$[(1+8\%)^2-1]$+800×60%×$[(1+8\%)^{1.5}-1]$+800×40%×$[(1+8\%)^{0.5}-1]$
　　　　=地价×0.17+71.29（万元）

（7）估测开发利润。

经调查分析，房地产行业开发同类房地产的平均利润率为20%，则：

开发利润=（地价+800）×20%=地价×0.2+160（万元）

增值税=1 886.04-800-（地价×0.17+71.29）-$[（地价+800）×20\%]$=94.30（万元）

（8）估算销售税金及附加。

根据税法，评估对象城市维护建设税税率为7%，教育费附加费率为3%，则：

城市维护建设税=94.30×7%=6.60（万元）

教育费附加=94.30×3%=2.83（万元）

税金及附加=6.60+2.83=9.43（万元）

（9）估测销售费用。

经分析，销售费用为开发后房地产价值的3.5%，则：

销售税费=1 886.04×3.5%=66.01（万元）

（10）计算地价。

将上述各项数值代入剩余法评估计算公式，得：

地价=（1 886.04-800-地价×0.17-71.29-地价×20%-160-9.43-66.01）

地价=$(1+10\%)^2$+地价×0.17+地价×0.2=1 886.04-800-71.29-160-9.43-66.01

地价=779.31÷1.58=493.23（万元）

单位地价=493.23×10 000÷1 000=4 932（元/平方米）

二、路线价法在土地评估中的应用

（一）路线价法的基本思路

1.路线价法的含义。

路线价法，是通对过临街宽度、临街深度的调整得出估价对象土地价值的方法。

路线价法的基本思路是：城市内各宗地的价格随其与街道的距离（即临街深度）的增加而递减，而在同一路线价区段内各宗地块，又因其深度、宽度、形状、位置和面积的差异而价格有所不同，要进行合理修正才能最终得到宗地价格。

因此，路线价、深度价格修正率及各种修正系数合理与否，是采用路线价法进行土地估价的关键。

2.路线价法的适用范围。

路线价法对城市土地价格评估具有普遍的适用性。它特别适用于土地课税、征地拆迁、土地重划或其他需要在大范围内对大量土地进行评估的情况。

路线价法具有公平合理、简便易行的特点，因此，被英、美、日及中国台湾等国家和地区所采用。但该方法在我国目前的土地估价中还没有被普遍运用。

3.路线价法的评估计算公式。

土地单价=路线价×深度价格修正率   （7-66）

土地总价=路线价×深度价格修正率×土地面积   （7-67）

采用此方法估价时，如果街道两边的土地另有特殊条件存在（如街角地、两面临街地、不规则形地等），则还要进行因素的加减修正，计算公式为：

土地单价=路线价×深度价格修正率×其他价格修正率   （7-68）

土地总价=路线价×深度价格修正率×其他价格修正率×土地面积   （7-69）

（二）路线价法的评估步骤

1.划分路线价区段。

一个路线价区段是指具有同一路线价的地段。

在划分路线价区段时，应将接近性大致相等的地段划分为同一路线价区段。两个路线价区段的分界线，原则上是地价有显著差异的地点，通常从十字路或丁字路的中心处划分。

但在繁华的街道，有时需将两个路口之间的地段划分为两个以上的路线价区段，分别设定不同的路线价。而在某些不繁华的街道，有时需将数个路口划分为一个路线价区段。此外，在同一街道上，两侧繁华程度有显著差异时，应视为两个路线价区段考虑。

2.设定标准深度。

评估人员设定的标准深度通常是路线价区段内临街各宗土地的深度的众数。如某路线价区段的临街宗地大部分深度为18米，则标准深度应设定为18米。

3.确定路线价。

路线价是设定在路线上的标准地块的单位地价。

路线价的计算通常是在同一路线价区段内选择若干标准地块作样本，然后用市场法、收益法等评估方法，分别求出各样本的单位地价，并对各样本的单位地价进行算术平均，最终得出路线价。

4.制定深度指数表和其他修正率表。

深度指数，是指宗地地价随临街深度的差异的变化程度。

深度指数表是依据土地因临街深度的不同而引起的相对价格差异编制成的表格。

编制深度指数表的原则是，地块的各部分价格随街道的繁华程度而有递减的趋势，即深度越大，接近性越差，价格就越低。

此外，根据其他因素（如形状、宽窄等）的影响，还应编制其他修正率表。

5.计算各地块的价值。

根据路线价、深度指数表和其他修正率表以及宗地面积就可计算各地块的价值。

【例7-14】某路线价区段，标准深度为18米，路线价为1 000元/平方米，假设各宗地的宽度都为6米，计算各宗地的价值。

宗地A为临街地，临街深度为17.5米，查临街深度指数表得出其深度指数为100%，则宗地A的地价为：

1 000×1×（17.50×6）=105 000（元）

宗地B为临街地，临街深度为13.5米，查临街深度指数表得其深度指数为110%，则宗地B的地价为：

1 000×1.10×（13.5×6）=89 100（元）

宗地C为临街地，临街深度为3米，查临街深度指数表得出其深度指数为130%，则宗地C的地价为：

1 000×1.30×（3×6）=23 400（元）

宗地D为临街地，临街深度为7米，查临街深度指数表得出其深度指数为125%，则宗地D的地价为：

1 000×1.25×（7×6）=52 500（元）

宗地E为临街地，临街深度为11米，查临街深度指数表得其深度指数为120%，则宗地E的地价为：

1 000×1.20×（11×6）=79 200（元）

房地产评估实例
房地产估价技术报告
（仅供估价机构存档和提交有关管理部门查阅）

一、个别因素分析

（一）估价对象权属状况

本次评估的范围为××区××街67号，产权属××科技发展有限公司所有。其房屋所有权证的证号为武房权证市字第2×23012588号，证载设计用途为办公，建筑面积为3 086.05平方米；其国有土地使用证的证号为武国用（2×23）字第481号，证载地类（用途）为其他商服用地，土地使用权类型为出让，终止日期为2×62年12月18日，土地使用权面积为1 053.69平方米。

至估价时点，其权利状况明确，未发现其他项权利登记及法定优先受偿权利。

（二）估价对象实物状况

估价对象为一栋办公楼，共九层，建成于1996年，根据《××市房屋重置价格标准》附表3，结合建成年限及估价人员实地勘察状况，确定估价对象为九成新，建筑结构为砖混一等。估价对象装修状况如下：该栋楼外立面：面饰白色条形面砖；门厅处：天棚采用木龙骨、木芯板、九厘板叠级造型，墙面、地面面贴红色花岗岩，柱面采用镜面不锈钢包柱，大门为玻璃地弹门；室内：大堂天棚为轻钢龙骨，纸面石膏板，面饰白色乳胶漆。各层走道天棚为轻钢龙骨，600×600硅钙板吊顶。内墙面面饰白色乳胶漆，踢脚线采用木质踢脚线面饰硝基清漆。柱面为木龙骨，九厘板造型面饰硝基清漆。地面铺贴玻化砖。楼梯间楼梯铺贴踏步砖，楼梯栏杆为不锈钢栏杆。门均为胶合板门面饰硝基清漆，窗为铝合金窗。整栋楼配有电梯一部。估价对象维护保养状况一般。

二、区域因素分析

(一) 宏观区域因素分析

××市是××省的省会城市，也是××地区最大的城市。世界第三长河——长江及其最大支流汉水在市区交汇，将××市区一分为三，形成了××、××和××三镇鼎立的格局。全市现辖9个城区，4个郊区，面积8 476平方千米，人口837万，其中城区人口600多万。××的地理方位为北纬30°33′、东经114°19′，位于长江中游，属亚热带湿润季风气候，四季分明，平均无霜期约240天。××是京广铁路大动脉与长江黄金水道十字交会的中心，历来有"九省通衢"之称，东去上海，西抵重庆，南至广州，北上北京，距离均在1 000千米左右，处于中国经济地理的核心位置。

1.区位优势。

××被誉为进入中国内陆市场的金钥匙。如果以××为圆心，以1 000千米为半径画圆，北京、上海、成都、广州等大城市都在其中，高速公路、高速铁路与长江水运"柔性联运"的出现，使得××作为中国内陆市场枢纽的战略地位更加突出。面对全球经济一体化趋势，在市政府规划中这里将是华中地区面积最大的商务商贸、物流、信息、科技、交流中心，而且中部将从这里崛起。为此，中共湖北省委第八次党代会作出了加快××城市圈建设的重大战略决定。即以××为中心，以100千米为半径，辐射××市、××市、××市、××市、××市、××市、××市、××市等城市，构建××城市圈。

××城市圈这个区域不仅拥有交通优势，而且其区位优势（中部中心，四省之间）更胜于其他省在全国的区位主导地位，可以说是浓缩湖北区位优势之精华，从这一点上看，其毫无疑问强于中原城市群。而且它作为国家经济发动机的超大城市并未孤立，××周边的八市环绕更使得区域经济的协作互通、不断发展成为可能，这样的城市区位布局十分难得。

2.经济发展状况。

2×23年年底，××市国民经济增长加速。初步核算，全年完成生产总值1 662.40亿元，比上年增长12.1%，增速比上年加快0.3个百分点，为近6年来最高增速。其中第一产业增加值为94.20亿元，增长4.3%；第二产业增加值为741.80亿元，增长12.8%；第三产业增加值为826.40亿元，增长12.5%。按户籍人口计算，人均生产总值为21 460元。第一、二、三产业增加值在生产总值中的构成比例由上年的6.0∶44.2∶49.8变化为5.7∶44.6∶49.7。

财政收入快速增长。全年完成全国财政收入230.89亿元，比上年同比增长17.6%；地方财政收入99.71亿元，比上年同比增长16.2%，其中，工商税收52.08亿元，增长18.0%。地方财政支出171.40亿元，增长16.4%（其中，科技三项费用和农业支出分别增长18.7%和23.4%）。

市场价格总水平止跌回升。全市居民消费价格总水平比上年上涨2.3%。其中，居住上涨6.0%，食品上涨4.8%，娱乐教育文化用品及服务上涨2.5%，衣着上涨1.1%，烟酒及用品上涨0.5%，医疗保健和个人用品价格下降2.2%，交通和通信下降3.6%，家庭设备用品及维修服务下降3.3%，商品零售价格上涨0.4%，工业品出厂价格上涨5.5%，原材料、燃料、动力购进价格上涨6.5%。

国家实施中部崛起政策后，境外与东部的资本出现向中部转移的趋势，从而使得××的区位优势更加凸显；在产业对接中，省、市简化行政审批手续、规范政府行为等一系列改善投资软环境的措施，让中外大企业看到了实实在在的保障。"得中独厚"的区位优势，和谐宽松的投资环境，让××成为了一棵金灿灿的梧桐树，引得八方凤凰纷至沓来；也深刻地改变了这座老工业城市的经济格局——由过去的"一钢独大"，迅速演变成为汽车、钢铁、光电子三极并重。占地超过20万平方米的海尔工业园于2×19年3月19日在沌口动工兴建，紧跟着美的、TCL等家电巨头，日本名幸电子、中芯国际、富士康等重点项目先后在其落户。2×20年，共有投资50项，总投资157亿元；2×24年，共有投资96项，总投资502.8亿元。将二者相比，总投资额增长2倍多。

2×23年，××经济技术开发区的电子电器产业产值首次突破百亿元大关。三大空调生产厂家聚集，也让××成为国内继青岛、珠三角之后的第三大空调制造基地。今天，依靠一个个落户江城的大项目，××经济日趋多极化，汽车、光电子产业迅速崛起，成为新的支柱产业。按计划，3年后，富士康产值将达1 000亿元，相当于再造一个光谷，光电子产业也将由此坐上××经济"老大"的交椅，这些使××成为真正意义上的高新技术型城市。据介绍，主要项目全面建成后，保守估计，至少可创造超过30万个就业机会。众多大项目的落户，让城市对人才的吸引力倍增。事实上，在光谷，已有大量人才追"芯"回流。

3. 房地产政策对房地产的影响。

对于房地产行业来说，2×24年是调控政策的执行年。之前，随着宏观调控的一系列措施出台，政府收紧"银根""地根"。2×24年初出台的土地增值税政策、建设部等有关部门正在酝酿商品房预售款专项账户管理措施，以及预期保有税种的征收等，都对整个房地产行业和房地产板块起到了负面作用。

政府对房地产行业的持续调控，其目的并不是打压房地产行业，而是促使房地产市场健康、稳定地发展，真正实现社会的和谐。房地产调控也并不是要刻意打压开发商的利润率水平，而是加强梯级住房消费体系的建立，抑制房价过快增长，逐步建立并完善住房保障体系。因此，有些政策的出台，市场的反应（即心理预期或恐慌行为）远大于政策自身对房地产公司的影响。

就目前受国家宏观调控政策的影响，××房地产价格仍稳步上升，上升的幅度高于周边中部城市，这是由于国家实施中部崛起政策后，境外与东部的资本向中部转移，凸显××"得中独厚"的区位优势，同时也是因为过去××的房价为全国谷底，基数比较低，现在涨幅较大、较快也仅是出于客观价值的回归。

再说估价对象所在的××区位于长江北岸，××三镇汉口一方的东部，东邻黄陂区，西与××区接壤，南濒长江与武昌区和洪山区隔江相望，北接东西湖区。全区土地总面积为64.24平方千米，常住人口达72万人。区辖16个行政街道，158个社区居委会和28个村委会。长期以来，××一直为××地区的政治、经济、文化、金融、信息中心和交通枢纽，居民素质较高，市政设施较为完善。

××区房地产发展水平代表了××市的较高水平，在地域上与××区连成一片，因高端、高素质项目的大量聚集备受瞩目。××房地产市场的数据显示：2×23年××区与武昌区新增项目均达到40个，并列第一，远高于第三位的24个。面对2×22年以来××中心城区开发热潮，区域内较大的开发量促使更多的消费者在购买住房时，将目光集中于以××区为代表的中心地区。根据市场同期公布的数据，2×23年上半年××各大片区中二次置业的情况存在较大的区别，其中××区的二次购房（含以上）比例仅高于××开发区，其消费人群约为区域消费人群的1/3，说明区域内的刚性需求较大。按照区域消费习惯和区域内项目定位的区别，可以将××划分为沿江片、解放公园片和二七片，其中沿江片和解放公园片均位于汉口中心区。随着××市政府在2×21—2×22年持续实施的旧城改造项目陆续进入市场，供应量将依旧保持在较高的水平上，为保证市场向心力提供了坚实的后盾。目前，××区内两个大型旧城改造区域——"永清片""二七片"地块相继进入工程施工阶段，2×07年××区的房地产市场将延续现有的火热势头。写字楼成为承接××经济发展的重要场所。天恒大厦、港澳中心、数码港市场等一批楼宇为投资者提供了发展金融、电子、科技、通信、咨询等服务业的良好空间和条件。竹叶山创业大厦、三阳广场、金冠大厦、互联网大厦等楼宇已成为全区科技孵化基地。

（二）微观区域因素分析

坐落：××区××街67号。

地段等级：××市市区商业三级、征税五级地段。

周边环境及周边物业：××市检察院、荣华宾馆、环亚大厦、中环大厦。

景观：估价对象紧邻喷泉公园、周边有西北湖休闲广场，该物业一面临湖，景观极其优美，办公用房可以观景，相对于一般写字楼位临主干道来说十分独特。

交通条件：台北站，经过的公交车有801、719等。

繁华程度：估价对象地处××街，××街素称"金融一条街"——台北路的一条支路，该路段无公交线路，属闹中取静，且距台北路仅需步行十分钟，周边配套商业网点较多，其繁华程度良好。

公共配套设施完备程度：完备。

三、市场背景分析

××市目前共有8座甲级写字楼，主要集中在汉口建设大道沿线，可租用面积约为59万平方米，平均月租约为58元/平方米。××甲级写字楼的租户中，外资公司占到32%，外地公司占到55%，本地公司仅占13%。已获准经营人民币业务的几家外资银行都已在××市场考察，寻找合适的办公场地及营业网点。此外，一些外地及外资投资公司也看好××市场，都在世贸、新世界中心租赁或购买写字楼。

刚刚获得人民币经营牌照的东亚银行，已悄然在××商业银行大厦租下3 000平方米办公楼，打算在此长期发展。在东亚银行这样的外资银行带动下，××甲级写字楼连续3年80%左右的入住率有望进一步突破。今年上半年，××市写字楼租赁成交量在3万平方米左右，客户以制造业、IT业、投资贸易业为主。销售型写字楼以2×00年以前上市的楼盘为主，销售价格在6 500～8 000元/平方米，只有少数达到1.2万元/平方米的高价。受城市经济水平制约，××的写字楼市场发展比较缓慢，其空置率较去年下降5%，但仍比广州、深圳等城市高出不少。新世界中心、民生银行大厦、××天地、光谷步行街等写字楼项目入市后，竞争将更趋激烈。建设大道金融街入住率已达79%。以前，××市写字楼的入住客户多为创业型、投资型的中小客户，多选择租用面积100平方米左右的中低档写字楼。但眼下，随着国内大型企业和外资企业的纷纷入驻，租售面积在300至1 000平方米的高档写字楼更受追捧。市场的强劲走势，带动租金上涨。

建设大道金融街板块，甲级写字楼占××市甲级写字楼物业总规模的40%，占汉口地区甲级写字楼物业规模的60%以上，是汉口高档写字楼最为密集、规模最大的区域。估价对象位于××区××街67号，在地域上属于建设大道金融街板块，属××区比较繁华的地段，周边有环亚大厦、中环大厦、华银城、九运大厦、新世界国贸大厦、建银大厦、良友大厦等高档商住楼，以及中国人民银行营管部、农业银行、建设银行、华夏银行、工商银行、交通银行等多家金融机构。其基础设施、公共配套设施较为完善；估价对象紧邻喷泉公园，景观环境较好。靠近台北一路商务办公氛围较好，而估价对象所在的××街商务办公氛围一般。

随着国家产业政策的调整，××将定位为中部崛起的龙头，××区作为老城区，其经济、科教、人文各方面的优势将日渐突出，目前，由于××科技发展有限公司正忙于处理企业改制中遇到的各种问题，对该幢写字楼市场发租无暇顾及，故该物业除一楼作为员工食堂，七楼、八楼作为自用办公，其他楼层暂时空置。在区位优势的带动下，如估价对象定位准确，在市场上应具有相应发展空间。

四、最高、最佳使用分析

所谓最高、最佳使用，是对估价对象的一种最可能的使用，这种最可能的使用，是法律上允许，技术上可能，财务上可行，经过充分合理的论证，并能给估价对象带来最高价值的使用。最高、最佳使用的一种具体表现，是以能使估价对象获利最多的用途和开发强度来衡量的。这是因为在房地产市场中，每位房地产拥有者在主观上都试图充分发挥房地产的潜力。

估价对象房屋证载用途为办公，土地证载地类（用途）为其他商服用地，实际用途为办公。根据《规范》中的保持现状前提，认为保持现状继续使用最为有利时，应以保持现状继续使用为前提估价。因而其最佳使用方式就是按照当前的使用方式持续使用。因此，本估价报告的估价对象按办公用途进行估价符合最高、最佳使用原则。

五、估价方法选用

根据《规范》，"有条件选用市场比较法进行估价的，应以市场比较法为主要估价方法。"由于估价对象周边类似房地产交易活跃，市场依据充分，故可选用市场比较法。

根据《规范》，"对收益性房地产的估价，应选用收益法作为其中的一种估价方法。"由于估价对象系经营用房，属收益性物业，且经营状况良好，故可采用收益法进行评估。

因此，根据本次评估的特定目的，评估人员严格遵循房地产估价原则，在认真分析研究所掌握的资料，进行实地勘查和对邻近地区的调查之后，针对估价对象的实际情况，确定运用市场比较法、收益法作为本次估价的基本方法，并对以上各种方法测算的价格进行综合处理，最终求取估价对象的总价格和单位价格。

1.市场比较法：将估价对象与在估价时点近期有过交易的类似房地产进行比较，对这些类似房地产的已知价格作适当的修正，以此估算估价对象的客观、合理价格或价值的方法。采用的公式为：

比准价格=可比实例价格×交易情况修正×交易日期修正×区域因素修正×个别因素修正

或：比准价格$=可比实例价格 \times \frac{100}{(\cdots)} \times \frac{(\cdots)}{100} \times \frac{100}{(\cdots)} \times \frac{100}{(\cdots)}$

2.收益法：预计估价对象未来的正常净收益，选用适当的资本化率将其折现到估价时点后累加，以此估算估价对象的客观、合理价格或价值的方法。采用的公式为：

$$V = \sum_{i=1}^{n} \frac{A_i}{(1+R)^i}$$

式中：V为收益价格；A_i为年纯收益；R为资本化率；n为未来可获收益的年限。

六、估价测算过程

（一）市场比较法的估价测算过程

1.可比实例的选取

选取三个与估价对象区位相近、用途相同、规模相当的类似房地产A、B、C作为可比实例。

（1）可比实例A——环亚大厦。环亚大厦位于××区台北一路17～19号，为20层钢混结构综合楼，约建于20世纪90年代后期，九成新，商务办公氛围一般。环亚大厦紧邻喷泉公园，周边有武广、SOGO、世贸、新世界、武展等综合性商场；中行、龙行、招行、信合、建行等多家金融机构；协和医院、同济医院等多家全国知名综合性医院。商务办公氛围较好，该物业由××环亚物业管理有限公司进行专业管理。目前市场月租金为43元/平方米，出租率达到95%，有停车位80个，基本上能满足商务需要。

（2）可比实例B——九运大厦。九运大厦位于××区××北路34号，为23层高层写字楼，约建于20世纪90年代后期，九成新，商务办公氛围一般。紧邻中山公园，背靠小南湖公园，毗邻喷泉公园、西北湖广场、新世界商场、新华路体育场和青少年宫，交通便利。总建筑面积5万余平方米，采用裙房设计，每层面积达3 000平方米，且全部可相对独立使用，是集商业、居家、办公为一体的智能化高层写字楼。现租售率已达95%。该写字楼市场月租金为40元/平方米，九运大厦停车位为地下停车位，基本上能满足其商务需要。现该大厦由九运物业进行管理。

（3）可比实例C——华银城。华银城位于××区台北路，约建于20世纪90年代后期，九成新，由4幢19层高楼组成，一楼为车库或仓库用房，2～19层为商住楼。总建筑面积为31 968平方米。目前，办公用房建筑面积3 600平方米，住宅入住建筑面积25 068平方米，空置房面积3 300平方米。华银城共有室内停车位40个，室外停车数量约为30辆，停车位较为充足，基本上能满足商务需要。华银城紧邻××杂技厅，周边有中国信合大厦、喷泉大厦、建银大厦、国贸大厦等商务中心，以及新世界广场、西北湖广场等娱乐休闲设施，商务办公氛围较好。现该写字楼市场月租金为44元/平方米，出租率为95%，有专门物业公司进行管理。

可比实例资料见表7-6。

2.可比实例修正系数

（1）建立价格可比基础。可比实例A、B、C付款方式均为在成交日期一次付清，单价均为按建筑面积计算，币种均为人民币，货币单位均为元。

（2）交易情况修正。可比实例A、B、C均属正常交易，交易情况不需要修正，故修正系数均为100/100。

（3）交易时间修正。可比实例A、B、C的成交日期与估价时点非常接近，而与估价对象类似的房地产价格在估价时点之前的1个月未出现价格波动，故交易时间不需修正，修正系数均为100/100。

（4）区域因素修正。采用直接比较调整法进行区域因素修正：首先，以估价对象的区域因素为基准（100分），将可比实例的区域因素与估价对象的区域因素进行比较、评分。如果在某个因素方面可比实例的区域因素比估价对象的区域因素差，所得的分数就低于100分；反之，就高于100分。然后，将可比实例的区域因素的得分转化为调整价格比率，对可比实例价格进行调整（见表7-7、表7-8）。

表7-6　　　　　　　　　　　　　　　可比实例资料

项目 \ 实例		A 环亚大厦	B 九运大厦	C 华银城	D 估价对象
交易日期		2×23年10月20日	2×23年11月1日	2×23年11月28日	2×23年11月1日
交易情况		正常	正常	正常	正常
位　　置		××区	××区	××区	××区
建筑面积（平方米）		1 500	2 000	3 000	3 086.05
土地使用权性质		出让	出让	出让	出让
土地级别		征税五级	征税五级	征税六级	征税五级
区域因素	繁华程度	优	较优	优	较优
	交通便捷度	优	优	优	较优
	环境	优	优	优	优
	公共设施配套完备程度	较完备	较完备	较完备	较完备
个别因素	新旧程度	九成新	九成新	九成新	九成新
	土地剩余使用年限	39	38	36	39.08
	空置率	5%	5%	5%	—
	月租金（元/平方米）	43	40	44	42
	停车位	充足	充足	充足	充足
	物业管理	有	有	有	有
	建筑装修	简装	简装	简装	简装
	设施设备	三部电梯	三部电梯	三部电梯	一部电梯
	平面布置	合理	合理	合理	合理
	建筑结构	框架	框架	框架	混合
	工程质量	良	良	良	良
	总楼层	20	23	19	9
	朝向	南	西南	南	东南
交易价格（元/平方米）		4 250	4 100	4 300	—

表 7-7　　　　　　　　　　　　　　　　　各项修正因素得分表

实例 项目		A 环亚大厦	B 九运大厦	C 华银城	D 估价对象
交易日期		100	100	100	100
交易情况		100	100	100	100
区域因素	繁华程度	101	100	101	100
	交通便捷度	101	101	101	100
	环境	100	100	100	100
	土地级别	100	100	99	100
	公共设施配套完备程度	100	100	100	100
个别因素	新旧程度	100	100	100	100
	土地剩余年期	100	99	98	100
	空置率	100	100	100	100
	月租金（元/平方米）	100	100	100	100
	停车位	100	100	100	100
	物业管理	100	100	100	100
	建筑装修	100	100	100	100
	设施设备	101	101	101	100
	平面布置	100	100	100	100
	建筑结构	102	102	102	100
	工程质量	100	100	100	100
	楼层	101	101	101	100
	朝向	100	100	100	100

表7-8　　　　　　　　　　各项修正因素修正系数及比准价格计算表

实例\项目	A 环亚大厦	B 九运大厦	C 华银城	D 估价对象
交易日期	100/100	100/100	100/100	100/100
交易情况	100/100	100/100	100/100	100/100
区域因素 — 繁华程度	100/101	100/100	100/101	100/100
区域因素 — 交通便捷度	100/101	100/101	100/101	100/100
区域因素 — 环境	100/100	100/100	100/100	100/100
区域因素 — 土地级别	100/100	100/100	100/99	100/100
区域因素 — 公共设施配套完备程度	100/100	100/100	100/100	100/100
个别因素 — 新旧程度	100/100	100/100	100/100	100/100
个别因素 — 土地剩余年期	100/100	100/99	100/98	100/100
个别因素 — 空置率	100/100	100/100	100/100	100/100
个别因素 — 月租金（元/平方米）	100/100	100/100	100/100	100/100
个别因素 — 停车位	100/100	100/100	100/100	100/100
个别因素 — 物业管理	100/100	100/100	100/100	100/100
个别因素 — 建筑装修	100/100	100/100	100/100	100/100
个别因素 — 设施设备	100/101	100/101	100/101	100/100
个别因素 — 平面布置	100/100	100/100	100/100	100/100
个别因素 — 建筑结构	100/102	100/102	100/102	100/100
个别因素 — 工程质量	100/100	100/100	100/100	100/100
个别因素 — 楼层	100/101	100/101	100/101	100/100
个别因素 — 朝向	100/100	100/100	100/100	100/100
交易价格（元/平方米）	4 250	4 100	4 300	—
比准价格（元/平方米）	4 004	3 941	4 176	4 040

（5）个别因素修正。采用直接比较调整法进行个别因素修正：首先，以估价对象的个别因素为基准（100分），将可比实例的个别因素与估价对象的个别因素进行比较、评分。

如果在某个因素方面可比实例的个别因素比估价对象的个别因素差，所得的分数就低于100分；反之，就高于100分。然后，将可比实例的个别因素的得分转化为调整价格的比率，对可比实例价格进行调整（见表7-7、表7-8）。

（6）各项修正的具体计算。根据以上对各项因素修正的分析和评分，对各项因素进行修正计算，见表7-7和表7-8。

取平均值，估价对象比准单价为：

（4 004＋3 941＋4 176）÷3=4 040（元/平方米）（取整）

估价对象房地产的比准价格为：

4 040×3 086.05=12 467 642（元）

3.市场法的估价测算结果

采用市场比较法，经过以上测算得出：

估价对象总价为12 467 642元；单价为4 040元/平方米。

（二）采用收益法分析测算

1.估算年潜在毛收入

本次评估可获收益的商业用房建筑面积为3 086.05平方米。估价人员通过对估价对象周边类似物业租金和实地经营状况的调查了解，结合××市同类房地产市场租金水平以及对未来市场行情的预测进行综合分析，选取3个与估价对象区位相近、用途相同、规模相当的类似房地产A、B、C作为可比实例。

可比实例A——环亚大厦，月租金43元/平方米；可比实例B——九运大厦，月租金40元/平方米；可比实例C——华银城，月租金44元/平方米。取平均值，估价对象租金标准为：

（43＋40＋44）÷3=42（元/平方米）

由此确定估价对象在现时状态下，在未来收益年限内租金将保持较平稳的状况，估价对象月租金为42元/平方米，根据此租金水平，计算估价对象房地产在充分利用、无空置情况下的年潜在毛收入为：

42×3 086.05×12=1 555 369（元）

2.估算年有效毛收入

根据估价人员对××市办公物业市场的调查，与估价对象区位相近、用途相同、规模相当的类似房地产，参照可比实例A——环亚大厦、可比实例B——九运大厦、可比实例C——华银城3个物业空置率，确定因空置、拖欠租金以及其他原因造成的收入损失为其年潜在毛收入的5%，则年有效毛收入损失为：

1 555 369×（1-5%）=1 477 601（元）

3.年运营费用的测算

运营费用是维持估价对象房地产正常使用所必须支出的费用，包括管理费、维修费、保险费以及税费等。

（1）估算年管理费。

管理费用为管理估价对象房地产经营活动所发生的费用，包括人员工资、福利费、办公费、差旅费等，依行业标准，管理费按照估价对象潜在毛收入的2%测算，则年管理费为：

1 555 369×2%=31 107（元）

（2）估算年维修费。

估价对象系砖混一等结构，根据《××市房屋重置价格标准》，估价对象建筑物的重置单价为710元/平方米。依行业标准，维修费用按建筑物重置价格的1.5%计算，则年维修费用为：

3 086.05×710×1.5%=32 866（元）

（3）估算年保险费。

依规定，年保险费按房屋现值的2‰计算，依据国家标准及《××市房屋重置价格标准》，砖混结构残值率为2%，耐用年限为50年，该估价对象已有效使用10年，则年保险费为：

{710-［710×（1-2%）/50］×10}×3 086.05×2‰=3 523（元）

（4）估算年税费。

①估价对象房地产租赁经营过程中应缴纳的房产税，依规定按照估价对象年有效毛收入的12%测算，则年税费为：

1 477 601×12%=177 312（元）

②估价对象房地产租赁经营过程中应缴纳的城市维护建设税、教育费附加等，依规定按照估价对象年有效毛收入的5.85%测算，则年税费为：

1 477 601×5.85%=86 440（元）

③估算城镇土地使用税，依××市规定，按照估价对象占用土地面积10元/平方米计取，则城镇土地使用税为：

1 053.69×10=10 537（元）

④年税费为：177 312+86 440+10 537=274 289（元）

（5）年运营费用合计。

估价对象房地产经营过程中的年运营费用为年管理费、年维修费、年税费以及年保险费之和，则年运营费用为：

31 107+32 866+3 523+274 289=341 785（元）

4.估算年净收益

估价对象年净收益是由年有效毛收入扣除运营费用后得到的归属于房地产的收入，则年净收益为：

1 477 601-341 785=1 135 816（元）

5.资本化率的确定

资本化率的本质是投资收益率，依据国家相关标准，本次评估采用的资本化率计算方法为市场提取法，即搜集市场上三宗以上类似房地产的价格、净收益，选用收益法计算公式：$V = \dfrac{a}{r} \times [1 - \dfrac{1}{(1+r)^n}]$，求其资本化率。

估价人员通过对估价对象周边类似物业租金和实地经营状况的调查了解，结合××市同类房地产市场租金水平以及对未来市场行情的预测进行综合分析，选取3个与估价对象区位相近、用途相同、规模相当的类似房地产，其计算资本化率的市场提取法的计算资料见表7-9：

表 7-9   计算资本化率的市场提取法计算表

实例 \ 项目	A 环亚大厦	B 九运大厦	C 华银城
市场单价（元/平方米）	4 250	4 100	4 300
建筑面积（平方米）	1 500	2 000	3 000
房地产销售价格 V（万元）	637.5	820	1 290
月租金（元/平方米）	43	40	44
空置率	5%	5%	5%
年有效毛收入（万元）	73.53	91.20	150.48
年总费用（万元）	18.38	22.80	37.62
年净收益 a	55.15	68.4	112.86
剩余年限 n	39	38	36
资本化率 r	8.26%	7.87%	8.24%

取平均值，估价对象资本化率为：

（8.26% + 7.87% + 8.24%）÷3=8.12%

6.尚可使用年限的确定

收益年限是估价对象自估价时点起至未来可获收益的年数。估价对象的估价时点为 2×23 年 11 月 1 日，估价对象土地使用权取得方式为出让。根据估价对象的《国有土地使用证》证载用途为其他商服用地，估价对象的土地使用权终止日期为 2×62 年 12 月 18 日，考虑到本次评估以商业用途为估价前提，即至估价时点分摊土地剩余使用年限约为 39.08 年。估价对象证载结构为钢混，建筑物耐用年限为 60 年，大于土地使用权剩余使用年限，故本报告确定估价对象收益年限为土地剩余使用年限，即约为 39.08 年。

7.收益价格的求取

（1）选用收益法的计算公式。

估价对象现时年收益较为稳定，预计未来的剩余年限里年收益会保持稳定，为了计算简便，本报告采用在收益年限里每年净收益不变的公式进行计算：

$$V = \frac{a}{r} \times [1 - \frac{1}{(1 + r)^n}]$$

上式中：V 为收益价格；a 为年净收益；r 为资本化率；n 为未来可获收益的年限。

（2）收益价格的计算。

估价对象收益价格：

$$V = \frac{1\ 135\ 816}{8.12\%} \times [1 - \frac{1}{(1 + 8.12\%)^{39.08}}] = 13\ 326\ 116(元)$$

估价对象单价：13 326 116÷3 086.05=4 318（元/平方米）

8.收益法测算结果

采用收益法，经过以上测算得出：

估价对象房地产收益价格为 13 326 116 元；单价为 4 318 元/平方米。

七、估价结果确定

本次评估中用收益法求得的结果为 13 326 116 元，用市场比较法求得的结果为 12 467 642 元，两种方法求得的结果较为接近，故本次评估取两种方法的算术平均数作为最后的评估结果，则：

房地产价格=（13 326 116 + 12 467 642）÷2

　　　　　=12 896 879（元）

　　　　　≈1 289.69（万元）（精确到百分位）

房地产单价=12 896 879÷3 086.05=4 179（元/平方米）

综上所述，考虑不可量化的因素，最终确定估价房地产在估价时点完整权利状态下，满足各项假设条件的公开市场价值为：总价 1 289.69 万元，大写金额：人民币壹仟贰佰捌拾玖万陆仟捌佰柒拾玖元整；单价 4 179 元/平方米，大写金额：每平方米人民币肆仟壹佰柒拾玖元整。

■本章小结

在房地产评估中，首先要明确评估对象的基本情况，其次对房地产的实地勘查应作为评估工作的重点。房地产评估常用的途径和方法有市场途径、成本途径、收益途径和假设开发法等。市场途径是将评估对象房地产与近期交易的类似房地产进行比较，并以类似房地产的价格为基础，经过因素修正得到评估对象房地产价值的评估思路。市场途径的适用条件是具备发育完善的房地产市场，并且在市场上能够搜集到大量的与被评估房地产相类似的市场交易实例资料。成本途径是先计算评估对象在评估时点时的重置成本，然后扣除贬值，以此估算评估对象的价值的评估思路。收益途径是将房地产未来的纯收益通过资本化计算房地产价值的评估思路。收益途径适用的条件是房地产的未来预期收益及风险能够预测和量化，房地产的收益年限能够确定。假设开发法又称剩余法，它是首先预测评估对象预期开发完成后的价值，然后减去预测的未来开发成本、利润和税费等，以此确定评估对象价值的方法。路线价法是根据某特定街道的路线价，配合深度价格修正率表和其他修正率表，计算出该街道其他临街土地价值的评估方法。

■本章练习题

一、单项选择题

1.城镇土地的基准地价是（　　　）。

A.某时点城镇土地的单位价格　　　　　B.某时期城镇土地的单位价格

C.某时点城镇区域性土地平均价　　　　D.某时期城镇土地区域性平均价

2.待评估建筑物账面原值为 100 万元，竣工于 2×20 年年底，假定 2×20 年的物价指数为 100%，从 2×20 年到 2×23 年的价格增长幅度每年为 15%，则 2×23 年年底该建筑物的重置成本为（   ）。

A.115万元　　　　　B.152.09万元　　　　C.132.25万元　　　　D.174.9万元

3.下列建筑物中属于民用建筑物的是（   ）。

A.交通运输业建筑物　　　　　　　　B.厂房

C.行政事业用建筑物　　　　　　　　D.道路、桥梁

4.一般说来，相同建筑质量、相同功能和用途的建筑物，沿海开放城市的价格（   ）内地城市。

A.高于　　　　　　B.低于　　　　　　C.等于　　　　　　D.不确定

5.运用预决算调整法时，需要调整的三材差价是指（   ）的差价。

A.钢材、钢筋混凝土、砖　　　　　　B.钢材、木材、水泥

C.木材、水泥、砖　　　　　　　　　D.钢材、水泥、钢筋混凝土

6.待估建筑物为砖混结构单层住宅，宅基地300平方米，建筑面积200平方米，月租金3 000元，土地还原利率为7%，建筑物还原利率为8%，评估时，建筑物的剩余使用年限为25年，取得租金收入的年总成本为7 600元，评估人员利用市场法求得土地使用权价格为1 000元/平方米，运用建筑物残余估价法所得到建筑物的价值最有可能是（   ）。

A.61 667元　　　　B.92 500元　　　　C.789 950元　　　　D.58 041元

7.前期费用是建筑物成本的一个组成部分，下列各项中属于建筑物成本前期费用的是（   ）。

A.职工的培训　　　　　　　　　　　B.地上附属物拆除费

C.资金成本　　　　　　　　　　　　D.建筑安装工程费

8.商业用房和商品住宅可根据建筑物经营收益或建筑物的交易状况运用（   ）进行评估。

A.收益法　　　　　　　　　　　　　B.市场法

C.收益法或市场法　　　　　　　　　D.收益法或成本法

9.预决算调整法一般不宜对（   ）的建筑物进行评估。

A.用途相同　　　　B.结构相同　　　　C.数量较多　　　　D.数量较少

10.土地使用权评估的假设开发法中，计算利润的基础是（   ）。

A.地价＋建筑费　　　　　　　　　　B.地价＋建筑费＋利息

C.地价＋建筑费＋专业费＋利息　　　D.地价＋专业费＋建筑费

11.交易实例土地的价格为1 800元/平方米，待估土地达到与交易实例同等环境条件预计需要8年，折现率定为9%，则待估土地的价格为（   ）。

A.901.21元　　　　B.903.36元　　　　C.902.22元　　　　D.900元

12.土地与建筑物用途不协调造成的价值损失一般是（   ）。

A.土地的功能性贬值　　　　　　　　B.建筑物的功能性贬值

C.土地的经济性贬值　　　　　　　　D.建筑物的经济性贬值

13.建筑物的墙、柱用砖砌筑，楼屋、屋架采用木材制造，这种结构是（   ）。

A.砖木结构　　　　B.砖混结构　　　　C.木结构　　　　　D.简易建筑物

14.国家规定的土地使用权出让年限，工业用地使用权最高出让年限为（   ）。

A.70年　　　　　　B.40年　　　　　　C.60年　　　　　　D.50年

15.土地使用权出让合同约定的使用年限届满，土地使用者需要继续使用土地的，应当最迟于届满前（　　）申请续期。

　　A.半年　　　　　　　B.3个月　　　　　　C.1年　　　　　　　D.18个月

16.在运用市场法对土地使用权进行评估时，以下不属于需要修正的个别因素的是（　　）。

　　A.宗地形状　　　　B.宗地周边环境　　　C.宗地面积　　　　D.容积率

17.土地使用权作为无形资产中的对物产权，其价值高低取决于（　　）。

　　A.地上附着物　　　　　　　　　　B.社会经济环境

　　C.物价水平　　　　　　　　　　　D.土地的特性和条件

18.在采用假设开发法评估土地使用权价格时，假设总建筑费用为100万元，第一年投入60%，第二年投入40%，年折现率为10%，则总建筑费为（　　）。

　　A.921 473元　　　B.918 791元　　　C.907 523元　　　D.934 156元

19.成本法适用于评估（　　）。

　　A.预计出售的土地　　　　　　　　B.新开发的土地

　　C.包含土地使用权的企业整体　　　D.土地市场完善条件下的土地

20.在运用收益法对土地使用权进行评估时，年收益为（　　）。

　　A.房地产的年总收益　　　　　　　B.土地的实际收益

　　C.土地的客观收益　　　　　　　　D.土地的前期收益

21.某工业用地最高出让年限为50年，实际利用年限为20年，还原利率为18%，在适用基准地价系数修正法评估时，年限修正系数为（　　）。

　　A.0.861　　　　　　B.0.751　　　　　　C.0.964　　　　　　D.0.872

22.某砖木结构3层建筑物，评估人员对它现场打分，结构部分得75分，装修部分得70分，设备部分得85分，该类资产的G=0.70，S=0.20，B=0.10，则该建筑物的成新率为（　　）。

　　A.75%　　　　　　　B.80%　　　　　　　C.85%　　　　　　　D.90%

23.对土地使用权的评估，应以这块土地的最有效利用为前提，这是（　　）原则的要求。

　　A.替代　　　　　　　B.变动　　　　　　　C.最佳使用　　　　D.供需

24.地块建筑面积与地块总面积的比率，称为（　　）。

　　A.建筑密度　　　　B.容积率　　　　　　C.建筑高度　　　　D.建筑覆盖率

25.一块土地上底层建筑面积与全部土地面积的百分比，叫作（　　）。

　　A.建筑高度　　　　B.容积率　　　　　　C.建筑密度　　　　D.建筑环境

26.目前我国的城市地产市场按土地使用权流转方式，可划分为（　　）。

　　A.生地与熟地　　　　　　　　　　B.国家所有土地和集体所有土地

　　C.无偿划拨和有偿出让　　　　　　D.一级市场和二级市场

27.城镇土地的标定地价是（　　）。

　　A.土地使用权出让底价　　　　　　B.政府评估的具体地块的价格

　　C.政府出租土地的价格　　　　　　D.单位土地面积的地价

二、多项选择题

1.反映影响商业用地环境质量的指标有（　　　　）。

A.交通便捷度　　　　　　　B.人文环境　　　　　　　　C.自然环境

D.规划环境　　　　　　　　E.基础设施保证度

2.影响地价的社会因素主要包括（　　　　）。

A.政治安定状况　　　　　　B.社会治安程度　　　　　　C.税收政策

D.房地产投机　　　　　　　E.交通管制

3.以下关于标定地价的描述，正确的是（　　　　）。

A.标定地价是一个区域性的平均地价

B.标定地价是确定土地使用权出让底价的参考和依据

C.标定地价是政府评估的具体地块的地价

D.标定地价是各类用地的平均地价

E.一般情况下，标定地价不进行大面积评估

4.土地的经济特性主要表现在（　　　　）。

A.用途多样性　　　　　　　　　B.经济地理位置的可变性

C.土地使用价值的永续性　　　　D.可垄断性

E.土地面积的有限性

5.建筑物成本通常可归纳为（　　　　）。

A.前期费用　　　　　　　　B.建筑安装工程费　　　　　C.其他费用

D.合理利润　　　　　　　　E.资金成本

6.建筑物评估的价格指数调整法一般适用于（　　　　）的建筑物。

A.单位价值小　　　　　　　B.结构简单　　　　　　　　C.单位价值大

D.大型　　　　　　　　　　E.使用寿命长

7.下列因素中会影响建筑物价格的是（　　　　）。

A.住房制度改革　　　　　　B.长期投资贷款利率　　　　C.短期贷款利率

D.国家政策　　　　　　　　E.建筑物所处的地理环境

8.用于判断建筑物是否存在经济性贬值的指标因素有（　　　　）。

A.使用用途不合理　　　　　B.部分闲置　　　　　　　　C.利用率下降

D.使用强度不够　　　　　　E.收益水平下降

9.建筑物评估的原则有（　　　　）。

A.替代原则　　　　　　　　B.最有效使用原则　　　　　C.供需原则

D.房地合一原则　　　　　　E.贡献原则

10.测算建筑物重置成本的常用方法有（　　　　）。

A.预决算调整法　　　　　　B.重编预算法　　　　　　　C.价格指数调整法

D.询价法　　　　　　　　　E.假设开发法

11.建筑物按房屋承重结构划分，可分为（　　　　）。

A.钢结构　　　　　　　　　B.钢筋混凝土结构　　　　　C.砖混结构

D.砖木结构　　　　　　　　E.木结构

12.建筑物从大的类别方面划分，可分为（　　　　）。

A.商业用房　　　　　　　B.工业用房　　　　　　　　C.房屋

D.构筑物　　　　　　　　E.公共建筑

13.运用成本法评估土地使用权价值时,适用于(　　)的情形。

A.市场发育不完善　　　　　　　B.土地成交实例不多

C.有相同或相似的其他交易案例　　D.可以较为准确地估算收益

E.既无收益,又很少有交易

14.土地开发费主要包括(　　)。

A.基础设施配套费　　　　　　　B.公共事业建设配套费

C.拆迁费　　　　　　　　　　　D.资金成本

E.小区开发配套费

15.开发土地的过程中所交纳的各种税费包括(　　)。

A.资源税　　　　　　　B.耕地占用税　　　　　　C.契税

D.土地增值税　　　　　E.印花税

16.在运用市场法对土地使用权进行评估时,对交易情况进行修正时应考虑的因素包括(　　)。

A.有一定利害关系的主体之间的交易

B.有特别动机的交易

C.买方或卖方不了解市场行情的交易

D.交易时点

E.其他特殊交易情形

17.土地使用权评估的原则有(　　)。

A.最有效使用原则　　　B.替代原则　　　　　　C.变动原则

D.贡献原则　　　　　　E.供需原则

18.转让房地产必须满足以下哪些条件(　　)。

A.以出让方式取得土地使用权的,支付全部土地使用权出让金取得土地使用权证书

B.属于房屋建设工程的,要完成开发投资总额的25%以上

C.属于房屋建设工程的,要完成开发投资总额的30%以上

D.属于成片开发土地的,应形成工业用地或其他建筑用地条件

E.属于成片开发土地的,应支付全部土地使用权出让金

19.土地权属按不同的角度,可以分为(　　)。

A.土地所有权　　　　　B.土地使用权　　　　　　C.划拨土地

D.出让土地　　　　　　E.买卖土地

20.地形地质因素对地价的影响主要表现在(　　)。

A.地形条件较差会造成使用效果差

B.地质条件差会增加开发成本

C.地形条件会决定土地用途

D.地形条件制约开发规模

E.地形条件决定土地价格

三、思考题

1.进行房地产评估时应收集哪些资料？

2.房地产评估中选择的参照物应符合哪些要求？

3.房地产重置成本由哪些因素构成？

4.如何确定房地产收入的年限？

5.假设开发法适用于哪些房地产评估？

6.路线价法的评估步骤有哪些？

四、计算题

1.某写字楼的有关资料见表7-10、表7-11、表7-12、表7-13、表7-14。要求评估该写字楼2×22年9月30日的市场价值。

（1）参照物的交易日期和交易价格。

表7-10　　　　　　　　　**参照物A、B、C的交易日期和交易价格**

项目	参照物A	参照物B	参照物C
交易日期	2×22年3月10日	2×22年2月15日	2×22年7月18日
交易价格（元/平方米）	9 000	8 800	9 210

（2）参照物的交易情况。

表7-11　　　　　　　　　　　**参照物A、B、C的交易情况**

项目	参照物A	参照物B	参照物C
交易情况	2%	−1%	5%

注：表7-11中，正值表示参照物交易价格高于正常交易价格的幅度，负值表示参照物交易价格低于正常交易价格的幅度。

（3）该类房地产价格变化情况。

表7-12　　　　　　　　　　　**同类房地产价格变化情况**

月份	1	2	3	4	5	6	7	8	9
环比价格指数	100	100.5	98.6	102.3	101.2	103.4	101.6	99.8	104.1

（4）参照物区域因素直接比较和打分。

表7-13　　　　　　　　　**参照物区域因素直接比较和打分**

区域因素	权重	评估对象	参照物A	参照物B	参照物C
因素1	0.4	100	98	92	108
因素2	0.35	100	105	96	97
因素3	0.25	100	103	98	104

（5）参照物个别因素直接比较综合得分。

表7-14　　　　　　　　　**参照物个别因素直接比较综合得分**

项目	评估对象	参照物A	参照物B	参照物C
个别因素综合得分	100	103	108	94

评估要求：根据上述资料，评估该写字楼 2×22 年 9 月 30 日的市场价值。

2.某建筑物为钢筋混凝土结构，总使用年限为 50 年，实际使用年限为 10 年。经调查测算，现在重新建造全新状态的该建筑物的建造成本为 800 万元，建设期为 2 年，假定第 1 年投入建造成本的 60%，第 2 年投入 40%（均为均匀投入），管理费用为建造成本的 3%，1 年期基本建设贷款利率为 6%，销售税费为 50 万元，项目开发利润率为 25%。

评估要求：根据上述资料，评估该建筑物的价值。

3.评估某收益性房地产价值，该房地产（建筑物）剩余经济寿命为 30 年，土地剩余使用年限为 35 年，经估测，房地产的预期年租金为 280 万元，运营成本为年租金的 20%，单纯土地的年预期收益为 50 万元，房地产的预期收益率为 9%，土地的预期收益率为 5%。

评估要求：根据上述资料，评估该房地产的价值。

4.现有一片荒地，2×21 年 8 月进行评估。有关资料如下：该荒地的面积为 80 万平方米，适宜进行"七通一平"改造。开发后分块转让，可转让土地面积的比率为 70%。附近地区与之位置相当的小块"七通一平"熟地的单价为 850 元/平方米，该荒地开发成熟地的开发期预计为 2 年，2×23 年 8 月完成，预计未来 2 年内该类地价基本平稳，开发成本、管理费用预计为 15 万元/亩，贷款年利率为 8%，项目开发利润率为 20%，销售税费为转让价格的 7%，折现率为 10%。

评估要求：根据上述资料，运用假设开发法评估该片荒地 2×12 年 8 月的总价和单价。

五、论述题

1.市场比较法的适用范围和操作程序是什么？

2.试述在房地产评估报告中，估价结果的应用限制条件的重要性。

第八章

无形资产评估

育德育人

　　新中国成立以来，我国不断加大科技创新和知识产权保护力度，如今已经成为名副其实的知识产权大国，跟上了时代的步伐，也为创新发展提供了有力的支持。1950年，我国制定颁布了《保障发明权与专利权暂行条例》《商标注册暂行条例》等法规，对实施专利制度、商标制度作出了初步探索。2008年伴随着《国家知识产权战略纲要》的出台，我国将知识产权上升为国家战略。2021年我国发布《知识产权强国建设纲要（2021-2035年）》代表我国正在朝着世界知识产权强国发展。从国家政策层面来看，我国在2020—2021年密集出台了知识产权体系建设的相关政策，这是我国迈向知识产权大国的重要一步，是我国走向科技强国、科技兴国的重要方式之一。

　　为贯彻落实党中央、国务院关于知识产权工作的决策部署，全面加强知识产权保护，高效促进知识产权运用，激发全社会创新活力，推动构建新发展格局，依据《中华人民共和国国民经济和社会发展第十四个五年规划和2035年远景目标纲要》和《知识产权强国建设纲要（2021—2035年）》，国务院制定并印发了《"十四五"国家知识产权保护和运用规划》（简称规划）。规划提出要完善无形资产评估制度，形成激励与监管相协调的管理机制。无形资产是企业的重要组成部分，尤其对于高新技术和文化传媒这样的"轻资产"型企业来说，无形资产是其价值创造的核心资产，对企业价值具有十分重要的作用。科学准确的无形资产评估值，对提高无形资产为企业创造价值的能力具有重要意义。

课前准备

它们能否形成企业的无形资产？

　　甲、乙公司是规模相似的两家纺织企业。甲公司在成立之初就建立了自己的营销团队，对产品进行了大力的推销，并完善了产品的售后服务。同时，大力宣传企业文化，因而迅速占领了国内市场，实际的销售价格也比同类产品稍高。乙公司在管理上也非常重视产品质量，但没有注重产品的推销和企业文化的宣传，因而导致盈利能力远在甲公司之下。请问，使甲公司盈利能力提高的因素有哪些？这些因素可以形成企业的无形资产吗？

学习目标

本章系统地介绍了无形资产评估的前期工作、无形资产评估的各种途径及方法。通过对本章的学习，学生应掌握收益途径在无形资产评估中的应用；熟悉成本途径、市场途径在无形资产评估中的应用；熟悉无形资产评估的前期工作。

● 第一节　无形资产评估概述

一、无形资产概述

（一）无形资产的定义及确认条件

无形资产通过其所依附的商品、服务或企业的正常获利能力之上的额外收益表明了它的存在，正常获利能力相当于有形资产的外在表现，无形资产的外在表现为超额收益。**无形资产**的定义为：特定主体拥有或者控制的，不具有实物形态，能持续发挥作用并且带来经济利益的资源。

无形资产同时满足下列条件的，才能予以确认：

1.与该无形资产有关的经济利益很可能流入企业。

作为无形资产确认的项目，必须具备其产生的经济利益很可能流入企业这一条件。因为资产最基本的特征是产生的经济利益预期很可能流入企业，如果某一项目产生的经济利益预期不能流入企业，就不能被确认为企业的资产。在会计实务中，要确定无形资产所创造的经济利益是否很可能流入企业，需要对无形资产在预计使用寿命期内可能存在的各种经济因素作出合理估计，并且应当有明确的证据支持。

2.该无形资产的成本能够可靠地计量。

企业自创商誉以及内部产生的品牌、报刊名等，因其成本无法可靠地计量，故不应确认为无形资产。

（二）无形资产的主要内容

无形资产包括社会无形资产和自然无形资产，其中社会无形资产通常包括专利权、非专利技术、商标权、著作权、特许权、土地使用权等；自然无形资产包括不具有实体物质形态的天然气等自然资源。

（1）专利权，是指国家专利主管机关依法授予发明、创造专利申请人对其发明、创造在法定期限内所享有的专有权利，包括发明专利权、实用新型专利权和外观设计专利权。

（2）非专利技术，也称专有技术，是指不为外界所知，在生产经营活动中应采用的，不享有法律保护的，可以带来经济效益的各种技术和诀窍。

（3）商标权，是指专门在某类指定的商品或产品上使用特定的名称或图案的权利。

（4）著作权，是指作者对其创作的文学、科学和艺术作品依法享有的某些特殊权利。

（5）特许权，又称经营特许权、专营权，是指企业在某一地区经营或销售某种特定商品的权利或是一家企业接受另一家企业使用其商标、商号、技术秘密等的权利。

（6）土地使用权，是指国家准许某企业在一定期间内对国有土地享有开发、利用、经营的权利。

案例分析 1

（7）商业秘诀。（略）

（三）无形资产的特征

无形资产是为企业生产商品、提供劳务、出租给他人或者为管理目的而持有的、没有实物形态的可辨认非货币性长期资产，具有如下特征：

（1）无形资产不具有实物形态。

无形资产通常表现为某种权利、技术或获取超额利润的综合能力，比如：土地使用权、专利技术、商誉等。它没有实物形态，却能够为企业带来经济利益，或使企业获取超额收益。看不见、摸不着，不具有实物形态，是无形资产区别于其他资产的特征之一。

需要指出的是，某些无形资产的存在有赖于实物载体。比如：计算机软件需要存储在磁盘中，但这并没有改变无形资产本身不具有实物形态的特征。

（2）无形资产属于非货币性长期资产，而且不是流动资产。

无形资产没有实物形态，货币性资产也没有实物形态，比如应收款项、银行存款等。因此，仅仅以有无实物形态将无形资产与其他资产加以区分是不够的。无形资产属于长期资产，主要是因为无形资产能在超过企业的一个经营周期内为企业创造经济利益。那些虽然具有无形资产的其他特性却不能在超过一个经营周期内为企业服务的资产，不能作为企业的无形资产核算。

（3）无形资产是为企业使用而非出售的资产。

企业持有无形资产的目的不是出售而是生产经营，即利用无形资产来生产商品、提供劳务、出租给他人或为企业经营管理服务。比如，软件公司开发的、用于对外销售的计算机软件，对于购买方而言属于无形资产，对于开发商而言却是存货。

无形资产为企业创造经济利益的方式，具体表现为销售产品或提供劳务取得的收入、让渡无形资产的使用权给他人取得的租金收入，也可能表现为因为使用无形资产而改进了生产工艺、节约了生产成本等。

（4）无形资产在创造经济利益方面存在较大的不确定性。

无形资产必须与企业的其他资产（包括足够的人力资源、高素质的管理队伍、相关的硬件设备、相关的原材料等）相结合，才能为企业创造经济利益。此外，无形资产创造经济利益的能力还较多地受外界因素的影响，比如，相关技术更新换代的速度、利用无形资产所生产产品的市场接受程度等。

由于无形资产在创造经济利益方面存在较大的不确定性，所以评估人员在对无形资产进行处理时应持更为谨慎的态度。

二、无形资产评估概述

（一）无形资产评估

无形资产反映了企业所具有的科技能力和水平，是企业资产中的重要组成部分和企业生产经营中最重要的生产要素，也是资产评估的重要评估对象。

无形资产评估是由具备特定资格的机构和人员接受委托，对无形资产在某一特定时间点的价值进行评定估算并得出结论的过程。

无形资产评估必须明确评估的基本事项，对无形资产进行鉴定，搜集评估所需资料，在此基础上选择适用的方法对无形资产的价值进行评估。

（二）无形资产评估的特点

无形资产是有形资产的对称，是指特定主体控制的不具有独立实体、对生产经营与服务能持续发挥作用并能带来经济利益的一切经济资源。由于它是无实物形态的特殊资产，因此，无形资产评估也有其自身的特点。

1.无形资产评估具有单项性。

无形资产的价值构成不同于一般商品。无形资产是由复杂的脑力劳动创造的，由于每一项无形资产都具有自己的独特性，再加上无形资产的产生不是成批生产，而是个别的一次性生产，具有较大的探索性和风险性，常常是在经过一系列的失败以后才取得的。因此，无形资产的价值不像有形资产那样由凝结在其中的社会必要劳动时间来决定，而是由个别生产者在个别生产中所消耗的实际劳动时间来计量，我们对无形资产的评估只能采取单项评估的方式。

2.无形资产评估具有复杂性。

无形资产多种多样，而且它们之间的可比性较差，因此评估人员每评估一项无形资产都必须仔细研究和分析，否则无法客观地估算出其真实价值。

3.无形资产评估具有明显的预测性和动态性。

无形资产自身的特点导致无形资产所带来的收益决定了它的价值。在实务中，收益法往往是无形资产评估的首选方法。用收益法评估无形资产价值，需要对无形资产未来的收益进行合理预测，未来的收益取决于未来市场的变化，所以说，无形资产的评估具有明显的预测性和动态性。

（三）影响无形资产评估价值的因素

无形资产与有形资产不同，它不具有实物形态，但是又可以带来持续的经济利益，这决定了其评估的复杂性。为了更好地确定无形资产的价值，我们在对无形资产进行评估前，必须明确对无形资产价值具有影响的因素。影响无形资产评估价值的因素有：

1.无形资产本身。

不同无形资产的特点不同，其技术内涵不同，价值也有本质差异。

2.无形资产的取得成本。

无形资产也有取得成本，只是其取得成本不是十分明晰，同样不易于计量。所以确定其成本比较困难。一般来说，这些成本项目包括创造发明成本、法律保护成本、发行推广成本等。

3.无形资产机会成本。

无形资产因为确定用途后再不能将其用于其他用途所造成的损失就是其机会成本，通常我们用无形资产投资或出售后的损失来确定机会成本。

4.收益因素。

无形资产创造收益的能力是无形资产价值的最主要体现。无形资产未来预期收益额的确定受被评估无形资产的获利能力、获利方式等因素的影响。获利能力因素包括技术因素、法律因素、经济因素。

5.市场因素。

同有形资产一样，无形资产也受到市场需求情况与适用程度等市场因素的影响。相关市场报价与市场交易价格都在制约无形资产的评估，影响着无形资产的评估价值。

6.使用年限。

对无形资产来说使用年限一般都是一定的，确定使用年限不但要考虑法律保护年限，更主要的是要考虑其具有实际超额收益的经济寿命期限。对于处于使用中的无形资产，要考虑其剩余经济寿命。

7.技术因素。

技术因素对无形资产的影响主要是对专利、专有技术等的影响。科技成果是否成熟以及程度如何，也会影响无形资产的评估价值，要得到较高的评估价值就需要较高的技术成熟度。

8.风险因素。

开发风险、转化风险等都属于无形资产可能遇到的风险，遇到的风险越高，无形资产的价值就越低。

除了上述几种因素外，国家宏观政策、无形资产所在地区的发展、规划与行业发展前景等因素也影响着无形资产的价值。

三、无形资产评估的程序

（一）明确评估基本事项

1.明确评估目的。

从我国目前的市场条件和人们对无形资产的认知水平看，无形资产评估一般应以产权变动为前提。一种情况是，当无形资产的拥有者或控制者以其拥有或控制的无形资产作为投资品或交易对象对外进行投资或交易时，需要对无形资产进行评估；另一种情况是，当企业整体发生产权变动时，企业资产中所包括的无形资产随企业产权变动而产生的评估需求。

无形资产评估的特定目的可分为：无形资产转让；以无形资产出资，用于工商注册登记；企业进行股份制改造；企业合资、合作、重组及兼并；企业改制、上市；银行质押贷款；处理无形资产纠纷和有关法律诉讼；其他目的等。

2.明确评估对象。

（1）明确评估对象类别。一方面便于掌握和识别无形资产，另一方面也便于了解无形资产的属性及作用空间，以便进一步掌握无形资产的价值变化规律。

按无形资产作用的领域划分，无形资产可分为促销型无形资产（如许可证、销售网络、顾客名单）、制造型无形资产（如专利权、专有技术等）和金融型无形资产（如优惠融资、租赁权等）等。

按无形资产的性质划分，无形资产可分为知识型无形资产（如专利权、商标权、著作权）、权利型无形资产（如土地使用权、采矿权、特许经营权）、关系型无形资产（如销售网络、顾客名单）和其他无形资产等。

按无形资产取得的方式划分，无形资产可分为自创无形资产和外购无形资产。

按无形资产能否独立存在划分，无形资产可分为可确指的无形资产和不可确指的无形资产。

（2）明确评估对象的自身状况。无形资产自身的状况包括：无形资产的适用性和先进性；安全可靠性和配套性；评估时无形资产所处的经济寿命阶段；受法律保护的程度或自我保护程度；保密性与扩散情况；研制开发成本及宣传成本；无形资产的产权状况、无形资产的获利能力等。评估人员对无形资产状况的了解和掌握，往往通过对无形资产的鉴定来完成。

（3）明确评估价值类型。无形资产评估的价值类型一般分为市场价值和非市场价值（或称市场以外价值）两类。评估无形资产市场价值的基础条件包括无形资产评估目的、评估时的市场条件、自身的性质和状况等。就一般情况而言，除无形资产出售外，对无形资产价值的评估基本上都属于非市场价值类型。

（4）明确评估基准日。无形资产评估基准日通常由委托方提出，评估机构与委托方协商，根据与评估目的实现日相接近的原则确定。如果无形资产作为单独的评估对象评估，那么评估基准日通常选择在当下某个日期，即现实性评估。个别情况下，评估基准日也可选择在过去或未来日期，即追溯性评估或预测性评估。如对无形资产评估结果有争议而引起的复核评估，评估无形资产未来预期价值等。如果无形资产作为机器设备的有机组成部分与机器设备一起评估，则无形资产的评估基准日应与机器设备的评估基准日一致；如果无形资产与企业整体资产一起评估，则其评估基准日应与企业整体资产评估基准日一致。

（二）鉴定无形资产

1.确认无形资产的存在。

确认无形资产是否存在，主要是验证无形资产来源是否合法，产权是否明确，经济行为是否合法、有效，评估对象是否已经形成了无形资产。对于单独作为评估对象的无形资产，可从以下几个方面进行分析：

（1）查询评估对象的内容、国家有关规定、专门人员评价情况、法律文书，核实有关资料的真实性、可靠性和权威性，分析和判定评估对象是否真正形成了无形资产。

（2）分析无形资产使用所要求的与之相适应的特定技术条件和经济条件，鉴定其应用能力。

（3）核查无形资产的归属，是否为委托者所拥有或他人所拥有。对于作为企业资产的组成部分随同企业整体资产评估而评估的无形资产，应分析企业是否具有由无形资产所带来的超常的收益能力，这种超常的获利能力通常表现为企业的超额利润或者垄断利润。

2.确认无形资产的权利状况。

确认无形资产的权利状况，主要分析企业对无形资产拥有的是所有权还是使用权。

3.鉴定无形资产的效用。

对无形资产效用的鉴定可以从以下几个方面进行：（1）鉴别无形资产的类别，主要确定无形资产的种类、具体名称、存在形式，以及无形资产使用范围和作用领域。（2）分析无形资产的先进性和可靠性，主要考虑无形资产自身的技术状况、成熟程度，以及与同类无形资产的有关技术指标进行比较。

4.确定无形资产的有效期限。

无形资产有效期是无形资产能够获得超额收益的时间（通常以年为单位计量），它是无形资产存在和产生价值的前提。某项专利权，如果超过国家法律保护期限，就不能作为专利权评估。例如，有的专利未缴专利年费，被视为撤回，则相关专利权失效。在对无形资产进行鉴定时，必须要求委托方提供各种能够反映无形资产在有效期限内的证明文件。

（三）收集评估所需资料

无形资产评估所需的相关资料一般由委托人提供，或者由评估人员调查获得，这些资料主要包括以下内容：

（1）无形资产的法律文件或其他证明材料，如专利证书、商标注册证、有关机构和专家的鉴定材料等。

（2）无形资产的研发成本和外购成本的费用和价格资料。

（3）无形资产的技术资料，如反映技术先进性、可靠性、成熟度、适用性等方面的资料。

（4）无形资产转让的内容和条件。转让内容主要应考虑无形资产转让的是所有权还是使用权以及使用权的不同方式等；转让条件包括转让方式、已转让次数、已转让地区范围、转让时附带的条件以及转让费支付方式等。

（5）无形资产盈利能力资料，主要包括使用无形资产的生产能力、产品的销售状况、市场占有率、价格水平、行业盈利水平及风险等。

（6）期限。使用期限主要考虑无形资产的存续期、法定期限、收益年限、合同约定期限、技术寿命期等。

（7）无形资产的市场供求状况，主要考虑评估对象及同类无形资产的供给、需求、范围、活跃程度、变动情况等。

（8）其他所需资料。无形资产评估前期的基础工作还应包括与委托方签订委托合同和制订评估计划等事项，完成这些工作后，就可以选择适当的方法对无形资产进行评估。

（四）确定评估方法，评估无形资产价值

无形资产评估方法直接关系到评估结果，现行的无形资产计算方法主要有市场价值法、收益法和成本法三种。

1.市场价值法。

根据市场交易价格确定无形资产的价值，适用于专利、商标和版权等，一般是根据交易双方达成的协定，以收入的百分比为基础计算上述无形资产的许可使用费。该法存在的主要问题是：（1）大多数无形资产并没有市场价格，有些无形资产是独一无二的，难以确定交易价格；（2）无形资产一般是与其他资产一起交易的，很难单独分离确定其价值。

评估无形资产使用市场法时应当考虑被评估无形资产或者类似无形资产是否存在活跃的市场，恰当考虑市场法的适用性；收集类似无形资产交易案例的市场交易价格、交易时间及交易条件等交易信息；选择具有合理比较基础的可比无形资产交易案例，考虑历史交易情况，并重点分析被评估无形资产与已交易案例在资产特性、获利能力、竞争能力、技术水平、成熟程度、风险状况等方面是否具有可比性；收集被评估对象以往的交易信息；根据宏观经济发展、交易条件、交易时间、行业和市场因素、无形资产实施情况的变化，对可比交易案例和被评估无形资产以往交易信息进行必要调整。

2.收益法。

收益法是对被评估无形资产预期收益进行折现或本金化的过程，也是将未来各期收益进行折算的现值之和。收益法的关键是如何确定适当的折现率或资本化率。这种方法同样存在难以分离某种无形资产经济收益的问题。此外，当某种技术尚处于早期开发阶段时，其无形资产可能不存在经济收益，因此，不能应用此法进行计算。

无形资产评估使用收益法时应当在获取的无形资产相关信息基础上，根据被评估无形资产或者类似无形资产的历史实施情况及未来应用前景，结合无形资产实施或者拟实施企业经营状况，重点分析无形资产经济收益的可预测性，恰当考虑收益法的适用性；合理估算无形资产带来的预期收益，合理区分无形资产与其他资产所获得的收益，分析与之有关的预期变动、收益期限，与收益有关的成本费用、配套资产、现金流量、风险因素；保持预期收益口径与折现率口径一致；根据无形资产使用过程中的风险因素及货币时间价值等因素合理估算折现率，无形资产折现率应当区别于企业或者其他资产折现率；综合分析无形资产的剩余经济寿命、法定寿命及其他相关因素，合理确定收益期限。

3.成本法。

成本法就是计算替代或重建某类无形资产所需的成本。适用于对那些能被替代的无形资产的价值的估算，也可估算因无形资产使生产成本下降，原材料消耗减少或价格降低，浪费减少和更有效地利用设备等所带来的经济收益，从而评估出这部分无形资产的价值。但由于受某种无形资产能否获得替代技术或开发替代技术的能力以及产品生命周期等因素的影响，无形资产的经济收益很难确定，使得此法在应用上受到限制。

无形资产评估使用成本法时应当根据被评估无形资产形成的全部投入，充分考虑无形资产价值与成本的相关程度，恰当考虑成本法的适用性；合理确定无形资产的重置成本，无形资产的重置成本包括合理的成本、利润和相关税费；合理确定无形资产贬值。

对同一无形资产采用多种评估方法时，应当对所获得各种初步价值结论进行分析，形成合理的评估结论。

（五）编制评估报告

资产评估报告是资产评估师遵照相关法律、法规和资产评估准则，在实施了必要的评估程序对特定无形资产价值进行估算后编制，并由其所在评估机构向委托方提交的反映其对无形资产的专业评估意见的书面文件。它是按照一定格式和内容来反映评估目的、假设、程序、标准、依据、方法、结果及适用条件等基本情况的报告书。

● 第二节　收益途径及方法在无形资产评估中的应用

无形资产评估中的收益途径及方法是将无形资产带来的超额收益以适当的折现率折现求和，以此确定无形资产价值的评估思路和技术方法。

收益途径及方法的基本前提条件是：

（1）无形资产的未来预期超额收益能够预测和计量；

（2）无形资产未来所面临的风险状况能够预测和计量；

（3）无形资产获得超额收益的年限能够确定。

案例分析2

因此，运用收益途径及方法评估无形资产价值的关键是确定超额收益、折现率、收益期限这三个基本参数。

一、超额收益的估测

无形资产收益额是由无形资产带来的超额收益。由于无形资产的功能特性——附着性，产生了如何从无形资产与有形资产共同作用创造的收益中分离出由无形资产创造的收益这一问题。

（一）直接估算法

直接估算法是通过将未使用无形资产和使用无形资产以后收益情况进行对比，确定无形资产带来的收益的一种估算方法。

1.价格上升型。

无形资产应用于生产经营过程，使企业生产的产品能够以高出同类产品的价格出售，从而获得超额收益。假设在销售量和单位成本不变，且不考虑销售税金的情况下，无形资产形成的超额收益的计算公式为：

$$R=(P_2-P_1)\times Q\times(1-T) \tag{8-1}$$

式中：R——超额收益；

      P_1——未使用被评估无形资产的单位产品价格；

      P_2——使用被评估无形资产以后的单位产品价格；

      Q——产品销售量；

      T——所得税税率。

2.销量扩大型。

无形资产应用于生产经营过程，使企业生产的产品销售数量大幅度增加，从而获得超额收益。假设单位价格和单位成本不变，不考虑销售税金的情况下，无形资产所形成的超额收益的计算公式为：

$$R=(Q_2-Q_1)\times(P-C)\times(1-T) \tag{8-2}$$

式中：R——超额收益；

      Q_1——未使用被评估无形资产的单位产品销售量；

      Q_2——使用被评估无形资产以后的单位产品销售量；

      P——产品价格；

      C——产品单位成本；

      T——所得税税率。

3.成本费用节约型。

无形资产应用于生产经营过程，使企业生产的产品的成本费用降低，从而获得超额收益。

假设在销售量和单位产品的价格不变、不考虑销售税金的情况下，无形资产所形成的超额收益的计算公式为：

$$R=(C_1-C_2)\times Q\times(1-T) \tag{8-3}$$

式中：R——超额收益；

      C_1——未使用被评估无形资产以前的单位产品成本；

      C_2——使用被评估无形资产以后的单位产品成本；

      Q——产品销售量；

      T——所得税税率。

实际上，无形资产应用后，其带来的超额收益通常是价格提高、销售量增加以及成本降低等各因素共同作用的结果，评估人员应根据不同情况加以综合运用和测算，以科学估测无形资产的超额收益。

（二）分成率法

分成率法是以运用无形资产后的销售收入或销售利润为基数，乘以无形资产的分成率来确定无形资产超额收益的方法，该方法是目前国际、国内技术交易中常用的方法。

其评估计算公式为：

无形资产收益额=销售收入（利润）×销售收入（利润）分成率　　　　　　　　　　（8-4）

因为分成对象分别是销售收入和销售利润，所以就产生了两个不同的分成率，但最终对收益额的计算结果相同。

计算公式为：

收益额=销售收入×销售收入分成率　　　　　　　　　　　　　　　　　　　　　　（8-5）

收益额=销售利润×销售利润分成率　　　　　　　　　　　　　　　　　　　　　　（8-6）

由于无形资产的种类不同，其在发挥作用的形式、能否再转让等方面都是有差别的，预测无形资产的超额收益时，评估人员应根据每一种具体的无形资产的实际情况，考虑适宜的估测思路。在对使用无形资产后的销售收入或销售利润进行预测时，需进行预期的方面主要包括：对同行业竞争的预期，对未来市场产品或服务需求数量的预期，对受让方的市场份额的预期，对与无形资产相关的产品或服务价格的预期，对使用无形资产需追加的投资及相关费用的预期等。这些预期都应建立在科学、合理、可靠的基础之上。

对无形资产销售收入分成率的估测，可考虑按同行业约定俗成的无形资产销售收入分成率确定，如行业技术分成率、特许使用权分成率、商标分成率等。例如，按照国际惯例，一般技术转让费为销售收入的1%～10%。但从将销售收入分成率和销售利润分成率相比较来看，销售利润分成率比销售收入分成率更能反映出转让价格的合理性，因此，在无形资产评估中主要选用销售利润分成率。

实际上，销售收入和销售利润有内在联系，因此，可以根据销售收入分成率推算出销售利润分成率，反之亦然。

两者互相转换的公式为：

销售收入分成率=销售利润分成率×销售利润率　　　　　　　　　　　　　　　　　（8-7）

销售利润分成率=销售收入分成率÷销售利润率　　　　　　　　　　　　　　　　　（8-8）

【例8-1】中顺公司某项无形资产社会平均销售利润率为20%，技术转让费为销售收入的8%，则无形资产转让的销售利润分成率为：

销售利润分成率=8%÷20%=40%

销售利润分成率通常是以无形资产带来的新增利润在利润总额中的比重为基础来确定的。但是在特定情况下，无形资产带来的新增利润无法直接计算，就需要采用间接的方法来计算。

（1）边际分析法。

边际分析法是选择无形资产受让方运用无形资产前后两种经营条件下的利润差额，即由无形资产使用所形成的新增利润，测算其占无形资产使用后的总利润的比率作为无形资产的销售利润分成率的一种方法。

边际分析法的步骤是：

第一，对无形资产的边际贡献因素进行分析，包括新市场的开辟、销售量的提高、消耗量的降低、成本费用的节省、产品质量的改进、功能的增加、价格的提高等。

第二，测算使用无形资产后受让方可以实现的总利润和无形资产带来的新增利润。

第三，根据无形资产的剩余经济寿命或设定年限，将各年的新增利润和利润总额分别折现累加，得到剩余经济寿命或设定年限内的新增利润现值之和与利润总额现值之和。

第四，用新增的利润（追加利润）现值之和与利润总额现值之和的比率作为无形资产销售利润分成率。

其计算公式为：

$$利润分成率 = \frac{\sum 追加利润现值}{\sum 利润总额现值} \times 100\% \qquad (8-9)$$

注意：现值（present value），是指资金折算至基准年的数值，也称折现值、在用价值，是指对未来现金流量以恰当的折现率进行折现后的价值。

边际分析法仅仅是确定无形资产超额收益比例的一种可参考的技术思想，即在运用无形资产后增加的超额收益，不能全部划归无形资产，无形资产带来的超额收益仅仅是其中的一部分。至于无形资产应分得的部分是多少，应根据无形资产在其中发挥作用的大小来确定，因此使用该方法的重点应放在对无形资产边际贡献度的分析上。

【例 8-2】中顺公司拟转让一项印染技术，受让方在未取得该技术之前，年利润额在 50 万元左右，如果受让方购买了该项技术，每年利润将会比上年增加 20 万元。

假定该技术的经济寿命还有 5 年，折现率为 10%，则该项技术的销售利润分成率测算如下：

受让方使用无形资产后每年的利润总额分别是 70 万元、90 万元、110 万元、130 万元和 150 万元，与基期利润相比，企业之后每年新增利润分别是 20 万元、40 万元、60 万元、80 万元和 100 万元。

$$该项技术的利润分成率 = \frac{\sum 追加利润现值}{\sum 利润总额现值} \times 100\%$$

$$= \frac{20 \times (1 + 10\%)^{-1} + 40 \times (1 + 10\%)^{-2} + 60 \times (1 + 10\%)^{-3} + 80 \times (1 + 10\%)^{-4} + 100 \times (1 + 10\%)^{-5}}{70 \times (1 + 10\%)^{-1} + 90 \times (1 + 10\%)^{-2} + 110 \times (1 + 10\%)^{-3} + 130 \times (1 + 10\%)^{-4} + 150 \times (1 + 10\%)^{-5}} \times 100\%$$

$$= 52.9\%$$

（2）约当投资分成法。

约当投资分成法是根据等量资本获得等量报酬的思想，将共同发挥作用的有形资产和无形资产换算成相应的投资额（约当投资量），再按无形资产的约当投资量占总约当投资量的权重确定无形资产销售利润分成率。其计算公式为：

$$无形资产利润分成率 = \frac{无形资产约当投资量}{购买方约当投资量 + 无形资产约当投资量} \times 100\% \qquad (8-10)$$

式中：

无形资产约当投资量 = 无形资产的重置成本 × (1+适用的成本利润率)   (8-11)

购买方约当投资量 = 购买方投入总资产的重置成本 × (1+适用的成本利润率)   (8-12)

约当投资分成法的关键是能否准确地确定无形资产的约当投资量，由于无形资产的种类繁多，既有技术含量高的无形资产，又有普通的无形资产，无形资产的重置成本和适用的成本利润率都不易准确把握。因此，评估人员在使用约当投资分成法确定无形资产销售利润分成率时，应具有充分的数据资料作为支持。

【例 8-3】中顺公司用 Y0021 新技术向 ABB 公司投资，该技术的重置成本为 150 万元，ABB公司投入合营的资产重置成本为9 000万元，中顺公司无形资产的成本利润率为400%，ABB公司拟合作的资产原利润率为12%。试评估无形资产投资的销售利润分成率。

根据题意：

无形资产的约当投资量=150×（1+400%）=750（万元）

购买方约当投资量=9 000×（1+12%）=10 080（万元）

无形资产的利润分成率=$\frac{750}{10\,080+750}$×100%=6.93%

（三）差额法

差额法是采用无形资产和其他类型资产在经济活动中的综合收益与行业平均水平进行比较，从而得到无形资产超额收益的方法。

应用差额法评估时，首先，要收集有关使用无形资产的产品生产经营活动的财务资料，进行盈利分析，计算得到销售收入和销售利润率。其次，要收集并确定行业平均销售利润率指标，用企业的销售收入乘以行业的平均利润率得到按行业评估利润率计算的企业利润。最后，要计算无形资产带来的超额收益。

其计算公式为：

无形资产带来的超额收益=销售利润−销售收入×行业平均利润率

=经营利润−资产总额×行业平均资金利润率 （8-13）

需要注意的是，运用差额法计算出来的超额收益，往往是各类无形资产共同创造的，在对某一种无形资产进行评估时，还需将计算出来的超额收益进行分解处理。

二、折现率的估测

折现率是将无形资产所带来的超额收益换算成现值的比率。它本质上是从无形资产受让方的角度，作为受让方投资无形资产的投资报酬率。折现率的高低取决于无形资产投资的风险和社会正常的投资收益率。

从理论上讲，无形资产评估中的折现率是无风险报酬率与无形资产投资风险报酬率之和。其计算公式为：

无形资产评估中的折现率=无风险报酬率+无形资产投资风险报酬率 （8-14）

在市场经济比较发达的国家，无风险报酬率大都选择政府债券利率。从我国目前的情况看，除了可以选择国债利率以外，国家银行利率也可以考虑。无风险报酬率突出了投资回报的安全性和可靠性。我国的国债利率与国家银行利率基本都能保证这两点。

无形资产投资风险报酬率的选择和量化主要取决于无形资产本身的状况，以及运用和实施无形资产的外部环境，如技术的先进性，技术成果是否已经在市场中得以体现，企业整体素质和管理水平，企业所处行业，市场因素和政策因素等。因此，对于无形资产的投资风险报酬率的确定，通常要根据评估对象的具体情况分析、判断而定。

投资报酬率是通过投资而应返回的价值率，是企业从一项投资性商业活动中得到的经济回报的比率。投资报酬率涵盖了企业的获利目标，利润和经营所必备的财产及投资相关，因为管理人员必须通过投资和现有财产获得利润。投资报酬率亦称"投资的获利能力"，是全面评价投资中心的各项经营活动、考评投资中心业绩的综合性质量指标。它既能揭示投资中心的销售利润水平，又能反映资产的使用效果。投资报酬率的优点是计算简单，回报通常基于某些特定年份，时效性较强。

无形资产评估中折现率的确定是一个比较复杂的过程，它受诸多因素的影响和制约，评估者一定要抓住影响无形资产折现率的主要因素，在认真调查研究的基础上，经过充分分析予以确定。

三、收益期限的估测

无形资产的收益期限，是指无形资产发挥作用，并具有超额收益能力的时间。

无形资产能带来超额收益持续的时间通常取决于无形资产的剩余经济寿命。但是在无形资产转让或其他形式的产权变动过程中，由于转让的期限、无形资产受法律保护的年限等诸因素都将影响某一种无形资产的收益持续时间，因此，在判断无形资产获得超额收益的持续时间时，要掌握这样一个原则，即剩余经济寿命与法律保护年限以及合同年限孰短的原则。

无形资产的法定寿命和合同年限一般都是明确的，而无形资产的剩余经济寿命通常需要评估者予以估测。

当然，无形资产的种类不同，其剩余经济寿命的决定因素亦不相同，要根据无形资产的具体特点采取适当的方式加以判断。比如，技术型无形资产，通常要用产品更新周期法或技术更新周期法来判断其剩余经济寿命。

四、无形资产价值的估测

在已确定了无形资产的超额收益、折现率和收益期限后，便可按照"将利求本"的思路，运用收益折现法将无形资产在其发挥效用的年限内的超额收益折现，累加求得评估值。

【例8-4】中顺公司将该厂知名的5#注册商标使用权通过许可使用合同允许SD公司使用，使用期限为5年。双方约定由SD公司每年将按使用该商标新增利润的25%支付给中顺公司，作为商标使用费。经预测，在未来5年中SD公司使用中顺公司的5#注册商标后每年将新增净利润300万元、320万元、350万元、370万元和390万元。假设折现率为12%，计算该商标使用权的价值。

（1）该商标使用权超额收益计算如下：

$R_1=300×25\%=75$（万元）

$R_2=320×25\%=80$（万元）

$R_3=350×25\%=87.5$（万元）

$R_4=370×25\%=92.5$（万元）

$R_5=390×25\%=97.5$（万元）

（2）该商标使用权的价值计算如下：

$$该商标使用权的价值=\frac{75}{(1+12\%)^1}+\frac{80}{(1+12\%)^2}+\frac{87.5}{(1+12\%)^3}+\frac{92.5}{(1+12\%)^4}+\frac{97.5}{(1+12\%)^5}$$
$$=307.13（万元）$$

根据不同无形资产的特点，还可以选择收益途径中的其他具体方法进行评估。需要指出的是，本教材中的举例纯粹是为了说明收益法原理，并不是实际案例，在实际评估过程中，收益法中的各个参数应根据实际情况来确定。

● 第三节 成本途径及方法在无形资产评估中的应用

一、无形资产的成本特性

采用成本法评估无形资产，必须了解无形资产成本的特殊属性。

1. 不完整性。

案例分析 3

与购建无形资产相对应的各项费用是否计入无形资产的成本，是以费用支出资本化为条件的。在企业生产经营过程中，科研费用一般是比较均衡地发生的，并且比较稳定地为生产经营服务，因而我国现行财务制度一般把科研费用在当期生产经营费用中列支，而不是先对科研成果进行费用资本化处理，再按无形资产折旧或摊销的办法以生产经营费用补偿。

2. 弱对应性。

无形资产的创建经历了基础研究、应用研究和工艺生产开发等漫长过程，成果的出现带有较大的随机性和偶然性，其价值并不与其开发费用和时间产生某种既定的关系。

3. 虚拟性。

既然无形资产的成本具有不完整性、弱对应性的特点，则无形资产的成本往往是相对的。特别是一些无形资产的内涵已经远远超出了它的外在投入，这种无形资产的成本只具有象征意义。例如商标，其成本核算的内容是商标设计费、登记注册费、广告费等，而商标的内涵是标示商品的质量、信誉，这是一种商标比另一种商标"响"的根本所在。这种无形资产实际上包括了该商品使用的特种技术、配方和多年的经验积累，而商标形式本身所耗费的成本只是象征性的（或称虚拟性的）。

运用成本法评估无形资产需要把握两大基本要素：一是无形资产的重置成本；二是无形资产的贬值，主要是无形资产的功能性贬值和经济性贬值。

由于无形资产的成本具有不完整性、弱对应性和虚拟性等特点，因此，运用成本法评估无形资产的价值受到一定的限制。

二、无形资产重置成本的估测

重置成本法是指在资产评估时，按被评估资产的现时完全重置成本，减去应扣损耗或贬值，来确定被评估资产价格的一种方法。具体来讲，就是根据重新购建与被评估资产相同或类似的全新资产的全部重置成本加上在现行市价条件下所需支付的费用，扣除被评估资产因为使用、存放和技术进步及社会经济环境变化而对资产价值的影响，从而得出被评估资产按现行市价及新旧程度计算的重估价值。

（一）自创无形资产重置成本的估测

自创无形资产的成本包括研制、开发、持有期间发生的全部物化劳动和活劳动的费用支出。

现实中，大多数企业或个人对自创无形资产的基础成本数据积累不够，使得自创无形资产的成本记录不完整、不真实，甚至没有记录。

1. 核算法。

核算法，是将以现行价格水平和费用标准计算的无形资产研发过程中的全部成本费用（包括直接成本和间接成本）加上合理的利润、税费后确定无形资产的重置成本的计算

方法。

其计算公式为：

无形资产重置成本=直接成本+间接成本+合理利润+税费 　　　　　　　　　　(8-15)

式中：直接成本是指无形资产研发过程中实际发生的材料、工时耗费支出，一般包括材料费用、科研人员工资、专用设备费、咨询鉴定费、协作费、培训费、差旅费和其他有关费用；间接成本，是指与无形资产研发有关，应摊入无形资产成本的费用，包括管理费用、非专用设备折旧费用、应分摊的公共费用和能源费用等；合理利润，是指以无形资产的直接成本和间接成本为基础，按同类无形资产的平均成本利润率计算的利润；税费，是指无形资产转让过程中应缴纳的城市维护建设税和教育费附加等，以及无形资产转让过程中发生的其他费用，如广告宣传费、技术服务费、交易手续费等。

2.倍加系数法。

对于投入智力比较多的技术型无形资产，考虑到科研劳动的复杂性和风险，可以用以下公式估算无形资产重置成本。

无形资产重置成本的计算公式：

$$C_r = \frac{C + \beta_1 \times V}{1 - \beta_2} \times (1 + L) \qquad\qquad (8-16)$$

式中：C_r——无形资产重置成本；

　　　　C——研制开发无形资产消耗掉的物化劳动；

　　　　V——研制开发无形资产消耗掉的活劳动；

　　　　β_1——科研人员创造性劳动的倍加系数；

　　　　β_2——科研的平均风险系数；

　　　　L——无形资产投资报酬率。

当被评估无形资产为非技术型无形资产时，科研人员创造性劳动的倍加系数 β_1 和科研的平均风险系数 β_2 可以不予考虑。

当然，上述公式中并没有反映间接成本和转让成本的因素，在实际评估操作中也应该考虑在内。在估测没有较完备的费用支出数据资料的无形资产的重置成本时，评估人员应尽可能利用类似无形资产的重置成本作为参照，通过调整求得评估对象的重置成本。

【例8-5】中顺公司研制出 WM 型材料，研制过程消耗物料及其他费用60万元，员工开支20万元。评估测算，科研人员创造性劳动的倍加系数为1.8，科研的平均风险系数为0.3，无形资产投资报酬率为25%。

采用倍加系数法估算的重置成本为：

$$重置成本 = \frac{60 + 20 \times 1.8}{1 - 0.3} \times (1 + 25\%)$$

$$= 171.43（万元）$$

3.市场调整法。

自创的无形资产在市场中有类似无形资产出售时，可按无形资产的市场售价确定，或者市场售价的一般比率由类似无形资产的市场售价换算确定重置成本。

$$重置成本 = 类似无形资产价值 \times \frac{无形资产成本之和}{类似无形资产市价之和} \qquad (8-17)$$

【例8-6】中顺公司研制出某项技术秘诀。现市场上相关的技术转让费为140万元，该企业有4项专利技术，开发成本分别为：A项50万元、B项70万元、C项120万元、D项130万元，相应的市价为：A项60万元、B项80万元、C项130万元、D项140万元。

该项技术秘诀按市场调整法评估的重置成本为：

$$重置成本=140 \times \frac{50+70+120+130}{60+80+130+140}$$

$$=126.34（万元）$$

（二）外购无形资产重置成本的估测

外购无形资产由于其原始购入成本在企业账簿上有记录，相对于自创无形资产的重置成本的估测似乎容易一些。

1.市场类比法。

市场类比法，是以与评估对象相类似的无形资产近期交易实例作为参照物，再根据功能和技术先进性、适用性等对参照物的交易价格进行调整和修正，从而确定被评估对象现行购买价格，再根据现行标准和实际情况核定无形资产的购置费用，以此来确定无形资产重置成本的评估方法。

该方法的难点是能否找到合适的参照物以及调整因素的确定与量化。

2.价格指数法。

价格指数法，是以被评估无形资产的原始成本为基础，采用同类无形资产的价格指数将其调整为重置成本的评估方法。其计算公式如下：

$$无形资产重置成本=无形资产账面原值 \times \frac{评估时价格变动指数}{购置时价格变动指数} \tag{8-18}$$

价格指数应综合考虑生产资料和消费资料价格指数的变化。根据评估对象的种类，以及可能的投入活动情况选择生产资料价格指数与消费资料价格指数的权重。

【例8-7】中顺公司外购一项无形资产，账面价值为180万元，2×23年对其进行评估，试按物价指数法估算其重置完全成本。经鉴定，该无形资产系运用现代先进的实验仪器经反复试验研制而成，物化劳动耗费的比重较大，可适用生产资料物价指数。根据资料，此项无形资产购置时物价指数和评估时物价指数分别为110%和150%。

该项无形资产的重置完全成本为：

$$重置成本=180 \times \frac{150\%}{110\%}$$

$$=245.45（万元）$$

3.无形资产贬值的估测。

无形资产本身没有有形损耗，它的贬值主要体现在其功能性和经济性贬值方面，而无形资产的功能性贬值和经济性贬值又会通过其经济寿命的减少和缩短体现出来。

评估时，可以把无形资产的贬值以其剩余经济寿命的减少来表示。这样利用使用年限法就能较为客观地反映无形资产的贬值。其计算公式为：

$$成新率=\frac{剩余使用年限}{已使用年限+剩余使用年限} \times 100\% \tag{8-19}$$

运用年限法确定无形资产的成新率（贬值率），关键的问题是如何确定无形资产的剩余使用年限（尚可使用年限）。无形资产剩余使用年限可以根据无形资产法律保护期限或合同期限减去已使用年限确定，或通过有关专家对无形资产的先进性、适用性，同类无形资产的状况以及国家有关政策等方面的综合分析，判定其剩余经济寿命。

此外，还应注意分析无形资产的使用效用与无形资产的使用年限是否呈线性关系，以此来确定上述公式的适用性。

4.无形资产价值的估测。

（1）无形资产所有权价值的估测。

无形资产所有权是无形资产最根本的权利。无形资产所有权的转让标志着无形资产的权利（控制权、使用权、收益权、处置权等）的全部转移。这种情况下，无形资产的评估价值应该是无形资产的重置成本扣除无形资产贬值后的全部余额。其评估计算公式为：

无形资产评估值=重置成本×（1-贬值率）　　　　　　　　　　　　　　　　　（8-20）

（2）无形资产许可使用权价值的估测。

无形资产许可使用权通常可分为独占使用权、排他使用权和普通使用权等。

上述使用权转让的形式和内容尽管有所不同，但具有共同的特点，即无形资产的所有权仍被原产权主体拥有，无形资产的使用权和收益权在一定的时间和地域范围内被多家产权主体拥有。

因此，在这种情况下，无形资产使用权的价值就不是全部无形资产重置成本的净值，而是全部无形资产重置成本的净值的分摊额与无形资产转让的机会成本之和。其评估计算公式为：

无形资产评估值=重置成本×（1-贬值率）×转让成本分摊率+转让的机会成本　　（8-21）

式中：

$$转让成本分摊率=\frac{购买方运用无形资产的设计能力}{运用无形资产总的设计能力}×100\%$$　　（8-22）

上述公式中，"购买方运用无形资产的设计能力""运用无形资产总的设计能力"可根据设计产量或按设计产量计算的销售收入计算确定。

无形资产转让的机会成本=无形资产转让的净减收益现值+无形资产再开发的净增费用现值　（8-23）

无形资产转让的净减收益，一般是指在无形资产尚能发挥作用期间减少的净现金流量。无形资产再开发的净增费用包括：保护和维持无形资产追加的科研费用和其他费用。

对于无形资产转让的净减收益和无形资产再开发的净增费用评估人员通常运用边际分析法进行分析测算。由于无形资产自身的特点，其价值主要不是取决于它的"物化"的量，而是其带来的经济利益的量。因此，只有确信评估对象确有超额获利能力，运用成本法评估其价值才不至于出现重大失误。

【例8-8】中顺公司2×23年年底对其某项专利技术许可使用权进行转让，该技术账面原始成本为400万元，已使用2年，预计还可以使用10年。近2年物价涨幅为20%。由于技术转让，该企业产品的市场占有率将有所下降，在以后的10年内，减少销售收入的现值为140万元，增加开发费用以提高质量、保住市场的追加成本现值为110万元。该企业与购买方共同享有这项生产技术所形成的生产能力，涉及的产品分别为650万件和350万件，试评估该项无形资产转让的最低收费额。

评估计算过程如下：

（1）计算该项无形资产的重置成本净值。

$$重置成本净值=400×(1+20\%)×\frac{10}{10+2}$$
$$=400（万元）$$

（2）计算转让成本分摊率。

$$转让成本分摊率=\frac{350}{350+650}×100\%=35\%$$

（3）计算机会成本。

无形资产转让后加剧了市场竞争，在该无形资产的寿命期间，销售收入减少和费用增加的现值，就是转让无形资产的机会成本，即：

机会成本=无形资产转让净减收益现值+无形资产再开发净增费用现值

（4）计算该项无形资产转让的最低收费额。

$$最低收费额=400×35\%+250$$
$$=390（万元）$$

【例8-9】中顺公司现在拟转让一专利技术，与购买方商议双方利用该专利技术涉及的生产能力分别为800万件和400万件。该专利技术目前的重置成本为400万元，已经使用5年，剩余经济使用年限为3年。该项专利技术转让后对出让方的生产经营产生较大影响，市场竞争使得产品销售额下降，减少净收入的现值为60万元。转让后为受让方提供技术指导等转让成本为20万元。试评估确定该无形资产转让的最低收费额。

（1）该无形资产的重置成本=400万元

（2）该无形资产的功效损失率=5÷（5+3）×100%=62.5%

（3）该无形资产的转让成本分摊率=400÷（800+400）×100%=33.33%

（4）该无形资产转让的机会成本=60+20=80（万元）

（5）该无形资产转让的最低收费额的计算如下：

最低收费额=400×（1-62.5%）×33.33%+80=130（万元）

● 第四节　市场途径及方法在无形资产评估中的应用

无形资产评估中的市场途径及方法，是指通过市场调查，选择与被评估无形资产相同或类似的近期交易实例作为参照物，并通过对交易情况、交易时间、交易价格类型、无形资产的先进性、适用性、可靠性、使用范围、经济寿命等各方面因素的比较、量化和修正，将参照物无形资产的市场交易价格调整为评估对象价值的评估思路和技术方法。

由于无形资产的个别性、垄断性、保密性等特点决定了无形资产的市场透明度较低，加之我国无形资产市场不发达、交易不频繁，运用市场途径及其方法评估无形资产有诸多的困难。因此，我国在目前的条件下运用市场法评估无形资产的情况并不普遍。

一、合理选择参照物

同有形资产一样，评估人员采用市场法评估无形资产首先也要收集资料并合理选择参照物。根据《资产评估执业准则——无形资产》的规定，收集资料时应确定具有合理比较基础的无形资产；收集类似的无形资产交易市场信息和被评估无形资产以往的交易信息；价格信息具有代表性，且在评估基准日是有效的；根据宏观经济、行业和无形资产情况的变化，考虑时间因素，对被评估无形资产的以往信息进行必要调整。

在对所收集资料进行分析、整理和筛选的基础上合理选择参照物，参照物的选择要注意：

（1）所选择的参照物应与被评估对象在功能、性质、适用范围等方面相同或基本相同；

（2）参照物的成交时间应尽可能接近评估基准日，或其价格可调整为评估基准日价格；

（3）参照物的价格类型要与评估对象要求的价格类型相同或接近；

（4）有三个以上的参照物可供比较。

二、恰当确定可比因素

可比因素就是影响被评估对象和参照物之间价格差异的因素。从大的方面来看，这些影响因素包括：

（1）交易情况因素，包括交易类型、市场供求状况、交易双方状况、交易内容（如所有权转让或使用权转让）、交易条件、付款方式等；

（2）交易时间因素，应主要注意参照物交易时同类无形资产的价格水平与评估时点是否发生变化，变化的幅度以及对无形资产价格的影响程度；

（3）无形资产的状况因素，主要包括无形资产的产权状况，无形资产的适用性、先进性、安全可靠性和配套性，无形资产的剩余经济寿命，无形资产受法律保护和自我保护的程度，无形资产的保密性和扩散性，无形资产的研发和宣传成本等。

评估时，应对上述因素进行全面分析，合理确定可供比较的各种因素，并通过对可比因素的量化和调整，最终估测出被评估对象的价值。

● 第五节　技术类无形资产的评估

一、技术类无形资产

（一）技术类无形资产的概念

技术类无形资产，又称为技术资产或技术型无形资产，是指含有技术内容的无形资产。它是由直接载体（技术方案、证书、图纸等）或间接载体（与技术相关的有形资产）来展现的技术产品或商品、智能形态的技术成果和其他与技术相关的权利构成。作为一种可控经济资源，技术类无形资产必须是有用物，既具有使用价值，又必须具有获利能力，即一项技术成果，只有当为控制主体带来超额利润时，才能称其为技术类无形资产。从资产评估的角度看，技术类无形资产大致可以分为专有技术、专利技术和工业版权三大类。

（二）技术类无形资产的特征

作为一种包含技术内容的无形资产，技术类无形资产和非技术类无形资产相比具有以下特征：

案例分析4

1.高附加效益。

技术类无形资产的生产是以创造性劳动为主的生产，这种劳动比一般的劳动具有更大的增值效应。这主要是因为技术类无形资产往往有着很高的附加效益，这种效益的发挥会随着时间的推移越来越明显，但这种效益一般是很难定量化表述的。如一套管理软件应用后，在促使企业经济效益上升的同时，企业管理人员的管理水平以及企业的管理方式也得到了不同程度的改善，而这些都为企业的进一步发展打下了基础。另外，技术类无形资产的附加效益还表现在其开发均以经济效益与社会效益相统一作为基本出发点上。对提高人们的物质文化生活与社会福利水平、改善劳动条件、提高环保质量、促进科学技术的普及与应用、提高社会的整体科技水平等均有着积极的推动作用。

2.高智能性。

技术类无形资产属于高智能性无形资产，在开发过程中智能的投入要远远高出资金、材料等其他方面的投入。以计算机软件为例，指令的增加直接导致程序的复杂化，而程序的复杂化又使得编制程序量增加，即智能投入量增加。由于高智能脑力劳动的价值很难以货币的方式准确地量化，同时在支付中又存在着严重的不合理，因此，技术类无形资产在价值评估时存在着相当大的难度。

3.可比性不高。

技术类无形资产在价值评估中的可比性不高是由于这类无形资产基本上是一次性生产，且产量唯一。另外，技术类无形资产不存在社会平均必要劳动量，只有个别的直接劳动量。事实上，由于技术类无形资产的开发主要是对活劳动中的智力劳动的消耗，它具有鲜明的个性特征，不同的开发人员，不同的开发时间以及不同的开发环境都会导致技术类无形资产的基本思想、内在结构与实现方法的不同，因此这类无形资产之间可比性不高。

4.风险性。

它来自于技术类无形资产的创造者和使用者，即出让方和受让方。如果创新技术类无形资产不能及时地投入到市场中，被使用者接受，那么创造技术类无形资产的人力、物力的投入就会成为一种浪费；技术类无形资产的使用者在购得新技术后，由于自身应用能力差而迟迟掌握不了技术，导致技术过时失效，也不能为其创造价值。

5.个体差异性。

技术类无形资产一旦出现，只需依靠知识的传播就可满足社会的需要，再重复发明就显得毫无意义了。

二、技术类无形资产评估的意义及特点

（一）技术类无形资产评估的意义

技术类无形资产评估是对技术资产某一时点的价格估算。它是指具有一定资格的评估主体，根据特定的评估目的，选择公允的评估标准，依照一定的评估程序，运用科学的、适当的和公认的评估方法，对被评估对象在某一时点上进行确认、评价、估算和报告，为技术资产业务当事人提供价值尺度的一种社会经济活动。在经济增长方式转变的过程中，技术作为评估的对象，其评估价值关系到技术项目能否被合理地开发、利用。对于提高我国整体科技水平、促进企业技术创新、形成完善的技术市场和产权交易市场都有不可忽视的重要作用。技术资产评估是企业投资决策、资产经营的必要前提。通过

价值清算，可以防止国有技术资产流失。同时，为技术价格的形成奠定基础，从而有利于完善技术市场。

（二）技术类无形资产评估的特点

技术类无形资产评估对象的复杂程度高。技术类无形资产具有个体唯一性的特点，即一项技术一经问世并取得社会的承认，他人重复研制或生产便是劳动浪费，这种劳动浪费社会是不予承认的。技术商品在一定的地域范围内往往是被垄断的。因此，每项资产评估都要对具体的无形资产的性能、特点、经济技术参数等做专门的分析研究，这也就使得应用现行市价法进行评估时难以找到完全相同或相似的无形资产进行参照。同时，每项技术类无形资产评估的过程及结果都是交易双方不愿公开的，这也使得技术类无形资产市场的信息严重不对称，更加大了获取参照物的难度。再者，技术类无形资产评估中对资产价值的认定往往与有形资产差别很大。有形资产的价值主要由成本及折旧决定，成本及折旧额的大小在账目上一目了然，即使存在技术进步等因素对有形资产造成无形损耗，其变动因素也还是很好掌握的，而技术类无形资产价值的决定有成本因素却与成本多少不直接相关，有效用因素却又受多方面不确定因素的共同影响。

（三）影响技术类无形资产价值的因素

技术类无形资产价值受内外部因素的影响较大。这些因素主要包括：

1.技术类无形资产的性能。

技术类无形资产的性能，主要指技术类无形资产的先进性，即是否达到国内外领先水平；市场占有率及知名度如何；无形资产的技术成熟程度，是处在技术研制期、成熟期、推广期还是技术衰退期。

2.技术类无形资产转让的内容。

技术类无形资产转让的内容，包括卖方持有该项无形资产的合法性及权利范围，以及取得的方式等，无形资产转让的是所有权还是使用权，转让使用权的是独占许可还是普通许可，有没有继续转让给第三方的权利等。

3.转让的技术类无形资产的法律状态，特别是专利技术的法律状态。

这包括该项专利处于专利申请阶段，还是已经得到批准，取得了专利权；专利权的期限和地域范围如果超出了法定保护期限或一定的地域范围，专利就不是专利了，而且越临近期满，专利的技术价值就越低；专利的产权及该项专利到底归谁所有，转让方能否出示相应的法律证据等。

4.市场供求因素、社会效益因素。

这里主要指的是资产市场上该项无形资产的供求状况及无形资产的适用程度，适用程度高的无形资产市场需求比较旺盛，其价值就会提高。逆向开发的难易程度，能否产生垄断效益，这些都会影响到技术类无形资产的价值。

三、技术类无形资产评估的主要方法

1.成本法。

在现时条件下，估算出被评估技术类无形资产全新状态的重置成本，然后扣减其有形损耗和由于技术进步所引起的无形损耗，确定被评估技术类无形资产的价值。

其计算公式为：

无形资产评估值＝重置成本－无形资产损耗   （8-24）

重置成本=$\sum$（物质资料实际消耗量 × 现行价格）+ $\sum$（实耗工时 × 现行费用标准） (8-25)

该方法的局限性在于，只考虑了物化劳动的耗费，没有考虑未来可能的增值。

2.现行市价法。

通过市场调查，选择一个或几个与估价对象相同或类似的技术类无形资产作为参照对象，分析参照对象的成交价格和交易条件，进行差异调整，从而估算出被估价技术类无形资产价值的方法。其计算公式为：

无形资产评估值=参照的技术类无形资产价格×功能系数×调整系数 (8-26)

式中：功能系数由被评估无形资产与参照物功能差异而定；调整系数由被评估无形资产与参照物的成交时间、成交地点及市场寿命周期等因素决定。

该方法的不足之处在于，技术类无形资产的可比性差，每一项资产都是独特的，一部分可交易程度很低；影响技术类无形资产价值的重要因素很多而且复杂，不确定性价值难以界定；现行市价法的可操作性低。

3.收益现值法。

收益现值法是根据被评估技术类无形资产未来期间为资产使用方带来的预期收益，用适当的折现率折现，累加得出估价基准日的现值V。其计算公式为：

$$V=\sum_{n=1}^{n}\frac{R_t}{(1+i)^n}$$ (8-27)

或者：$V=R_t \cdot PVIFA_{i,n}=R_t \cdot (P/F, i, n)$ (8-28)

式中：R_t——技术类无形资产在未来经营期间第t年的收益额；

i——收益折现率。

该方法以无形资产的未来收益作为评估的立足点，克服了成本法和现行市价法的明显缺陷。其不足之处在于：在运用过程中要求能够科学合理地预测预期收益、折现率及持续获利时间3个不确定的基本参数，评估者的主观评价可能会对评估结果造成很大影响。技术类无形资产收益额预测缺乏市场基础，且存在着很大的不确定性；其所包含的灵活性价值也很难计算；加之折现率确定难度大，所以运用收益现值法估价不准确。

● 第六节 商标权的评估

一、商标权概述

（一）商标权的定义

商标权是商标专用权的简称，是指商标主管机关依法授予的商标所有人对其注册的商标受国家法律保护的专用权。商标注册人拥有依法支配其注册商标并禁止他人侵害的权利，包括商标注册人对其注册商标的排他使用权、收益权、处分权、续展权和禁止他人侵害的权利。商标是用以区别商品和服务不同来源的商业性标志，由文字、图形、字母、数字、三维标志、颜色组合、声音或者上述要素的组合构成。

商标作为一种区别商品出处的标志虽然出现得很早，但其数量急剧增加是近一百年的事。商标除了是区别标志以外，其作为无形资产是有价值的。商标是商品或服务的标记，是商品生产者或经营者为了把自己的商品或服务与其他同类商品或服务区别开，在商品上

商标纠纷案

或服务中使用的一种特殊标记。这种标记一般是由文字、图形、字母、数字、三维标志和颜色的组合构成。从经济学角度来看，商标的这些作用最终能为企业带来超额收益。从法律角度来说，保护商标权也就是保护企业获取超额收益的权利。

（二）商标权的特点

商标权是商标注册后，商标所有者依法享有的权益，它受到法律保护，未注册的商标不受法律保护。商标权以申请注册的时间先后为审批依据，而不以使用时间先后为审批依据。其主要特征如下：

1.专有性。

商标权的专有性又称为独占性或垄断性，是指注册商标所有人对其注册商标享有专有使用权，其他任何单位及个人未经注册商标所有人的许可，不得使用该注册商标。

2.时间性。

商标权的时间性又称法定时间性，是指商标权是一种有期限的权利，在有效期限内才受法律保护，超过有效期限，商标权即终止，不再受法律保护。

3.地域性。

商标权具有严格的地域性，这是由商标权的国内法性质所决定的。

4.转让性。

商标权作为一种产权，可以由商标注册人按一定条件实施产权转让或使用许可。

二、商标权评估概述

（一）商标权评估的定义

商标权的评估，指的是注册商标专用权的评估。商标权转让时，需要给商标权定一个价格；评估企业整体价值时，商标权要当品牌来进行评估，其品牌价值不仅能提高企业的整体价值，还能提高企业的整体形象和市场认知度，从而可以让企业的产品更畅销，获得超出同行业平均资金利润的收益；投资时，商标权可以通过商标价值评估确定合理的价值作价入股。

（二）商标权评估的意义

1.有利于企业长远发展。

在实际生活中，企业的股份制改造、合资、联营、兼并、拍卖、转让、资产抵押等大量活动，都需要对商标权进行评估。事实上，对商标进行评估，不仅有利于企业摸清自己的家底，而且有利于企业确定未来的发展战略。1994年年初，北京嘉诚资产评估有限公司将"全聚德"商标权的价值评估为2.6946亿元人民币，这为全聚德集团公司在国内外投资及商标权使用的许可、转让提供了可靠的依据。

2.有利于企业投资入股。

商标权评估作价后，企业可以充分利用这一无形资产进行投资入股。对于出资方来讲，用商标权投资可以减少现金支出，以较少的现金投入获得较大的投资收益：可以扩大使用注册商标的商品或服务项目的生产经营规模，进一步提高商标知名度。对于接受商标权投资的企业来讲，商标权资本化可使其直接获得名牌商标的使用权，进而打开市场，扩大生产经营；接受商标权投资，也可促使企业严格依法使用注册商标，提高经营管理水平和商品或服务的质量，增加产品品种，增强企业产品或服务的市场竞争力。1995年4月12日的《中国专利报》在第一版报道了杭州东宝电器公司在与美资中国制冷控股有限公司的合资中，成功地对'东宝'商标和19件专利评估作价1 000万元人民币入股的新闻。世界名牌企业向海外扩张，大体经历了产品输出、资本输出和品牌输出三个阶段。进行品牌输出，可以不必投资有形资产便可以获得巨额利润，同时又可以将其品牌即商标带入他国消费者心中。国外一些名牌企业进入中国，几乎无一例外地采取合作手段，外商在中国创办合资企业，将中国名牌作价入股，然后搁置不用，推出自己的名牌商标。美国的宝洁公司运用这种战略几乎将中国名牌洗衣粉一网打尽。

3.有利于企业维护其合法权益。

商标权评估后，在商标权的侵权诉讼和商标的行政保护中，有利于对假冒侵权行为造成的损失进行量化、认定赔偿额，这不仅为商标权人打假维权提供了索赔依据，而且有利于维护企业的合法权益，提高其知名度。

4.有利于企业申请质押贷款。

企业要发展壮大，扩大生产和经营规模，需要注入大量的资金。商标权评估后，可以凭法定评估机构的证书到银行申请商标权质押贷款。企业利用这些资金，可以进一步提高产品质量，以满足消费者的需要。同时，可以开展对外商品贸易和服务贸易，扩大国际经济技术交流与合作，增强我国产品出口竞争能力。

（三）影响商标权评估的因素

（1）商标权产品的历史收益状况；

（2）商标权产品的未来盈利能力、成长能力；

（3）商标权状况；

（4）商标权知识产权体系的完善程度；

（5）从长远意义角度考虑，商标权是企业不败的核心竞争力。

其中，评估商标权状况时，必须详细了解它的影响力、所处市场的状况、竞争状况、过去的表现、未来计划及风险程度等。具体讲，应分析以下七个影响因素：

（1）领导力，即影响行业市场的能力。如某一商标为其所处市场的龙头产品的商标，其价值就比其他普通商标价值要高。

（2）生存力，即商标的稳定性。那些历史悠久（特指实际使用时间而不是注册时间长短）、消费者信任度高的商标的价值要高。

（3）市场力，指商标的市场经济状况。食品、饮料业的商标比高科技产业的商标取值要高。

（4）辐射力，指商标超过地理文化边界的能力。符合国际惯例和口味的商标比某一区域和地区性商标的价值要大（如陕西西凤酒与四川五粮液）。

（5）趋势力，指商标对行业发展方向的导向及影响力。商标的长期发展趋势能够很好地反映其与消费者的联系和同步性（如三星、苹果、诺基亚等手机的更新换代）。

（6）支持力，指能够获得投资及重点支持的商标其价值要大一些。

（7）保护力，指商标拥有者的合法权利，即对注册商标的保护能力。商标受法律保护的深度及广度在评估商标时很重要。

评估商标时，要对企业定性、定量资料充分加以整理、分析、测算，对企业进行综合考察。

三、商标权的评估方法

在商标权评估中，经常使用的方法（原则）有三种。

（一）重置成本法

重置成本法，即在现有的技术和市场条件下，以重新开发一个同样价值的商标所需的投入作为商标权评估价值的一种方法。它需要把商标权主体的有关广告宣传、售前和售后服务附加值、有关的公益救济性捐赠等累加起来作为商标权的评估值。

这种评估商标权的方法值得研究。首先，企业在申请商标注册时所花费的成本以及商标做广告宣传支出的费用，一般来讲，都已分摊到企业生产经营的成本中了。如果商标权评估时再一次计价，是否合适。其次，商标权是一种无形财产权，具有专有性和独占性，和一般的所有物不同，物品可以同时被不同的人所有。根据商标法的规定，不允许在相同和近似的商品或服务上使用相同或近似的商标。因此，对商标进行重置在理论上不可行。

（二）市场比较法

市场比较法，即通过市场调查，选择一个或几个与被评估商标相同或相似的商标作为比较对象，分析比较对象的交易价格和交易条件，进行对比调查，估算出被评估商标价值的方法。但这种方法在实践中操作很困难，因为特定的商标权的交易是不公开的，双方所成交的项目及条件常常不为他人所知，即使有些商标权的交易信息可以获知，其可比性也很差。因为每个企业的规模、盈利、产品质量、经营管理水平、售后服务和广告宣传等存在很大差异，无法作出科学、合理的资产对比和评估。

（三）收益现值法

收益现值法，即将特定商标在有效期内的预期收益作为商标权的评估值的评估方法。根据我国商标法的规定，注册商标的有效期为10年，期满可以续展，续展没有次数的限制，即商标权人只要遵守法律规定，就可以永远拥有商标权。收益现值法的评估只适宜在注册商标的有效期内进行，是目前较为常用的评估方法。

其计算公式如下：

$$商标价值=\sum_{i=1}^{n}\frac{R_t}{(1+r)^n} \tag{8-29}$$

或者：$商标价值=R_t \cdot PVIFA_{i,n}=R_t \cdot (P/F, i, n)$ (8-30)

式中：n——收益年限；

　　　r——折现率；

　　　R_t——第t年商标产品的收益。

四、评估程序

商标权评估可按下列程序进行：

（一）明确评估目的

评估目的即商标权发生的经济行为。从商标权的转让方式来看，它可以分为商标权转让和商标权许可使用。商标权转让是指转让方放弃商标权，转归受让方所有，实际上是商标所有权出售。商标许可使用则是拥有商标权的商标权人在不放弃商标所有权的前提下，特许他人按照许可合同规定的条款实施商标特许使用权。商标权转让方式不同，其评估价值也不一样。一般来说，商标所有权转让的评估值高于商标权许可使用的评估值。

（二）向委托方搜集有关资料

搜集的资料包括：

（1）委托方概况（包括经营历史、现状），经营业绩（包括前3~5年的财务报表）。

（2）商标概况，包括与商标注册有关的法律性证件、注册时间、注册地点、注册证书号、保护内容、商标的适用范围、商标的种类、商标的法律诉讼情况、商标的知名度、商标有无其他协议等。

（3）商标产品的历史、现状与展望，包括市场环境、同行业情况、商标产品的信誉、市场占有率情况等。

（4）商标的广告宣传等情况。

（5）委托方未来经营规划。

（6）未来财务数据预测，包括：

①生产、销售预测；

②成本费用预测；

③损益预测。

（7）相关产业政策、财税政策等宏观经济政策对其的影响。

（三）市场调研和分析

其主要内容包括：

（1）对产品市场需求量的调研和分析。

（2）对商标现状和前景的分析。

（3）对商标产品在客户中的信誉、竞争情况的分析。

（4）对商标产品市场占有率的分析。

（5）对财务状况的分析，主要分析判断商标产品现有获利能力，为未来收益发展趋势预测提供依据。

（6）对市场环境变化的风险分析。

（7）对其他相关信息资料的分析。

（四）确定评估方法

商标权评估较多地采用收益法，用收益法评估商标权主要是分析确定收益额、折现率和收益期限三项指标。收益额、折现率的分析测算前面已经述及，此处不再赘述。收益期限的确定是对商标权评估时十分重要的问题。确定商标权未来获利期限的依据是其获得超额收益的时间，注册年限仅供分析参考，不应作为直接依据。

商标权评估案例

AB商标评估说明如下。

背景：中顺公司拟发起设立股份有限公司，其主要产品和经营性资产均投入拟设立的股份公司。

（一）商标及企业概况

中顺公司是全国性生产农用运输车的企业，是国家农用车重点发展企业之一，主要产品商标为AB牌注册商标，由文字和图案构成，注册日期为2×18年10月1日，注册号为××，核定使用商品为第12类，即农用运输车、客车、轿车和摩托车。目前使用AB商标的主要产品有三轮和四轮农用运输车，其产量居全国同行业前茅，知名度高，在用户中享有较高的声誉，为企业带来了良好的经济效益。

（二）评估依据

（1）AB牌商标注册证书；

（2）企业前3年及评估基准日财务报表及相关资料；

（3）主要客户及市场概况；

（4）国家科委中国科技促进发展研究中心"关于农用车走俏的启示"的调研报告；

（5）机械部"农用运输车市场需求与产品结构构成研究"的调研报告；

（6）国家对农用车产业的有关政策；

（7）企业发展规划；

（8）其他。

（三）产品及市场状况

1.产品。

AB牌主导产品有五种规格型号的三轮农用车和三种型号的四轮农用车，产品质量较高，平均故障里程在2 500千米以上，优于国家标准，居同行业领先地位。该系列三轮车、四轮车均为国家主管部门质量评定一等品，AB牌商标的农用车还获得了中国质量管理协会"2×23年全国用户满意产品"等荣誉称号。

2.市场。

中顺公司具有生产规模优势，2×23年前其三轮农用车的产量在同行业中排名第三，产品遍及全国，市场占有率近15%，并在非洲若干国家建厂生产、销售。

随着农用车市场高速发展期的结束，市场竞争更趋激烈，不少企业生产难以为继，而该集团公司仍具有良好的发展态势，产销量在同行业中仍位居前列。近4年的农用车销售量和销售收入详见表8-1和表8-2。

表8-1 近4年销售量统计表

项目	2×20年		2×21年		2×22年		2×23年	
	销量（辆）	增长率（%）	销量（辆）	增长率（%）	销量（辆）	增长率（%）	销量（辆）	增长率（%）
三轮	120 002	—	126 811	5.67	123 825	−2.35	132 371	6.90
四轮	6 779	—	6 876	1.43	6 390	−7.07	6 946	8.70
合计	126 781	—	133 687	5.45	130 215	−2.60	139 317	6.99

表8-2 近4年销售收入统计表

项目	2×20年		2×21年		2×22年		2×23年	
	销售收入（万元）	增长率（%）	销售收入（万元）	增长率（%）	销售收入（万元）	增长率（%）	销售收入（万元）	增长率（%）
三轮	54 501	—	56 180	3.08	51 048	−9.13	58 172	13.96
四轮	7 623	—	6 966	−8.62	7 031	0.93	7 652	8.83
合计	60 124	—	63 146	4.99	58 179	−7.87	66 364	14.07

（四）评估方法

采用超额收益现值法，即根据商标产品单位售价超过同行业平均售价的部分，按一定的期限和折现率计算现值。其计算公式为：

$$v=\sum_{t=1}^{n}R_t(1+r)^t \tag{8-31}$$

式中：v——商标评估值；

　　　　n——收益年限；

　　　　r——折现率；

　　　　R_t——第 t 年商标产品的超额收益。

1.收益年限。

农用车结构相对简单，易于生产，行业整体技术水平不高，竞争激烈，综合考虑企业在所处行业中的地位和技术水平，确定商标带来超额收益的年限为5年。

2.折现率。

折现率应根据1年期银行存款利率5.67%和风险报酬率共同确定。风险报酬率主要考虑企业所处行业的风险因素。

农用运输车行业的现状是：农用运输车是由农机改造行业发展而来的，相对于汽车而言其结构简单，技术含量低，易生产，市场竞争激烈；尽管国家已限制建设新厂，但现有企业的生产规模在扩大，特别是原汽车制造业企业的介入，使市场竞争更加激烈；目前农用车的价格低，适合农民使用，但其性能亦较差；国家对农用车的定位不甚明确，管理较薄弱，农用车易发生交通事故，产生不良社会影响；近年来农民的收入提高，乡村道路条件改善，导致用户转而追求性能更优越的汽车，因此整个农用车产业开始萎缩、衰落。该企业三轮、四轮农用车的销售收入占公司总销售收入的95%~96%，一旦产品开发滞后，或决策失误，企业将面临困境。

鉴于上述因素综合考虑，确定的风险报酬率为6%，则折现率为：

r=5.67%+6%=11.67%

因此，折现率可按12%计算。

3.超额收益。

截至2×23年年底，全国登记在"目录"上的农用运输车企业共247家，AB牌三轮车产量居同行业第6位。

根据近期AB牌农用车主要销售市场资料，将AB牌农用车与其他厂家生产的相同规格的产品进行比较。四轮车售价与其他商标产品基本一致，三轮车的售价见表8-3。

表8-3　　　　　　　　　　　　主要市场售价比较表

主要市场	安徽	河南	江苏	山东	河北	其他
占全部销售量的比重（%）	21.8%	29.5%	16.3%	12.5%	10.5%	9.4%
单位售价平均差异（元/辆）	60	40	50	0	50	40

加权平均超额售价=60×21.8%+40×29.5%+50×16.3%+50×10.5%+40×9.4%=42（元）

依据企业前几年的实际产销情况、财务状况和企业发展规划同时考虑到目前同行业的竞争可能带来的不利影响，对企业未来收益年限的超额收益进行预测（见表8-4）。

表8-4 　　　　　　　　　　超额收益预测表 　　　　　　　　　金额单位：万元

项目	2×19	2×20	2×21	2×22	2×23
销量（辆）	134 708	138 749	142 911	147 198	151 614
销售收入	64 271	66 199	68 185	70 230	72 337
单车超额收益（元/辆）	42	42	40	35	30
超额收益	565.77	582.75	571.64	515.19	454.84
所得税后收益	379.07	390.44	383	345.18	304.74
折现系数	0.89	0.80	0.71	0.64	0.57
超额收益现值	337.37	312.35	271.93	220.92	173.70
合　计	1 316.27				

（五）评估结果

经评估计算，商标权价值评估为1 316.27万元。

● 第七节　商誉的评估

一、商誉概述

（一）商誉的定义

商誉是指能在未来期间为企业经营带来超额利润的潜在经济价值，或一家企业预期的获利能力超过可辨认资产正常获利能力（如社会平均投资回报率）的资本化价值。商誉是企业整体价值的组成部分。在企业合并时，它是购买企业投资成本超过被合并企业净资产公允价值的差额。

商誉评估案例

（二）商誉的特点

商誉是不可确指的无形资产，其特点是：

（1）没有实物形态。

（2）商誉是融入企业整体的，它不能单独存在，也不能与企业其他各种可辨认资产分开来单独出售。

（3）有助于形成商誉的个别因素，难以用一定的方法或公式进行单独计价。商誉的价值，只有在把企业作为一个整体来看待时才能按总额加以确定。

（4）在企业合并时，可确认商誉的实际价值，但它与建立商誉过程中所发生的成本没有直接的联系。商誉的存在，未必一定有为建立它而发生的各种成本。

按照国际会计惯例，只有外购的商誉才能确认入账，即在企业合并时才可能予以入账。自创商誉不能入账，即使有费用的发生与商誉的形成有某种关系，也应确认为费用，其理由在于无法确定哪笔支出是专为创立商誉而支出的，无法确定发生的支出同多少商誉有关，以及发生支出的受益期有多长，根据会计的稳健性原则，将这些支出均作为费用处理。

二、商誉评估概述

（一）商誉评估的定义及意义

商誉是在我国经济体制改革及企业产权制度改革过程中逐渐进入经济生活的，合理地对其进行评估，是我国社会主义市场经济发展的客观要求。这主要表现在：

1.提供产权交易依据，推进企业产权交易顺利进行。

我国经济体制改革的最终目标是建立社会主义市场经济体制，这一目标的实现有赖于企业真正成为自主经营、自负盈亏、自我发展的经济实体。当前，企业改革的一项重要内容就是企业的产权改造及产权关系调整，而要做好这一工作，就必须首先搞好企业的资产评估，这更离不开对包括商誉在内的无形资产的评估确认。只有通过对包括商誉在内的企业资产进行评估，才能合理、完整地确定企业资产价值，为产权交易提供科学的依据，使产权交易得以健康、有序地进行。

2.维护和协调资产所有者与经营者的权益。

在我国的企业改革中伴随着各种各样的产权交易形式，过去由于人们缺乏对企业商誉的正确认识和评价，对企业在同行业中的地位、企业内部职工队伍、技术状况、组织协调等缺乏科学判断，使产权交易行为在利益机制推动下出现了各种不良趋向，如想方设法压低承包基数、压低资产租金和拍卖价格以及合资入股的国有资产作价等。通过包括商誉评估在内的企业资产评估，可以兼顾资产交易双方的利益，公平、公正地确定投资各方的投资份额，使其合理分享企业的经营成果，进而起到约束经营者行为和维护所有者权益的作用。

3.贯彻对外合作、平等互利原则，维护国家的合法权益。

改革开放以来，大量外商涌入国内投资兴办各类企业，中外合资、合作企业不断增多，这无疑促进了我国外向型经济的发展。但由于资产评估工作的滞后，与外商合作时国内企业往往低估了自己的价值，造成国有资产流失。这不仅表现在有形资产作价不公允上，而且很大程度地表现在忽视对无形资产特别是商誉的评估上。因此，有必要在发展中外合资、合作企业的同时，注重双方包括商誉在内的资产评估，公允地体现双方的资产价值，以维护双方的合法权益。

（二）商誉评估的特性

商誉的评估与其他无形资产评估相比较，具有自身的特性：

1.整体性。

商誉评估的整体性是依据商誉的非独立性。由于商誉是一种不可确指的无形资产，因而它不能单独存在，只能依附于企业整体，是所有有形资产共同作用的结果。离开了企业，商誉的载体就消失了，也就不存在商誉的价值。因此，商誉是企业整体价值中一个无形的构成要素。评估它的价值要从企业整体获利能力上把握，并且只有在持续经营的条件下，企业的商誉才是有价值的。

2.分析性。

商誉评估的分析性是以商誉构成要素的多元性为基础的。形成商誉的因素有很多，人们难以用恰当的方法或公式反映影响商誉的所有因素，只能把这些因素综合起来，将商誉作为依附于企业整体的一项无形的综合经济资源来看待，所以，商誉评估的结果也应是一个总额，而不能按照形成商誉的每个因素单列评估值。

3.评估基础的单一性。

这一特性是由商誉的实质决定的。商誉形成的不可确指性、商誉存在判断标准的唯一性以及商誉的评估结果是对企业未来超额收益的现值反映，三者共同决定了商誉评估的基础只能是企业的超额收益。

4.评估结果的双重性。

商誉的价值是由企业整体收益水平来体现的。其价值量大小取决于企业整体收益水平和行业平均收益水平的比较，当企业的收益水平高于行业平均水平时，商誉的价值为正值，反之，则为负值。由于商誉具有正负性，因此它的评估对企业的获利能力也具有积极或消极影响。商誉的评估值，既可能使企业资产出现增值，也可能使其出现贬值。

三、商誉的评估方法

从经济角度看，商誉的价值大小是由形成商誉的因素决定的，它可用企业实现的超额利润来衡量，在商誉的形成过程中，需要大量的物化劳动和活劳动的投入，但由于商誉的特殊性，成本投入与其经济效益之间的相关度很低，而且商誉带来的效益也具有波动性，这就给商誉估价带来了困难。

从评估角度看，对商誉的估价是服务于其特殊对象的，当企业的商誉发生产权变动时，其交易价值取决于交易的双方。在企业并购过程中，从并购方角度判断目标企业的商誉需从两方面考虑：一是目标企业的商誉能带来多少未来超额收益；二是并购过程中这项商誉需要付出多少成本。一般说来，只有使用该商誉带来的超额净收益的现值大于所付出的成本，交易才可能达成。

商誉的评估方法主要有以下两种：

（一）割差法

割差法又称余值法或直接法。先评估出企业整体资产价值，扣除企业全部有形资产和可确指无形资产的价值，即为商誉的价值，从本质上来说，这种方法也采用了收益法的原理。

通常，企业整体资产的价值会随着企业收益水平的提高而增加。企业无形资产的价值只有在企业收益水平达到相当程度时，才能够得到体现。无形资产价值的体现主要有两部分：可辨认的无形资产价值和不可辨认的无形资产价值。而且，这两种无形资产价值的体现也是有顺序的，即当企业收益超过一定水平时，首先反映出来的是可辨认无形资产的价值，而后才反映出不可辨认的无形资产——商誉的价值。割差法正是利用这一原理，先求出企业的整体价值，然后依次求出企业的有形资产价值、各项可辨认无形资产价值，再将它们逐项从企业整体价值中扣除，最后剩下的就是企业商誉的价值，即企业商誉的价值等于企业的整体价值减去企业有形资产的价值和企业可确指的无形资产（如商标权等无形资产）的价值。其计算公式如下：

$$商誉的评估价值 = 企业的整体资产评估价值 - 企业全部有形资产价值之和（含可确指的无形资产） \qquad (8\text{-}32)$$

1.割差法的理论依据。

企业价值与企业净资产价值是两个不同的概念。构成企业价值的净资产包括有形资产和可确指的无形资产由于其可以独立存在和转让，其评估价值在不同企业中趋同。

但不同的组合、不同的使用情况和管理状况，使两者的运行效果不同，导致其组合的企业价值不同。使各类资产组合后产生的超过各项单项可确指资产价值之和的价值即商誉。

2.企业整体资产评估值的计算。

（1）通过预测企业预期收益并进行折现或资本化来确定企业价值；

（2）按价值比率法确定企业价值，比如市盈率法。

【例8-10】某企业进行股份制改革，根据企业过去的经营情况和未来的市场形势，评估人员预测其未来5年的净利润分别是13万元、14万元、11万元、12万元和15万元，并假定从第6年开始，以后各年净利润均为15万元。根据银行利率及企业经营风险情况确定的折现率和本金化率均为10%。并且，采用单项资产评估方法，评估确定该企业各单项资产评估之和（包括有形资产和可确指的无形资产）为90万元，试确定该企业的商誉评估值。

首先，采用收益法确定该企业的整体评估值。

企业整体评估值 $=13×0.9091+14×0.8264+11×0.7513+12×0.6830+15×0.6209+15÷10\%×0.6209$

$=142.2967$（万元）

该企业各单项资产评估值之和为90万元，由此可以确定商誉评估值，即：

商誉的价值 $=142.2967-90$

$=52.2967$（万元）

（二）超额收益法

超额收益法的基本思想是，估计商誉为企业带来的超额收益，即企业购买商誉后新增收益中商标权或商誉的贡献份额，然后按一定的比率将其折现，得出商誉的评估价值。

超额收益法可分为超额收益本金化价格法和超额收益折现法。

1.超额收益本金化价格法。

超额收益本金化价格法（实质上就是收益为无限期情况下的收益法）是把被评估企业的超额收益经本金化还原来确定该企业商誉价值的一种方法。其计算公式如下：

$$商誉的价值=\frac{企业预期收益额-行业平均收益率×该企业的单项资产评估值之和}{适用的资本化率} \tag{8-33}$$

$$被评估企业预期收益率=\frac{企业预期年收益额}{企业单项资产评估值之和}×100\% \tag{8-34}$$

超额收益本金化价格法主要适用于经营状况一直较好，超额收益比较稳定的企业。预测企业预期收益能够无限期保持的企业。

2.超额收益折现法。

超额收益折现法是把企业可预测的若干年预期超额收益进行折现，把其折现值确定为企业商誉价值的一种方法。

其计算公式如下：

$$商誉的价值=\sum_{t=1}^{n}\frac{R_t}{(1+r)^t} \tag{8-35}$$

式中：R_t——第t年企业预期超额收益；

r——折现率；

n——收益年限。

或者：　商誉的价值=企业每年预期超额收益×每年折现率　　　　　　　　　（8-36）

在这个公式中，需要对企业每年预期超额收益、折现率、折现期限进行确定。

（1）预期超额收益的确定。

预期超额收益是指本企业的收益与本行业的平均收益的差额，要确定预期超额收益，首先要确定企业的预期收益。

在资产评估中，一般存在三种含义的预期收益：利润总额、净利润和净现金流量。这三个指标均是反映企业盈利能力和盈利水平的指标。但这三个指标是有区别的：利润总额和净利润均为静态指标，而净现金流量是动态指标；利润总额和净利润指标的界定基础是权责发生制，而净现金流量指标的界定基础是收付实现制；利润总额是税前指标，净利润和净现金流量是税后指标；利润总额和净利润均不含折旧和贷款的利息支出，而净现金流量含有折旧费等的支出。在进行商誉评估时，各企业可以根据自身特点选择适合于商誉评估的指标。

（2）折现率的确定。

由于存在资金的时间价值，等量的货币在未来并不具有与现在相同的价值，所以必须对未来的超额收益进行折现。商誉的评估选用的未来期望收益率主要有折现率和资本化率。折现率适用于将一定时期的未来收益折算成现值，资本化率则适用于计算具有永久性、连续性、周期性的未来收益。

资本化率包括两部分，分别是安全利率及包含风险与通货膨胀的风险利率。由于资本化率具有很高的敏感度，并且其值将对结论产生乘数效应，因此，对该指标的确定应当十分慎重。

（3）折现期限的确定。

一般说来，商誉的寿命应与企业的存续期相同，所以一般不专门确定商誉的经济寿命，而视为无限期。当然，由于市场竞争和条件的变化，导致某一商标权或某一企业商誉贬值，此时商誉的经济寿命就会短于合同寿命或法定经营期限。

【例8-11】中顺公司预计将在今后5年内保持其具有超额收益的经营态势。估计预期年超额收益额保持在22 500元左右，该公司所在行业的平均收益率为12%。

商誉的价值=22 500×0.8929+22 500×0.7972+22 500×0.7118+22 500×0.6355+22 500×0.5674=81 108（元）

或　商誉的价值=22 500×3.6048=81 108（元）

无形资产评估报告实例

"×××商标"

无形资产评估报告

××评报字〔2×18〕第087号

123评估有限责任公司接受广西ABC餐饮投资管理有限公司（以下简称ABC公司）的委托，根据有关法律、法规和资产评估准则、资产评估原则，采用收益评估方法，按照必要的评估程序，对ABC公司所拥有的×××商标2×18年3月31日的市场价值进行了评估。现将资产评估情况报告如下：

一、委托方与资产占有方简介

（一）委托方暨资产占有方概况

企业名称：广西ABC餐饮投资管理有限公司

注册地址：柳州市屏山大道339号综合大厦102室

注册资本：肆仟万元整

法定代表人：倪××

企业性质：有限责任公司

成立日期：2×14年8月15日

经营范围：以自有资金对餐饮业进行投资，为餐饮企业提供管理服务，餐饮经营项目的咨询和策划，场地租赁，预包装食品的销售等。

（二）企业经营情况

ABC公司未来标准的×××商标服务产品是规模在150～200平方米、走都市时尚路线的螺蛳粉主题复合式休闲餐吧，将着重发展一、二线城市商业广场内的店铺和商业中心区域街铺。每家店都必须开在人流量较大的商业中心、写字楼集中的区域，每家店将按照一定的平均投资额度来保证装修投入质量和环境氛围格调的营造，店内按照1∶0.5的比例来规划餐位，确保就餐环境的舒适，装饰极富品牌特色。产品更是开创了将桂系美食推向全国的先河，让更多人有机会尝试和体验广西独具特色的民族风情小吃和柳州的地方风味小吃。

ABC公司将项目的产品价格定于大众餐饮消费价格区间，中档以下的消费群体都是ABC公司的目标顾客，该项目将拥有广阔的目标市场。通过品牌加盟、连锁经营的模式，不断吸引各地市场资金加盟，实现品牌盈利模式的高效率复制。公司计划未来6年内在全国发展500家终端实体店。至2×23年年底，×××商标要实现整个品牌体系年销售额超过50亿元的目标。

二、评估目的

根据与ABC公司签订的评估业务委托书，123评估有限责任公司受ABC公司的委托，对ABC公司委托评估的与×××商标有关的无形资产进行评定估算，为ABC公司提供该无形资产于评估基准日的市场公允价值。

三、评估对象和范围

本次评估的评估对象为ABC公司的×××商标，委托评估对象与经济行为涉及的评估对象一致。

四、评估基准日

本经济行为的评估基准日是2×18年3月31日。

评估中采用的计价标准均为基准日有效的价格标准，所有无形资产于基准日均实际存在并在有效期内。该评估的基准日是由ABC公司与123评估有限责任公司商议确定的。

五、评估依据

（一）经济行为依据

该项目的经济行为依据为资产评估业务约定书。

（二）法律、法规依据

该项目的法律、法规依据如下：

1. 国务院 1991 年第 91 号令《国有资产评估管理办法》；

2. 原国家国有资产管理局国资办发〔1992〕36 号文发布的《国有资产评估管理办法施行细则》；

3. 财政部 2001 年第 14 号令《国有资产评估管理若干问题的规定》；

4. 国务院 2003 年第 378 号令《企业国有资产监督管理暂行条例》；

5. 国务院国有资产监督管理委员会 2005 年第 12 号《企业国有资产评估管理暂行办法》；

6. 国务院国资委国资发产权〔2006〕274 号《关于加强企业国有资产评估管理工作有关问题的通知》；

7. 公司法、税法、企业会计准则及其他会计法规和制度、部门规章等。

（三）评估准则依据

1. 财政部以财企〔2004〕20 号文发布的《资产评估准则——基本准则》和《资产评估职业道德准则——基本准则》；

2. 中国资产评估协会以中评协〔2004〕134 号文发布的《企业价值评估指导意见（试行）》；

3. 中国资产评估协会以中评协〔2007〕189 号文发布的《资产评估准则——评估报告》、《资产评估准则——评估程序》、《资产评估准则——业务约定书》、《资产评估准则——工作底稿》和《资产评估价值类型指导意见》；

4. 中国资产评估协会以中评协〔2008〕217 号文发布的《资产评估准则——无形资产》《专利资产评估指导意见》；

5. 中国资产评估协会以中评协〔2008〕218 号文发布的《中国资产评估协会关于印发〈企业国有资产评估报告指南〉的通知》。

……

（四）权属依据

1. 与资产及权利的取得及使用有关的经济合同、协议、会计报表及其他会计资料；

2. ABC 公司关于×××商标所有权的声明。

（五）取价依据

1. 专业市场的市场价格信息，询价记录；

2. 市场调查取证资料。

（六）其他参考依据

1. 国家统计局发布的统计数据；

2. 沪深股市相关数据及信息；

3. 委托方提供的其他相关资料。

六、评估方法

（一）收益现值法简介

本次对 ABC 公司委托评估的与×××商标有关的无形资产评估主要采用收益现值法。采用收益现值法对无形资产评估的大致做法是通过测算被评估的整体企业在收益期内的预期净收益，选择适当的净收益贡献率、折现率将其折为净现值，无形资产各年净现值之和即为无形资产的价值。

收益现值法公式如下：

$$P = \sum_{i=1}^{n} \frac{R_i}{(1+r)^i}$$

式中：P——待估无形资产于2×18年3月31日的公允价值；

　　　　R_i——企业第i年净收益；

　　　　r——折现率；

　　　　n——收益年期。

（二）收益现值法的假设条件

本次评估收益预测建立在以下假设条件下：

1. 一般性假设

（1）假设国家和地方现行的法律、法规、社会政治和经济政策无重大变化。

（2）假设企业将保持持续性经营，并在经营范围、方式上无重大变化。

（3）假设国家现行的有关贷款利率、汇率、税负基准及税率，以及政策性收费等不发生重大变化。

（4）假设无其他人力不可抗拒及不可预见因素对企业造成重大影响。

（5）假设本次评估的无形资产在评估基准日后按现有用途持续使用。

2. 特殊假设

（1）假设 ABC 公司的会计政策与进行收益预测所采用的会计政策在重要方面基本一致。

（2）假设公司的现有和未来经营者是负责任的，且公司管理能稳步推进公司的发展计划，保持良好的经营态势。

七、评估过程

本次评估是 ABC 公司委托 123 评估有限责任公司进行的，评估工作起止日期为2×18年4月1日至2×18年4月10日。主要工作步骤如下：

（一）接受 ABC 公司的委托，以2×18年3月31日为评估基准日，对 ABC 公司委托评估的所有与×××商标有关的无形资产的价值进行评估，拟定评估计划，签订评估业务委托书。

（二）听取委托方关于公司基本情况及资产财务状况的介绍，收集有关无形资产的资料，委托方协助填表、准备资料。

（三）分析 ABC 公司的经营情况、财务状况、无形资产的获利能力及企业发展趋势。

（四）建立收益现值法评估定价模型。

（五）对公司未来期间的收益、收益期限、折现率等进行测算，得出初步评估结果。

（六）分析、复核资产评估结果对各项数据进行分析；撰写评估报告、评估说明。

八、评估分析及评估结论

（一）评估方法简介

本次评估采用收益法进行评估。收益法是指通过分析评估对象预期的业务收益情况来确定其价值的一种方法，运用收益法是用无形资产创造的净收益的折现价值来确定委托评估无形资产的公平市场价值，具体分为如下四个步骤：

1. 确定×××商标的经济寿命期，预测在经济寿命期内产品的销售收入、净收益。

2.分析确定×××商标对净收益的贡献率。

3.采用适当的折现率将净收益折成现值。折现率应考虑相应的形成该净收益的风险因素和资金时间价值等因素。

4.将经济寿命期内净收益现值相加，确定×××商标的评估价值。

（二）确定×××商标的经济寿命期

×××商标的经济寿命主要受替代竞品的出现时间影响。根据被评估×××商标的实际情况，我们预测×××商标不会在今后的 6 年时间内被取代或淘汰。所以本次评估确定的其经济寿命为 6 年，具体为自 2×18 年至 2×23 年。

（三）预测在经济寿命期内的销售收入

根据 ABC 公司提供的发展规划，×××商标在未来 6 年内计划在全国发展 500 家终端实体店。至 2×23 年年底，×××品牌要实现整个品牌体系年销售额超过 50 亿元的目标。

1.×××品牌连锁店市场拓展计划（见表 8-5）。

表 8-5　　　　　　　　　×××品牌连锁店市场拓展计划表　　　　　　　　单位：家

年份	2×18	2×19	2×20	2×21	2×22	2×23
拓展店数	20	50	80	100	120	130

2.×××品牌连锁店展业目标市场区域。

一线城市：北京、上海、广州、重庆、天津、深圳。

二线城市：全国各省会城市，长三角、珠三角的经济发达地区。

三线城市：全国各省的中等发达城市。

3.×××品牌营业门店未来销售预测（见表 8-6）。

4.×××品牌连锁店终端门店盈利能力分析（见表 8-7）。

5.×××品牌连锁店发展规模销售收入测算（按平均年销售增长率 10%计算，见表 8-8）。

表 8-6　　　　　　　　　×××品牌营业门店未来销售预测表　　　　　　　金额单位：万元

类型	产品名称	规模能力	客流量（人/日）	客单价（元/位）	日销售收入
标准商业广场主力店	餐吧	100座/200平方米	500	50	25 000
	其他：产品外卖				2 500
	小　计				27 500
商业中心街铺店	餐吧	80座/150平方米	300	80	24 000
	其他：产品外卖				3 500
	小　计				27 500

表8-7　　　　　　　　　　×××品牌终端门店盈利能力分析表　　　　　　　　　金额单位：万元

内容	每间平均每月	单店2×18年	单店按年销售增长率10%计算5年合计	首批20家门店5年合计
销售收入	85	1 020	7 869.922	157 398.4
销售成本：48.5%	41.225	494.7	3 816.912	76 338.25
毛利：51.5%	43.775	525.3	4 053.01	81 060.2
销售费用：35%	29.75	357	2 754.473	55 089.46
税金：7%	5.95	71.4	550.8946	11 017.89
利润：9.5%	8.075	96.9	747.6426	14 952.85

表8-8　　　　　　　　　　×××品牌连锁店发展规模销售收入测算表　　　　　　　　　单位：万元

年度销售额	2×18年	2×19年	2×20年	2×21年	2×22年	2×23年
新增20家店	20 400	22 440	24 684	27 152.4	29 867.64	32 854.404
新增50家店		51 000	56 100	61 710	67 881	74 669.1
新增80家店			81 600	89 760	98 736	108 609.6
新增100家店				102 000	112 200	123 420
新增120家店					122 400	134 640
新增130家店						132 600
合　计	20 400	73 440	162 384	280 622.4	431 084.64	606 793.104

由此可见，2×23年实现50亿元年销售额的预算也是完全有可能的，前提是完成500家连锁店的开店经营计划。

6.×××品牌连锁店未来收益测算。

假定经营状况良好，按正常的平均值测算6年开500家店的总收益（见表8-9）。

表8-9　　　　　　　　　　×××品牌连锁店未来收益测算表

单位名称：×××品牌连锁店　　　　　　　　　　　　　　　　　　　　　　　　单位：万元

序号	项目/年价	2×18年	2×19年	2×20年	2×21年	2×22年	2×23年
1	一、主营业务收入	20 400.00	73 440.00	162 384.00	280 622.40	431 084.64	606 793.10
2	减：主营业务成本	9 894.00	35 618.40	78 756.24	136 101.86	209 076.05	294 294.66
3	税金及附加	1 428.00	5 140.80	11 366.88	19 643.57	3017 592.00	42 475.52
4	二、主营业务利润	9 078.00	32 680.80	72 260.88	124 876.97	191 832.66	270 022.93

序号	项目/年价	2×18年	2×19年	2×20年	2×21年	2×22年	2×23年
5	加：其他业务利润						
6	减：销售费用	5 916.00	21 297.60	47 091.36	81 380.50	125 014.55	175 970.00
7	管理费用	1 020.00	3 672.00	8 119.20	14 031.12	21 554.23	30 339.66
8	财务费用	204.00	734.40	1 623.84	2 806.22	4 310.85	6 067.93
9	三、营业利润	1 938.00	6 976.80	15 426.48	26 659.13	40 953.04	5 764 534.00
10	加：投资收益						
11	补贴收入						
12	营业外收入						
13	减：营业外支出						
14	加：以前年度调整						
15	四、利润总额	1 938.00	6 976.80	15 426.48	26 659.13	40 953.04	57 645.34
16	减：所得税						
17	五、净利润	1 938.00	6 976.80	15 426.48	26 659.13	40 953.04	57 645.34
⋮	⋮	⋮	⋮	⋮	⋮	⋮	⋮
⋮	本年固定资产投资	2 000.00	5 000.00	8 000.00	10 000.00	12 000.00	13 000.00
⋮	本年流动资金追加	1 000.00	2 500.00	4 000.00	5 000.00	6 000.00	6 500.00

由上表可以看出，投资规模达到100家店以上就可以实现良好的现金流，保证继续扩大投资和经营规模的资金需要。为缩短投资回报期，可以持续吸纳加盟商资金开新店，保持品牌迅速实现资本积累，快速成长，实现良好的投资收益模型。

（四）确定商标对净收益的贡献率

ABC公司主营餐饮业，为了确定其品牌对现金流的贡献率，将选取市面上同类型上市公司作为参考。

我们选取了主营业务比例类似的易食股份（000796）、西安饮食（000721）、华天酒店（000428）、全聚德（002186）作为对比公司，并假设以上述上市公司作为未来ABC公司的可比对象来分析被评估的×××商标可能产生的收益。

根据上述四家对比公司2×13年至2×17年的财务报告，考虑到ABC公司将来发展中债务比例不高的特点，将主要考察四家对比公司无形资产与股东权益的比值关系。根据相关股票交易所的财务数据，我们可以得出修正后的对比公司资本结构，见表8-10。

表 8-10　　　　　　　　　　　　　对比公司资本结构表

项目		2×13-12-31	2×14-12-31	2×15-12-31	2×16-12-31	2×17-12-31	平均值
易食股份	股东权益（亿元）	5.36	5.59	5.73	6.25	6.59	
	无形资产（亿元）	0.5234	0.5201	0.4704	0.4070	0.3894	
	无形资产所占比重	9.76%	9.30%	8.21%	6.51%	5.91%	7.94%
西安饮食	股东权益（亿元）	4.22	4.58	5.51	7.18	7.07	
	无形资产（亿元）	0.4557	0.3941	0.8892	0.2747	0.2635	
	无形资产所占比重	8.60%	16.14%	3.83%	3.73%	8.62%	8.60%
华天酒店	股东权益（亿元）	15.5	18.4	18.0	19.0	19.1	
	无形资产（亿元）	2.14	2.07	4.11	4.35	4.21	
	无形资产所占比重	13.81%	11.25%	22.83%	22.89%	22.04%	18.57%
全聚德	股东权益（亿元）	8.26	8.91	9.68	10.1	13.9	
	无形资产（亿元）	1.08	21.15	1.29	1.26	1.18	
	无形资产所占比重	13.08%	12.91%	13.33%	12.48%	8.49%	12.05%
平均值							11.79%

由于对比公司无形资产应为企业全部的无形资产，所以分析考虑对比公司资产规模、业务构成等因素后认为，四家对比公司无形资产与股东权益的平均比例为 11.79%。这里将 11.79% 作为×××商标对净收益的贡献比率。

（五）计算折现率

折现率，又称期望投资回报率，是基于收益法确定评估价值的重要参数。具体计算公式如下：

折现率=R_r+R_g

R_r=（R_m-R_g）×β

式中：R_r——被评估项目所在行业的风险报酬率；

R_m——社会平均收益率；

R_g——无风险报酬率；

β——被评估项目所在行业的β系数。

1.社会平均收益率 R_m。R_m 选取由国家统计局于 2×18 年公布的数据"2×17 年中国国内生产总值 GDP"按可比价格计算，比上年增长 7.4%。

2.无风险报酬率。它取决于资金的机会成本，通常以政府发行的国库券利率和银行储蓄利率作为参考依据，在此依据惯例取用 2×18 年 2 月 28 日调整的一年期存款基准利率 2.5%。

3.风险报酬率。风险报酬率的高低主要取决于投资风险的大小，风险大的投资，要求的风险报酬率就高。采用β系数法对本项目的风险报酬率进行测算。

4.β风险系数的确定。

β风险系数被认为是衡量公司相对风险的指标。假设投资股市中一家公司的股票,如果其β风险系数为1.1,则意味着其股票风险比整个股市平均风险高10%,也往往意味着整体经济平均风险提高10%;相反,如果公司β系数为0.9,则表示其股票风险比股市平均风险低10%,也往往意味着整体经济平均风险降低10%。

根据分析比较,对比上市公司收益率变动和上证综指、深证成指的收益率变动具有显著相关性,可以用上证综指、深证成指的收益率变动,来测算对比上市公司的β风险系数,计算结果为:易食股份的β系数为1.64、西安饮食的β系数为2.13、华天酒店的β系数为1.28,全聚德的β系数为1.68,取平均值为1.68。

5.折现率的确定。

本项目的折现率取10.73%,具体计算如下:

如前所述,根据ABC公司和餐饮行业的实际情况,对β系数取值为1.68,则:

$R_r=(7.4\%-2.5\%)\times1.68\approx8.23\%$

因此,折现率=风险报酬率+无风险报酬率=8.23%+2.5%=10.73%,根据以上分析,将折现率的值取为10.73%。

(六)×××商标无形资产价值的确定

根据上述计算确定的经济寿命期内×××商标对净收益的贡献率、适用的折现率,将×××商标贡献的净收益折成现值,将现值相加确定×××商标的无形资产评估价值。计算过程见表8-11。

表8-11   ×××商标的无形资产评估计算表   金额单位:万元

年份	连锁店数量	年净利润	商标的贡献	折现因子	现值
2×18	20	1 938	228.49	1.0000	228.49
2×19	70	6 976.8	822.56	0.9031	742.86
2×20	150	15 426.48	1 818.78	0.8156	1 483.37
2×21	250	26 659.13	3 143.11	0.7366	2 315.07
2×22	370	40 953.04	4 828.36	0.6652	3 211.73
2×23	500	57 645.34	6 796.39	0.6007	4 082.74
总 计					12 064.25

评估结论:委托评估的×××商标在评估基准日的评估值为人民币12 064.25万元。

九、特别说明事项

(一)本报告中未考虑评估增减值所引起的税负问题,报告使用者在使用本评估报告时,应当仔细考虑税负问题并按照国家有关规定处理。

(二)在评估基准日至本评估报告提交日之间,委托方未提出且评估人员未发现对评估结论产生较大影响的重大事项。

(三)评估结论反映的是评估基准日的价值判断,仅在评估基准日成立,其有效性受外部市场环境变化的影响。在评估基准日后、有效期以内,当所涉及的资产数量或者其市场价格标准出现较大波动时，本评估结论将失效，须对评估结论进行调整或重新评估。

（四）本评估报告的评估结论是依据资产占有方于2×18年3月31日已有的财务结构作出的，是对委托评估对象×××商标在2×18年3月31日这一评估基准日的市场价值的客观公允反映，我公司对评估所涉及的资产在评估基准日以后发生的重大变化不承担任何责任。

（五）由ABC公司提供的与评估相关的行为文件、营业执照、产权证明文件、财务报表、会计凭证等，是编制本报告的基础；委托方和相关当事人应当对所提供的评估对象法律权属资料的真实性、合法性和完整性承担责任。

（六）评估结论是123评估有限责任公司出具的，受本机构评估人员的执业水平和能力的影响。

（七）对企业存在的可能影响资产评估结果的瑕疵事项，在ABC公司委托时未作特殊说明而评估人员已履行评估程序，仍无法获知的情况下，评估机构及评估人员不承担相关责任。

特此提醒报告使用者注意以上特别事项对评估结论可能产生的影响。

十、评估报告使用限制说明

（一）本评估报告是根据所设定的目的而出具的，不得应用于其他用途。本评估报告全部或其中部分内容在没有取得123评估有限责任公司或者委托公司书面同意前不得传播给任何第三方，法律、法规规定以及相关当事方另有约定的除外。

（二）本评估报告中对×××商标评估资产价值的分析只适用于评估报告中所陈述的特定使用方式。其中任何组成部分资产的个别价值将不适用于其他任何用途，并不得与其他评估报告混用。

（三）根据国家现行规定，本次评估结论在评估基准日后一年内有效，即有效期自2×18年3月31日至2×19年3月30日。

十一、评估报告日

本评估报告于二×一八年四月十日提交给ABC公司。

123评估有限责任公司

■ 本章小结

无形资产是被特定主体拥有或控制，不具有实物形态，对生产经营长期发挥作用且能带来经济利益的资源。无形资产评估首先应该明确评估的基本事项，包括明确评估目的、评估对象、评估价值类型和评估基准日等。无形资产评估一般以产权变动为前提。

收益途径是无形资产评估的主要方法，无形资产超额收益的估测方法主要有直接估算法、分成率法和差额法。无形资产的收益期限是无形资产发挥作用，并具有超额收益能力的时间。无形资产收益期限的确定一般按照剩余经济寿命与法律保护年限以及合同年限孰短的原则。成本途径评估中主要是估测无形资产的重置成本和功能性贬值、经济性贬值。自创无形资产重置成本的估测方法有核算法和倍加系数法；外购无形资产重置成本的估测方法有市场类比法和价格指数法。市场途径评估中要注意的是合理选择参照物和恰当确定可比因素。

■ 本章练习题

一、单项选择题

1.在下列无形资产中，属于不可确指资产的是（   ）。

A.商标权   B.土地使用权   C.专营权   D.商誉

2.在下列选项中，（   ）不属于无形资产。

A.公知技术   B.专利权   C.计算机软件   D.专有技术

3.对被评估企业外购的无形资产，可以根据（   ）及该项资产具有的获利能力评估其价值。

A.生产成本   B.现时取得成本   C.预计价格   D.折余价值

4.从无形资产归类的角度讲，计算机软件属于（   ）无形资产。

A.商标权类   B.关系类   C.版权类   D.其他类

5.采用收益法评估无形资产时采用的折现率，其构成应该包括（   ）。

A.资金利润率、行业平均利率   B.银行贴现率

C.超额收益率、通货膨胀率   D.无风险利率、风险报酬率

6.下列有关无形资产分成率的公式中能够成立的是（   ）。

A.销售收入分成率=销售利润分成率÷销售利润率

B.销售利润分成率=销售收入分成率÷销售利润率

C.销售利润分成率=销售收入分成率×销售利润率

D.销售收入分成率=1-销售利润分成率

7.无形资产包括自创和外购无形资产，这种分类是按（   ）的标准进行的。

A.可辨识程度   B.有无法律保护   C.取得方式   D.内容构成

8.对无形资产进行评估时，（   ）。

A.收益法是唯一的方法   B.收益法、市场法、成本法都可以用

C.只能采用收益法和市场法   D.只能采用收益法和成本法

9.运用市场法评估无形资产会受到一定限制，这个限制主要源于无形资产自身的（   ）。

A.标准性和通用性   B.非标准性和通用性

C.非标准性和个别性   D.通用性和个别性

10.从本质上讲，商标权的价值主要取决于（   ）。

A.取得成本   B.设计和宣传费用

C.商标权所能带来的收益   D.新颖性和创造性

二、多项选择题

1.无形资产负载于有形资产之中的标志有（   ）。

A.能带来正常利润   B.能带来超额利润

C.能带来垄断利润   D.能带来潜在利润

2.通过对无形资产评估前的鉴定，应该解决（   ）等问题。

A.证明无形资产存在   B.确定无形资产种类

C.确定其获得能力   D.确定其有效期限

3.在现有的情况下，引起无形资产评估的经济事项或经济业务有（　　）。

A.无形资产转让　　B.无形资产投资　　C.无形资产摊销　　D.无形资产纳税

4.可用于无形资产评估的基本方法有（　　）。

A.市场法　　　　　B.成本法　　　　　C.收益法　　　　　D.路线价法

5.无形资产更新周期主要根据（　　）来判断。

A.产品更新周期　　B.经济周期　　　　C.技术更新周期　　D.政府政策

6.无形资产的特点有（　　）。

A.不完整性　　　　B.替代性　　　　　C.积累性　　　　　D.共益性

7.按照是否可辨认的标准分类，属于可确指的无形资产的有（　　）。

A.商誉　　　　　　B.专有技术　　　　C.商标权　　　　　D.专营权

8.商誉与商标权的合理表述包括（　　）。

A.商誉与商标权是相同含义的无形资产

B.企业全部商标权价值之和等于商誉

C.商誉与企业相联系，商标与产品相联系

D.商誉是不可确指资产，商标权是可确指资产

9.知识产权通常包括（　　）。

A.专利权　　　　　B.商誉　　　　　　C.商标权　　　　　D.版权

10.影响无形资产评估价值的因素是（　　）。

A.效益因素　　　　B.机会成本　　　　C.技术成熟程度　　D.市场供需状况

11.预计和确定无形资产的有效期限，通常采取的方法有（　　）。

A.选择适当的指标体系确定

B.按照法定的有效期限与收益年限孰短的原则确定

C.合同或企业申请书规定受益时间的，按受益期限确定

D.法律或合同没有规定受益时间的，按预计受益期限确定

E.按照国际惯例确定

12.商标权的特点包括（　　）。

A.独占性　　　　　　　　　　　B.按申请时间优先注册

C.地域性　　　　　　　　　　　D.可转让性

三、判断题

1.无形资产单独不能创造收益，必须附着于有形资产才能产生收益。　　　　（　　）

2.无形资产评估一般只能采用收益法，这是由无形资产的特征决定的。　　　（　　）

3.商标未必有价值，但注册商标肯定有超额收益和价值，必须予以评估。　　（　　）

4.劳动人事管理权、所有权等作为特殊权利，均应作为无形资产进行评估。　（　　）

5.市场法不适用于无形资产评估。　　　　　　　　　　　　　　　　　　　（　　）

6.无形资产剩余经济寿命应主要根据其带来的超额收益的时间来判断。　　　（　　）

7.若无形资产的获得期限适于其法定保护期限，则评估时应按照法定保护期限作为无形资产的剩余寿命期。　　　　　　　　　　　　　　　　　　　　　　　　　　（　　）

8.商标权评估值必须超过为宣传商标的广告支出费用。　　　　　　　　　　（　　）

9.商誉不能离开企业而存在，不能与企业可确指的资产分开出售。　　　　　（　　）

10.决定无形资产价值的是无形资产的自然寿命。　　　　　　　　　　　（　　　）

11.无形资产只存在无形损耗，不存在有形损耗。　　　　　　　　　　　（　　　）

12.商标的经济价值主要取决于商标设计是否新颖。　　　　　　　　　　（　　　）

13.销售收入分成率＝销售利润分成率×销售利润率。　　　　　　　　　（　　　）

四、思考题

1.无形资产主要有哪些分类？

2.无形资产的鉴定包括哪些内容？

3.影响无形资产价值的因素有哪些？

4.无形资产评估需要搜集哪些方面的资料？

5.如何理解和确定无形资产的收益期限？

6.运用市场途径法评估无形资产价值应如何选择参照物？

五、计算题

1.甲企业拥有一项专利，该专利受保护期限还有8年，评估人员调查分析认为，该专利的剩余经济寿命为6年。乙企业拟购买该项专利，预计乙企业运用该项专利后每年可新增税前利润120万元，该专利对新增利润的贡献度为60%，所得税税率为25%，折现率为15%。

要求：根据上述资料，估测该项专利的转让价值。

2.甲企业将其商标权通过签订许可使用合同的方式许可乙企业使用，合同期限为5年，双方约定乙企业按照使用商标后每年销售收入的4%支付给甲企业，预计乙企业未来5年的销售收入分别为1 100万元、1 150万元、1 180万元、1 200万元和1 220万元，所得税税率为25%，折现率为12%。

要求：根据上述资料，估测该商标许可使用权的价值。

3.甲企业拟将可视电话专利技术使用权转让给乙企业，有关资料如下：

（1）该专利技术是甲企业2年前获得的，历史成本为260万元；

（2）与2年前相比该类技术的价格上涨了8%；

（3）该专利技术的剩余经济寿命为6年；

（4）该专利为甲、乙企业共同使用，甲、乙企业的设计生产能力分别为500万部和220万部；

（5）专利转让后，甲企业未来净减收益现值为60万元，增加研发费用现值为18万元。

要求：根据上述资料，估测该项专利使用权的转让价值。

4.企业转让洗衣机生产技术，购买方用于改造年产10万台洗衣机的生产线。经对无形资产边际贡献的因素分析，测算在其寿命期间各年度分别可带来追加利润100万元、150万元、80万元、75万元，分别占当年利润总额的40%、30%、20%、15%。

要求：试根据上述资料评估无形资产利润分成率（折现率为10%）。

5.某企业转让制药全套技术，经搜集和初步测算已知：

（1）该企业与购买企业共同享有该生产技术，双方的设计生产能力分别为700万箱和300万箱。

（2）该制药生产线系国外引进，账面价值为400万元，已使用3年，尚可使用9年，2

年通货膨胀率累计为10%。

（3）该项技术转让对该企业生产经营有较大影响，由于市场竞争加剧、产量下降，在以后的9年内减少的销售收入按折现值计算，为80万元，增加开发费用以保住市场的追加成本按照现值计算，为20万元。

要求：（1）计算该项技术的重置成本净值；

（2）计算该项技术的最低转让费。

第九章
企业价值评估

育德育人

获得 2010 年度国家最高科学技术奖的著名血液学专家王振义，在素有"血癌"之称的白血病治疗方面取得了重大突破。70 多年来，他始终致力于血液内科学的医、教、研工作。在非常艰苦的条件下，他和团队经过多年的奋斗和探索，尝试了无数种方法，测试了无数种药品，最终为白血病治疗找到了全新的理念与方法——诱导分化疗法，使急性早幼粒细胞性白血病成为全世界第一个可被治愈的成人白血病，确立了国际公认的白血病治疗领域的"上海方案"，被国际医学界誉为"人类癌症治疗史上应用诱导分化疗法获得成功的第一人"，使中国站在了血液肿瘤治疗领域的制高点，为世界肿瘤治疗贡献了中国方案，拯救了无数病患。他用"心有大我"的家国情怀和"国之大者"的奋斗身影，书写着"与国同行"的壮阔人生。

有媒体称王振义"改变了这个死亡游戏的结果"。面对媒体的高度赞扬，王振义非常冷静地说："我们没有解决白血病，是解决了其中一个（类型）。这一个是二十几种急性白血病中的一种。"仔细品味王振义的这番话，让人肃然起敬，也更发人深省。"一个"与"二十几种"，表面上看只是一个量化关系，但从深层次上讲，它反映的是一位学者谦逊严谨的治学态度，也体现了一位科学家求真务实的科学精神。在人类社会历史发展进程中，不仅科技革命和发展需要发扬科学精神，在其他领域中的创新发展也需要科学精神的支撑。

资产评估价值的真实性和科学性，是衡量资产评估工作质量好坏的重要标志。资产评估价值含义不清，评估价值类型选择不当，会直接影响评估结果的准确程度，影响评估工作质量。我们在资产价值的评估方面要真实科学地选择正确的评估方法，对资产价值作出客观合理的评定与估算。

课前准备

中国吉利"小鱼吃大鱼"

北京时间 2010 年 3 月 28 日，中国浙江吉利控股集团有限公司（简称"吉利集团"）在瑞典哥德堡与福特汽车签署最终的收购协议，获得沃尔沃轿车公司 100% 的股权及相关资产（包括知识产权）和全部销售渠道，本次收购涉及18亿美元。国内很多人对吉利集团李书福的决定表示肯定，媒体称赞其是一个非常睿智的人。路透社于3月28日撰文称，李书福可谓中国版的"亨利·福特"。在媒体的眼中，李书福成功收购福特汽车旗下著名的沃尔沃轿车公司的交易有望改写汽车行业的历史。也有些人为吉利集团的未来感到担忧，认为这只是一个"穷小子"为了一个心仪的明星买了一颗巨大无比的"鸽子蛋"戒指，如果"穷小子"不能继续努力就会从此败阵。甚至有人估算，如果吉利集团想真正"消化"沃尔沃轿车，至少需要再投入14亿美元的资金。这对于已负债累累的民营企业吉利集团来说，是一个巨大的考验。我们应如何从企业价值的角度来看待吉利集团的这次收购行为？

学习目标

学生通过本章的学习，应能基本掌握与企业价值评估有关的基本理论、基本概念和社会背景；掌握与企业价值评估技能直接相关的企业价值评估特点、价值类型、企业价值评估程序和企业价值评估范围的界定；能基本掌握资产评估基本途径和具体方法在企业价值评估中的应用；掌握运用不同评估途径及其方法评估企业价值所需要的经济技术参数、经济技术参数之间的关系，以及不同评估途径在企业价值评估中的配合使用等，为恰当运用评估技能评估企业价值奠定基础。

● 第一节 企业价值评估概述

一、企业及其价值

（一）企业及其特点

在古典经济学中，企业被看作一个追求利润最大化的理性经济人，企业的存在就是为了把土地、资本和劳动力等生产投入按照利润最大化的原则转化为产出。

但是现代西方经济学家更倾向于认为企业是一个合同关系的集合体，在这个合同关系集合体中，企业的资本所有者（股东）、债权人、管理者、职工、供应商、客户、政府以及相关社会团体等不同利益集团通过一系列合同联系在一起，每个利益集团在企业中都有不同的利益。

所有者和债权人希望得到投资收益，管理者希望得到企业家才能的报酬和荣誉，职工希望得到好的工资待遇和工作条件，供应商希望得到销售收入，客户希望得到优质产品，政府希望得到税收，不同社会团体希望企业承担社会责任等。正是这一系列的利益相关者促成了企业的形成和运转。

从资产评估和企业价值评估的角度看，可以把企业看作以营利为目的、按照法律程序建立起来的经济实体；从形式上它体现为在固定地点的相关资产的有序组合。

从功能和本质上看，企业是由构成它的各个要素资产围绕着一个系统目标，保持有机联系，发挥各自特定功能，共同构成一个有机的生产经营能力载体和获利能力载体，以及由此产生的相关权益的集合。

从这个角度看企业的定义，不难发现，现代企业不仅是一个经营能力和获利能力的载体，以及由此产生的相关权益的集合，而且是按照法律程序建立起来的并接受法律法规约束的经济组织。企业作为一种特殊的资产也有其自身的特点：

1.合法性。

企业首先是依法建立起来的经济组织，它的存在必须受法律、法规的约束。对企业的判断和界定必须首先从法律法规的角度，从合法性、产权状况等方面进行界定。

2.营利性。

企业作为一种特殊的资产，其存在的目的就是营利。为了达到营利的目的，企业需要具备相应的功能。企业的功能是以企业的生产经营范围为依据，以其生产工艺及经营活动为主线，将若干要素资产有机组合起来形成的。

3.整体性。

构成企业的各个要素资产虽然各自具有不同的功能，但它们在服从特定系统目标的前提下构成了一个整体。构成企业的各个要素资产可能并不都是完整无缺的，但它们可以综合在一起成为具有良好整体功能的资产综合体。当然，即使构成企业的各个要素资产个体功能良好，但如果它们之间的功能不匹配，其组合而成的企业整体功能也未必很好。企业强调要素资产的整体性。

4.持续经营与环境适应性。

企业要实现其营利的目的，就必须保持持续经营，在持续经营中不断地创造收入，降低成本。而企业要在持续经营中保证实现营利，企业的要素资产不仅要有良好的匹配性和整体性，还必须能适应不断变化的外部环境及市场结构，并适时地作出调整，包括生产经营方向、生产经营规模，即保持企业的生产结构、产品结构与市场结构协调一致。

5.权益的可分性。

从企业作为生产经营能力和获利能力载体的角度看，企业具有整体性的特点。虽然企业是由若干要素资产组成，作为一个整体，作为经营能力和获利能力的载体，其要素资产是不能随意拆分的，但是与企业经营能力和获利能力载体相关的权益却是可分的。因此，企业的权益可划分为股东（投资者）全部权益和股东（投资者）部分权益。

（二）企业价值的含义

从政治经济学的角度来看，企业价值是凝结在企业中的社会必要劳动时间，其量的大小取决于一定时期社会必要劳动时间的水平。从会计核算的角度来看，企业价值取决于构建企业过程中全部物化劳动和活劳动的支出总额，其量的大小取决于构建中的各项支出水平。从市场交换的角度来看，企业价值是各相关主体在产权置换中可接受的交换价值，其量的大小取决于企业未来的获利能力。资产评估中的企业价值是一种交换价值，并且其价值大小由企业的获利能力决定。企业价值评估的假设前提是持续经营。

从资产评估的角度出发，企业的价值需要从两个方面考虑和界定：①资产评估揭示的是评估对象在交易假设前提下的公允价值，企业作为一种特殊资产，在评估中其价值也应该是在交易假设前提下的公允价值，即企业在市场上的公允货币表现；②企业价值由企业特点所决定，企业在市场上的货币表现实际上是企业所具有的获利能力可实现部分的货币化和资本化。

企业价值是企业在市场上的公允价值，企业价值是企业获利能力可实现部分的货币化和资本化，不仅是由企业作为资产评估对象所决定的，而且是由对企业进行价值评估的目的所决定的。

在企业价值评估中，企业价值及其决定因素显然要从企业评估的目的这一大前提来考虑。企业评估从根本上讲是服从或服务于企业的产权转让或产权交易的，而在企业产权转让或产权交易中需要的是企业的交换价值或公允价值。

企业作为一种特殊的商品，之所以能在市场中进行转让和交易，不仅因为企业是劳动产品，有社会必要劳动时间凝结在其中，更重要的是因为企业具有持续获利能力，这种持续获利能力是企业具有交换价值的根本所在。

当然，企业具有持续获利能力所代表的价值，只能说是企业的潜在价值或内在价值，不一定就是企业在评估基准日可实现的交换价值。资产评估强调的是企业内在价值的可实现部分，是企业内在价值在评估基准日条件下的可实现部分。

关于企业在非持续经营情况下是否有价值的问题，可以从另一个方面来考虑，即企业本身就是以营利为目的持续经营的经济实体，如果企业持续经营不能获利而是亏损，那么企业就不能持续经营了，清算或变现可能是企业的明智选择。到那时，企业的价值是不存在的，企业也只是一些要素资产的堆积，显然不能按持续经营的企业对待，当然也谈不上正常意义上的企业市场交换价值了。即使那时的企业有价值，也只是企业的拆零变现价值，已经不是真正意义上的企业价值。

在这里我们强调，资产评估中的企业价值通常是一种持续经营条件下的价值，并且其价值是由获利能力决定的，目的在于提醒评估人员在企业持续经营价值评估过程中把握评估的关键，即企业的获利能力。

由于评估实践中的执业人员对企业有不同的理解，他们不仅将对一个持续经营中的企业进行的评估称为企业价值评估，有时也将对破产清算中的企业进行的评估称为企业价值评估。

从理论上讲，企业价值评估是指对持续经营条件下的企业的获利能力转化为市场（公允）价值的评估，而不包括破产清算或由其他原因引起的非持续经营的企业的价值评估。它可能是企业的产权价值，但不一定是企业作为获利能力载体的市场价值。

鉴于评估实践中人们习惯把一家企业作为评估对象，而不论它是否持续经营，都将评估实践活动称为企业价值评估的这一事实，有必要要求评估人员在企业价值评估中必须说明企业价值评估的前提条件，即企业为持续经营或非持续经营。

（三）企业价值的表现形式

（1）企业价值是其有形资产与无形资产的价值总和。

（2）企业投入资本的价值，是指企业的非流动负债与股东权益的价值之和。

（3）企业股东权益的价值，是指扣除各种负债后的企业价值。

二、企业价值评估的内涵及特点

（一）企业价值评估的概念

中国资产评估协会2012年发布的《资产评估准则——企业价值》中将**企业价值评估**定义为：注册资产评估师依据相关法律、法规和资产评估准则对评估基准日特定目的下企业整体价值、股东全部权益价值或股东部分权益价值等进行分析、估算并发表专业意见的行为和过程。

（二）企业价值评估的对象、范围和价值类型

1.企业价值评估的对象和范围。

（1）企业的总资产价值是企业流动资产价值与固定资产价值、无形资产价值和其他资产价值之和。

（2）**企业整体价值**是企业总资产价值减去企业负债中的非付息债务价值后的余值，或用企业所有者权益价值加上企业的全部付息债务价值表示。

（3）企业投资资本价值是企业总资产价值减去企业流动负债价值后的余值，或用企业所有者权益价值加上企业的长期付息债务价值表示。

（4）企业股东全部权益价值就是企业的所有者权益价值或净资产价值。

（5）企业股东部分权益价值就是企业的所有者权益价值或净资产价值的某一部分。

从企业价值评估的定义来看，企业价值评估的对象应该是指企业的整体价值、股东全部权益价值或股东部分权益价值。企业总资产价值、企业投资资本价值作为企业价值的表现形式，可能并不是企业价值评估的对象，但在采用间接法评估企业价值的时候，企业总资产价值、企业投资资本价值也经常被用作企业整体价值、股东全部权益价值或股东部分权益价值的过渡。

企业价值评估范围是指为评估企业价值所涉及的被评估企业的具体资产数量及资产边界。企业价值评估范围可以分为产权范围和有效资产范围两类。

2.企业价值评估中的价值类型。

从企业价值评估的目的、评估条件和委托方对评估报告使用的需求等对价值类型的要求的角度看，企业价值可分为市场价值和市场价值以外的价值（非市场价值）。而非市场价值又主要包括持续经营价值、投资价值和清算价值等。企业的市场价值，是指企业在评估基准日公开市场上正常经营所表现出来的市场交换价值的估计值，或者说是整个市场对企业的认同价值。企业的非市场价值，是指不满足企业市场价值定义和条件的所有其他企业价值表现形式的集合。企业的非市场价值是对同类企业价值表现形式的概括，而不是具体的企业价值表现形式。

持续经营价值是非市场价值的一种具体价值表现形式，是指企业作为一个整体体现出的价值。企业的各个组成部分对该企业整体价值都有相应的贡献，可以将企业总的持续经营价值分配给企业的各个组成部分，即构成企业持续经营的各局部资产的在用价值。**持续经营价值**是根据企业在评估基准日正在使用的场所、自身的经营方式和经营管理水平等条件继续经营下去所表现出的市场交换价值的估计值。企业的持续经营价值可能等于、大于或小于企业的市场价值。

投资价值也是非市场价值的一种具体表现形式，是指企业对于特定投资者所具有的市场交换价值的估计值，它可能等于、大于或小于企业的市场价值。

清算价值，是指企业在非持续经营条件下的各要素资产的变现价值。企业的清算价值包括有序清算价值和强制清算价值。

（三）企业价值评估的特点

（1）评估对象是由多个或多种单项资产组成的资产综合体。

（2）决定企业价值高低的因素是企业的整体获利能力。

（3）企业价值评估是对企业具有的潜在获利能力所能实现部分的估计。

（4）企业价值评估是一种整体性评估，它充分考虑了企业各要素资产之间的匹配与协调。企业价值与企业的各个要素资产的评估值之和既有联系，又有区别。一般来说，企业的各个要素资产的评估值之和是整体性企业价值的基础。在此基础上考虑企业的商誉或经济性贬值，就是整体性企业价值了。当然，企业价值与企业的各个要素资产的评估值之和之间还是有区别的，这些区别主要表现为：

（1）评估具体标的上的差别。

企业价值整体性评估与企业各个要素资产加总评估，两类评估的具体标的是不同的。对企业价值整体性评估的具体标的是资产的整体获利能力及市场表现；对企业各个要素资产的评估值之和的评估，其评估的具体标的却是企业的各个要素资产。

（2）由于评估对象上的差别，在评估过程中考虑的因素是不可能完全相同的。

企业价值整体性评估是以企业的获利能力为核心，围绕着影响企业获利能力，以及企业所面临的各种风险进行评估的，而企业各个要素资产加总评估是针对影响各个单项要素资产价值的各种因素展开的，两者有着明显的差异。

（3）评估结果的差异。

由于企业价值整体性评估和企业各个要素资产加总评估在评估具体标的上的差异，以及由此引起的在评估时考虑的因素等方面的差异，两种评估的结果通常会有所不同。两者的差异通常表现为企业商誉（即企业的整合效应产生的不可确指的无形资产）或企业的经济性贬值（企业各个要素资产之间的不匹配、产品结构与市场需求之间的不匹配形成的贬值）。

在这里对企业价值的整体性评估与各个要素资产加总评估进行比较，不是要说明对企业要素资产进行加总评估的方法不能使用，而是要说明该方法并不一定能够完全而客观地将持续经营前提下的企业价值反映出来。所以，在一般情况下，尽量不要单独使用这种方法评估企业价值。

三、企业价值评估的目的

企业价值评估的目的是帮助投资人和管理者改善决策。

（一）企业价值评估可以用于投资分析

价值评估是基础分析的核心内容。投资人信奉不同的投资理念，有的人相信技术分析，有的人相信基础分析。相信基础分析的人认为企业价值与财务数据之间存在函数关系，这种关系在一定时期内是稳定的，证券价格的偏离经过一段时间的调整会向价值回归。他们据此原理寻找并且购买被市场低估的证券或企业，以期获得高于市场平均报酬的收益。

（二）企业价值评估可以用于以价值为基础的管理

如果把企业的目标设定为增加股东财富，而股东财富就是企业的价值，那么，企业决策正确与否的根本标志是能否增加企业价值。不了解一项决策对企业价值的影响，就无法对决策进行评价。从这个意义上说，价值评估是改进企业一切重大决策的手段。为了搞清楚财务决策对企业价值的影响，需要清晰描述财务决策、企业战略和企业价值之间的关系，在此基础上实行以价值为基础的管理，依据价值最大化原则制定和执行经营计划，通过度量价值增加来监控经营业绩并确定相应报酬。

（三）企业价值评估可以用于战略分析

战略是指一整套的决策和行动方式，包括刻意安排的有计划的战略和计划外的突发应变战略。战略管理是指涉及企业目标和方向、带有长期性、关系企业全局的重大决策和管理。战略管理可以分为战略分析、战略选择和战略实施。战略分析是指使用定价模型清晰地说明经营设想和这些设想可能创造的价值，目的是评价企业目前和今后增加股东财富的关键因素。价值评估在战略分析中起核心作用。例如，收购属于战略决策，要收购企业就要估计目标企业的合理价值，在决定收购价格时要对合并前后的价值变动进行评估，以判断收购能否增加股东财富，以及依靠什么来增加股东财富。

四、企业价值评估的重要性和复杂性

（一）企业价值评估的重要性

1.企业价值评估是利用资本市场实现产权转让的基础性专业服务。

公司上市需要专业评估机构按照有关规定，制订合理的评估方案，运用科学的评估方法，评估企业的盈利能力及现金流量状况，对企业价值作出专业判断。与此同时，为企业的兼并和收购活动提供企业价值评估服务也已成为许多资产评估机构的核心业务之一。

由于战略性并购决策着眼于经济利益最大化，而不是管理范围最大化，所以并购中对目标企业的价值评估非常重要。评估人员应在详细了解目标企业的情况，分析影响目标企业盈利能力和发展前景的基础上，评估目标企业的价值。

2.企业价值评估能在企业评价和管理中发挥重要作用。

以开发企业潜在价值为主要目的的价值管理已成为当代企业管理的新潮流。企业价值管理强调对企业整体获利能力的分析和评估，通过制定和实施合理的发展战略及行动计划保证企业的经营决策有利于增加股东财富。

企业价值管理将使习惯于运用基于会计核算的财务数据的企业管理人员的工作发生重大变化，使其不再满足于用财务数据反映企业的历史状况，而是运用企业价值评估的信息展望企业的未来，并形成和提高企业利用当前资产创造财富的能力。

（二）企业价值评估的复杂性

企业本身就是一个复合的概念，有盈利、有亏损，盈利和亏损的原因又极其复杂，包括技术层面、管理层面、资产要素层面、市场层面等。

企业价值评估类型和具体价值形式呈现出多样化的趋势，因此在进行企业价值评估时，应清楚界定评估对象、评估范围、影响企业价值的主要因素、企业价值类型和具体价值定义选择等。

五、企业价值评估的程序

（一）企业价值评估中需要明确的基本事项

（1）委托方及资产占有方的基本情况；

（2）被评估企业的基本情况；

（3）评估目的；

（4）评估对象及评估的具体范围；

（5）评估的价值类型及价值定义；

（6）评估假设及限定条件；

（7）评估基准日。

（二）企业价值评估的途径及方法的选择

评估人员在进行企业价值评估时，应当根据评估目的、被评估企业的情况、评估时的限定条件和评估的价值类型，以及预计可收集到的信息资料和相关条件，分析收益途径及方法、市场途径及方法和成本途径及方法的适用性和可操作性，选择适用于本次企业价值评估的一种或多种评估途径及方法。

由于企业价值的特殊性和复杂性，一般情况下评估人员不宜单独使用成本途径及方法评估企业价值。因此，在评估途径及方法的选择过程中，应尽可能选择多种评估途径及方法。如果受条件限制，只能选择成本途径及方法，则应在企业价值评估报告中进行说明。

（三）收集信息资料

企业价值评估应当收集并分析被评估企业的信息资料和与被评估企业相关的其他信息资料，通常包括：

（1）被评估企业的类型、评估对象相关权益状况及有关法律文件；

（2）被评估企业的历史沿革、现状和前景；

（3）被评估企业的内部管理制度、核心技术、研发状况、销售网络、特许经营权、管理层构成等经营管理状况；

（4）被评估企业历史财务资料和财务预测信息资料；

（5）被评估企业资产、负债、权益、盈利、利润分配、现金流量等财务状况；

（6）被评估企业以往的评估及交易情况；

（7）可能影响被评估企业生产经营状况的宏观、区域经济因素；

（8）被评估企业所在行业的发展状况及前景；

（9）参考企业的财务信息、股票价格或股权交易价格等市场信息，以及以往的评估情况等；

（10）资本市场、产权交易市场的有关信息；

（11）注册资产评估师认为需要收集分析的其他相关信息。

（四）运用评估技术分析判断企业价值

根据评估目的对被评估企业在评估时点经营状况和面临的市场条件的影响，以及对企业价值评估结果及价值类型的影响，利用所选择的多种评估途径及方法和所收集的信息资料，对影响企业价值的各种因素进行系统全面的分析，在充分分析的基础上，综合判定企业价值。

资产评估揭示的是评估对象的公允价值，企业作为资产评估中的一类评估对象，在评估中的价值也应该是公允价值，而企业又是一类特殊的评估对象，其价值取决于要素资产组合的整体盈利能力。企业的公允价值是其现实或潜在盈利能力在各种市场条件下的客观反映。

（1）企业评估价值是企业的公允价值。

这不仅是由企业作为资产评估的对象所决定的，而且是由对企业进行价值评估的一般目的所决定的。企业价值评估的一般目的是为企业产权交易提供服务，使交易双方对拟交易企业的价值有一个较为清晰的认识，所以企业价值评估应建立在有效市场假设的基础之上，揭示企业的公允价值。

（2）企业评估价值基于企业的盈利能力。

企业在广义上可以被认为是生产同一种产品（即利润）的组织。人们创立企业或收购企业的目的不在于获得企业本身具有的物质资产或企业生产的具体产品，而在于获得企业生产利润的能力并从中受益。因此，企业之所以能够存在价值并且能够进行交易是因为它们具有生产利润的能力。

（3）资产评估中的企业价值有别于账面价值、公司市值和清算价值。

企业的账面价值是一个以历史成本为基础进行计量的会计概念，可以通过企业的资产负债表获得。由于企业的账面价值没有考虑或很少考虑通货膨胀和资产的经济性贬值等重要因素的影响，所以企业的账面价值明显区别于资产评估中的企业价值。

公司市值是指上市公司的股票价格与总股本的乘积。在成熟的资本市场上，信息相对充分，市场机制相对有效，公司市值与企业价值具有趋同性。但是，由于股票的市场价格通常是少数股份的交易价格，企业价值并不一定等于股票价格与总股本的乘积。我国尚处在经济转型期，证券市场既不规范也不成熟，因而不宜将公司市值直接作为企业价值。

清算价值是指企业停止经营后，变卖所有资产，并用其减去所有负债后的现金余额。这时企业资产价值应是可变现价值，其不满足持续经营假设。破产清算企业的价值评估，不是对企业一般意义上价值的揭示，该类企业作为生产要素整体已经丧失了盈利能力，因而也就不具有通常意义上的企业所具有的价值。对破产清算企业进行价值评估，实际上是对该企业的单项资产的公允价值之和进行判断和估计。

资产评估人员应当知晓，在某些情况下，企业在持续经营前提下的价值并不必然大于在清算前提下的企业变现价值。假如出现了这种情况，评估人员可以向委托方提出咨询建议，如果相关权益人有权启动被评估企业清算程序，那么资产评估人员应当根据委托，分析评估对象在清算前提下价值大于在持续经营前提下价值的可能性和评估价值。

（五）撰写企业价值评估报告

注册资产评估师在完成上述企业价值评估程序后，可根据评估项目的性质、评估过程，以及委托方和相关当事人的要求，选择恰当的报告形式出具企业价值评估报告，并在评估报告中披露评估结果的价值类型和定义，在评估过程中是否考虑了控股权和少数股权等因素产生的溢价或折价，以及流动性对评估对象价值的影响。

企业价值评估报告应当包括以下基本内容：①委托方和其他评估报告使用者；②被评估企业基本情况及财务状况；③评估对象；④评估目的；⑤价值类型和定义；⑥评估基准日；⑦评估假设和限制条件；⑧评估依据；⑨评估方法；⑩评估程序实施过程和情况；⑪评估结论；⑫特别事项说明；⑬评估报告日；⑭评估机构和注册资产评估师签章。

企业价值评估报告还应当根据评估项目的具体情况和委托方的要求，提供必要的附件。

六、企业价值评估的范围界定

（一）企业价值评估的一般范围

企业价值评估的一般范围即企业的产权资产范围。

从产权的角度界定，企业价值评估的范围应该是企业的全部资产，包括企业产权主体自身占用及经营的部分，企业产权主体所能控制的部分，如全资子公司、控股子公司，以及非控股公司中的投资部分。

（1）企业的资产评估申请报告及上级主管部门批复文件所规定的评估范围；

（2）企业有关产权转让或产权变动的协议、合同、章程中规定的企业资产变动的范围。

（二）企业价值评估的具体范围

在对企业价值评估的一般范围进行界定之后，并不能将所界定的企业的产权资产范围直接作为企业价值评估中的具体资产范围。因为企业价值是基于企业整体盈利能力确定的，所以判断企业价值就是要正确分析和判断企业的盈利能力。

企业是由各类单项资产组合而成的资产综合体，这些单项资产对企业盈利能力的形成具有不同的贡献。其中，对企业盈利能力的形成作出贡献、发挥作用的资产就是企业的有效资产；对企业盈利能力的形成没有作出贡献，甚至削弱了企业的盈利能力的资产就是企业的无效资产或溢余资产。

企业的盈利能力是企业的有效资产共同作用的结果，要正确揭示企业价值，就要将企业资产范围内的有效资产和溢余资产进行正确的界定与区分，将企业的有效资产作为评估企业价值的具体资产范围。

事实上，在未对企业评估范围和资产范围进行界定的前提下，采用不同评估途径及其方法评估的企业范围和资产范围可能存在差异，企业评估范围和资产范围的差异可能是造成不同评估途径及其方法下企业价值差异的主要原因之一。

只有将企业评估范围和资产范围界定清楚，将不同评估途径及其方法下的评估对象范围界定清楚，运用不同的评估途径及其方法评估的企业价值之间才有可比性。

运用不同评估途径及其方法评估企业价值的共同对象是企业的有效资产，而对企业溢余资产的评估则要根据评估目的及委托方的要求单独进行，并妥善确定溢余资产的评估价值。

（1）对于在评估时点产权不清的资产，评估人员应将其划分为"待定产权资产"，不列入企业价值评估的资产范围。

（2）在产权清晰的基础上，对企业的有效资产、溢余资产进行区分。

对企业有效资产的判断，应以该资产对企业形成盈利能力的贡献大小为基础；在有效资产的贡献下形成的企业盈利能力，应是企业的正常盈利能力，由于偶然因素而形成的短期盈利及相关资产，不能作为判断企业盈利能力和划分有效资产的依据；评估人员应对企业价值进行客观揭示，如企业出售方拟进行企业资产重组，则应以不影响企业盈利能力为前提。

（3）在企业价值评估中，对溢余资产有两种处理方式：

一是进行"资产剥离"，即在进行企业价值评估前将溢余资产剥离出去，不列入企业价值评估的范围；

二是在溢余资产不影响企业盈利能力的前提下，用适当的方法对其进行单独评估，并将评估价值加总到企业价值评估的最终结果之中，或将其可变现净值单独列示、披露。

（4）如企业出售方拟通过"填平补齐"的方法对影响企业盈利能力的薄弱环节进行改进，则评估人员应着重判断该改进对正确揭示企业盈利能力的影响。

就目前我国的具体情况而言，该改进应主要针对由工艺瓶颈和资金瓶颈等因素所导致的企业盈利能力的薄弱环节。

● 第二节　收益法在企业价值评估中的应用

一、运用收益途径及其方法评估企业价值的核心问题

宝钢企业价值
评估案例分析

第一，要对企业的收益予以界定。企业的收益以多种形式体现，包括净利润、净现金流、息前净利润和息前净现金流。选择以何种形式的收益作为收益法中的企业收益，直接影响对企业价值的最终判断。

第二，要对企业的收益进行合理预测。要求评估人员对企业未来的收益进行精确预测是不可能的，但是由于对企业收益的预测直接影响对企业盈利能力的判断，是决定企业最终评估价值的关键因素，所以，在评估中应全面考虑影响企业盈利能力的因素，客观、公正地对企业的收益作出合理的预测。

第三，在对企业的收益作出合理预测后，要选择合适的折现率。折现率的选择直接关系到对企业未来收益风险的判断。

由于不确定性的客观存在，对企业未来收益的风险进行判断至关重要。能否对企业未来收益的风险作出恰当的判断，从而选择合适的折现率，对企业的最终评估价值具有较大影响。

二、对收益途径中具体方法的说明

（一）永续经营假设前提下的具体方法

1.年金法。

年金法的计算公式为：

$$P=\frac{A}{r} \tag{9-1}$$

式中：P——企业评估价值；

A——企业每年的年金收益；

r——资本化率及折现率。

用于企业价值评估的年金法，是将已处于均衡状态，其未来收益具有充分的稳定性和可预测性的企业的收益进行年金化处理，然后再把已经年金化的企业预期收益进行收益还原，以估测企业的价值。因此，公式（9-1）又可以写成：

$$P=\frac{\sum_{i=1}^{n}\frac{R_i}{(1+r)^i} \div (P/A,r,n)}{r} \tag{9-2}$$

或　$$P=\frac{\sum_{i=1}^{n}R_i \cdot PVIF_{r,n} \div PVIFA_{r,n}}{r} \tag{9-3}$$

式中：$\sum_{i=1}^{n}\frac{R_i}{(1+r)^i}$——企业前n年预期收益折现值之和；

（P/A，r，n）——年金现值系数；

r——资本化率。

【例9-1】中顺公司预计未来5年的预期收益额为100万元、120万元、110万元、130万元、120万元,假定资本化率为10%,试用年金法估测中顺公司的价值。

运用公式(9-2):

公司价值=(100×0.9091+120×0.8264+110×0.7513+130×0.6830+120×0.6209)÷3.7908÷10%

$\qquad$ =(91+99+83+89+75)÷3.7908÷10%

$\qquad$ =437÷3.7908÷10%

$\qquad$ =1 153(万元)

2.分段法。

分段法是将持续经营的企业的收益预测分为前后两段。其理由在于:

在企业发展的前一个期间,企业处于不稳定状态,因此企业的收益是不稳定的;在该期间之后,企业处于均衡状态,其收益是稳定的或是按某种规律变化的。

对于前段的企业收益采取逐年预测并折现累加的方法;对于后段的企业收益,则针对企业具体情况,按收益的变化规律,对其进行折现和还原处理。

将企业前后两段收益现值加在一起便构成了企业的收益现值。

假设以前段最后一年的收益作为后段各年的年金收益,分段法的公式可写成:

$$P=\sum_{i=1}^{n}\frac{R_i}{(1+r)^i}+\frac{R_n}{r(1+r)^n} \qquad (9-4)$$

或 $\quad P=\sum_{i=1}^{n}R_i \cdot PVIFA_{r,n}+\frac{R_n}{r} \cdot PVIF_{r,n} \qquad (9-5)$

假设从n+1年起的后段,企业预期年收益将按一个固定比率(g)增长,则分段法的公式可写成:

$$P=\sum_{i=1}^{n}\frac{R_i}{(1+r)^i}+\frac{R_n(1+g)}{r-g}\times\frac{1}{(1+r)^n} \qquad (9-6)$$

或 $\quad P=\sum_{i=1}^{n}R_i \cdot PVIFA_{r,n}+\frac{R_n(1+g)}{r-g} \cdot PVIF_{r,n} \qquad (9-7)$

【例9-2】中顺公司预计未来5年的收益为100万元、120万元、150万元、160万元、200万元,根据企业的实际情况推断,从第6年开始,企业的年收益额将维持在200万元的水平上,假定资本化率为10%,试使用分段法估测企业的价值。

企业的价值=(100×0.9091+120×0.8264+150×0.7513+160×0.6830+200×0.6209)+$\frac{200}{10\%}$×0.6209

$\qquad$ =536+2 000×0.6209

$\qquad$ =1 778(万元)

假如评估人员根据企业的实际情况推断,从第6年起,企业的年收益额将在第5年的水平上以2%的增长率保持增长,其他条件不变,试估测中顺公司的价值。

企业的价值=(100×0.9091+120×0.8264+150×0.7513+160×0.6830+200×0.6209)+$\frac{200\times(1+2\%)}{10\%-2\%}$×0.6209

$\qquad$ =536+$\frac{204}{8\%}$×0.6209

$\qquad$ =2 119(万元)

(二)有限持续经营假设前提下的具体方法

(1)关于企业有限持续经营假设的应用。

对企业而言,它的价值在于其所具有的持续盈利的能力。

一般情况下，对企业价值的评估应该在持续经营前提下进行。只有在特殊情况下，才在有限持续经营假设前提下对企业价值进行评估。若企业章程已对企业经营期限作出规定，而企业的所有者无意逾期继续经营企业，则可以在该假设前提下对企业进行价值评估。评估人员在运用该假设对企业价值进行评估时，应对企业能否适用该假设作出合理判断。

（2）企业有限持续经营假设是从最有利于回收企业投资的角度，争取在不追加资本性投资的前提下，充分利用企业的现有资源，最大限度地获取投资收益，直至企业无法持续经营为止。

（3）对于有限持续经营假设前提下的企业价值评估，其评估思路与分段法类似。

首先，将企业在可预期的经营期限内的收益加以估测并折现；其次，将企业在经营期限后的残余资产的价值加以估测并折现；最后，将两者相加。其计算公式为：

$$P=\sum_{i=1}^{n}\frac{R_i}{(1+r)^i}+\frac{P_n}{(1+r)^n} \tag{9-8}$$

或
$$P=\sum_{i=1}^{n}R_i \cdot PVIFA_{r,n}+P_n \cdot PVIF_{r,n} \tag{9-9}$$

式中：P_n——第 n 年企业资产的变现值；其他符号含义同前。

三、企业收益及其预测

（一）企业收益额

收益额是运用收益途径及其方法评估企业价值的基本参数之一。在资产评估中，收益额是指根据投资回报原理，企业在正常情况下所能得到的归产权主体所有的所得额。在企业价值评估过程中，从可操作的角度看，评估人员大多采用会计学中收益的概念。即收益是指企业期间交易已实现收入和相应费用之间的差额。

1.企业收益的界定与选择。

在具体界定企业收益时应注意以下几个方面：

（1）从性质上讲，不归企业产权主体所有的企业纯收入不能作为企业价值评估中的收益，如税收，包括流转税和企业所得税。

（2）凡是归企业产权主体所有的企业收支净额，可视为收益，无论是营业收支、资产收支，还是投资收支，只要形成企业的净现金流入，就应被视为收益。

对企业收益的界定是将企业发生产权变动而确定企业交易价格这一特定目的作为出发点的，从潜在投资者参与产权交易后企业收益分享的角度看，企业收益只能是企业所有者投资于该企业所能获得的净收入，它的基本表现形式是企业净利润和企业净现金流量。

企业净利润和净现金流量是判断和把握企业价值评估中的收益额最重要的基础，也是评估人员认识、判断和把握企业获利能力最重要、最基本的财务数据和指标。

（3）从企业价值评估操作的层面上讲，企业价值评估中的收益额是反映企业获利能力的重要参数和指标。它最重要的作用在于客观地反映了企业的获利能力，并通过获利能力来反映企业的价值。

由于企业价值评估的目标范围包括了企业整体价值、股东全部权益价值和股东部分权益价值等多重目标。因此，从实际操作的角度看，用于企业价值评估的收益额不限于企业的净利润和净现金流量两个指标。也就是说，理论上所讲的企业收益可能与企业价值评估实际操作中使用的收益并不完全等同。

从理论上讲的企业收益是指归企业所有或拥有的可支配净收入。而用于企业价值评估的企业收益既可以是理论上的企业收益，也可以是其他口径的企业收益，它的主要作用在于尽可能准确、客观地反映企业的获利能力。

2.收益的口径。

从投资回报的角度看，企业收益的边界是可以明确的。企业净利润是所有者的权益，利息是债权人的权益。针对因企业发生产权变动而进行企业价值评估这一事项，企业价值评估的目标可能是企业整体价值、企业股东全部权益价值或企业股东部分权益价值，企业价值评估目标的多样性是选择收益口径的客观要求之一。另外，由于资本结构，以及由此产生的利息支出、股利分配等对企业价值的影响，导致有必要在企业价值评估中选择收益的不同口径。根据企业价值评估的口径与企业整体价值、企业股东全部权益价值（企业所有者权益）和企业股东部分权益价值相对应的收益口径也是有差异的。明确企业收益的边界和口径对于运用收益途径及其方法评估企业价值是极其重要的。由于不同的投资主体在企业中的投资或权益在资产实物形态上是难以划分的。只有在明确了企业收益的边界和口径，以及不同边界和口径的企业收益与企业价值评估结果的口径的对应关系的基础上，才能根据被评估企业的具体情况，采取各种切实可行的收益折现方案或资本化方案来实现企业价值评估目标。

根据过去的评估实践经验，使用频率最高的企业评估价值目标是企业的所有者权益价值，即企业的净资产价值或股东全部权益价值。但是，在企业价值评估实践中，间接法的使用频率要高于直接法。所谓间接法是指先通过企业自由现金流量和适当折现率或资本化率评估出企业整体价值或投资资本价值，再扣减企业的负债，来求得企业股东全部权益价值及部分权益价值的方法。所谓直接法是指利用股东自由现金流量和适当折现率或资本化率直接评估出企业股东全部权益价值的方法。因此，在进行企业价值评估时，根据被评估企业价值的内涵选择适当的具体收益形式、口径和结构是十分必要的。在企业价值评估中经常使用的收益口径主要有：净利润、净现金流量、息前净利润、息前净现金流量等。

在假定折现率的口径与收益口径一致，即不存在统计口径或核算口径上的差别的情况下，不同形式、口径或结构的收益，其折现值的价值内涵和目标是不同的。

口径的选择是企业用收益法评估企业价值的基础。用收益法评估企业价值，要服从企业价值评估目的、目标，即企业价值评估目的和目标是评估反映股东全部的权益价值（企业所有者权益或净资产价值），还是反映企业所有者权益及长期债权人权益之和的投资资本价值，或是企业的整体价值；对企业收益口径的选择，应该在不影响企业价值评估目的的前提下，选择最能客观反映企业正常盈利能力的收益作为企业进行价值评估的收益基础。

（二）企业收益预测

1.对企业收益现状的分析和判断。

对企业收益现状进行分析和判断的重点是了解和掌握企业在评估基准日的正常获利能力水平，为企业预期收益预测创造一个工作平台。了解和判断一家企业现有的获利能力可以通过一系列财务数据并结合对企业生产经营的实际情况加以综合分析判断，还有必要对企业以前年度的获利能力进行考察，以确定企业现时的正常获利能力。可作为分析判断企业获利能力参考依据的财务指标主要有：企业资金利润率、投资资本利润率、净资产利润率、成本利润率、销售收入利润率、企业资金收益率、投资资本收益率、净资产收益率、成本收益率、销售收入收益率等。

企业资金利润率与企业资金收益率之间的区别，前者是企业的利润总额与企业资金占用额之比，而后者是企业净利润与企业资金占用额之比。其他各对应项利润率与收益率之间的差别同上，也是分子项上的利润总额与净利润之间的差别。

评估人员不可以单凭上述企业的有关财务数据来断定企业现时的正常获利能力。要想较为客观地把握企业的正常获利能力，必须结合企业内部及外部影响企业获利能力的各种因素进行综合分析。如企业产品或服务的市场需求、市场竞争力和市场份额，这些可以通过企业的生产经营能力利用率与产销率等指标体现。当然，评估人员也要十分注意企业产品或服务的成长性，以便对企业的市场因素作出正确判断。只有结合企业内部的和外部的具体条件来分析企业的财务指标，才有可能正确地认识企业的获利能力。

2.企业收益预测的基础。

（1）收益预测可以企业评估时的收益现状，即企业的实际收益为出发点，也可以其他情况下的收益为出发点。

按照一般人的想法，似乎以企业在评估时点的实际收益为出发点更符合资产评估的客观性原则。实际上，在进行企业价值评估时，既可用企业在评估时点的实际收益为基础测算预期收益，也可以被评估企业所在行业的正常投资收益水平为基础测算预期收益。

若是以企业实际收益为基础预测预期收益，一定要注意在企业实际收益中若存在一次性的、或者偶然的或者当企业产权发生变动后不复存在的收入或费用因素，应进行调整。若把企业评估时点包含的偶然收入或费用的实际收益作为预测企业未来预期收益的基础，而不加任何调整，等于将那些将不复存在的因素仍然作为影响企业未来预期收益的因素加以考虑。因此，企业评估预期收益的预测基础可以是企业在正常经营管理前提下的正常收益或客观收益，或是排除偶然因素和不可比因素后的企业实际收益。

当然，企业价值评估的两种收益预测基础及在此基础上预测的企业未来收益，以及据此对企业价值作出的判断，其相应的企业的评估价值类型和定义应该是有差别的。

（2）要客观地把握新产权主体的行为对企业预期收益的影响。

新产权主体的行为是评估人员无法确切估测的因素，同时，新产权主体的个别行为对企业预期收益的影响也不应该成为预测企业预期收益的因素。

对于企业预期收益的预测一般只能以企业现实存量资产为出发点，可以考虑存量资产的合理改进，甚至是合理重组，并以企业的正常经营管理为基础，一般不考虑不正常的个人因素或新产权主体的超常行为等因素对企业预期收益的影响。

关于企业预期收益预测基础的以上论述是带有原则性的，是从总的方面对企业预期收益预测基础的认识。

在企业价值评估的实际操作中，情况可能会更为复杂，特别是通过产权变动，如企业并购所产生的协同效益。完全不考虑被评估企业存量资产的作用也是不合适的，这就存在一个协同效益在新、老产权主体之间的分配问题。

3.企业收益预测的基本步骤。

基本步骤如下：①评估基准日企业收益或正常收益的审核（计）和调整；②对企业管理层提供的企业未来经营规划、财务预算或预测资料，以及对预期收益趋势进行的总体分析、判断和调整；③在此基础上预测企业预期收益；④对所做预测的检验。

若以实际收益为基础预测企业未来的收益，评估基准日企业收益审核（计）和调整包括两部分工作：

（1）对评估基准日企业收益的审核（计），按照国家的财务通则、会计准则，以及现行会计制度等对企业于评估基准日的实际收益额进行审核（计），并按审核结果编制评估基准日企业资产负债表、利润表和现金流量表。

（2）对审核（计）后的重编财务报表进行非正常因素调整，主要是对利润表和现金流量表的调整。

对一次性、偶发性，或以后不再发生的收入或费用进行剔除，把企业评估基准日的企业利润和现金流量调整到正常状态下的金额和数量，为企业预期收益的趋势分析打好基础。

若是以被评估企业所在行业正常收益水平为基础预测企业未来收益，实际上是假设企业发生产权变动后，企业能够以行业的正常经营水平和正常获利能力继续运营。此时，首先要对评估基准日的企业实际收益进行分析，在可以确定企业在评估基准日后以行业正常经营水平和获利能力水平预测未来收益属客观预测的基础上，编制按被评估企业有效资产所对应的用于本次企业价值评估的资产负债表、利润表和现金流量表。

企业预期收益趋势的总体分析和判断是在对企业评估基准日实际收益或正常收益的审核（计）和调整的基础上，结合被评估企业管理层提供的企业预期收益预测和评估机构调查收集到的有关信息资料进行的。这里需要强调的是：

（1）对企业评估基准日的财务报表的审核（计）和重编，尤其是客观收益的调整仅作为评估人员进行企业预期收益预测的参考依据，不能用于其他目的。

（2）企业管理层提供的关于企业预期收益的预测是评估人员预测企业未来预期收益的重要基础。

（3）尽管对企业在评估基准日的财务报表进行了必要的调整或重编，并掌握了企业提供的收益预测，评估人员仍必须深入到企业现场进行实地考察和现场调研，充分了解企业的生产工艺过程、设备状况、生产能力和经营管理水平，以及市场状况等，再辅之以其他数据资料对企业未来收益趋势进行更为合乎逻辑的总体判断。

企业预期收益的预测是在前两个步骤完成以后的前提下，运用具体的技术方法和手段进行的。

在一般情况下，企业的收益预测也分为两个时间段。对于已步入稳定期的企业而言，收益预测的分段较为简单：①对企业未来若干年的收益进行预测；②对企业未来若干年后的各年收益进行预测。

对于仍处于发展期，其收益尚不稳定的企业而言，对其收益预测的分段应是首先判断出企业在何时步入稳定期，即收益呈现稳定性，而后将其步入稳定期的前一年作为收益预测分段的时点。

对企业何时步入稳定期的判断，应在与企业管理人员的充分沟通和占有大量资料并加以理性分析的基础上进行，其确定较为复杂。

对企业未来若干年的预期收益进行预测，"若干年"可以是三年，也可以是五年，或其他时间跨度。"若干年"时间跨度的长短取决于评估人员对预测值的精度要求，以及评估人员的预测手段和能力。对评估基准日后未来若干年的收益预测是在评估基准日调整的企业收益或企业历史收益的平均收益趋势的基础上，结合影响企业收益实现的主要因素在未来预期变化的情况，采用适当的方法进行的。

目前较常用的方法有综合调整法、产品周期法、时间趋势法等。不论采用何种预测方法估测企业的预期收益，首先都应进行预测前提条件的设定。

（1）国家的政治、经济等政策变化对企业预期收益的影响，除已经出台尚未实施的以外，只能假定其将不会对企业预期收益造成重大影响。

（2）不可抗拒的自然灾害或其他无法预测的突发事件不作为预测企业收益的相关因素考虑。

（3）企业管理者的某些个人行为也不在预测企业预期收益时考虑。当然，根据评估对象、评估目的和评估时的条件还可以对评估的前提条件作出必要的限定。但是，评估人员对企业预期收益预测前提条件的设定必须合情合理。

预测的主要内容有：①对影响被评估企业及所属行业的特定经济及竞争因素的估计；②对未来若干年市场的产品或服务的需求量，或被评估企业市场占有份额的估计；③对未来若干年销售收入的估计；④对未来若干年成本费用及税金的估计；⑤对完成上述生产经营目标需追加的投资及技术、设备更新改造因素的估计；⑥对未来若干年预期收益的估计等。

关于企业的收益预测，评估人员不得不加分析地直接引用企业或其他机构提供的企业收益预测。评估人员应把企业或其他机构提供的收益预测作为参考，根据可收集到的数据资料，在充分分析论证的基础上作出独立的预测判断。

在具体运用预测技术和方法测算企业收益时，大都采用了目前普遍使用的财务报表格式予以表现，如采用利润表的形式表现或采用现金流量表的形式表现。运用利润表或现金流量表的形式表现预测企业收益的结果通俗易懂，便于理解和掌握。

需要说明的是，用企业利润表或现金流量表来表现企业预期收益的预测结果，并不等于说企业预期收益预测就相当于企业利润表或现金流量表的编制。企业收益预测的过程是一个比较具体的运作过程，需要大量数据并运用科学的方法才能顺利完成。用利润表或现金流量表表现的仅仅是这个过程的结果。企业收益预测不能简单地等同于利润表或现金流量表的编制，而是利用利润表或现金流量表的已有栏目或项目，通过对影响企业收益的各种因素的变动情况进行分析，在评估基准日企业收益水平的基础上，应对表内各项目（栏目）进行合理的测算、汇总和分析，得到所测年份的各年企业收益。

某企业2×20—2×23年收益预测表（见表9-1）是一张可供借鉴的企业收益预测表。如测算的收益层次和口径与本表有差异，则可在本表的基础上进行适当调整；如采用其他构成的企业收益，或采用其他方式测算企业收益，则评估人员可自行设计企业收益预测表。

表9-1   **某企业2×20—2×23年收益预测表**   单位：万元

项目 \ 年份	2×20年	2×21年	2×22年	2×23年
一、产品销售收入				
减：产品销售税费				
产品销售成本				
其中：折旧				
产品销售费用				
二、产品销售利润				
加：其他业务利润				
减：管理费用				
财务费用				
三、营业利润				
加：投资收益				
营业外收入				
减：营业外支出				
四、利润总额				
减：所得税费用				
五、净利润				
加：折旧和无形资产				
减：追加资本性支出				
六、净现金流量				

预测企业收益时需注意以下几个基本问题：

① 一定收益水平是一定资产运作的结果。

② 企业的销售收入或营业收入与产品销售量（服务量）及销售价格的关系，会受到价格需求弹性的制约，不可以不考虑价格需求弹性而想当然地价量并涨。

③ 企业销售收入或服务收入的增长与其费用的变化是有规律性的，评估人员应根据不同行业的特点，尽可能科学合理地预测企业的销售收入及各项费用。

④ 企业的预期收益与企业所采用的会计政策、税收政策关系极为密切，评估人员不可以违背会计政策及税收政策，以不合理的假设作为预测的基础，企业收益预测应与企业未来采用的会计政策和税收政策保持一致。

企业未来若干年的预期收益测算可以通过一些具体的方法进行。而对于企业未来更长远的年份的预期收益，则难以进行具体测算。

可行的方法是：在企业未来若干年预期收益测算的基础上，找出企业收益变化的区间和趋势，并借助某些手段，诸如采用假设的方式把握企业未来长期收益的变化区间和趋势。比较常用的假设是"保持"假设，即假定企业未来若干年以后各年的收益维持在一个相对稳定的水平上。当然也可以根据企业的具体情况，假定企业收益在未来若干年以后将以某个收益水平为基础，每年保持一个递增的比率等。但是，不论采用何种假设，都必须建立在合乎逻辑、符合客观实际的基础上，以保证企业预期收益预测的相对合理和准确。

评估人员在对企业的预期收益预测基本完成之后，应该对预测结果进行严格检验，以判断所作预测的合理性。

检验可以从以下几个方面进行：①将预测与企业历史收益的平均趋势进行比较，如预测的结果与企业历史收益的平均趋势明显不符，或出现较大变化，又无充分理由加以支持，则该预测的合理性值得质疑。②将预测的数据与行业收益的平均数据进行比较，如预测的结果与行业收益的平均数据明显不符，或出现较大变化，又无充分理由加以支持，则该预测的合理性值得质疑。③对影响企业价值评估的敏感性因素加以严格的检验。在这里，敏感性因素具有两方面的特征：一是该类因素未来存在多种变化，二是其变化能对企业的评估值产生较大影响。④对销售收入的预测进行检验，评估人员可能基于对企业所处市场前景的不同假设而会对企业的销售收入作出不同的预测，并分析不同预测结果可能对企业评估价值产生的影响。在此情况下，评估人员就应对销售收入的预测进行严格的检验，对决定销售收入预测的各种假设反复推敲。⑤对所预测的企业收入与成本费用的变化的一致性进行检验。企业收入的变化与其成本费用的变化存在较强的一致性，如预测企业的收入变化而成本费用未发生相应变化，则该预测值得质疑。在进行敏感性因素检验的基础上，与其他方法评估的结果进行比较，检验在哪一种评估假设下能得出更为合理的评估结果。

四、折现率、资本化率及其估测

折现率，是将未来有限期收益还原或转换为现值的比率。**资本化率**，是指将未来非有限期（永续期）收益转换为现值的比率。资本化率在资产评估业务中有着不同的称谓，还可以称为还原利率。折现率和资本化率在本质上是相同的，都属于投资报酬率。投资报酬率通常由两部分组成：

1.无风险报酬率（正常投资报酬率）。

正常投资报酬率亦称无风险报酬率、安全利率，它取决于资金的机会成本，即正常的投资报酬率不能低于该投资的机会成本。这个机会成本通常以政府发行的国债利率和银行储蓄利率作为参照依据。

2.风险报酬率。

风险报酬率的高低主要取决于投资风险的大小，风险大的投资，要求的风险报酬率就高。由于折现率和资本化率反映了企业在未来有限期和非有限期的持续获利能力和水平，而企业未来的获利能力在有限期与永续期能否保持相当，取决于企业在未来有限期与永续期所面对的风险是否相同。从理论上讲，折现率与资本化率并不一定是一个恒等不变的量，它们既可以相等也可以不相等，这取决于资产评估师对企业未来有限经营期与永续经营期风险的判断。

因此，必须强调折现率与资本化率并不一定是恒等不变的值。

（一）企业价值评估中选择折现率的基本原则

1.折现率不低于投资的机会成本。

在存在着正常的资本市场和产权市场的条件下，任何一项投资的回报率不应低于该投资的机会成本。在现实生活中，政府发行的国债利率和银行储蓄利率可以作为投资者进行其他投资的机会成本。由于国债的发行主体是政府，几乎没有破产或无力偿付的可能，投资的安全系数大。银行虽大多属于商业银行，但我国的银行业仍处于国家的严格监管之下，其信誉也非常高，储蓄也是一种风险极小的投资。

因此，国债和银行储蓄利率可看成其他投资的机会成本，相当于无风险投资报酬率。

2.行业基准收益率不宜直接作为折现率，但行业平均收益率可作为确定折现率的重要参考指标。

我国的行业基准收益率是基本建设投资管理部门为筛选建设项目，从拟建项目对国民经济的净贡献方面，按照行业统一制定的最低收益率标准，凡是投资收益率低于行业基准收益率的拟建项目不得上马。只有投资收益率高于行业基准收益率的拟建项目才有可能得到批准进行建设。

首先，行业基准收益率旨在反映拟建项目对国民经济的净贡献，包括拟建项目可能提供的税收收入和利润，而不是对投资者的净贡献。因此，不宜直接将其作为企业产权变动时价值评估的折现率。再者，行业基准收益率的高低体现着国家的产业政策。在一定时期，属于国家鼓励发展的行业，其行业基准收益率会相对低一些；属于国家控制发展的行业，国家就会适当调高其行业基准收益率，达到限制项目建设的目的。

因此，行业基准收益率不宜直接作为企业价值评估中的折现率。随着我国证券市场的发展，行业的平均收益率日益成为衡量行业平均盈利能力的重要指标，可作为确定折现率的重要参考指标。

3.贴现率不宜直接作为折现率。

贴现率，是商业银行对未到期票据提前兑现所扣金额（贴现息）与期票票面金额的比率。贴现率虽然也是将未来值换算成现值的比率，但贴现率通常是银行根据市场利率和贴现票据的信誉程度来确定的。票据贴现大多数是短期的，并无固定周期。

从本质上讲，贴现率接近于市场利率。而折现率是针对具体评估对象的风险而生成的期望投资报酬率。从内容上讲，折现率与贴现率并不一致，简单地把银行贴现率直接作为企业价值评估的折现率是不妥当的。但也要看到，在有些情况下，如对采矿权评估所使用的贴现现金流量法，正是通过贴现率折现评估其价值的。即使在这种情况下，评估人员所使用的贴现率也包括安全利率和风险溢价两部分，与真正意义上的贴现率也不完全一样。

（二）风险报酬率及折现率的测算

在折现率的测算过程中，无风险报酬率的选择相对容易一些，通常是以政府债券利率和银行储蓄利率为参考依据。风险报酬率的测度相对比较困难，它因评估对象、评估时点的不同而不同。

就企业而言，在未来的经营过程中要面临经营风险、财务风险、行业风险、通货膨胀风险等。从投资者的角度看，投资者承担一定风险，就会要求相应的风险补偿。风险越大，要求补偿的数额也就越大。风险补偿额相对于风险投资额的比率称为风险报酬率。

在测算风险报酬率的时候，评估人员应注意以下因素：

（1）国民经济增长率及被评估企业所在行业在国民经济中的地位；

（2）被评估企业所在行业的发展状况及被评估企业在行业中的地位；

（3）被评估企业所在行业的投资风险；

（4）企业在未来的经营中可能承担的风险等。

在充分考虑和分析了以上各因素以后，风险报酬率可通过以下两种方法估测：

1.风险累加法。

企业在其持续经营过程中可能要面临许多风险，像前面已经提到的行业风险、经营风险、财务风险、通货膨胀风险等。将企业可能面临的风险对回报率的要求予以量化并累加，便可得到企业评估折现率中的风险报酬率。其计算公式为：

$$风险报酬率=行业风险报酬率+经营风险报酬率+财务风险报酬率+其他风险报酬率 \qquad (9-10)$$

（1）行业风险，主要是指企业所在行业的市场特点、投资开发特点，以及国家产业政策调整等因素造成的行业发展不确定性给企业预期收益带来的影响；

（2）经营风险，是指企业在经营过程中，由于市场需求变化、生产要素供给条件变化以及同类企业间的竞争给企业的未来预期收益带来的不确定性影响；

（3）财务风险，是指企业在经营过程中的资金融通、资金调度、资金周转可能出现的不确定性给企业预期收益带来的影响；

（4）其他风险，是指国民经济景气状况、通货膨胀等因素的变化可能对企业预期收益的影响。

量化上述各种风险所要求的报酬率，主要是通过经验来判断。它要求评估人员充分了解国民经济的运行态势、行业发展方向、市场状况、同类企业竞争情况等。只有在充分了解和掌握上述数据资料的基础上，对于风险报酬率的判断才能较为客观、合理。当然，在条件许可的情况下，评估人员应尽量采取统计和数理分析方法对风险报酬率进行量化。

2.β系数法。

β系数法是用于估算企业所在行业的风险报酬率的。其基本思路是，行业风险报酬率是社会平均风险报酬率与被评估企业所在行业平均风险与社会平均风险的比率系数（β系数）的乘积。用β系数法估算风险报酬率的步骤为：

（1）用社会平均收益率扣除无风险报酬率，求出社会平均风险报酬率；

（2）用企业所在行业的平均风险与社会平均风险进行比较，求出企业所在行业的β系数；

（3）用社会平均风险报酬率乘以企业所在行业的β系数，得到被评估企业所在行业的风险报酬率。

其计算公式为：

$$R_r = (R_m - R_f) \times \beta \tag{9-11}$$

式中：R_r——被评估企业所在行业的风险报酬率；

R_m——社会平均收益率；

R_f——无风险报酬率；

β——被评估企业所在行业的 β 系数。

在评估某一个具体企业的价值时，应考虑企业的规模、经营状况及财务状况，确定企业在其所在的行业中的地位系数（α），然后与企业所在行业的风险报酬率相乘，得到该企业的风险报酬率。用公式表示为：

$$R_r = (R_m - R_f) \times \beta \times \alpha \tag{9-12}$$

如果通过一系列方法测算出风险报酬率，则折现率的测算就相对简单了。

$$\text{企业评估的折现率} = \frac{\text{非流动负债占投资}}{\text{资本的比重}} \times \frac{\text{非流动负债}}{\text{成本}} + \frac{\text{所有者权益占投资}}{\text{资本的比重}} \times \frac{\text{所有者权益(净资产)}}{\text{要求的回报率}}$$

式中：所有者权益（净资产）要求的回报率=无风险报酬率+风险报酬率

（三）折现率的测算

1. 累加法。

累加法，是采用无风险报酬率加风险报酬率的方式确定折现率或资本化率的测算方法。若风险报酬率是通过 β 系数法或资本资产定价模型估测出来的，则累加法测算的折现率或资本化率适用于股权收益的折现或资本化。累加法测算折现率的计算公式为：

$$R = R_f + R_r \tag{9-13}$$

式中：R——企业价值评估中的折现率；

R_f——无风险报酬率；

R_r——风险报酬率。

2. 加权平均资本成本模型。

加权平均资本成本模型，是以企业的所有者权益和企业负债所构成的全部资本，以及全部资本所需求的回报率，经加权平均计算来获得企业价值评估所需折现率的一种数学模型。

有时也可使用企业的所有者权益与非流动负债所构成的投资资本，以及投资资本所要求的回报率，通过加权平均的方法获得企业价值评估所需折现率。其计算公式为：

$$R = E \div (D+E) \times K_e + D \div (D+E) \times (1-t) \times K_d \tag{9-14}$$

式中：E——权益的市场价值；

D——债务的市场价值；

K_e——权益资本的投资回报率；

K_d——债务资本的投资回报率；

t——企业适用的所得税税率。

或者：

$$\text{企业投资资本要求的折现率} = \frac{\text{非流动负债占投资}}{\text{资本的比重}} \times \frac{\text{非流动负债}}{\text{成本}} + \frac{\text{权益资本占投资}}{\text{资本的比重}} \times \frac{\text{权益资本}}{\text{成本}} \tag{9-15}$$

式中：非流动负债资本，是指扣除了所得税后的非流动负债成本。

确定各种资本权数的方法一般有三种：

（1）以企业资产负债表中（账面价值）各种资本的比重为权数；

（2）以占企业外发证券市场价值（市场价值）的现有比重为权数；

（3）以在企业的目标资本构成中应该保持的比重为权数。

五、收益额与折现率口径一致问题

根据不同的评估目的和评估价值目标，用于企业评估的收益额可以有不同的口径，如净利润、净现金流量、无负债利润、无负债净现金流量等。折现率作为一种价值比率，评估人员要特别注意其计算口径。有些折现率是从股权投资回报率的角度出发的，有些折现率既考虑了股权投资的回报率又考虑了债权投资的回报率。净利润、净现金流量是股权收益形式，只能用股权投资回报率作为折现率，即只能运用通过资本资产定价模型获得的折现率。而无负债净利润、无负债净现金流量等是股权与债权收益的综合形式，因此，只能运用股权与债权综合投资回报率，即只能运用通过加权平均资本成本模型获得的折现率。

若运用行业平均资金收益率作为折现率，就要注意计算折现率时的分子、分母与收益额的口径一致的问题。

在评估活动涉及的折现率计算中，既有以不同口径收益额为分子计算的折现率，又有以同一口径收益额为分子，而以不同口径资金占用额或投资额为分母计算的折现率。如企业资产总额收益率、企业投资资本收益率、企业净资产收益率等。所以，在运用收益法评估企业价值时，必须注意其收益额与计算折现率所使用的收益额之间在结构与口径上的匹配和协调，以保证评估结果合理且有意义。

● 第三节　市场法在企业价值评估中的应用

市场途径及方法（市场法）在企业价值评估中的应用是通过在市场上找出一个或几个与被评估企业相同或相似的参照企业，分析、比较被评估企业和参照企业的重要指标，在此基础上，修正、调整参照企业的市场价值，最后确定被评估企业价值的评估技术思路与实现该技术思路的方法。

1.企业价值评估的市场途径是基于相似资产应该具有相似交易价格的理论推断。企业价值评估市场途径的技术路线是在市场上寻找与被评估企业相似的企业的交易案例，通过对所寻找到的交易案例中相似企业交易价格的分析，确定被评估企业的评估价值。

市场途径中常用的两种具体方法是参考企业比较法和并购案例比较法。

参考企业比较法，是指通过对资本市场上与被评估企业处于相同或相似行业的上市公司的经营和财务数据进行分析，计算适当的价值比率或经济指标，在与被评估企业进行比较与分析的基础上，得出评估对象价值的方法。

并购案例比较法，是指通过分析与被评估企业处于相同或相似行业的公司的买卖、收购及合并案例，获取并分析这些交易案例的数据资料，计算适当的价值比率或经济指标，在与被评估企业进行比较与分析的基础上，得出评估对象价值的方法。

2.运用市场途径及具体方法评估企业价值存在两个障碍：

（1）企业的个体差异。每一家企业都存在不同的特性，除了所处行业、规模大小等可确认的因素各不相同外，影响企业盈利能力的无形因素更是纷繁复杂。因此，几乎难以找到能与被评估企业直接进行比较的相似企业。

（2）企业交易案例的差异。即使存在能与被评估企业进行直接比较的相似企业，要找到能与被评估企业的产权交易相比较的交易案例也相当困难。

目前，我国市场上不存在一个可以共享的企业交易案例资料库，因此，评估人员无法以较低的成本获得可以应用的交易案例；即使有渠道获得一定的案例，由于这些交易的发生时间、市场条件和宏观环境又各不相同，评估人员对这些影响因素的分析也会存在主观和客观条件上的障碍。因此，运用市场途径及具体方法对企业价值进行评估，不能基于直接比较的简单思路，而要通过间接比较分析影响企业价值的相关因素，对企业价值进行评估。其计算公式为：

$$\frac{V_1}{X_1} = \frac{V_2}{X_2} \tag{9-16}$$

$$即：V_1 = X_1 \cdot \frac{V_2}{X_2} \tag{9-17}$$

式中：V_1——被评估企业价值；

　　　　V_2——可比企业价值；

　　　　X_1——被评估企业与企业价值相关的可比指标；

　　　　X_2——可比企业与企业价值相关的可比指标。

可比指标通常又被称为可比价值倍数。式中参数 X 通常选用的财务变量有：

（1）利息、折旧和税收前利润，即 EBIDT；

（2）无负债的净现金流量；

（3）销售收入；

（4）净利润；

（5）净现金流量；

（6）净资产等。

3.用相关因素间接比较的方法评估企业价值的关键在于：

（1）对可比企业的选择。

运用相关因素的间接比较法虽然不用在市场上寻找能直接进行比较的企业交易案例，但仍然需要为评估寻找可比企业。判断企业的可比性存在两个标准：

①行业标准。处于同一行业的企业存在着某种可比性。但在同一行业内选择可比企业时应注意，目前的行业分类过于宽泛，处于同一行业的企业可能所生产的产品和所处的市场完全不同，在选择时应加以注意。

即使是处于同一市场，生产同一产品的企业，由于其在该行业中的竞争地位不同，规模不同，相互之间的可比性也不同。因此，在选择时应尽量选择与被评估企业的地位相类似的企业。

②财务标准。既然可以将企业统一视为生产同一种产品——利润的组织，那么存在相同的盈利能力的企业通常具有相似的财务结构。因此，可以通过对财务指标和财务结构的分析对企业的可比性进行判断。

（2）对可比指标的选择。

在选择可比指标时要遵循以下原则：

①可比指标应与企业的价值直接相关。

在企业价值的评估中，现金流量和利润是最主要的基本候选指标，因为企业的现金流量和利润直接反映了企业的盈利能力，企业的盈利能力与企业的价值直接相关。当然，企业的销售收入、净资产等也与企业价值有一定的关联性，也可以作为可比指标使用。

②可比指标的多样性。

任意一个指标都不可避免地具有局限性或片面性，采用市场途径评估企业价值时，可比指标的选择应有一定宽度，即多样性。也就是说，运用市场途径评估企业价值时，不仅要有一定数量（不少于3个）的参考企业或交易案例，也需要有一定数量（不少于3个）的可比指标。

4.市盈率乘数法的应用情况如下：

出于成本和便利性考虑，目前运用市场途径对企业价值进行评估时，主要的做法是在证券市场上寻找与被评估企业可比的上市公司作为可比企业。

通常选择市盈率作为价值比率，下面我们就用相似上市公司的市盈率指标来评估企业价值，用以说明参考企业比较法的应用。市盈率比率法的思路是将上市公司的股票年收益和被评估企业的利润作为可比指标，在此基础上评估企业价值。

首先，从证券市场上搜寻与被评估企业相似的可比企业，按企业不同的收益口径，如息前净现金流、净利润等，计算出与之相应的市盈率。其次，确定被评估企业不同口径的收益额。再次，用可比企业相应口径的市盈率乘以被评估企业相应口径的收益额，初步评定被评估企业的价值。最后，对于按不同样本计算的企业价值分别给出权重，加权平均计算出以市盈率作为价值比率的企业初步价值。

评估人员可以用同样的思路评估出按其他指标作为价值比率的企业初步价值，再将这些按不同价值比率估算出来的企业初步价值按权重或其他标准综合确定企业评估价值。在选择上市公司作为参考企业，而被评估企业为非上市公司时，还需对评估结果进行适当调整，以充分考虑被评估企业与上市公司的差异。由于企业的个体差异始终存在，把某一个相似企业的某个关键参数作为比较的唯一标准往往会产生一定误差。为了降低单一样本、单一参数所带来的误差和变异性，目前国际上比较通用的办法是采用多样本、多参数的综合评估方法。

【例9-3】为了评估中顺公司的价值，评估人员从市场上找到了三个相似的公司A、B、C，然后分别计算各公司的市场价值（格）与销售额的比率、与账面价值的比率以及与净现金流量的比率，这里的比率即为可比价值倍数（V/X）。

表9-2　　　　　　　　　　　　相似公司比率汇总表

项　目	A公司	B公司	C公司	平　均
市价/销售额	1.2	1.0	0.8	1.0
市价/账面价值	1.3	1.2	2.0	1.5
市价/净现金流量	20	15	25	20

把三个样本公司的各项可比价值倍数分别进行平均，就得到了可以应用于中顺公司评估的三个倍数。

需要注意的是，计算出来的各个公司的比率或倍数在数值上相对接近是十分重要的。若它们差别很大，就意味着平均数附近的离差相对较大，所选样本公司与目标公司在某项特征上就存在着较大的差异性，此时的可比性就会受到影响，需要重新筛选样本公司。

此时假设中顺公司的年销售额为1亿元，账面价值为6 000万元，净现金流量为500万元，然后使用从表9-2中得到的三个倍数计算出中顺公司的初步价值，再将三个指标价值进行算术平均，表中得到的三个可比价值倍数分别是1.0、1.5、20，然后分别以中顺公司的三个指标10 000万元、6 000万元、500万元乘以三个可比价值倍数，得到中顺公司的三个初步价值10 000万元、9 000万元、10 000万元，将三个初步价值进行平均得到中顺公司的评估价值为9 700万元。

● 第四节　成本法在企业价值评估中的应用

企业价值评估中的**资产基础途径**，又称成本法，是指在合理评估企业各项资产价值和负债的基础上确定企业价值的评估思路与实现该评估思路的各种评估具体技术方法的总称。资产基础途径实际上是通过对企业账面价值的调整得到企业价值的。其理论基础也是"替代原则"，即任何一个精明的潜在投资者在购置一项资产时所愿意支付的价格不会超过建造一项与所购资产具有相同用途的替代品所需的成本。正是基于评估思路的考虑，资产基础途径有时也被视为模拟成本途径。

××公司资产和负债评估案例

资产基础途径以企业单项资产为具体评估对象和出发点，有忽视企业获利能力的可能性，而且在评估中很难考虑到那些未在财务报表上体现的项目，如企业的管理效率、自创商誉、销售网络等。因此，以持续经营为前提对企业进行评估时，资产基础途径及方法一般不应当作为评估人员唯一使用的评估途径和方法。

一、资产加和法应注意的问题和在企业价值评估中的应用

资产加和法，具体是指将构成企业的各种要素资产的评估值加总起来求得企业价值的方法。

（一）运用资产加和法应注意的事项

在运用资产加和法评估之前，评估人员应对企业的盈利能力以及与之相匹配的单项资产进行认定，以便在委托方委托的评估范围内，进一步界定纳入企业盈利能力范围的有效资产和闲置资产的界限，明确企业价值评估的具体范围及具体评估对象和评估前提。

评估人员在对评估具体范围内构成企业资产的各个单项资产进行评估时，应该首先明确各项资产的评估前提，即持续经营假设前提和非持续经营假设前提。在不同的假设前提下，运用资产加和法评估得出的企业价值是有区别的。对于持续经营假设前提下的单项资产的评估，应按贡献原则评估其价值；对于非持续经营假设前提下的单项资产的评估，应按变现原则评估其价值。

在正常情况下，运用资产加和法评估持续经营的企业应同时运用收益途径及方法进行验证。特别是基于我国目前的状况，企业的社会成本和非正常费用较多，企业的财务数据难以真实反映企业的盈利能力水平，影响了基于企业财务数据进行的企业收益预测的可靠性。因此，将资产加和法与收益途径及具体方法配合使用，可以起到互补的作用。这样既便于评估人员对企业盈利能力的把握，又可以使对企业预期收益的预测建立在较为坚实的基础上。

（二）资产加和法在企业价值评估中的应用

1. 流动资产的评估。

（1）合理确定流动资产评估的基准时间对流动资产评估具有非常重要的意义。

由于流动资产与其他资产的显著区别在于其资产的流动性和价值的波动性。不同形态的流动资产随时都在变化，而评估是在确定其某一特定时点上的价值，不可能人为地停止流动资产的周转。因此，评估基准日应与企业价值评估基准日保持一致并且尽可能选择在会计期末，必须在规定时点进行资产清查、登记，并确定流动资产的数量和账面价值，避免重登和漏登现象的发生。

（2）要认真进行资产清查，同时又要分清主次，掌握重点。

由于流动资产一般具有数量大、种类多的特点，清查工作量较大，所以流动资产清查应考虑评估的时间要求和评估成本。对流动资产的评估往往需要根据不同企业的生产经营特点和流动资产分布的情况，对流动资产分清主次，选择不同方法进行清查和评估，做到突出重点，兼顾一般。

清查采用的方法是抽查、重点清查和全面清查。当抽查核实中发现原始资料或清查盘点工作可靠性较差时，评估人员应扩大抽查范围，直至核查全部流动资产。

（3）流动资产的账面价值基本上可以反映其现值。

由于流动资产周转快、变现能力强，在物价水平相对比较稳定的情况下，流动资产的账面价值基本上可以反映流动资产的现值。因此，在特定情况下，可以采用企业账面价值作为其评估价值。同时，评估流动资产时一般不需要考虑资产的功能性贬值因素，其有形损耗（实体性损耗）的计算只适用于诸如低值易耗品，呆滞、积压存货类流动资产的评估。流动资产评估中涉及的主要对象的评估可参照：

①库存现金。除对库存现金进行点钞核数外，还要通过对库存现金及企业运营的分析，判断企业的资金流动能力和短期偿债能力，以及是否存在溢余现金，为准确判断企业整体价值了解必要的信息。

②应收账款及预付账款。在评估应收账款及预付账款时，要关注并分析债务方的经营情况，合理判断其风险。

在对应收账款及预付账款进行估算时，一般应从两方面进行：第一，清查核实应收账款数额；第二，估计可能的坏账损失。对应收账款及预付账款的评估可采用下列基本计算公式：

$$\frac{应收账款}{评估价值} = \frac{应收账款}{账面余额} - \frac{已确定的坏账}{损失及费用} - \frac{预计可能发生的}{坏账损失及费用} \tag{9-18}$$

坏账比例法是按坏账占全部应收账款的比例来判断不可收回的应收账款，从而确定坏账损失的数额。坏账比例的确定，可以根据被评估企业前若干年（一般为三至五年）的实际坏账损失额与应收账款发生额的比例确定。其计算公式为：

坏账比例=评估前若干年发生的坏账数额÷评估前若干年应收账款发生额×100% (9-19)

当然，若一家企业的应收账款多年未清理，账面上找不到处理坏账的数额，也就无法推算出坏账损失率，在这种情况下就不能采用这种方法。

账龄分析法是根据应收账款账龄的长短，分析应收账款预计可收回的金额及产生坏账的可能性。一般来说，应收账款账龄越长，产生坏账损失的可能性就越大。因此，可将应收账款按账龄长短分成不同的组别，按不同组别估计发生坏账损失的可能性，进而估计坏账损失的金额。

从企业财务的角度看，应收账款及预付账款都构成企业的资产；从企业资金周转的角度看，企业的应收账款必须保持一个合理比例。企业应收账款占销售收入的比例，以及账龄的长短大致可以反映一家企业的销售情况、企业产品的市场需求以及企业的经营能力等，做好应收账款及预付账款的评估工作可以为企业价值评估，特别是为预期收益的预测提供参考。

③应收票据。

A.按票据的本利和计算，即应收票据的评估价值为票据的面值加上应计利息；

B.按应收票据的贴现值计算，即应收票据的评估价值为按评估基准日到银行申请贴现的贴现值。

④存货。

A.材料的评估内容。

材料的评估主要包括以下内容：企业中的材料，按其存放地点可分为库存材料和在用材料。在用材料在生产过程中已形成产成品或半成品，不再作为单独的材料存在，故材料评估主要是对库存材料进行评估。

评估过程中，评估人员对评估材料要进行实物盘点，使账实相符；应根据不同的评估目的和待估资产的特点，选择相应的评估方法。在评估方法的选择上，一般应采用重置核算法或现行市价法。

近期购进的材料库存时间较短，在市场价格变化不大的情况下，其账面价值与现行市价基本接近，可采用账面价值，也可以采用现行市价。对于购进批次间隔时间长、价格变化较大的库存材料进行评估时，评估人员可以采用最接近市场价格的材料价格或直接以市场价格作为其评估值。企业库存的某些材料可能购进的时间较早，目前无明确的市价可资参考或使用，对这类材料的评估，可以通过寻找替代品的价格变动资料来修正材料价格，也可以在分析市场供需的基础上，判断该项材料的供需关系，并以此修正材料价格，还可以通过市场可比同类商品的平均物价指数进行评估。对于从企业库存材料中清理出来，需要进行处理的呆滞材料，首先应对其数量和质量进行核实和鉴定，然后区别不同情况进行评估，对其中失效、变质、残损、报废、无用的材料，应通过分析计算，扣除相应的贬值数额后确定其评估值。

B.对低值易耗品的评估。

对在库低值易耗品的评估，可以根据具体情况，采用与库存材料评估相同的方法；对在用低值易耗品的评估，可以采用重置成本法和现行市价法。

C.对在产品的评估。

对在产品进行评估时，一般可采用重置核算法或约当产量法。

D.对产成品及库存商品的评估。

对产成品及库存商品应依据其变现能力和市场可接受的价格进行评估，应该分析产成品的销售及周转情况，适用的方法有重置核算法和现行市价法，同时应该结合资产评估的经济行为，注意对其可能实现的利润情况进行分析。

对存货本身的评估并不复杂，但通过对存货进行评估，可以了解企业的经营状况，至少可以了解企业的产品在市场中的竞争地位。畅销产品、正常销售产品、滞销产品和积压产品的比重，将直接反映企业在市场上的竞争力，并为企业预期收益的预测提供参考。

2.长期投资性资产评估。

长期投资性资产，是指企业不准备随时变现、持有时间超过1年的投资。

（1）债券投资的评估。

债券投资本身具有投资风险较小，安全性较强，到期还本付息，收益相对稳定，流动性较强等特点。债券评估主要是指对非上市交易债券的评估。由于上市交易债券一般可以直接采用市场中的现行市价进行计量，若需要评估可以以评估基准日上市交易债券的收盘价为准；对于非上市交易债券不能直接采用现行市价进行评估，应该采取相应的评估方法进行价值评估；对距评估基准日1年内到期的债券，可以根据本金加上持有期间的利息确定评估值；超过1年到期的债券，可以根据本利和的现值确定评估值。对于不能按期收回本金和利息的债券，评估人员应在调查取证的基础上，通过分析和预测，合理确定其评估值。

通过本利和的现值确定其评估值的债券，宜采用收益途径及方法进行评估。根据债券付息方法，债券又分为到期一次还本付息债券和分次付息、到期一次还本债券两种。

①到期一次还本付息债券的价值评估。

到期一次还本付息债券的价值评估公式为：

$$P=\frac{F}{(1+r)^n} \tag{9-20}$$

或 $P=F \cdot PVIF_{r,n}$ (9-21)

式中：P——债券的评估值；

F——债券到期时的本利和；

r——折现率；

n——评估基准日到债券到期日的间隔。

本利和F的计算还可区分单利和复利两种计算方式。

在采用单利计算时，其计算公式为：

$F=A(1+m \times r)$ (9-22)

在采用复利计算时，其计算公式为：

$F=A(1+r)^m$ (9-23)

式中：A——债券面值；

m——计息期限；

r——债券利息率。

②分次付息、到期一次还本债券的评估。

分次付息、到期一次还本债券的价值评估宜采用收益法，其计算公式为：

$$P=\sum_{i=1}^{n}[R_i(1+r)^{-i}+A(1+r)^{-n}] \tag{9-24}$$

或　　$$P=\sum_{i=1}^{n}R_i\cdot PVIFA_{r,n}+A\cdot PVIF_{r,n} \tag{9-25}$$

式中：P——债券的评估值；

　　　　R_i——第 i 年的预期利息收益；

　　　　r——折现率；

　　　　A——债券面值；

　　　　i——评估基准日距收取利息日的期限；

　　　　n——评估基准日距到期还本日的期限。

（2）股权投资的评估。

长期股权投资的评估包括股票形式的股权评估和非股票形式的股权评估，股票形式的股权评估具体又分为上市交易股票评估和非上市交易股票评估。股权投资评估又包括控股型股权投资评估和非控股型股权投资评估。

①股票形式的股权评估。

对上市交易股票，一般应采用评估基准日市场收盘价作为评估价值；对非上市交易的股票，一般应采用收益法进行评估，即综合分析股票发行企业的经营状况及风险、历史利润水平和分红情况、行业收益等因素，合理预测股票投资的未来收益，并选择合理的折现率确定评估值。在具体评估非上市交易股票时有以下参考方法：

A.固定红利模型。

固定红利模型是假设企业经营稳定，分配红利固定，并且今后也能保持固定水平。在这种假设条件下，普通股股票评估应采用收益途径中的年金法。其计算公式为：

$$P=\frac{R}{r} \tag{9-26}$$

式中：P——股票评估值；

　　　　R——股票未来收益额；

　　　　r——折现率。

B.红利增长模型。

红利增长模型适用于对成长型股票的评估。成长型企业发展潜力大，收益率会逐步提高。该模型的假设条件是发行企业并未将剩余收益分配给股东，而是用于追加投资扩大再生产，因此，红利呈增长趋势。在这种假设前提下，普通股股票价值评估应考虑将股票收益的预期增长率包含在资本化率中。其计算公式为：

$$P=\frac{R}{r-g}\quad(r>g) \tag{9-27}$$

式中：P——股票评估值；

　　　　R——股票未来收益额；

　　　　r——折现率；

　　　　g——股利增长率。

股利增长率g的计算方法有两种：一是统计分析法，即根据被评估企业过去股利的实际数据，利用统计学的方法计算出平均增长率，以此作为股利增长率的方法；二是趋势分析法，即根据被评估企业的股利分配政策，以企业剩余收益中用于再投资的比率与企业净资产利润率的乘积作为股利增长率的方法。

C.分段模型。

分段模型股利政策下股票价值评估的原理为：

第一段，指能够较为客观地预测股票的收益期间或股票发行企业某一经营周期。

第二段，以不易预测收益的时间为起点，以企业持续经营到永续为第二段。将两段收益现值相加，得出评估值。在实际计算时，第一段将预期收益直接折现；第二段可以采用固定红利模型或红利增长模型，采用趋势分析法或其他方法确定收益额，先将其资本化再折现。

②非股票形式的股权评估。

对于非股票形式股权的评估，首先应了解非股票形式股权投资收益的分配形式，再根据投资协议的有关规定及股权比例等因素，运用具体评估技术和方法评估其价值。

A.按投资额占被投资企业实收资本的比例，参与被投资企业净利润的分配；

B.按被投资企业销售收入或利润的一定比例提成；

C.按投资方出资额的一定比例支付资金使用报酬等。

③非控股型长期股权投资评估。

对非控股型长期股权投资的评估可以采用收益途径及方法，即根据历史收益情况和被投资企业的未来经营情况及风险，预测企业未来收益，再用适当的折现率折算为现值得出评估值；对于合同、协议明确约定了投资报酬的长期股权投资，可将按规定应获得的收益折算为现值，作为评估值；对于到期收回资产的实物投资，可按约定或预测的收益折算为现值，再加上到期收回资产的现值，作为评估值；对于不直接获取资金收入，而是取得某种权利或其他间接经济效益的投资，可通过了解分析，测算相应的经济效益，将其现值作为评估值；对于明显没有经济利益，也不能形成任何经济权利的投资，则按零价值计算评估值。在未来收益难以确定时，有条件的可以通过对被投资企业进行评估，确定净资产数额，再根据投资方所占的份额确定评估值。若进行该项投资的期限较短，价值变化不大，被投资企业资产账实相符，则可根据核实后的被投资企业资产负债表上的净资产数额，结合投资方所占的份额确定评估值。非控股型长期股权投资也可以采用成本途径及方法进行评估，如果被评估企业长期股权投资收益相对稳定，收益水平正常，则可以以被评估企业的经审核无误的长期股权投资账面价值作为评估值。

不论采用什么方法评估非控股型长期股权投资，都应考虑少数股权因素对评估值的影响。

④控股型股权投资评估。

对于控股型的股权投资，应对被投资企业进行整体评估后再测算被评估股权投资的价值。整体评估应以收益途径及方法为主，在特殊情况下，可采用其他途径和方法，对于企业整体价值的评估方法这里不再重述。对被投资企业进行整体评估时，评估日与投资方的评估基准日相同。评估人员评估控股股权价值时，应当在适当及切实可行的情况下考虑由于控股股权因素产生的溢价。

在对企业各个单项资产实施评估并将评估值加和后，就可以以此作为运用成本加和法评估的企业价值。资产评估人员如对同一企业采用多种评估方法评估价值，应当对运用各种评估方法形成的各种初步价值进行分析。在综合考虑不同评估方法及初步价值结论的合理性，所使用数据的质量和数量的基础上，形成合理的评估结论。

【例9-4】评估2×23年12月31日中顺公司永续经营前提下的股东全部权益价值。

根据评估人员的调查与分析，确定企业有效资产评估的范围包括：两条生产线A、B，一条在建生产线C，保证企业正常生产经营所需要的办公及辅助性资产。经测算，在评估基准日中顺公司剩余资产评估值之和为400万元，企业付息债务总额为2 200万元。由于中顺公司生产的新产品L市场潜力巨大，并且企业所在行业的准入门槛非常高，所以未来不会出现过度竞争的情况，企业的超额收益有保障。此外，不再考虑其他因素。

企业适用的折现率为10%，所得税税率为25%，企业采用直线法计提折旧，不考虑残值。以下为三条生产线的信息资料。

1.生产线A始建于2×17年，年产H产品1 000吨，由于H产品正在被L产品逐步取代，生产线A剩余经济使用年限为3年，企业将在评估基准日的3年后停止对H产品的生产。在评估基准日，生产线A的复原重置成本为400万元，残值率为20%，预计未来3年的净现金流量分别为33万元、23万元和16万元。

2.生产线B始建于2×21年，2×23年1月1日正式投产，年产L产品2 000吨，折旧年限为20年。在评估基准日，生产线B的重置成本为2 000万元。由于L产品的市场前景越来越好，产品价格上升趋势明显，预计未来4年由此产生的净利润分别为320万元、350万元、400万元、420万元，从未来第5年开始净利润将保持在420万元的水平上。

3.生产线C始建于2×22年，设计年产L产品2 000吨，预算造价为2 200万元，在评估基准日已完成90%的工程量和90%的投资额。生产线C将于2×24年年底正式投产，尚需投入200万元，折旧年限为20年，预计投产后未来前3年的净利润分别为350万元、400万元和450万元，从投产后第4年开始净利润将保持在450万元的水平。

（1）分别计算各条生产线的评估值。

$$\text{生产线A的评估值}=\frac{33}{1+10\%}+\frac{23}{(1+10\%)^2}+\frac{16}{(1+10\%)^3}+\frac{400\times20\%}{(1+10\%)^3}\approx121（万元）$$

$$\text{生产线B的评估值}=\frac{320+\frac{2\,000}{20}}{1+10\%}+\frac{350+\frac{2\,000}{20}}{(1+10\%)^2}+\frac{400+\frac{2\,000}{20}}{(1+10\%)^3}+\frac{420+\frac{2\,000}{20}}{(1+10\%)^4}+\frac{420+\frac{2\,000}{20}}{10\%}\times$$
$$\left[1-\frac{1}{(1+10\%)^{15}}\right]\times\frac{1}{(1+10\%)^4}=4\,185（万元）$$

$$\text{生产线C的评估值}=\frac{350+\frac{2\,000}{20}-20}{(1+10\%)^2}+\frac{400+\frac{2\,000}{20}}{(1+10\%)^3}+\frac{450+\frac{2\,000}{20}}{(1+10\%)^4}+\frac{450+\frac{2\,000}{20}}{10\%}\times\left[1-\frac{1}{(1+10\%)^{17}}\right]\times$$
$$\frac{1}{(1+10\%)^4}=4\,127（万元）$$

在建生产线C的评估值=4 127×90%=3 714（万元）

（2）计算企业整体评估值。

3条生产线价值+剩余资产价值=121+4 185+3 714+400=8 420（万元）

（3）计算企业永续经营前提下的股东全部权益价值。

股东全部权益价值=企业整体价值-带息负债的价值=8 420-2 200=6 220（万元）

二、有形资产评估值之和加整体无形资产价值法

有形资产评估值之和加整体无形资产价值法是将企业价值分为两个部分：一是企业的所有有形资产价值；二是企业的所有无形资产价值。对企业的所有有形资产的评估可以采取将单项资产评估值进行加总的方式，具体方法如前面所述资产加和法。至于对企业的所有无形资产价值的评估，先用被评估企业投资回报率与行业平均投资回报率的差乘以被评估企业的资产额，从而得到被评估企业的超额收益，再用行业平均投资回报率作为折现率或资本化率将超额收益资本化，进而得到被评估企业的所有无形资产价值。被评估企业的所有有形资产价值加上所有无形资产价值，便可得到被评估企业的整体评估价值。

● 第五节　企业价值评估核心方法

企业价值评估是一项综合性的资产、权益评估，是对特定目的下企业整体价值、股东全部权益价值或部分权益价值进行分析、估算的过程。目前国际上通行的评估方法主要有收益法、成本法和市场法三大类。

企业价值评估
案例：A企业

一、国际上通行的评估方法

收益法通过将被评估企业的预期收益资本化或将其折现至某一特定日期，来确定被评估对象的价值。其理论基础是经济学原理中的贴现理论，即一项资产的价值是利用它所能获取的未来收益的现值，其折现率反映了投资该项资产并获得收益的风险的回报率。

成本法是在目标企业资产负债表的基础上，通过合理评估企业各项资产和负债的价值从而确定被评估对象价值的一种评估。其理论基础在于任何一个理性人对某项资产的支付价格将不会高于重置或者购买相同用途替代品的价格。成本法中的主要方法为成本加和法。

市场法是将被评估对象与可参考的企业或者在市场上已有交易实例的企业、股东权益、证券等权益性资产进行对比以确定评估对象价值。其应用前提是假设在一个完全市场上相似的资产一定会有相似的价格。市场法中常用的方法是参考企业比较法、并购案例比较法和市盈率法。

收益法和成本法着眼于企业自身发展状况。不同的是收益法关注企业的盈利潜力，考虑未来收入的时间价值，是立足现在、放眼未来的方法，因此对于处于成长期或成熟期并具有稳定、持久收益的企业较适合采用收益法。成本法则是切实考虑企业现有资产和负债，是对企业目前价值的真实评估，所以在涉及一个仅进行投资或仅拥有不动产的控股企业，或所评估的企业为非持续经营时，适宜用成本法进行评估。

市场法区别于收益法和成本法，其将评估重点从企业本身转移至行业，完成了评估方法由内及外的转变。市场法较其他两种方法更为简便且易于理解，其本质在于寻求合适的标杆进行横向比较。在目标企业属于发展潜力型企业，同时未来收益又无法确定的情况

下，市场法的应用优势就会凸显。

二、企业价值评估核心方法的介绍

（一）注重货币时间价值的贴现现金流量法

企业资产创造的现金流量也称自由现金流，它们是在一段时期内由以资产为基础的营业活动或投资活动创造的。但是未来时期的现金流是具有时间价值的，在考虑远期现金流入和流出的时候，需要将其潜在的时间价值剔除，因此要采用适当的贴现率进行折现。

该方法的关键在于未来现金流和贴现率的确定。所以其应用前提是企业的持续经营和未来现金流的可预测性。贴现现金流量法的局限性在于只能估算已经公开的投资机会和现有业务未来的增长所能产生的现金流的价值，没有考虑在不确定性环境下的各种投资机会，而这种投资机会会在很大程度上决定和影响企业的价值。

（二）假定收益为零的内部收益率法

内部收益率就是使企业投资净现值为零的那个贴现率。它具有DCF法的一部分特征，实务中经常被用来代替DCF法。它的基本原理是试图找出一个数值概括企业投资的特性。内部收益率本身不受资本市场利息率的影响，完全取决于企业的现金流量，反映了企业内部所固有的特性。

但是内部收益率法只能告诉投资者被评估企业值不值得投资，却并不能告诉投资者它值得用多少钱投资，而且内部收益率法在面对投资型企业和融资型企业时，其判定法则正好相反：对于投资型企业，当内部收益率大于贴现率时，企业适合投资；当内部收益率小于贴现率时，企业不值得投资。融资型企业则相反。

一般而言，对于企业的投资或者并购，投资方不仅想知道目标企业值不值得投资，更希望了解目标企业的整体价值，而内部收益率法对于后一种需求是无法满足的，因此，该方法更多地应用于对单个项目投资的评估。

（三）完全市场下风险资产价值评估的CAPM模型

资本资产定价模型（CAPM）最初的目的是对风险资产（如股票）进行估价。但股票的价值在很大程度上取决于购进股票后获得收益的风险大小。其性质类似于风险投资，二者都是将未来收益按照风险报酬率进行折现。因此在运用CAPM模型对股票进行估价的同时，也可以用来决定风险投资项目的贴现率。

在一般经济均衡的框架下，假定所有投资者都根据以收益和风险为自变量的效用函数来决策，可以推导出CAPM模型的具体形式。其计算公式为：

资本报酬率=无风险报酬率+（市场平均收益率-无风险收益率）×风险系数 　　　　　　(9-28)

看似复杂的公式背后其实蕴藏的是很简单的道理。资产的期望收益率取决于无风险收益率、市场组合收益率，还有相关系数。其中，无风险收益率讲的是投资于最安全的资产，如购买国债时的收益率；市场组合收益率是市场上所有证券品种加权后的平均收益率，代表的是市场的平均收益水平；相关系数表示的是投资者所购买的资产跟市场整体水平之间的关联性大小。所以，该方法的本质在于研究单项资产跟市场整体之间的相关性。

CAPM模型的推导和应用是有严格的前提的，对市场和投资者等都有苛刻的规定。在中国证券市场有待继续完善的前提下，CAPM模型的应用受到一定的限制，但是其核心思想却值得借鉴和推广。

（四）加入资本机会成本的EVA评估法

EVA（Economic Value Added）是近年来在国外比较流行的用于评价企业经营管理状况和管理绩效的重要指标，将EVA的核心思想引入价值评估领域，可以用于评估企业价值。

在基于EVA的企业价值评估方法中，企业价值等于投资资本加上未来年份EVA的现值。其计算公式为：

$$企业价值=投资资本+预期EVA的现值 \tag{9-29}$$

根据斯腾·斯特的解释，EVA是指企业资本收益与资本机会成本之间的差额。其计算公式为：

$$\begin{aligned} EVA &= 税后营业净利润-资本总成本 \\ &= 投资资本×（投资资本回报率-加权平均资本成本） \end{aligned} \tag{9-30}$$

EVA评估法不仅考虑到了企业的资本盈利能力，同时深入洞察了企业资本应用的机会成本，通过将机会成本纳入该体系来考察企业管理者从优选择项目的能力。对企业机会成本的把握成为该方法的重点和难点。

（五）重置成本法

重置成本法将被评估企业视为各种生产要素的组合体，在对各项资产清查、核实的基础上，逐一对各项可确认资产进行评估，并确认企业是否存在商誉或经济性损耗，将各单项可确认资产评估值加总后再加上企业的商誉或减去经济性损耗，就可以得到企业整体资产价值的评估值。其计算公式为：

$$企业整体资产价值=\sum 单项可确认资产评估值 + 商誉(-经济性损耗)$$

重置成本法最基本的原理类似于等式"1+1=2"，认为企业价值就是各个单项资产的简单加总。因此，该方法的一个重大缺陷是忽略了不同资产之间的协同效应和规模效应。也就是说，在企业经营的过程中，往往是"1+1 > 2"，企业的整体价值通常要大于单项资产评估价值的加总。

（六）注重行业标杆的参考企业比较法和并购案例比较法

参考企业比较法和并购案例比较法通过与被评估企业处于同一或类似行业地位的标杆对象相对比，获取其财务和经营数据并进行分析，再乘以适当的价值比率或经济指标，从而得出被评估对象的价值。

但是在现实中，很难找到一个与被评估企业具有相同风险和相同结构的标杆对象，因此，参考企业比较法和并购案例比较法一般都会从多重维度对企业价值表现的不同方面进行拆分，并根据每一部分与整体价值的相关性强弱确定权重。

其计算公式为：

$$被评估企业价值=（a×\frac{被评估企业维度1}{标杆企业维度1}+b×\frac{被评估企业维度2}{标杆企业维度2 + \cdots}）×标杆企业价值 \tag{9-31}$$

（七）上市公司市值评估的市盈率乘数法

市盈率乘数法是专门针对上市公司价值评估的一种方法。

运用市盈率乘数法评估企业价值时，被评估企业股票价格等于同类型公司平均市盈率与被评估企业股票每股收益之积。

运用市盈率乘数法评估企业价值，需要有一个较为完善、发达的证券交易市场，还要有行业部门齐全且足够数量的上市公司。由于我国证券市场距离完全市场还有一定距离，同时国内上市公司在股权设置和结构等方面又有较大差异，现阶段来讲，市盈率乘数法仅适于作为企业价值评估的辅助方法，暂时不适合作为主要方法对企业进行整体价值评估。但是在国外市场上，该方法的应用较为广泛。

格力电器企业价值评估报告

一、企业简介

珠海格力电器股份有限公司（简称格力电器）的前身为珠海市海利冷气工程股份有限公司，1989年经珠海市工业委员会、中国人民银行珠海分行批准设立，1994年，经珠海市体制改革委员会（体改委）批准更名为珠海格力电器股份有限公司。

格力电器是目前全球最大的集研发、生产、销售、服务于一体的国有控股专业化空调企业，2×21年实现营业总收入1 001.10亿元，成为中国首家总收入超过千亿的家电上市公司；2×22年实现营业总收入1 200.43亿元，净利润108.71亿元，纳税超过102.70亿元，是中国首家净利润、纳税双双超过百亿的家电企业，连续12年上榜美国《财富》杂志"中国上市公司100强"。

2×23年上半年，格力电器实现营业总收入589.30亿元，同比增长10.17%；归属于上市公司股东的扣除非经常性损益的净利润为63.89亿元，同比增长96.14%，继续保持稳健的发展态势。

格力空调是"世界名牌"产品，企业的业务遍及全球100多个国家和地区。家用空调年产能超过6 000万台（套），商用空调年产能550万台（套）；2×14年至今，格力空调产销量连续9年领跑全球，用户超过3亿。

作为一家专注于空调产品的大型电器制造商，格力电器致力于为全球消费者提供技术领先、品质卓越的空调产品。在中国的珠海、重庆、合肥、郑州、武汉、石家庄、芜湖等城市以及巴西、巴基斯坦等国家拥有9大生产基地，7万多名员工，至今已开发出包括家用空调、商用空调在内的20个大类、400个系列、12 700多个品种规格的产品，能充分满足不同消费群体的各种需求；企业累计申请技术专利近13 000项，其中申请发明专利近4 000项，自主研发的超低温数码多联机组、永磁同步变频离心式冷水机组、多功能地暖户式中央空调、1赫兹变频空调、R290环保冷媒空调、无稀土变频压缩机、双级变频压缩机、光伏直驱变频离心机系统、磁悬浮变频离心式制冷压缩机及冷水机组等一系列"国际领先"产品。

二、行业分析

20世纪70年代至今，我国空调制造业经历了从无到有、从弱到强的发展历程，特别是近十几年来发展迅猛。空调制造业工业总产值和销售收入持续高速增长，形成了珠江三角洲、长江三角洲和环渤海湾三大空调生产基地，成长起了一批诸如格力电器、美的电器等世界级空调生产企业。分析空调制造业竞争态势有助于我们理解格力电器的公司战略并作出评价。现采用SCP分析框架对空调制造业进行分析。

（一）市场结构分析

1.市场集中度。

我国空调品牌数量十几年来呈逐年下降趋势。2×09年我国空调品牌大约有400家，而 2×12 年下降到 140 家左右，至 2×13 年市场中剩下 96 个品牌，到 2×16 年只有 52 个品牌在市场上活跃。2×17 年留下 34 个品牌，而 2×18 年仅留下 29 个品牌。根据产业在线的数据，2×13 年空调行业市场占有率情况如下：格力占 35.2%；美的占 20.1%；海尔占 6.9%；志高占 4.1%；海信+科龙占 6.1%；TCL 占 4.8%。格力电器 2×22 年产量、销量分别高出第二名 1 199 万套（台）、1 186.5 万套（台），市场份额进一步提高，行业龙头地位进一步巩固。

CR4=（35.2%+20.1%+6.9%+4.1%）÷1=66.3%

CR7=（35.2%+20.1%+6.9%+4.1%+6.1%+4.8%）÷1=77.2%

按照贝恩对产业垄断和竞争类型的划分，空调制造业属于高集中寡占型，格力电器目前处于行业龙头地位，市场占有率最大，且与第二名美的的距离在加大。

2.产品差异化。

空调行业的产品差异化主要体现在质量、品牌、服务上。格力电器采用自主研发战略，强调掌握核心科技，这是格力电器在产品差异化上最重要的举措。正是凭借技术方面的领先与突破，格力电器在空调产业链中主导了话语权，同时在政府采购市场的竞争中屡次战胜多家强劲对手，脱颖而出，成为政府采购活动中优质的供应商。

3.进入和退出壁垒。

在绝对成本方面，压缩机是空调最重要的组成部分，成本超过生产空调整机成本的 50%。所以格力、美的、海尔等都在不断补充其压缩机产能，并购压缩机生产厂家。这样的行为不仅是为了满足自身空调的配套产能，更在一定程度上控制了上游的资源，与其他规模较小的企业相比，三大品牌在压缩机市场上的圈地更为其提供了无可比拟的绝对成本优势，新企业再进入，付出的代价就会比较高。与此同时，国家不断出台政策提高空调行业的进入门槛。2×14 年开始实行的能效标识制度，让一批无法达标的企业退出市场。而新的变频空调能效标准的实施，将再次提高市场门槛，中小企业的市场份额将进一步被压缩。

（二）市场行为分析

格力电器作为空调制造业的龙头老大，其发展战略是：坚持走专业化发展道路，加强产业纵向一体化，寻求横向发展相关（制冷暖通设备）多元化，逐步实现专业化中的产品多元化，依靠技术实力、品牌张力和渠道掌控力，力争 2×23 年实现销售收入 1 400 亿元；并力求未来年均销售收入增长 200 亿元，早日实现五年再造一个"格力"的目标。

目前格力电器采取"价格战"策略，力图进一步提高市场占有率。在国内经济低位趋稳，行业不景气的大环境下，受房地产调控、节能补贴政策退出、气候等因素影响，国内市场增长乏力；而海外市场受政局、经济、汇率等因素影响，需求亦较为疲软。在这样的情况下，格力电器 2×22 年实现营业总收入 1 200.43 亿元，较上年同期增长 19.91%；利润总额 128.92 亿元，较上年同期增长 47.12%；实现归属于上市公司股东的净利润 108.71 亿元，较上年同期增长 47.31%，这样的逆势增长态势充分体现了格力电器进一步扩大市场占有率的决心。

（三）市场绩效分析

如今我国空调行业步入平稳发展阶段，行业内企业两极分化趋势继续扩大，企业间重组、整合步伐加快，空调行业的寡头竞争时代将很快到来。行业集中度的提高将会引导市场运作向理性、规范的方向发展，企业竞争将由外部向企业内部转移，组织创新、管理创新、技术领先、产品更新换代从而提升企业核心竞争力，成为企业持续、健康发展的关键所在。另外，凭借现有优势，寻求新的市场需求、建立新的利润增长点，也成为目前家用空调一线品牌的发展方向。

三、财务分析

（一）偿债能力分析

偿债能力，是指企业偿还各种到期债务的能力，通常包括短期偿债能力和长期偿债能力。

1.短期偿债能力相关比率（见表9-3）。

表9-3　　　　　　　　2×18—2×22年格力电器短期偿债能力相关比率

会计年度	流动比率	速动比率	现金比率
2×18	1.04	0.90	0.56
2×19	1.10	0.87	0.30
2×20	1.12	0.85	0.25
2×21	1.08	0.86	0.36
2×22	1.08	0.94	0.40

（1）流动比率是指企业流动资产与流动负债之间的比例关系，表明每一元流动负债具有多少流动资产作为支付保障，是衡量企业短期偿债能力最常用、最重要的财务比率。通常认为企业流动比率越大，其短期偿债能力越强，企业财务风险相对就小，债权人则更有保障，安全系数也相对较高。一般而言，生产企业流动比率要求维持在2.0以上，最低一般不低于1.25，如果低于1.25，则企业的短期偿债风险较大。格力电器的流动比率偏低，且自2×20年后有所下降。

（2）速动比率是指企业速动资产与流动负债的比例关系，是一个能更加准确反映企业资产流动性的财务比率。一般情况下，速动比率为1较为理想，考虑到应收账款的变现能力，一般速动比率要求不低于0.8。格力电器5年来速动比率均略高于0.8。

（3）现金比率代表了企业随时可以偿还债务的能力或对流动负债的随时支付程度。现金比率是最严格、最稳健的短期偿债能力衡量指标，表示每一元流动负债有多少现金资产作为偿债保障。从表9-3中的数据可以看出，格力电器5年来的现金比率在0.2～0.6之间。

综合上面三个指标可以看出，格力电器的短期偿债能力一般，且短期偿债风险比较大。

2.长期偿债能力相关比率（见表9-4）。

表9-4   2×18—2×22年格力电器长期偿债能力相关比率

会计年度	资产负债率	产权比率
2×18	0.79	3.83
2×19	0.79	3.68
2×20	0.78	3.63
2×21	0.74	2.89
2×22	0.73	2.76

（1）资产负债率是衡量企业债务水平及风险程度的重要指标。一般认为资产负债率应该保持在40%～60%，但是处于不同行业或不同时期，企业对债务的态度是有区别的。不过，我国《公司法》规定，公司公开上市，其净资产与资产总额的比例必须在30%以上，也就是上市公司资产负债率不得高于70%。

从表9-4中的数据可以看出，格力电器5年的资产负债率均高于70%，单纯从资产负债率来看格力电器的偿债能力较低，财务风险较高。但格力电器的盈利能力和盈利水平在行业内是处于较高水平的，而且从格力电器的负债结构来看，有息负债比例非常小，负债扣除有息负债、短期借款和非流动负债以后的无息负债比例高达95%以上，大量的无息负债使得财务费用非常小，甚至为负，而且不会出现还款不及时被银行起诉的风险。

（2）产权比率是企业负债总额与股东权益总额之间的比例关系，用以表示负债占股东权益总额的比重，表明由债权人提供的资本与股东提供的资本之间的相对关系。

从表9-4可以看出，2×21年和2×22年，格力电器的产权比率较2×20年有所下降，这表明企业的长期偿债能力增强，对债权人较为有利。

综合分析可知，格力电器长期偿债能力较好，短期偿债风险较高。

（二）营运能力分析

营运能力相关比率见表9-5。

表9-5   2×18—2×22年格力电器营运能力相关比率

会计年度	应收账款周转率	存货周转率	总资产周转率
2×18	57.37	6.02	1.03
2×19	57.19	5.45	1.03
2×20	68.56	4.69	1.10
2×21	73.52	4.21	1.03
2×22	71.37	5.30	0.98

（1）应收账款周转率是年度内应收账款转为现金的平均次数，它表明应收账款的流动速度。由表9-5可知，2×19—2×22年格力电器的应收账款周转率逐年上升，这表明销售

产品回款风险降低。

（2）存货周转率是衡量评价企业购入存货、投入生产、销售收回等各环节管理状况的综合性指标。它是销售成本与平均存货的比率，也叫存货的周转次数。用时间表示存货周转状况的指标为存货周转天数。通过表9-5可知，格力电器的存货周转率先降后升，这说明格力电器流动性有所增强，长短期偿债能力及获利能力也有所增强。

（3）总资产周转率是指销售收入与平均资产总额的比值，它反映了企业全部资产的利用效率。总资产周转率越大，说明企业总资产的利用率越高，企业总资产周转速度越快，销售能力越强。格力电器总资产周转率基本上维持在1左右，2×22年略有下降。

综合分析可知，格力电器的营运能力较强。

（三）盈利能力分析

盈利能力相关比率见表9-6。

表9-6　　　　　　　　　　2×18—2×22年格力电器盈利能力相关比率

会计年度	主营业务利润率	成本费用利润率	总资产报酬率
2×18	23.78	8.53	9.92
2×19	20.66	8.71	10.54
2×20	17.47	8.01	9.72
2×21	25.70	9.52	10.39
2×22	31.43	11.85	11.50

（1）主营业务利润率反映主营业务收入带来净利润的能力。这个指标越高，说明企业每销售出一元的产品所能创造的净利润越高。格力电器主营业务利润率在2×18—2×20年有所下降，之后呈逐年上升趋势，说明2×20年以后企业产品定价科学，营销策略得当，主营业务市场竞争力有所增强。

（2）成本费用利润率反映企业每投入一元钱的成本费用能够创造的利润净额。企业在投入同样的成本费用能够实现更多的销售时，或者说，在销售量一定的情况下，能够节约更多的成本和费用时，这个指标都会升高。这个指标越高，说明企业的投入所创造的利润越多。5年来，格力电器成本费用利润率有所提高，特别是2×22年比2×21年上升两个多百分点，这表明企业的投入产值较大，单位成本费用的投入可以创造更多的利润。

（3）总资产报酬率反映企业总资产能够获得净利润的能力，是反映企业资产综合利用效果的指标。格力电器总资产报酬率除2×20年略下降之外，其他年份均处于上升态势，表明资产利用效果好，整个企业的盈利能力强，经营管理水平高。

综合分析可知，格力电器的盈利能力强，创造价值的潜力大。

（四）成长能力分析

成长能力相关比率见表9-7。

（1）总资产增长率反映企业本期资产总额的增减变动情况。总资产增长率大于零，说明企业的规模扩大，具有较好的发展潜力。格力电器自2×19年起总资产增长率长期放缓，维持在30%左右。可见作为行业龙头老大的格力电器扩张的空间在逐年缩小。

表9-7   2×18—2×22年格力电器成长能力相关比率

会计年度	总资产增长率	销售增长率
2×18	0.67	0.01
2×19	0.27	0.42
2×20	0.30	0.37
2×21	0.26	0.19
2×22	0.24	0.19

（2）销售增长率主要反映企业本期销售收入较上期的增减变动程度。销售增长率大于零，说明企业的市场前景较好。格力电器2×21年的销售增长率较2×20年进一步下降，至2×22年与2×21年持平。这表明空调行业竞争更加激烈，企业产品销售增长有长期放缓的趋势。

综上所述，格力电器的营运能力、盈利能力、长期偿债能力都很强，但其短期偿债风险较高。究其原因，是由于格力电器位于行业第一的位置，市场势力大，对上下游控制程度高，经常采用增大预收账款、降低预付账款的方式提高其无息负债的比例，以此降低了融资成本。格力电器的成长能力有放缓的趋势，一方面，是由于国内宏观经济长期增长放缓；另一方面，格力电器已经处于行业第一的位置，扩展空间有限。

四、评估与预测

这里采用实体现金流量折现模型的两阶段增长模型。实体现金流量是企业全部现金流入扣除成本费用及必要的投资后的剩余部分，它是企业一定期间可以提供给所有投资人（包括股权投资人和债权投资人）的税后现金流量。相对于股利现金模型和股权现金模型，实体现金流量更容易预测，数据较容易获得，并且考虑了所有投资人的收益，较为全面。

由于企业的寿命是不确定的，故采用持续经营假设，即假设企业将无限地持续经营下去。但预测无限期的现金流量几乎是不可能的，因此采用两阶段增长模型。以2×22年为基期，以2×23—2×27年为预测期，在此期间对每年的现金流量进行详细预测，并根据现金流量模型计算其预测期价值。2×28年及以后为后续期，在此期间假设企业进入稳定状态，有一个稳定的增长率，可以简便地计算出其后续期价值。

$$实体价值 = \sum_{t=1}^{n}\frac{实体现金流量_t}{(1+加权平均资本成本)^t} + \frac{实体现金流量_{n+1} \div (加权平均资本成本 - 永续增长率)}{(1+加权平均资本成本)^n}$$

（一）加权平均资本成本的估算

$$WACC = W_d \times K_d + W_e \times K_e$$

式中：K_d——债务资本成本；

K_e——股权资本成本；

W_d——债务资本所占权重；

W_e——股权资本所占权重。

1.债务资本成本 K_d。

银行企业贷款利率为7.2%，由于格力电器从2×17年1月1日起享受高新技术企业优惠政策，因此，适用的所得税税率为15%。

所以，K_d=7.2%×（1-15%）=6.12%。

2.股权资本成本 K_e。

$K_e=R_f+\beta_i（R_m-R_f）$

式中：R_f——无风险投资收益率。由于我国债券市场尚未完善，而居民对银行存款认同度高，故选用一年期银行定期存款利率扣除利息及税费后的算术平均值2.64%。

　　　　R_m——资本市场的平均投资收益率。观察近三年（2×20年12月30日到2×23年9月30日）的上证指数月收益率，取5%较为合适。

3.计算 β_i。

使用Eviews，将近三年的格力电器月收益率对近三年上证指数月收益率回归（见表9-8）。

表9-8　　　　　　　2×20—2×23年格力电器月收益率与上证指数月收益率

Sample：134

included observations：34

Variable	Coefficient	Std.Error	t-Statistic	Prob
C	0.018187	0.010212	1.781011	0.0844
R_M	0.503093	0.191346	2.629232	0.0130
R-squared	0.177650	Mean dependent var		0.019100
Adjusted R-squared	0.151951	S.D.dependent var		0.064621
S.E.of regression	0.059509	Akaike info criterion		−2.748352
Sum squared resid	0.113323	Schwarz criterion		−2.658566
Log likelihood	48.72199	Hannan-Quinn criter		−2.717733
F-statistic	6.912861	Durbin-Watson stat		2.097886
Prob（F-statistic）	0.013042			

根据表9-8，可得：

R_i=0.018187+0.503093×R_M

即　β_i=0.503

$K_e=R_f+\beta_i（R_m-R_f）$=2.64%+0.503×（6%-2.64%）=4.33%

4.权重 W_d 和 W_e。

由于格力电器绝大多数负债都是无息经营负债，所以计算近5年的金融负债占总付息资本的比例（见表9-9），求得其均值为20%，作为资本结构中债务资本的权重 W_d，相应的股权资本的权重 W_e 为80%。

因此：

$WACC=W_d×K_d+W_e×K_e$=20%×6.12%+80%×4.33%=1.224%+3.464%=4.688%

（二）实体现金流量的估算

假设2×22—2×28年格力电器的有关资料如下（见表9-10）。

表9-9　　　　　　2×17—2×22年格力电器金融负债占总付息资本的比例　　　　　金额单位：元

年　份	2×17年	2×18年	2×19年	2×20年	2×21年	2×22年
金融负债合计	282 673 955.54	3 029 623 420.27	5 231 664 470.98	7 766 043 971.86	7 470 146 040.99	6 706 927 354.72
所有者权益合计	7 591 048 593.81	10 652 685 274.24	14 011 708 220.99	18 377 154 542.61	27 580 202 128.65	35 466 677 684.78
金融负债与所有者权益总计	7 873 722 549.35	13 682 308 694.51	19 243 372 691.97	26 143 198 514.47	35 050 348 169.64	42 173 605 039.50
金融负债占比	3.59%	22.14%	27.19%	29.71%	21.31%	15.90%

表9-10　　　　　　　　　　2×22—2×28年格力电器有关资料

年　份	2×22年	2×23年	2×24年	2×25年	2×26年	2×27年	2×28年
利润表假设：							
销售增长率（%）	19.44	18.00	18.00	18.00	18.00	18.00	4.50
税前经营利润率（%）	8.00	5.50	5.50	5.50	5.50	5.50	5.50
所得税税率（%）	15.00	15.00	15.00	15.00	15.00	15.00	15.00
利息费用/销售收入（%）	−2.00	−1.00	−1.00	−1.00	−1.00	−1.00	−1.00
资产负债表假设：							
经营营运资本/销售收入（%）	8.93	10.00	10.00	10.00	10.00	10.00	10.00
净经营性长期资产/销售收入（%）	20.00	16.00	16.00	16.00	16.00	16.00	16.00
金融负债/投资资本（%）	20.00	24.00	24.00	24.00	24.00	24.00	24.00
金融资产/投资资本（%）	23.00	20.00	20.00	20.00	20.00	20.00	20.00
现金流量表假设：							
折旧与摊销、销售收入（%）	1.00	1.00	1.00	1.00	1.00	1.00	1.00

1.销售增长率（见表9-11）。

表9-11　　　　　　　　2×17—2×22年格力电器销售增长率

年　份	2×17年	2×18年	2×19年	2×20年	2×21年	2×22年
销售收入（元）	42 032 388 001.80	42 457 772 919.28	60 431 626 050.46	83 155 474 504.59	99 316 196 265.19	118 627 948 208.59
销售增长率(%)	—	1.01	42.33	37.60	19.43	19.44

　　销售增长率历年算术平均值为23.97%，几何平均值为14.34%。考虑到我国经济长期增长放缓的宏观经济形势，格力电器未来的销售增长率继续提升的空间不大。故取预测期销售增长率为18%，后续期销售增长率为4.5%。

　　2.税前经营利润率（见表9-12）。

　　税前经营利润率历年算术平均值为5.72%，几何平均值为5.49%，故取预测期税前经营利润率为5.5%，后续期税前经营利润率为5.5%。

表9-12　　　　　　　2×17—2×22年格力电器税前经营利润率

年　份	2×17年	2×18年	2×19年	2×20年	2×21年	2×22年
税前经营利润（元）	2 326 914 753.58	3 110 623 212.68	4 305 377 636.83	5 498 625 525.22	7 511 991 399.11	10 123 855 177.80
税前经营利润率（%）	5.38	6.37	3.30	4.46	6.82	8.00

3. 所得税税率。

由于格力电器从2×17年1月1日起享受高新技术企业优惠政策，所得税税率为15%。

4. 利息费用/销售收入（见表9-13）。

表9-13　　　　　2×17—2×22年格力电器利息费用与销售收入之比

年　份	2×17年	2×18年	2×19年	2×20年	2×21年	2×22年
利息费用合计（元）	-79 340 092.87	-269 652 322.47	-75 944 953.27	-829 934 900.26	-1 250 717 873.16	-2 767 975 976.74
利息费用/销售收入（%）	-0.19	-0.64	-1.24	-1.00	-1.26	-2.33

取预测期和后续期的利息费用与销售收入之比为-1%。

5. 经营营运资本/销售收入（见表9-14）。

表9-14　　　　　2×17—2×22年格力电器经营营运资本与销售收入之比

年　份	2×17年	2×18年	2×19年	2×20年	2×21年	2×22年
经营营运资本	587 168 897.21	4 367 098 464.12	6 636 553 121.72	12 487 205 099.49	11 768 642 912.25	10 597 221 214.75
经营营运资本/销售收入（%）	1.40	10.29	10.98	15.02	11.85	8.93

取预测期和后续期经营营运资本与销售收入之比为10%。

6. 净经营性长期资产/销售收入（见表9-15）。

表9-15　　　　2×17—2×22年格力电器净经营性长期资产与销售收入之比

年　份	2×17年	2×18年	2×19年	2×20年	2×21年	2×22年
净经营性长期资产（元）	5 738 998 092.24	6 343 479 777.55	8 180 816 509.40	13 199 134 118.09	19 455 554 641.67	23 726 272 758.38
净经营性长期资产/销售收入（%）	13.65	14.94	13.54	15.87	19.59	20.00

取预测期和后续期净经营性长期资产与销售收入之比为16%。

7. 金融负债/投资资本（见表9-16）。

表9-16　　　　　2×17—2×22年格力电器金融负债与投资资本之比

年　份	2×17年	2×18年	2×19年	2×20年	2×21年	2×22年
金融负债合计（元）	282 673 955.54	3 029 623 420.27	5 231 664 470.98	7 766 043 971.86	7 470 146 040.99	6 706 927 354.72
金融负债/投资资本（%）	4.47	28.29	35.31	30.23	23.92	19.54

取预测期和后续期金融负债与投资资本之比为24%。

8. 金融资产/投资资本（见表9-17）。

取预测期和后续期金融资产与投资资本之比为20%。

表9-17　　　　　　　2×17—2×22年格力电器金融资产与投资资本之比

年　份	2×17年	2×18年	2×19年	2×20年	2×21年	2×22年
金融资产合计（元）	1 547 555 559.90	2 971 730 452.84	4 426 003 060.85	456 859 296.89	3 826 150 615.72	7 850 111 066.37
金融资产/投资资本（%）	24.46	27.75	29.87	1.78	12.25	22.87

9. 折旧与摊销/销售收入（见表9-18）。

表9-18　　　　　　　2×17—2×22年格力电器折旧与摊销和销售收入之比

年　份	2×17年	2×18年	2×19年	2×20年	2×21年	2×22年
折旧与摊销（元）	301 923 391.92	391 110 972.56	392 236 443.08	481 362 300.69	835 202 423.52	802 097 660.65
折旧与摊销/销售收入（%）	0.72	0.92	0.65	0.58	0.84	0.68

取预测期和后续期折旧与摊销和销售收入之比为1%。

编制预计利润表、预计资产负债表、预计现金流量表计算得出，企业实体价值为5 425 076 622 410.23元，股权价值为5 426 219 806 121.88元，按现在的股本3 007 865 439.00元计算，每股价值为1 804.01元，计算过程见表9-19。

表9-19　　　　　　　预计利润表、资产负债表、现金流量表计算表　　　　　　金额单位：元

年　份	2×22年	2×23年	2×24年	2×25年	2×26年	2×27年	2×28年
利润表假设：							
销售增长率（%）	19.44	18.00	18.00	18.00	18.00	18.00	4.50
税前经营利润率（%）	8.00	5.50	5.50	5.50	5.50	5.50	5.50
所得税税率（%）	15.00	15.00	15.00	15.00	15.00	15.00	15.00
利息费用/销售收入（%）	-2.00	-1.00	-1.00	-1.00	-1.00	-1.00	-1.00
利润表项目：							
一、销售收入	118 627 948 208.59	139 980 978 886.14	165 177 555 085.64	194 909 515 001.06	229 993 227 701.25	271 392 008 687.47	283 604 649 078.41
二、税前经营利润	10 123 855 177.80	7 698 953 838.74	9 084 765 529.71	10 720 023 325.06	12 649 627 523.57	14 926 560 477.81	15 598 255 699.31
三、税后经营利润	10 958 056 481.36	6 544 110 762.93	7 722 050 700.25	9 112 019 826.30	10 752 183 395.03	12 687 576 406.14	13 258 517 344.42
金融损益：							
四、利息费用合计	-2 767 975 976.74	-1 399 809 788.86	-1 651 775 550.86	-1 949 095 150.01	-2 299 932 277.01	-2 713 920 086.87	-2 836 046 490.78
减：利息费用抵税	-415 196 396.51	-209 971 468.33	-247 766 332.63	-292 364 272.50	-344 989 841.55	-407 088 013.03	-425 406 973.62
五、税后利息费用	-2 352 779 580.23	-1 189 838 320.53	-1 404 009 218.23	-1 656 730 877.51	-1 954 942 435.46	-2 306 832 073.84	-2 410 639 517.17
六、税后利润合计	13 310 836 061.59	7 733 949 083.46	9 126 059 918.48	10 768 750 703.81	12 707 125 830.49	14 994 408 479.98	15 669 156 861.58
加：年初未分配利润	17 572 277 003.95	26 371 314 907.04	25 843 889 552.24	32 132 954 971.63	39 554 052 166.52	48 310 946 856.49	58 644 082 590.65
七、可供分配利润	30 883 113 065.54	34 105 263 990.50	34 969 949 470.72	42 901 705 675.44	52 261 177 997.02	63 305 355 336.47	74 313 239 452.23
减：应付普通股股利	4 511 798 158.50	8 261 374 438.26	2 836 994 499.09	3 347 653 508.92	3 950 231 140.53	4 661 272 745.82	12 620 881 820.00
八、年末未分配利润	26 371 314 970.04	25 843 889 552.24	32 132 954 971.63	39 554 052 166.52	48 310 946 856.49	58 644 082 590.65	61 692 357 632.23

续表

年　份	2×22年	2×23年	2×24年	2×25年	2×26年	2×27年	2×28年
资产负债表假设：							
销售收入	118 627 948 208.59	139 980 978 886.14	165 177 555 085.64	194 909 515 001.06	229 993 227 701.25	271 392 008 687.47	283 604 649 078.41
经营营运资本/销售收入（%）	8.93	10.00	10.00	10.00	10.00	10.00	10.00
净经营性长期资产/销售收入（%）	20.00	16.00	16.00	16.00	16.00	16.00	16.00
金融负债/投资资本（%）	20.00	24.00	24.00	24.00	24.00	24.00	24.00
金融资产/投资资本（%）	23.00	20.00	20.00	20.00	20.00	20.00	20.00
资产负债表项目：							
净经营资产：							
经营营运资本	10 597 221 214.75	13 998 097 888.61	16 517 755 508.56	19 490 951 500.11	22 999 322 770.12	27 139 200 868.75	28 360 464 907.84
净经营性长期资产	23 726 272 758.38	22 396 956 621.78	26 428 408 813.70	31 185 522 400.17	36 798 916 432.20	43 422 721 390.00	45 376 743 852.55
投资资本总计	34 323 493 975.13	36 395 054 510.40	42 946 164 322.27	50 676 473 900.27	59 798 239 202.32	70 561 922 258.74	73 737 208 760.39
金融负债	6 706 927 354.72	8 734 813 082.49	10 307 079 437.34	12 162 353 736.07	14 351 577 408.56	16 934 861 342.10	17 696 930 102.49
金融资产	7 850 111 066.37	7 279 010 902.08	8 589 232 864.45	10 135 294 780.05	11 959 647 840.46	14 112 348 451.75	14 747 441 752.08
净负债	-1 143 183 711.65	1 455 802 180.42	1 717 846 572.89	2 027 058 956.01	2 391 929 568.09	2 822 476 890.35	2 949 488 350.42
股东权益：							
股本	3 007 865 439.00	3 007 865 439.00	3 007 865 439.00	3 007 865 439.00	3 007 865 439.00	3 007 865 439.00	3 007 865 439.00
资本公积	3 176 114 310.09	3 176 114 310.09	3 176 114 310.09	3 176 114 310.09	3 176 114 310.09	3 176 114 310.09	3 176 114 310.09
盈余公积	2 958 088 564.43	2 958 088 564.45	2 958 088 564.45	2 958 088 564.45	2 958 088 564.45	2 958 088 564.45	2 958 088 564.45
一般风险准备	47 114 066.72	47 114 066.72	47 114 066.72	47 114 066.72	47 114 066.72	47 114 066.72	47 114 066.72
外币报表折算差额	-1 935 948.39	-1 935 948.39	-1 935 948.39	-1 935 948.39	-1 935 948.39	-1 935 948.39	-1 935 948.39
年初未分配利润	16 596 525 977.29	25 395 563 880.38	24 868 138 525.58	31 157 203 944.98	38 578 301 139.86	47 335 195 829.83	57 668 331 563.99
加：本年净利润	13 310 836 061.59	7 733 949 083.46	9 126 059 918.48	10 768 750 703.81	12 707 125 830.49	14 994 408 479.98	15 669 156 861.58
减：本年股利	4 511 798 158.50	8 261 374 438.26	2 836 994 499.09	3 347 653 508.92	3 950 231 140.53	4 661 272 745.82	12 620 881 820.00
年末未分配利润	25 395 563 880.38	24 868 138 525.58	31 157 203 944.98	38 578 301 139.86	47 335 195 829.83	57 668 331 563.99	60 716 606 605.57
少数股东权益	883 867 372.55	883 867 372.55	883 867 372.55	883 867 372.55	883 867 372.55	883 867 372.55	883 867 372.55
股东权益合计	35 466 677 684.78	34 939 252 329.98	41 228 317 749.38	48 649 414 944.26	57 406 309 634.23	67 739 445 368.39	70 787 720 409.97
净负债及股东权益总计	34 323 493 975.13	36 395 054 510.40	42 946 164 322.27	50 676 473 900.27	59 798 239 202.32	70 561 922 258.74	73 737 208 760.39

年 份	2×22年	2×23年	2×24年	2×25年	2×26年	2×27年	2×28年
现金流量表假设：							
折旧与摊销/销售收入（%）	1.00	1.00	1.00	1.00	1.00	1.00	1.00
现金流量表项目：							
经营活动现金流量：							
税后经营利润	10 958 056 481.36	6 544 110 762.93	7 722 050 700.25	9 112 019 826.30	10 752 183 395.03	12 687 576 406.14	13 258 517 344.42
加：折旧与摊销	1 186 279 482.09	1 399 809 788.86	1 651 775 550.86	1 949 095 150.01	2 299 932 277.01	2 713 920 086.87	2 836 046 490.78
营业现金毛流量	12 144 335 963.44	7 943 920 551.79	9 373 826 251.11	11 061 114 976.31	13 052 115 672.05	15 401 496 493.01	16 094 563 835.20
减：经营营运资本增加		3 400 876 673.86	2 519 657 619.95	2 973 195 991.54	3 508 371 270.02	4 139 878 098.62	1 221 264 039.09
营业现金净流量		4 543 043 877.92	6 854 168 631.16	8 087 918 984.77	9 543 744 402.03	11 261 618 394.39	14 873 299 796.11
减：资本支出		−1 329 316 136.60	4 031 452 191.92	4 757 113 586.47	5 613 394 032.03	6 623 804 957.80	1 954 022 462.55
实体现金流量		5 872 360 014.52	2 822 716 439.24	3 330 805 398.30	3 930 350 370.00	4 637 813 436.60	12 919 277 333.56
金融活动现金流量：							
税后利息费用	−2 352 779 580.23	−1 189 838 320.53	−1 404 009 218.23	−1 656 730 877.51	−1 954 942 435.46	−2 306 832 073.84	−2 410 639 517.17
减：净负债增加		2 598 985 892.07	262 044 392.47	309 212 383.12	364 870 612.08	430 547 322.26	127 011 460.07
债务现金流量		−3 788 824 212.60	−1 666 053 610.70	−1 965 943 260.63	−2 319 813 047.54	−2 737 379 396.10	−2 537 650 977.23
股权现金流量		9 661 184 227.12	4 488 770 049.94	5 296 748 658.93	6 250 163 417.54	7 375 192 832.70	15 456 928 310.79
融资现金流量		5 872 360 014.52	2 822 716 439.24	3 330 805 398.30	3 930 350 370.00	4 637 813 436.60	12 919 277 333.56
资本成本（%）		4.69	4.69	4.69	4.69	4.69	4.69
折现系数		0.96	0.91	0.87	0.83	0.80	
成长期现值	18 048 589 385.46	5 609 391 730.21	2 575 570 526.71	2 903 076 973.02	3 272 228 744.62	3 688 321 410.90	
后续期价值	5 407 028 033 024.77						
实体价值合计	5 425 076 622 410.23						
净债务价值	−1 143 183 711.65						
股权价值	5 426 219 806 121.88						
股数（股）	3 007 865 439.00						
每股价值（元）	1 804.01						

■ 本章小结

在资产评估业务当中，企业价值评估是相对复杂的评估项目，充分了解企业价值评估的特点、企业价值评估的程序、企业价值评估范围的界定，以及我国经济转型时期企业价值评估的特殊性，是合理运用企业价值评估技术的重要基础和前提。由于企业本身就是一个综合体，对于企业的价值评估有多种评估思路，掌握企业价值的本质，围绕企业获利能力的判断及预测、企业获利能力的不确定性、企业获利能力载体的边界、企业价值评估的范围等，选择具体评估方法和合理的评估经济参数，通过缜密的评估过程，才能得出令人信服的评估结果。

■ 本章练习题

一、单项选择题

1.按照企业价值评估的市价/收入比率模型，以下四种不属于"收入乘数"驱动因素的是（　　）。

A.股利支付率　　　　　　　　　　B.权益收益率

C.企业增长潜力　　　　　　　　　D.股权资本成本

2.有关企业的公平市场价值表述不正确的是（　　）。

A.企业的公平市场价值应当是持续经营价值与清算价值中较高的一个

B.一家企业持续经营的基本条件是其持续经营价值超过清算价值

C.依据理财的"自利原则"，当未来现金流的现值大于清算价值时，投资人通常会选择继续经营

D.如果现金流量下降，或者资本成本提高，使得未来现金流量现值低于清算价值，则企业必然进行清算

3.市净率模型主要适用于拥有大量资产而且（　　）。

A.连续盈利，β值接近于1的企业

B.净资产为正值的企业

C.销售成本率较低的服务业企业

D.销售成本率趋同的处于传统行业的企业

4.企业价值评估的对象一般是（　　）。

A.企业单项资产价值的总和　　　　B.企业整体的经济价值

C.企业的清算价值　　　　　　　　D.企业的会计价值

5.用可比企业的市净率估计目标企业价值应该满足的条件为（　　）。

A.适用于连续盈利，并且β值接近于1的企业

B.适用于市净率大于1，净资产与净利润变动比率趋于一致的企业

C.适用于销售成本率较低的服务类企业或者销售成本率趋同的传统行业的企业

D.适用于需要大量资产、净资产为正值的企业

6.甲公司今年的每股收益为2元，分配股利0.6元/股，该公司利润和股利的增长率都是5%，β值为1.2，政府债券利率为4%，股票市场的风险附加率为6%。该公司的预期市盈率是（　　）。

A.2.59　　　　　　B.4.55　　　　　　C.13.64　　　　　　D.4.50

7.企业债务的价值等于预期债权人现金流量的现值，计算现值的折现率是（　　）。

A.加权平均资本成本　　　　　　　B.股权资本成本

C.市场平均收益率　　　　　　　　　　　　D.同等风险的债务成本

8.A公司今年的每股收益为1元，分配股利0.3元/股。该公司利润和股利的增长率都是6%，β系数为1.1。政府债券利率为3%，股票市场的风险附加率为5%，则该公司的内在市盈率为（　　　）。

A.9.76　　　　　　B.12　　　　　　C.6.67　　　　　　D.8.46

9.国际上通用的企业价值评估方法不包括（　　　）。

A.市场法　　　　B.清算价值法　　　　C.成本法　　　　D.收益法

10.某公司年初股东权益为1 500万元，年初净负债为500万元，预计今后每年可取得息税前经营利润600万元，每年净投资为零，所得税税率为25%，加权平均资本成本为10%，则该公司的企业实体价值为（　　　）万元。

A.4 500　　　　　　B.4 000　　　　　　C.4 200　　　　　　D.3 800

二、多项选择题

1.在进行企业价值评估时，判断企业进入稳定状态的主要标志有（　　　）。

A.现金流量是一个常数

B.投资额为零

C.有稳定的报酬率并且与资本成本趋于一致

D.具有稳定的销售增长率，它大约等于宏观经济的名义增长率

2.应用市盈率模型评估企业的股权价值，在确定可比企业时需要考虑的因素有（　　　）。

A.收益增长率　　　　B.销售净利率　　　　C.未来风险　　　　D.股利支付率

3.企业的整体价值观念主要体现在（　　　）。

A.整体不是各部分的简单相加　　　　　　　B.整体价值来源于要素的结合方式

C.部分只有在整体中才能体现出其价值　　　D.整体价值只有在运行中才能体现出来

4.下列说法中正确的有（　　　）。

A.经营营运资本增加=经营流动资产-经营流动负债

B.股权现金流量=税后利润-（本期净投资-净负债增加）

C.投资资本=股东权益+净负债

D.投资资本=经营营运资本+经营长期资产净值-经营长期债务

5.市盈率和市净率的共同驱动因素包括（　　　）。

A.股利支付率　　　　　　　　　　　　　　B.增长率

C.风险（股权成本）　　　　　　　　　　　D.权益报酬率

6.下列关于企业价值评估的表述中，正确的有（　　　）。

A.现金流量折现模型的基本思想是增量现金流量原则和时间价值原则

B.实体自由现金流量是企业可提供给全部投资人的税后现金流量之和

C.在稳定状态下实体现金流量增长率一般不等于销售收入增长率

D.在稳定状态下股权现金流量增长率一般不等于销售收入增长率

7.企业价值评估的现金流量折现模型的基本原则有（　　　）。

A.资金时间价值原则　　　　　　　　　　　B.风险与收益的权衡原则

C.资本市场有效原则　　　　　　　　　　　D.增量现金流量原则

8.下列关于企业价值评估与投资项目评价的说法正确的有（　　　）。

A.都可以给投资主体带来现金流量　　B.现金流量都具有不确定性

C.寿命都是有限的　　D.都具有稳定或下降的现金流

9.以下关于企业价值评估现金流量折现法的表述中，错误的有（　　）。

A.预测期是指企业增长的不稳定时期，通常在5至7年之间

B.预测基数应为上一年的实际数据，不能对其进行调整

C.实体现金流量应该不等于融资现金流量

D.后续期的现金流量增长率越高，企业价值越大

10.判断企业进入稳定状态的主要标志有（　　）。

A.具有稳定的销售增长率，它大约等于宏观经济的名义增长率

B.具有稳定的净资本回报率，它与资本成本接近

C.现金流量增长率与销售增长率相同

D.具有稳定的净资本回报率，它与销售增长率接近

三、判断题

1.由于价值评估具有科学性和客观性，所以其结论对企业来讲具有长远的意义。（　　）

2.企业价值评估的一般对象是企业的持续经营价值。资产负债表的"资产总计"是单项资产价值的合计，即企业作为整体的价值。（　　）

3.即使在稳定状态下，实体现金流量、股权现金流量和销售收入的增长率也可能不同。（　　）

4."营业现金毛流量"是指在没有资本支出和经营营运资本的情况下，企业可以提供给投资人的现金流量总和。（　　）

四、思考题

1.企业价值评估对象和评估范围的区别与联系是什么？

2.划分企业价值评估一般范围与具体范围的意义是什么？

3.在企业价值评估中如何处理企业溢余资产？

4.在转型经济条件下，企业价值评估的风险估计需要注意哪些问题？

5.在企业价值评估中为什么要明晰产权？

6.高新技术企业价值评估有什么特殊性？

五、计算题

（1）某企业2×23年支付的每股股利为1.28元，预期股利将永久性地每年增长5%。股票的β系数为0.9，1年期国债利率为3.25%，市场风险补偿为5%。请估算该企业的每股价值。

（2）某企业2×23年的财务报表显示每股收益为2.5元，支付的每股股利为0.72元。预期2×24年至2×28年期间收益将每年增长15%，这一期间的股利支付率保持不变。自2×29年起收益增长率预计将保持在5%的稳定水平，股利支付率会达到70%。企业目前的β系数为1.42，2×23年以后的β系数预计为1.10，国债利率为3.25%，市场风险补偿率为5%。试求2×24年1月1日的每股股权价值为多少。

（3）某企业2×23年的销售额为6 000万元，预计2×24—2×27年以6%的比率增长，自2×28年起增长率保持在3%。该企业的税前营业利润率为20%，资本支出等于年折旧费，营运资本占销售额的20%。该企业未偿还的债务为3 000万元，利息率为10%，权益与全

部资本的比率为80%，β系数为1.25，国债利率为3.25%，市场风险补偿为5%，企业所得税税率为25%。试估算该企业2×24年1月1日的企业价值和权益价值。

（4）某企业2×23年的收入为95 000万元，预期2×24—2×27年每年增长6%，以后每年增长4%。2×23年每股收益为2.50元，预期2×24—2×28年每股收益年增长10%，以后每年增长5%。2×23年每股的资本支出为2.20元，每股折旧为1.10元，预期2×24—2×28年增长速度与收益相同。营运资本保持在收入的5%的水平上。企业当前的债务/全部资本比率为10%，β系数为1.25，国债利率为3.25%，市场风险补偿为5%。目标债务比率为20%，自2×29年企业资本结构基本稳定。企业已经发行6 000万股股票。试估算企业的权益价值。

（5）根据表9-20估算乙企业的权益价值。想一想为什么会有不同的估算结果？

表9-20　　　　　　　　　甲、乙企业有关数据　　　　　　　　金额单位：元

项　目	甲企业	乙企业
1.销售额	1 340 000 000	
2.税后收益	90 000 000	620 000 000
3.权益账面价值	590 000 000	46 000 000
4.发行股份（股）	40 000 000	207 000 000
5.股票价格（元/股）	35	

（6）试根据表9-21的数据进行回归分析，找出价值被低估的股票。

表9-21　　　　　　　　　各企业相关数据

企　业	市盈率（%）	预期增长率（%）	β系数	股利支付率（%）
1	13.3	16.5	0.75	23
2	22.6	13.0	1.15	37
3	12.1	9.5	0.75	28
4	13.9	11.5	1.00	38
5	10.4	4.5	0.70	50
6	17.3	3.4	1.10	28
7	11.4	10.5	0.80	37
8	15.5	11.5	1.25	40
9	9.5	9.0	1.05	47
10	8.7	5.5	0.95	15
11	16.5	13.0	0.85	41
12	12.4	14.0	0.85	11
13	10.2	9.5	0.85	37
14	11.0	8.0	0.85	22

第十章
资产评估报告

育德育人

"圣人无常心，以百姓心为心""惟公而后能正"，这些思想是古代先贤对大公无私的智慧总结。黄宗羲总结尧舜之道时说："不以一己之利为利，而使天下受其利；不以一己之害为害，而使天下释其害。"据《左传》记载，邾文公打算迁都，史官占卜的结果是："利于民而不利于君。"邾文公说："天生民而树之君，以利之也。民既利矣，孤必与焉。"立君为民，大公无私，成为中国古代政治思想的重要传统。公与私相对，正与偏相对。历史的经验告诉我们，国家的强盛之道，在于为人民谋福利，管理者应以芸芸众生为重心，而不是一味地维护统治阶层的利益。因此，古圣先贤把社会公正看作政治文明的重要体现，倡导为公为民的政治立场。公正是人类文明进步的重要标准，是人类社会秩序的价值规范。把公正作为社会主义核心价值观在社会层面的价值取向之一，是社会主义社会的内在要求，是社会主义制度优越性的集中体现，是中国特色社会主义的核心价值追求。

资产评估报告是注册资产评估师对特定评估对象进行估算后，编制和提交的反映其专业意见的书面文件，反映评估目的、假设、程序、标准、依据、方法、结果等基本情况的报告书，对委托评估的资产提供价值意见。资产评估报告书是建立评估档案、归集评估档案资料的重要信息来源。资产评估报告不仅是资产评估机构完成评估工作的总结，也是国有资产管理部门验证、确认资产评估过程和评估结果的重要依据，是公众投资者得以了解公司情况的重要途径。因此，资产评估机构必须依照客观、公正、实事求是的原则撰写资产评估报告，如实反映评估工作的情况，调查取证的资料要真实可靠，不得作伪证。

课前准备

资产评估报告（书）是指资产评估机构及其资产评估专业人员遵守法律、行政法规和资产评估准则，在履行必要评估程序后，由资产评估机构对评估对象在评估基准日特定目的下的价值出具的专业报告。它按照一定格式和内容反映了评估目的、程序、标准、依据、方法、结果及适用条件等基本情况。资产评估报告有广义和狭义之分。广义的资产评估报告是指一种工作制度。它规定评估机构在完成评估工作之后必须按照一定的程序和要求，用书面形式向委托方报告评估过程和结果。狭义的资产评估报告即资产评估结果报告书，既是资产评估机构将其对资产的作价意见提交给委托方的公正性的报告，也是评估机构履行评估合同情况的总结，还是评估机构为资产评估项目承担相应法律责任的证明文件。

学习目标

本章系统地描述了资产评估报告制度的具体内容，分析了资产评估报告类型的国际比较，阐释了资产评估报告（书）的编制步骤与编制技术要点，并介绍了利益相关者对资产评估报告的使用。通过本章学习，应了解资产评估报告的基本概念，熟悉资产评估报告的作用，掌握资产评估报告的基本内容，理解资产评估报告的编制步骤，掌握编制资产评估报告的技术要点，领会利益相关者对资产评估报告的使用。

● 第一节　资产评估报告的基本制度

汽车公司资产
评估案例

资产评估报告的基本制度是规定资产评估机构在完成资产评估工作后，由资产评估行政主管部门对评估报告进行审核验证、结果确认和下达通知等方面的制度。

一、资产评估报告基本制度的产生与发展

1991年，国务院以91号令颁布的《国有资产评估管理办法》规定，资产评估机构对委托单位（指国有资产占有单位）被评估资产的价值进行评定和估算，要向委托单位提出资产评估结果报告书。委托单位收到资产评估机构的资产评估结果报告书后，应当报其主管部门审查，主管部门同意后，报同级国有资产管理行政主管部门确认资产评估结果。经国有资产管理行政主管部门授权或委托，国有资产占有单位的主管部门也可以确认资产评估结果。该文件还规定，国有资产管理行政主管部门应当自收到占有单位报送的资产评估结果报告书之日起45日内组织审核、验证、协商，确认资产评估结果，并下达确认通知书。这就是我国最早的资产评估报告制度。1993年，国家国有资产管理局制定和发布的国资办发〔1993〕55号文件，提出了《关于资产评估报告（书）的规范意见》；1995年，国家国有资产管理局又制定和颁布了《关于资产评估立项、确认工作的若干规范意见》；1996年5月7日，国资办发〔1996〕23号文件转发了中国资产评估协会制定的《资产评估操作规范意见（试行）》，规定了资产评估报告（书）及送审专用材料的具体要求，以及资产评估工作底稿和项目档案管理，进一步完善了资产评估报告制度。1999年，财政部财评字〔1999〕91号文件颁布的《财政部关于印发〈资产评估报告基本内容与格式的暂行规定〉的通知》，对原有的资产评估报告有关制度做了进一步修改完善，使资产评估报告制度不仅适用于国有资产评估，也同样适用于非国有资产评估。2000年，财政部财企〔2000〕256号文件提出了《关于调整涉及股份有限公司资产评估项目管理事权的通知》，其中对涉及股份有限公司资产评估项目的受理审核事权在财政部和省级财政部门之间进行分工。2001年12月31日，国务院办公厅发布《国务院办公厅转发财政部关于改革国有资产评估行政管理方式，加强资产评估监督管理工作意见的通知》（国办发〔2001〕102号），要求取消政府部门对国有资产评估项目的立项确认审批制度，实行

核准制和备案制，加大资产评估活动的监管力度，完善制度建设，规范评估秩序。2007年，财政部发布《资产评估准则——评估报告》（自2008年7月1日起施行）；2008年，中国资产评估协会发布了《企业国有资产评估报告指南》（自2009年7月1日起施行），要求除金融企业以外的企业国有资产评估报告应当执行该指南，同时废止《财政部关于印发〈资产评估报告基本内容与格式的暂行规定〉的通知》（财评字〔1999〕91号）。

二、国有资产的资产评估报告的核准及备案

经各级政府批准的涉及国有资产产权变动、对外投资等经济行为的重大经济项目，其国有资产评估实行核准制。经国务院批准实施的重大经济事项涉及的国有资产评估项目，由财政部负责核准。经省级（含计划单列市）人民政府批准实施的重大经济事项涉及的国有资产评估项目，由省级财政部门或国有资产管理部门负责核准。核准工作的程序为：国有资产占有单位收到评估机构出具的评估报告后，应当上报其集团公司或有关部门初审，经集团公司同意后，占有单位应在评估报告有效期届满前2个月向财政部门提出核准申请，财政部门在收到核准申请后，应在20个工作日内完成对评估报告的审核，对符合要求的下达核准文件，对不符合要求的予以退回。提出核准申请时报送的文件有：经初审同意转报财政部门予以核准的文件；资产评估项目核准申请表；与评估目的相对应的经济行为得以批准的文件或有效材料；资产重组方案或改制方案、发起人协议等其他材料；包括评估报告书、评估说明和评估明细表及其软盘在内的资产评估报告；资产评估各方当事人的承诺函。

对其他国有资产评估项目实行备案制。国有资产评估项目的备案，是指国有资产占有单位按有关规定进行资产评估后，在相应经济行为发生前，将评估项目的有关情况向财政部、国有资产管理部门、集团公司、有关部门专题报告，并由后者受理的行为。备案工作实行分级管理：中央管理的企业集团公司及其子公司、国务院有关部门直属的企事业单位的资产评估项目备案工作由财政部负责；子公司或直属企事业单位以下企业的资产评估项目备案工作由集团公司或有关部门负责；地方管理的占有单位的资产评估项目备案工作依照前面所作规定的原则执行。评估项目涉及多个国有产权主体的，按国有股最大股东的资产隶属关系办理备案手续，持股比例相当的可经协商委托其中一方办理。办理备案手续的程序为：占有单位在收到评估机构出具的资产评估报告后，无异议的则将备案材料逐级报送财政部门（集团公司、有关部门），财政部门（集团公司、有关部门）在收到占有单位报送的材料后，对材料齐全的在10个工作日内办理备案手续，对材料不齐全的待补充完善后予以办理。办理备案手续报送的材料有：占有单位填报的《国有资产评估项目备案表》；包括评估报告书、评估说明和评估明细表及其软盘在内的资产评估报告；其他材料。

● 第二节 资产评估报告的内容与编制

一、资产评估报告（书）的种类

按照资产评估的资产范围、工作业务性质、资产评估报告的内容及使用的范围不同，可以对资产评估报告进行如下分类。

（一）按资产评估对象划分

按资产评估的资产对象不同，资产评估报告（书）可分为整体资产评估报告（书）和单项资产评估报告（书）。对（企业、单位或业务等）整体资产进行评估所

资产评估内容
与编制案例

出具的资产评估报告称为整体资产评估报告。单项资产评估报告（书）是对一项资产，或若干项以独立形态存在、可以单独发挥作用或以个体形式进行交易的资产进行评估所出具的资产评估报告。由于整体资产评估与单项资产评估在具体业务上存在一些差别，因而，两种资产评估报告（书）的基本格式虽然是一样的，但两者在内容上必然会存在一些差别。一般情况下，整体资产评估报告的报告内容不仅包括资产，也包括负债和股东权益（所有者权益），而单项资产评估报告一般不考虑负债。

（二）按资产评估工作业务性质划分

按资产评估工作业务性质的不同，资产评估报告（书）分为评估报告、评估复核报告、评估咨询报告。

（三）按资产评估报告的内容及使用范围划分

按资产评估报告的繁简程度，美国评估准则（USPAP）将资产评估报告（书）分为完整评估报告（self-contained report）、简明评估报告（summary report）、限制用途评估报告（restricted use report）三种类型。三种评估报告的主要区别在于所提供内容和信息详略程度不同。完整评估报告对评估所用资料进行全面描述和分析，所有适合的信息均包括在报告中。完整评估报告应当包括对解决评估问题所需要的所有重要信息的完整描述。简明评估报告是对评估工作资料的总结和综合分析，以浓缩的方式提供信息。简明评估报告应当包含对解决评估问题具有重要意义的信息的简要说明。限制用途评估报告对评估方法和技术及评估结论只进行陈述性说明，是一种扼要型报告，标明有关支持信息资料需要参照工作底稿。对资产评估报告类型的选择取决于预期用途和预期使用者，当预期使用者包括客户（评估业务的委托方）以外的其他当事人时，应当采用完整评估报告或简明评估报告，当预期使用者仅限于客户时，才可以采用限制用途评估报告。这三种类型评估报告的划分主要适用于对动产和不动产的评估，而无形资产和企业价值评估报告只分为简明评估报告和限制用途评估报告两种。

（四）按法律定位划分

评估机构开展涉及国有资产或者公共利益等事项，法律、行政法规规定需要评估的法定评估业务，所出具的评估报告为法定评估业务评估报告，比如国有资产评估报告。除此以外开展的评估业务所出具的评估报告为非法定评估业务评估报告。

（五）按评估基准日划分

根据对评估基准日的不同选择，评估报告可以分为评估基准日为现在时点的现时性评估报告、评估基准日为未来时点的预测性评估报告、评估基准日为过去时点的追溯性评估报告。如某法院委托进行司法诉讼评估，法院欲了解诉讼标的在三年前某一时点的市场价值，委托评估机构进行评估，此时出具的评估报告是追溯性评估报告。又如某银行发放抵押贷款，银行欲了解抵押物在两年后某一时点的市场价值，委托评估机构进行评估，此时出具的评估报告是预测性评估报告。

另外，还可以按评估对象的不同，将资产评估报告分为不动产评估报告、动产评估报告、无形资产评估报告、企业价值评估报告等。

二、资产评估报告（书）的内容

资产评估报告的主要内容包括：

（一）标题及文号、目录

资产评估报告是指资产评估机构及其资产评估专业人员遵守法律、行政法规和资产评估准则，根据委托履行必要的资产评估程序后，由资产评估机构对评估对象在评估基准日特定目的下的价值出具的专业报告。只有符合该定义的评估报告，才能以"评估报告"为标题出具。资产评估机构及其资产评估专业人员执行与估算相关的其他业务时，虽然可以参照评估报告准则出具相关报告，但此类报告并不是评估报告，不得以"评估报告"为标题出具，以免给委托人和报告使用人造成误解。

资产评估报告的目录应当包括每一部分的标题和相应页码。

（二）声明

评估报告的声明应当包括以下内容：（1）注册资产评估师恪守独立、客观和公正的原则，遵循有关法律、法规和资产评估准则的规定，并承担相应的责任。（2）提醒评估报告使用者关注评估结论成立的假设前提、资产评估报告特别事项说明和使用限制。（3）本资产评估报告依据财政部发布的资产评估基本准则和中国资产评估协会发布的资产评估执业准则和职业道德准则编制。（4）资产评估报告仅供委托人、资产评估委托合同中约定的其他资产评估报告使用人和法律、行政法规规定的资产评估报告使用人使用，除此之外，其他任何机构和个人不能成为资产评估报告的使用人。（5）资产评估报告使用人应当正确理解评估结论，评估结论不等同于评估对象可实现价格，评估结论不应当被认为是对评估对象可实现价格的保证。（6）委托人或者其他资产评估报告使用人应当按照法律、行政法规规定和资产评估报告载明的使用范围使用资产评估报告。委托人或者其他资产评估报告使用人违反前述规定使用资产评估报告的，资产评估机构及其资产评估专业人员不承担责任。（7）其他需要声明的内容。

（三）摘要

评估报告摘要应当提供评估业务的主要信息及评估结论。评估报告摘要披露的内容通常包括：

（1）评估目的；（2）评估对象和评估范围；（3）价值类型及其定义；（4）评估基准日；（5）评估方法；（6）评估结论。

资产评估专业人员还可以根据评估业务的性质、评估对象的复杂程度、委托人要求等，合理确定摘要中需要披露的其他信息。摘要应当与评估报告揭示的结果一致，不得有误导性内容。

（四）正文

评估报告正文应当包括：

1.委托方、资产评估产权持有者和委托方以外的其他评估报告使用者，包括委托方、业务约定书中约定的其他评估报告使用者和国家法律、法规规定的评估报告使用者。在评估报告中应当阐明委托人和其他评估报告使用人的身份，包括名称和类型。该名称可以是可确指的法人、自然人，如某某公司、某某自然人，也可以是不确指的一类群体，如国有资产管理部门、证券市场投资人等。

在国外，为避免违背职业道德准则中的为客户保密的责任，当某些客户希望在评估报告中匿名时，评估师可以将有关客户身份的信息存档，并在报告中予以保密。

2.评估目的。评估报告载明的评估目的应当唯一，表述应当明确、清晰。资产评估是为满足特定经济行为的需要而进行的，资产评估特定目的贯穿资产评估的全过程，影响着资产评估专业人员对评估对象的界定、价值类型的选择等，是资产评估专业人员进行具体资产评估时必须首先明确的基本事项。资产评估报告载明的评估目的应当唯一，其结论是服务于评估目的的。

目前国内资产评估业务涉及的评估目的主要包括：（1）转让定价评估目的；（2）抵、质押评估目的；（3）公司设立、改制、增资评估目的；（4）财务报告评估目的；（5）税收评估目的；（6）司法诉讼评估目的；（7）其他评估目的。

3.评估对象和评估范围。对评估对象的基本情况，包括法律权属状况、经济状况和物理状况要做具体描述。对于企业价值评估，评估对象可以分为两类，即企业整体价值和股东权益价值（全部或部分），与此对应的评估范围是评估对象涉及的资产及负债。将股东全部权益价值或股东部分权益价值作为评估对象，股东全部权益或股东部分权益对应的法人资产和负债属于评估范围，本身并不是评估对象。

对于单项资产评估，各具体准则中均对评估对象进行了规范。《金融不良资产评估指导意见》第十三条规定，金融不良资产评估业务中，根据项目具体情况和委托人的要求，评估对象可能是债权资产，也可能是用以实现债权清偿权利的实物类资产、股权类资产和其他资产。中国资产评估协会发布的《文化企业无形资产评估指导意见》第十五条规定，文化企业无形资产评估对象，是指文化企业无形资产的财产权益，或者特定无形资产组合的财产权益。文化企业无形资产通常包括著作权、专利权、专有技术、商标专用权、销售网络、客户关系、特许经营权、合同权益、域名和商誉等。《资产评估执业准则——机器设备》规定，机器设备的评估对象分为单台机器设备和机器设备组合对应的全部或者部分权益。单台机器设备是指以独立形态存在、可以单独发挥作用或者以单台的形式进行销售的机器设备。机器设备组合是指为了实现特定功能，由若干机器设备组成的有机整体。中国资产评估协会发布的《实物期权评估指导意见》规定，执行涉及实物期权评估的业务，涉及的实物期权主要包括增长期权和退出期权等。

4.价值类型及其定义。评估人员对选择某种价值类型的理由要加以说明。一般情况下可供选择的价值类型包括市场价值、投资价值、在用价值、清算价值和残余价值等。对于价值类型的选择、定义，可以参考《资产评估价值类型指导意见》。

5.评估基准日。要求与业务约定书约定的评估基准日保持一致。评估报告应当说明选取评估基准日时重点考虑的因素。评估基准日可以是现在，也可以是过去或者将来的某一时点。

6.评估依据。它包括评估遵循的法律依据、准则依据、权属依据及取价依据等。

（1）法律和准则依据。

法律依据应包括资产评估的有关法律、法规等。如《公司法》《证券法》《拍卖法》《国有资产评估管理办法》《资产评估行业财政监督管理办法》等。准则依据主要包括财政部发布的作为我国资产评估准则体系基础的《资产评估基本准则》，以及中国资产评估协会发布的《资产评估职业道德准则》《资产评估执业准则——资产评估报告》《资产评估执业准则——资产评估程序》《资产评估执业准则——资产评估委托合同》等一系列程序性准则和《资产评估执业准则——企业价值》《资产评估执业准则——无形资产》等一系列实体性准则、指南和指导意见。资产评估专业人员应当根据与评估项目相关的原则，在评估报告中说明执行资产评估业务所采用的具体法律和准则依据。

（2）权属依据。

资产法律权属状况本身是个法律问题，对资产的所有权及其他与所有权相关的财产权进行界定或发表意见需要履行必要的法律程序，应当由具有相应专业能力与专业资质的人士（如律师）或部门（如产权登记部门）来进行。由于资产的价值与其法律权属状况有着密切关系，资产评估准则要求资产评估专业人员在执业过程中应当关注评估对象法律权属，并对核查验证情况予以披露。因此，资产评估专业人员应当根据评估项目的相关原则，在评估报告中说明执行资产评估业务所依托的评估对象的权属依据。

权属依据通常包括国有资产产权登记证书，投资人出资权益的证明文件，与不动产、知识产权资产、资源性资产、运输设备等动产相关的权属证书或其他证明文件，债权持有证明文件，从事特定业务所需的经营许可证书等。一些权属证明文件如房屋产权证明上注明的房产面积、结构等仍是资产评估专业人员重要的取价依据，这些产权证明材料可以作为取价依据对待。

（3）取价依据

取价依据应包括资产评估中直接或间接使用的、企业提供的财务会计经营方面的资料，国家有关部门发布的统计参数资料和技术标准资料，以及评估机构收集的有关询价资料和参数资料等。企业提供的取价依据相关资料一般包括企业本身的财务会计和经营，资产购建、使用及管理等资料；国家有关部门发布的取价依据相关资料一般包括统计资料、技术标准和政策文件等资料；评估机构自行收集的取价资料，应当是除国家有关部门发布和企业提供的资料外，评估机构自行收集并依据的市场交易、专业资讯、研究分析等资料。

由于统计口径不同等原因，不同部门发布同一指标的统计资料其结果可能存在差异，国家有关部门发布的政策文件，也可能存在多次调整标准的情况，因此评估取价依据应当列示相关资料的名称、提供或发布的单位及时间等信息。

评估依据的披露应掌握以下原则：

（1）评估依据的表述方式应当明确、具体，具有可验证性。任何评估报告阅读者可以根据报告中披露的评估依据的名称、发布时间或文号找到相应的评估依据。例如，取价依据应披露为"《××省建筑工程综合预算定额》（××年）"，而不是"××省及××市建设、规划、物价等部门关于建设工程相关的规定"。

（2）评估依据具有代表性，且在评估基准日是有效的。作为评估依据，应满足相关、合理、可靠和有效的要求。相关是指所收集的价格信息与需作出判断的资产具有较强的关联性；合理是指所收集的价格信息能反映资产载体结构和市场结构特征，不能简单地用行业或社会平均的价格信息推理具有明显特殊性质的资产价值；可靠是指经过对信息来源和收集过程的质量控制，所收集的资料具有较高的置信度；有效是指所收集的资料能够有效地反映评估基准日资产在模拟条件下可能的价格水平。

7.评估方法。应当说明所选用的评估方法及理由。

根据《资产评估基本准则》，确定资产价值的评估方法包括市场法、收益法和成本法三种基本方法及其衍生方法。资产评估专业人员应当根据评估目的、评估对象、价值类型、资料收集等情况，分析上述三种基本方法的适用性，合理选择评估方法。选择评估方法的过程中应注意以下因素：

（1）评估方法的选择要与评估目的、评估时的市场条件、被评估对象的具体状况，以及由此所决定的资产评估价值类型相适应。

（2）评估方法的选择受各种评估方法运用所需的数据资料及主要经济技术参数能否收集等条件的制约。每种评估方法的运用所涉及的经济技术参数的选择，都需要有充分的数据资料作为基础和依据。在评估时点以及一个相对较短的时间内，某种评估方法所需的数据资料的收集可能会遇到困难，当然也就会限制该评估方法的选择和运用。在这种情况下，资产评估专业人员应考虑依据替代原理，选择信息资料充分的评估方法进行评估。

（3）资产评估专业人员在选择和运用某方法进行评估时，应充分考虑该种方法在具体评估项目中的适用性、效率性和安全性，并注意满足该种评估方法的条件要求和程序要求。

（4）在有些情况下，可以采取排除、否定其他评估方法的做法，作为决定采取某一种评估方法的理由。

资产评估报告应当说明所选用的评估方法及其理由。首先需简要说明总体思路和主要评估方法及适用原因；其次要按照评估对象和所涉及的资产（负债）类型逐项说明所选用的具体评估方法。采用成本法的，应介绍估算公式，并对所涉及资产的重置价值及成新率的确定方法作出说明；采用市场法的，应介绍参照物（交易案例）的选择原则、比较分析与调整因素等；采用收益法的，应介绍采用收益法的技术思路，主要测算方法、模型或计算公式，明确预测收益的类型，以及预测方法与过程、折现率的选择和确定等情况。采用多种评估方法时，不仅要确保满足各种方法使用的条件要求和程序要求，还应当对各种评估方法取得的价值结论进行比较，分析可能存在的问题并做相应的调整，确定最终评估结果。

8.评估程序实施过程和情况。应当说明评估程序实施过程中现场调查、资料收集与分析、评定估算等主要内容，一般包括：

（1）接受项目委托，确定评估目的、评估对象与评估范围、评估基准日，拟定评估计划等过程；

（2）指导被评估单位清查资产、准备评估资料，核实资产与验证资料等过程；

（3）选择评估方法、收集市场信息和估算等过程；

（4）评估结论汇总、评估结论分析、撰写报告和内部审核等过程。

资产评估专业人员应当在遵守相关法律、法规和资产评估准则的基础上，根据委托人的要求，遵循各专业准则的具体规定，结合报告的繁简程度恰当考虑披露评估程序实施过程和情况的详细程度。对于报告使用人而言，真正需要了解的信息是评定估算的过程，尤其是最为关键的评估方法运用实施的过程。通常情况下，资产评估专业人员在评估报告中披露评估方法运用实施过程时应当重点关注以下内容：

（1）评估方法的运用和逻辑推理计算过程。资产评估专业人员将采用的各种信息、数据，经演算而推导出评估结果，这种思路与演算的过程应符合公认的评估方法和计算模式，以使评估结果具有合理性和科学性。

（2）评估方法运用中折现率、资本化率、价值比率、重置全价、成新率等重要参数的获取来源和形成过程。资产评估专业人员应当就对评估结果有着重要影响的数据和计算方法作出说明。

（3）对初步评估结论进行综合分析，形成最终评估结论的过程。由于每一项资产评估可能采用两种以上的评估方法，使用不同的评估方法可能会得出不同的评估价值，评估人员应就不同的评估结果所具有的含义、调整的理由和方法以及最终评估值的合理性进行说明。需要注意的是，评估报告中的评估过程主要是详细说明评估程序实施过程和评估的总体情况，而不是详细说明如何评估的。

9.评估假设。应当披露评估假设及其对评估结论的影响。

评估假设本质上是评估条件的某种抽象。在具体的评估项目中评估人员应当科学合理地设定和使用评估假设，需要与资产评估目的及其对评估市场条件的宏观限定情况、评估对象自身的功能和在评估时点的使用方式与状态、产权变动后评估对象的可能用途及利用方式、利用方式和利用效果等相联系和匹配。资产评估专业人员应当合理使用评估假设，并在资产评估报告中披露所使用的资产评估假设，以使评估结论建立在合理的基础上，并使评估报告使用人能够正确理解评估结论。

按照国际评估惯例，评估假设包括前提、基本假设和具体假设、特别假设和非真实性假设等，资产评估专业人员应当在评估报告中披露影响评估分析、判断和结论的前提，基本假设和具体假设，并说明其对评估结论的影响。

前提通常包含：是否持续经营等（对企业而言）；是否原地续用或异地续用等（对单项资产而言）。基本假设通常包含对以下事项的假设：相关政治、法律、财政、经济等宏观情况；与评估对象经营活动相关的税收及企业法规；利率、汇率变化等。具体假设指的是在评估中所采用的具体的评估假设，通常包含对以下事项的假设：对评估对象的物理、法律、经济状况的假设；对评估对象外部状况的假设，如市场状况或趋势、单项资产的情况；对评估分析中运用数据的完整性的假设；评估对象未来管理和业务运作战略方向；关联交易是否以公平交易为基础等。如果假设会对评估结果有重大影响，那么该假设为特别假设，资产评估专业人员应当单独考虑，并在报告中特别标明。如果假设是为了特定的评估项目而作出的与真实情况相反的假设，则该假设为非真实性假设，资产评估专业人员应当单独考虑，并在报告中特别标明。只有在下列情况下，资产评估专业人员才应使用特别假设和非真实性假设：（1）该假设是分析并得出可靠的评估结论所必需的；（2）资产评估专业人员对该假设有合理的依据；（3）该假设的使用使资产评估专业人员得以进行可靠的分析；（4）对该假设的披露满足准则的要求。资产评估专业人员应当在评估报告中说明如果基本假设、具体假设、特殊假设和非真实性假设不成立，则将对评估结论产生重大影响。

10.评估结论。《资产评估执业准则——资产评估报告》规定，注册资产评估师应当在评估报告中以文字和数字形式清晰说明评估结论，并明确评估结论的使用有效期。通常评估结论应当是确定的数值。经与委托方沟通，评估结论可以使用区间值表达。其中，引入区间值或者其他表达形式是考虑到评估行业不断发展的业务多元化需求。

11.特别事项说明。特别事项说明通常包括：产权瑕疵；未决事项、法律纠纷等不确定因素；重大期后事项；在不违背资产评估准则基本要求的情况下，采用的不同于资产评估准则规定的程序和方法。注册资产评估师应当说明特别事项可能对评估结论产生的影响，并重点提示评估报告使用者予以关注。

12.评估报告使用限制说明。评估报告的使用限制说明通常包括：评估报告只能用于评估报告载明的评估目的和用途；评估报告只能由评估报告载明的评估报告使用者使用；未征得出具评估报告的评估机构同意，评估报告的内容不得被摘抄、引用或披露于公开媒体，法律、法规规定以及相关当事方另有约定的除外；评估报告的使用有效期；因评估程序受限造成的评估报告的使用限制。

13.评估报告日。评估报告日通常为注册资产评估师形成最终专业意见的日期。资产评估专业人员应当在评估报告中说明出具评估报告的日期。资产评估报告载明的资产评估报告日通常为评估结论形成的日期，可以不同于资产评估报告的签署日。

14.注册资产评估师签字盖章。评估报告应由评估机构或者经授权的分支机构加盖公章，应由法定代表人或者其授权代表签字，并由合伙人签字。

（五）附件

资产评估报告的附件通常包括：

1.评估对象所涉及的主要权属证明资料。

2.委托方和相关当事方的承诺函。

3.评估机构及签字注册资产评估师资质、资格证明文件。

4.资产评估汇总表或明细表。

评估报告内容的陈述应当清晰、准确，不得使用带有误导性的表述。评估报告的详略程度，可以根据评估对象的复杂程度、委托方的要求来合理确定。对于评估程序受到限制且无法排除，经与委托方协商后仍需出具评估报告的，应当根据评估程序受限情况及其对评估结论的影响明确评估报告的使用限制。评估报告应由两名以上（含两名）注册资产评估师签字盖章，并由评估机构加盖公章。有限责任公司制评估机构的法定代表人或者合伙制评估机构负责该评估业务的合伙人应当在评估报告上签字。有限责任公司制评估机构的法定代表人可以授权首席评估师或者其他持有注册资产评估师证书的副总经理以上管理人员在评估报告上签字。有限责任公司制评估机构可以授权分支机构以分支机构的名义出具除证券期货相关评估业务外的评估报告，加盖分支机构公章。评估机构的法定代表人可以授权分支机构负责人在以分支机构名义出具的评估报告上签字。评估报告应当使用中文撰写。需要同时出具外文评估报告的，以中文评估报告为准。评估报告一般以人民币为计量币种，使用其他币种计量的，应当注明该币种与人民币的汇率。评估报告应当明确报告的使用有效期。通常，只有当评估基准日与经济行为实现日相距不超过一年时，才可以使用评估报告。

三、资产评估报告（书）的编制步骤

资产评估报告（书）的编制是评估机构完成评估工作的最后一道工序，也是资产评估工作中的一个重要环节。编制资产评估报告（书）主要有以下几个步骤：

（一）整理工作底稿和归集有关资料

资产评估现场工作结束后，有关评估人员必须着手对现场工作底稿进行整理，按资产的性质进行分类。同时对有关询证函、被评估资产背景材料、技术鉴定情况和价格取证等有关资料进行归集和登记。对现场未予确定的事项，还须进一步落实与查核。这些现场工作底稿和有关资料都是编制资产评估报告的基础。

（二）评估明细表的数字汇总

在完成现场工作底稿和有关资料的归集任务后，评估人员应着手进行评估明细表的数字汇总。明细表的数字汇总应根据明细表的不同级次先进行明细表汇总，然后进行分类汇总，再进行资产负债式的汇总。不具备采用电脑软件汇总条件的评估机构，在数字汇总

过程中应反复核对各有关表格的数字的关联性和各表格栏目之间数字的勾稽关系，防止出错。

（三）评估初步数据的分析和讨论

在完成评估明细表的数字汇总，得出初步的评估数据后，应召集参与评估工作过程的有关人员，对评估报告初步数据的结论进行分析和讨论，比较各有关评估数据，复核记录估算结果的工作底稿，对存在作价不合理的部分评估数据进行调整。

（四）编写评估报告书

编写评估报告书又可分为两步。

第一步：在完成资产评估初步数据的分析和讨论，对有关部分数据进行调整后，由具体参加评估的各组负责人员草拟出各自负责评估部分（资产）的评估说明，同时提交全面负责、熟悉本项目评估具体情况的人员草拟出资产评估报告（书）。

第二步：就评估基本情况和评估报告书初稿的初步结论与委托方交换意见，听取委托方的反馈意见后，在坚持独立、客观、公正的前提下，认真分析委托方提出的问题和建议，考虑是否应该修改评估报告书，对评估报告书中存在的疏忽、遗漏和错误之处进行修正，待修改完毕即可撰写正式的资产评估报告书。

（五）资产评估报告（书）的签发与送交

评估机构撰写出正式的资产评估报告书后，经审核无误，按以下程序进行签名盖章：先由负责该项目的注册资产评估师签章（两名或两名以上），再送复核人审核签章，最后送评估机构负责人审定签章并加盖机构公章。

资产评估报告（书）经签名盖章后，评估人员即可将其连同评估明细表送交委托单位。对中外合资、合作项目的评估报告书及有关资料的送交应按专门规定办理。

四、资产评估报告（书）编制的技术要点

资产评估报告（书）编制的技术要点是指在资产评估报告编制过程中的主要技能要求，它具体包括了文字表达方面、格式和内容方面的技能要求、复核与反馈等方面的技能要求等。

（一）文字表达方面的技能要求

资产评估报告（书）既是一份对被评估资产价值有咨询性和公正性作用的文书，又是一份用来明确资产评估机构和评估人员工作责任的文字依据，所以它的文字表达既要清楚、准确，又要能够提供充分的依据说明，还要全面地叙述评估的具体过程。其文字的表达必须准确，不得使用模棱两可的措辞。其陈述既要简明扼要，又要把有关问题说清楚，不得带有任何诱导、恭维和推荐性的表述。当然，在文字表达上也不能带有大包大揽的语句，尤其是涉及承担责任条款的部分。

（二）格式和内容方面的技能要求

对资产评估报告（书）格式和内容方面的技能要求，应当遵循《资产评估执业准则——评估报告》，涉及国有资产评估的，还要遵循《企业国有资产评估报告指南》。

（三）复核与反馈方面的技能要求

资产评估报告（书）的复核与反馈也是资产评估报告（书）编制的具体技能要求。通过对工作底稿、评估说明、评估明细表和报告书正文的文字、格式及内容的复核和反馈，可以将有关错误、遗漏等问题在出具正式报告书之前进行修正。对评估人员来说，资产评估工作是一项必须由多个评估人员同时作业的中介业务，每个评估人员都有可能因能力、水平、经验、阅历及理论方法的限制而产生工作盲点和工作疏忽，所以，对资产评估报告（书）初稿进行复核就成为了必要。就对评估资产情况的熟悉程度来说，大多数资产委托方和占有方对委托评估资产的分布、结构、成新率等具体情况总是会比评估机构和评估人员更熟悉，所以，在出具正式报告之前征求委托方意见、收集反馈意见也很有必要。

对资产评估报告进行复核，必须建立起多级复核和交叉复核的制度，明确复核人的职责，防止流于形式的复核，收集反馈意见主要是针对委托方或占有方熟悉资产具体情况的人员，对委托方或占有方意见的反馈信息应谨慎对待，应本着独立、客观、公正的态度去接受其反馈意见。

（四）撰写报告书应注意的事项

资产评估报告（书）的编制除了需要掌握上述几个方面的技术要点外，还应注意以下事项：

1.实事求是，切忌出具虚假报告。报告书必须建立在真实、客观的基础上，不能脱离实际情况，更不能无中生有。报告拟定人应是参与该项目并全面了解该项目情况的主要评估人员。

2.坚持一致性，切忌表里不一。报告书文字、内容前后要一致，摘要、正文、评估说明、评估明细表内容与口径、格式甚至数据要一致，不能出现"各弹各调"的不一致情况。

3.提交报告书要及时、齐全和保密。在正式完成资产评估工作后，应按业务约定书的约定时间及时将报告书送交委托方。送交报告书时，报告书及有关文件要送交齐全。涉及外商投资目的对中方资产进行评估的评估报告，必须严格按照有关规定办理。此外，要做好客户资料保密工作，尤其是对评估涉及的商业秘密和技术秘密，更要加强保密工作。

● 第三节　资产评估报告的作用及应用

一、资产评估报告（书）的作用

资产评估报告（书）有以下几个方面的作用。

（一）为被委托评估的资产提供作价意见

机器设备评估案例

资产评估报告（书）是经具有资产评估资格的机构根据委托评估资产的特点和要求，由评估师及相应行业的专业人员组成评估队伍，遵循评估原则和标准，按照法定程序，运用科学的方法对被评估资产价值进行评定和估算后，通过报告书的形式提出作价意见，该作价意见不代表任何当事人一方的利益，并且是一种专家估价的意见，具有较强的公正性和科学性，因而成为被委托评估资产作价的参考依据。

（二）是反映和体现资产评估工作情况及有关方面责任的根据

资产评估报告（书）用文字的形式，对受托进行资产评估的目的、背景、范围、依据、程序、方法等过程和评定的结果进行阐述、说明和总结，体现了评估机构的工作成果。同时，资产评估报告（书）也反映和体现受托的资产评估机构和执业人员的权利和义务，并以此来明确委托方、受托方的法律责任。在资产评估现场工作完成后，评估机构和评估人员就要根据现场工作取得的有关资料和评估数据，撰写评估结果报告书，向委托方报告。负责评估项目的评估师也同时在报告书上行使签字的权利，并提出报告使用的范围和评估结果实现的前提等具体条款。当然，资产评估报告（书）也是评估机构履行评估协议和向委托方和有关方面收取评估费用的依据。

（三）是管理部门对评估机构的业务开展情况进行监督和管理的重要依据

资产评估报告（书）是反映评估机构和评估人员职业道德、职业能力水平以及评估质量高低和机构内部管理机制完善程度的重要依据。有关管理部门通过审核资产评估报告（书），可以有效地对评估机构的业务开展情况进行监督和管理，对评估工作中出现的不足加以完善。

（四）是建立评估档案资料的重要信息来源

评估机构和评估人员在完成资产评估任务之后，都必须按照档案管理的有关规定，将评估过程收集的资料、工作记录以及资产评估过程的有关工作底稿进行归档，以便进行评估档案的管理和使用，由于资产评估报告是对整个评估过程的工作总结，其内容包括了评估过程的各个具体环节和各有关资料的收集和记录。因此，不仅评估报告书的底稿是评估档案归集的主要内容，而且撰写资产评估报告的过程采用的各种数据、各个依据、工作底稿和资产评估报告制度中形成的有关文字记载（主管部门审核同意意见和报告确认书等）都是资产评估档案的重要信息来源。

二、委托方对资产评估报告（书）的应用

委托方收到受托评估机构送交的正式评估报告书及有关资料后，可以按照评估报告书所依据的评估目的和最终的评估结论，合理使用资产评估结果。

（一）按照评估报告书所依据的评估目的和最终的评估结论，委托方可以在以下几方面使用评估报告

1.根据评估目的，作为资产业务的作价基础。资产评估报告是包括企业改制、上市、对外投资、中外合资合作、转让、出售、拍卖等产权变动的经济活动，以及保险、纳税、抵押、担保等非产权变动的经济活动和法律方面需要的其他目的的活动的作价基础。

2.作为企业进行会计记录或调整账项的依据。委托方在根据评估报告书所揭示的资产评估日的使用资产评估报告资料的同时，还可依照有关规定，根据资产评估报告（书）的资料进行会计记录或调整有关账项。

3.作为履行委托协议和支付评估费用的主要依据。当委托方收到评估机构的正式评估报告书及有关资料后，在不存在异议的情况下，应根据委托协议，将评估结果作为计算支付评估费用的主要依据，履行支付评估费用的承诺及其他有关承诺。

此外，资产评估报告（书）及有关资料也是有关当事人发生资产评估纠纷时向纠纷调处部门申请调处的申诉资料之一。

（二）委托方在使用资产评估报告（书）及有关资料时必须注意的几个方面

1.只能按报告书所揭示的评估目的使用报告，一份评估报告书只允许按一个用途使用。

2.只能在报告书有效期内使用报告，超过报告书的有效期，原资产评估结果无效。若要使用报告书，必须由评估机构重新调整相关数据，并得到有关部门重新认可后方能使用。

3.在报告书有效期内，资产评估数量发生较大变化时，应由原评估机构或资产占有单

位按原评估方法做相应调整后才能使用。

4.涉及国有资产产权变动的评估报告书及有关资料必须经国有资产行政主管部门确认或授权确认后方可使用。

5.作为企业会计记录和调整企业账项使用的资产评估报告（书）及有关资料，必须由有关机关批准或认可后方能生效。

三、资产评估管理机构对资产评估报告（书）的运用

资产评估管理机构主要是指对资产评估进行行政管理的主管机关和对资产评估进行行业自律管理的行业协会，其对资产评估报告（书）的运用，是资产评估管理机构实现对评估机构的行政管理和行业自律管理的重要过程。第一，资产评估管理机构通过对评估机构出具的资产评估报告（书）及有关资料的运用，能大体了解评估机构从事评估工作的业务能力和组织管理水平。由于资产评估报告是反映资产评估工作过程的工作报告，通过对资产评估报告（书）有关资料的检查与分析，评估管理机构就能大致判断该机构的业务能力和组织管理水平。第二，资产评估管理机构通过对按规定需要验证和确认的资产评估报告（书）进行验证与确认，能够对评估机构评估结果的质量作出客观的评价，从而能够有效实现对评估机构和评估人员的管理。第三，资产评估报告（书）能为国有资产管理提供重要的数据资料。通过对资产评估报告（书）的统计与分析，可以及时了解国有资产的占有和使用状况以及增减值变动情况，为进一步加强国有资产管理服务。

四、有关部门对资产评估报告（书）的运用

除了资产评估管理机构可运用资产评估报告（书）外，有些政府管理部门也需要运用资产评估报告（书），主要包括证券监督管理部门、保险监督管理部门、市场监督管理部门、法院等。

证券监督管理部门对资产评估报告（书）的运用，主要表现在对申请上市的公司提交的申报材料（招股说明书）的审核，以及对上市公司的股东配售发行股票时提交的申报材料（配股说明书）的审核。根据有关规定，公开发行股票公司进行信息披露时至少要列示以下各项资产评估情况：

1.按资产负债表大类划分的公司各类资产评估前账面价值及固定资产净值；

2.公司各类资产评估净值；

3.各类资产增减值幅度；

4.各类资产增减值的主要原因。

此外，还应简单介绍进行资产评估时采用的主要评估方法。

公开发行股票的公司采用非现金方式配股的，其配股说明书备查文件必须附上资产评估报告（书）。当然，证券监督管理部门还可运用资产评估报告（书）和有关资料加强对取得证券业务评估资格的评估机构及有关人员的业务管理。保险监督管理部门、市场监督管理部门、税务、金融和法院等有关部门也能通过对资产评估报告（书）的运用来达到实现其管理职能的目的。

● 第四节　资产评估报告编制实例范文

××工程局资产评估报告（书）

××评估所评报字〔2×23〕第××号

第一部分　摘要

第二部分　正文

一、委托方及资产占有方简介

二、评估目的

三、评估对象和范围

四、价值类型

五、评估基准日

六、评估依据

七、评估方法

八、评估过程

九、评估假设

十、评估结论

十一、特别事项说明

十二、评估报告使用限制说明

十三、评估报告提出日期

第三部分　资产评估报告（书）备查文件

第一部分　摘要

委托方：××工程局。

资产占有方：××工程局（以下简称：×局）。

评估目的：为满足×局整体改组设立有限责任公司之需要，对×局公司化改制涉及的全部经营性资产及相关负债进行评估，为其设立有限责任公司提供价值参考依据。

评估基准日：2×23年3月31日。

评估对象和范围：本次资产评估的对象和范围为×局公司化改制涉及的全部经营性资产及相关负债，其中：流动资产，账面价值为1 828 258 960.76元；长期投资，账面价值为54 574 705.00元；固定资产，账面原值为609 423 484.52元，账面净值为391 218 696.45元；固定资产清理，账面价值为1 825 061.85元；待处理固定资产净损失，账面价值为5 109 759.00元；无形资产，账面价值为22 475 088.86元；递延资产，账面价值为3 449 482.41元；其他长期资产，账面价值为591 564.50元；递延税款抵借项，账面价值为5 364.41元；流动负债，账面价值为2 070 115 212.01元；非流动负债，账面价值为83 951 589.00元。

评估方法：主要采用重置成本法。

评估结论：×局资产账面价值为230 750.87万元，负债账面价值为215 406.68万元，净资产账面价值为1 544.19万元；调整后资产账面价值为245 517.40万元，负债账面价值为230 249.88万元，净资产账面价值为15 267.52万元；资产评估值为246 223.50万元，负债评估值为 230 622.64 万元，净资产评估值为 15 600.86 万元，评估净资产增值 333.34 万元，增值率为 2.18%，评估结论详细情况见评估明细表。

本评估结论自评估基准日起有效使用期为一年，自 2×23 年 3 月 31 日至 2×24 年 3 月 31 日。

以上内容摘自资产评估报告（书），欲了解本评估项目的全面情况，应认真阅读资产评估报告（书）全文。

××资产评估有限责任公司

评估机构负责人：×××

中国注册资产评估师：×××　　×××

2×23 年×月×日

第二部分　正文
××工程局资产评估报告（书）
××评估所评报字〔2×23〕第××号

××资产评估有限责任公司接受××工程局委托，根据国家有关资产评估的规定，本着客观、独立、公正、科学的原则，按照公认的资产评估方法，为满足××工程局整体改组设立有限责任公司之需要，对××工程局为进行企业改制而涉及的全部经营性资产及相关负债进行了评估工作。本公司评估人员按照必要的评估程序对委托评估的资产和负债实施了实地查勘、市场调查，对委托评估资产和负债在 2×23 年 3 月 31 日所表现的价值作出了公允反映，现将资产评估情况及评估结果报告如下：

一、委托方及资产占有方简介

委托方：××工程局

资产占有方：××工程局（以下简称：×局）

××工程局简介：（略）。

二、评估目的

为满足×局整体改组设立有限责任公司之需要，对×局公司化改制涉及的全部经营性资产及相关负债进行评估，为其设立有限责任公司提供价值参考依据。

根据中华人民共和国财政部 2×23 年 6 月 27 日《关于同意××工程局改制项目资产评估项目立项的函》（财企函〔2×23〕××号），本次评估已经中华人民共和国财政部核准同意立项。

三、评估对象和范围

本次资产评估的对象为公司化改制涉及的全部经营性资产及相关负债。

评估范围包括评估基准日资产负债表中列示的流动资产、长期投资、固定资产、无形资产、递延资产、其他资产及相关流动负债、非流动负债。

流动资产：货币资金 536 647 921.73 元，短期投资 30 000.00 元，应收票据 1 000 000.00 元，应收账款 457 751 157.20 元，预付账款 333 450 433.04 元，其他应收款 254 933 186.84 元，存货 119 957 200.35 元，待摊费用 9 208 643.30 元，待处理流动资产净损失 125 398.00 元，一年内到期的长期债券投资 50 000.00 元，其他流动资产 118 483 106.01 元。

长期投资：账面价值为 54 574 705.00 元。

固定资产：账面价值为 398 153 517.30 元，其中设备类固定资产 239 439 770.79 元，建筑物类固定资产151 778 925.66元，固定资产清理1 825 061.85元，待处理固定资产净损失5 109 759.00元。

无形资产：土地使用权账面价值为22 475 088.86元。

递延资产：账面价值为3 449 482.41元。

其他长期资产：账面价值为591 564.50元。

递延税款借项：账面价值为5 364.41元。

流动负债：短期借款55 478 637.98元，应付账款560 615 350.55元，预收账款351 102 019.38元，其他应付款305 863 322.26元，应付职工薪酬756 781 761.49元，应交税费17 723 827.67元，其他流动负债22 550 292.68元。

非流动负债：长期借款5 000 000.00元，长期应付款25 244 000.00元，住房周转金51 460 249.90元，其他非流动负债2 247 339.10元。

评估的具体范围以×局提供的各类资产评估申报明细表为基础，凡列入表内并经核实的资产均在本次评估范围之内。纳入评估范围的资产与委托评估及立项时确定的资产范围一致。

四、价值类型

根据公开市场原则确定被评估资产的现行公允市价。

五、评估基准日

本项目的评估基准日是2×23年3月31日。评估报告中所使用的一切取价标准均基于该时点。

本次评估基准日的确定是在委托方同意的前提下，根据×局改制方案对时间的计划安排，本着有利于保证评估结果有效地服务于评估目的，减少和避免评估基准日后的调整事项，准确划定评估范围，准确高效地清查核验资产，合理选取评估作价依据的原则确定的。

六、评估依据

（一）主要法律法规

（略）

（二）经济行为文件

（略）

（三）重大合同协议、产权证明文件

（略）

（四）采用的取价标准

（略）

七、评估方法

（一）对房屋建筑物的评估

本次评估中的房屋建筑物为企业拥有的生产、办公用房及配套用房，构筑物为铁路桥、围墙、混凝土地坪等。自建房屋和构筑物采用重置成本法进行评估，对外购商品房采用市场比较法评估。

（二）对机器设备的评估

根据本次评估目的，对机器设备的评估采用重置成本法。

（三）对固定资产清理和待处理固定资产损失的评估

对于固定资产清理和待处理固定资产净损失，通过审查其所反映的业务内容来确定评估值。

（四）对土地使用权的评估

本次土地使用权采用成本逼近法、基准地价修正法、市场比较法和假设开发法进行评估，由北京××评估公司出具土地估价报告。

（五）对流动资产的评估

1.货币资金。我们根据企业提供的明细表，以核实调整后的账面价值进行评估。

2.短期投资。本次评估的短期投资为债券投资，对债券投资的评估是在审查核实的基础上，按本金加持有期利息计算评估值的。

3.应收票据和应收账款。对应收票据和各种应收账款的评估，主要是在核实无误的基础上，根据每笔款项可能收回的数额确定评估值的。

4.预付账款。对各种预付款项的评估，主要是根据所能收回的相应货物形成资产或权利的价值确定评估值的。

5.其他应收款。在对明细清单进行一一核实的基础上，将应列入期间费用和不可收回的款项评估为零值，其余正常债权按调整后账面价值作为评估值。

6.存货。对原材料、在途物资、包装物、库存商品和在库低值易耗品等外购材料，依据企业提供的清单，核实有关的购置发票和会计凭证，并对其进行盘点；现场勘查了原材料、包装物和库存商品及在库低值易耗品的仓储情况，了解了仓库的保管、内部控制制度，以实物核查结果为评估数量依据。在此基础上，评估日再主要依据该类存货的现行市场买价和购进时发生的合理费用，视具体情况，采用现行市场法或重置成本法进行评估。

7.待摊费用。对于待摊费用的评估，原则上按其发生时所形成的尚存的且和其他评估对象没有重复的资产和权利的价值来确定评估值。

8.其他流动资产。在核实无误的基础上，根据每笔款项可能收回的数额确定评估值。

（六）对长期投资的评估

长期投资包括股票投资、债券投资、其他投资。本次评估对长期投资资产项目，按照类型分别确定评估方法。

（七）对递延资产的评估

对递延资产主要通过审查核实，按其发生时所形成的尚存的且和其他评估对象没有重复的资产和权利的价值来确定评估值。

（八）对流动负债和非流动负债的评估

对企业负债的评估，主要是进行审查核实，以将来应由改制后的有限责任公司实际承担的负债金额作为负债的评估值，对于将来并非应由有限责任公司实际承担的负债项目，按零值确认。

八、评估过程

评估人员于2×23年×月×日至2×23年×月×日对×局改制所涉及的经营性资产和相关负债进行了评估。主要评估过程如下：

（一）资产清查核实及现场调查

1.清查组织工作（略）。

2.资产清查的主要过程（略）。

3.清查的主要方法。在清查工作中，我们针对不同的资产性质、特点及实际情况，采取了不同的清查方法。

（1）对货币资金的清查。实地盘点检查日库存现金，并倒推至评估基准日时点的库存现金，核实其与申报数是否一致，有无长短款现象及白条抵库现象；对银行存款的清查，按开户银行对账单及银行存款询证函确认，重点核查其有无长期未达账项。

（2）对短期投资的清查。评估人员重点清查核对账簿记录、原始凭证、投资期限及投资的合法性等。

（3）对债权性资产的清查。评估人员主要通过逐一核对清单、财务记录、原始凭证等方式，核查债权性资产的真实性。确认债权是否存在，审核科目核算的真实性、合法性和准确性，对账簿记录中的负值进行了重分类调整。对金额较大、账龄较长的债权进行了函证。

（4）对存货的清查。① 在产品（工程施工）：根据企业提供的资产清查申报表进行核查，对账面原值、施工进度、建筑量、结构类型、合同文件、工程计价单等进行核对，审查其招投标文件并与施工管理人员共同进行现场勘察，对项目开发程度、结构类型、施工量数量面积等进行逐项记录，并向有关人员了解工程款结算情况，分析账面价值的构成及其合理性。② 其他存货：评估人员以评估基准日盘点表为基础，通过现场盘点方式进行清查，对其数量、品质、存放地点进行核实。抽查盘点率为 60% 以上。

（5）对待摊费用的清查。通过查阅明细账，了解核实其内容和记账依据，核实费用发生的真实性、合理性，对其收益期进行分析，并根据其具体内容核查是否存在尚存的资产和权利。

（6）对待处理流动资产净损失的清查。通过查阅会计记录、核实其损失内容，检查是否已按财务制度办理报批手续。

（7）对一年内到期的长期债券投资的清查。查阅债券投资的内容、期限、应计利息等。

（8）对固定资产的清查。评估人员在×局有关人员的配合下，对固定资产进行了清查，本次评估的固定资产是以会计账簿记录数量为依据进行申报的。

① 房屋建筑物：评估人员在委托方负责人配合下组成房产清查小组，进行现场核实，并协助市场调查。评估项目负责人和委托方负责人安排日程，统筹组织领导。评估人员逐项核对房产所有权证和建设工程规划许可证，建筑面积以房产所有权证或规划许可证登记面积为准。评估人员对房屋质量进行了现场鉴定，由委托方有关负责人在现场向评估人员介绍情况，评估人员对房产质量进行了逐项鉴定，如结构类型、装修状况、配套设施、使用功能、维护现状等。对房屋坐落位置、区位等级、环境条件、交通状况等项目进行了市场调查并拍照备案。在鉴定中由于工作条件的限制，未使用专业检测设备，故对于结构承载状况无法发表意见。

② 机器设备（包括运输设备及电子设备）：评估人员在委托方相关人员的配合下，对×局委托评估的机器设备进行了实地勘查。抽查核对了重要设备的原始购置合同及发票，并逐辆核实了机动车行驶证等证件确定了设备的产权归属和资产的真实性。评估人员在×局有关人员的配合下，对该厂申报的主要设备进行了抽查、核实。现场查看了设备的使用环境、外观及操作人员的操作过程，并向设备管理人员详细了解了各台设备的使用情况、维护保养情况及生产能力。在核查中，我们特别注意清查核对企业有无在账报废和待

报废的机器设备、已设定抵押设备、建筑物附属设备，并向企业技术人员、设备维修管理人员调查了解设备的使用、维护、修理情况，发放了机器设备评估调查表、车辆评估调查表，并重点收集了一些高、精、尖重要设备的运行、管理记录和大修、技改记录等。

（9）对无形资产的清查。本次评估的无形资产为土地使用权。土地使用权的评估由××资产评估有限责任公司负责。

（10）对负债的清查。通过查阅有关会计报表、账册凭证、购货合同等资料，对其账面价值、形成原因、计提依据进行取证核实，确认债务的真实性。

（二）对各项资产的评估

1. 对流动资产的评估。

（1）货币资金。列入本次评估范围的货币资金包括库存现金、银行存款及其他货币资金。账面价值为 536 647 921.73 元，调整后账面价值为 536 567 666.19 元。货币资金评估值为 533 412 092.68 元，与调整后账面价值比较，减值 3 155 573.51 元，减值率为 0.59%。

（2）短期投资。账面价值为 30 000.00 元，调整后账面价值为 30 000.00 元。经评估人员核实，为 1987 年湖州电力公司发行的无息电力建设债券，以核实后债券价值确定评估值。短期投资评估值为 30 000.00 元，与调整后账面价值比较，无增减值变化。

（3）应收票据。应收票据账面价值为 100 000.00 元，调整后账面价值为 1 000 000.00 元。应收票据评估值为 1 000 000.00 元，与调整后账面价值比较，无增减值变化。

（4）应收账款。应收账款账面价值为 45 7751 757.20 元，调整后账面价值为 457 837 535.20 元。经核实，大部分款项的发生时间均在 1996 年以后。对于应收账款，评估人员首先进行了账表核实、账龄分析，并对金额相对较大、账龄较长的款项进行了函证，函证率在 80% 以上；对未回函的，采用替代程序，通过查阅发票、有关合同、工程计价单等原始凭证确定其是否能够收回。根据调查了解的情况，具体分析每笔应收账款的数额、欠款时间和原因、款项回收情况、欠款人资金、信用、经营管理现状等。对于有充分理由相信能全部收回的，应按全部应收账款金额确定评估值；对于符合有关管理制度准予核销的或有确凿证据表明无法收回的，应按零值计算。其余以核实后账面价值确定评估值。本次评估对于企业计提的坏账准备 3 378 685.71 元，根据资产评估准则的规定，评估值确定为零。应收账款评估值为 438 265 852.00 元，与调整后账面价值比较，减值 19 571 683.20 元，减值率为 4.27%。

（5）预付账款。预付账款账面价值为 333 450 433.04 元，调整后账面价值为 376 527 777.44 元。预付账款的评估值为 376 174 777.44 元，与调整后账面价值比较，减值 353 000.00 元，减值率为 0.09%。

（6）其他应收款。其他应收款账面价值为 254 933 186.84 元，调整后账面价值为 372 281 653.93 元。其他应收款评估值为 323 200 416.50 元，与调整后账面价值比较，减值 49 081 237.43 元，减值率为 13.18%。

（7）存货。存货账面价值为 119 957 200.35 元，按存货的性质，委托存货可分为在产品（工程施工）项目和其他存货两大类型。其中在产品（工程施工）项目指委托方承揽的施工项目，包括在建或竣工尚未决算项目，按工程性质又可分为铁路工程、公路工程、桥梁工程、人防工程、一般民建、工业建筑等，账面价值为 60 990 924.00 元；其他存货包括原材料、在途物资、在库低值易耗品、包装物、库存商品、自制半成品、在用低值易耗品和委托代销商品，账面价值为 58 966 276.35 元。对原材料、在途物资、在库低值易耗品、包装物、库存商品、自制半成品、在用低值易耗品和委托代销商品，依据企业提供的清单，核实有关的购置发票和会计凭证，并对其进行盘点；现场勘查了原材料、包装物和库存商品的仓储情况，了解仓库的保管、内部控制制度，以实物核查结果为评估数量依据。在此基础上，评估时主要依据该类存货的现行市场买价和购进时发生的合理费用，视具体情况，采用现行市价法或重置成本法进行评估。

① 对继续使用的外购材料根据每项资产清查核实后的数量、技术鉴定结果和资产的市场现行买价，加上合理的运杂费、损耗、入库费及其他合理费用得出外购材料的评估值。

② 对购进时间短，市场价格未发生变化的外购材料，根据清查核实后的数量，以调整后的账面成本确定评估值。

③ 对完全或部分丧失使用价值的各类材料，按可变现净值确定评估值。

④ 对自制半成品，根据对其完工程度的技术鉴定和工程质量检测的结果，按现行市场价格重置同等被评估资产所需投入的合理工料费用确定评估值。

⑤ 对在用低值易耗品，采用重置成本法进行评估。

⑥ 对委托代销商品按现行市价确定评估值。存货评估值为 94 214 948.83 元，与调整后账面价值比较，减值 25 134 151.54 元，减值率为 21.06%。

（8）待摊费用。待摊费用账面价值为 9 208 643.30 元，调整后账面价值为 10 282 738.30 元，包括房租、管理费、水电费、装修费等。待摊费用的评估值为 3 790 671.17 元，与调整后账面价值比较，减值 6 492 067.13 元，减值率为 63.14%。

（9）其他流动资产。其他流动资产账面价值为 11 8483 106.01 元，调整后账面价值为 104 564 436.21 元。经核实，其内容大部分为内部往来款，并且包括以前年度应消化的成本类开支及应收其他单位的款项。其他流动资产评估值为 102 432 916.44 元，与调整后账面价值比较，减值 2 131 519.77 元，减值率为 2.04%。

经评估，截至评估基准日，×局流动资产评估值为××元，调整后账面价值为××元，减值××元，减值率为 5.20%。

2.对房屋建（构）筑物的评估。

此次被估资产为×局拟参与改制的全部房屋建筑物及附属设施，共 112 项，调整后账面原值总计 17 779.59 万元，净值为 15 226.05 万元。其中房屋 74 项，调整后账面原值为 17 299.06 万元，净值为 14 796.88 万元；构筑物等 38 项，调整后账面原值为 480.53 万元，净值为 429.17 万元。分项概况（略）。

经审核，本次评估所涉及房屋建筑物大部分具有房屋所有权证，另有一部分房屋由于近期竣工使用，目前只具有建设工程施工许可证、建设项目规划许可证、建设用地规划许可证等文件，购买的房屋具有购房协议，部分无房屋所有权证；另有少量只具备临时建筑施工许可证或不具备任何产权证明。本次评估的房屋建筑物不存在产权纠纷的问题。

本次评估以评估基准日该地区的市场价格为基础，主要采用重置成本法和市场比较法。

（1）重置成本法。

重置成本法是指以现在的建筑、装修材料和施工技术、工艺，重新建造和待估房屋建

（构）筑物使用功能相同的建筑所投入的各项费用之和，分别运用典型工程重置核算法和市场调查法确定重置全价。

①重置全价的确定。

重置全价=建筑安装工程造价+前期及其他工程费+资金成本

建筑安装工程造价的确定：对建筑物以工程图纸、现场核实的工程量为准，从主要结构类型中筛选出有代表性的房屋作为典型案例，进行建筑安装工程造价测算。其余房屋通过与相同结构类型的典型案例进行类比后求取建筑安装工程造价。

典型案例建筑安装工程造价测算方法：重置核算法、市场调查法。

构筑物建筑安装工程造价的确定：除主要构筑物以竣工决算资料核实的工程量为准外，其他构筑物以评估申报表中的工程量为准。将评估的构筑物按结构分类，分为钢筋混凝土构筑物、砖构筑物及地下工程，套用当地现行的工程造价（预算）程序、定额和取费标准，按评估基准日建筑材料市场价格，并考虑工程建设其他费用，得出评估基准日建筑安装工程费。

前期及其他工程费按国家和当地建设收费标准核定；资金成本按合理工期和银行同期贷款利率计取。

②成新率的确定。

本次评估成新率的测定考虑建筑物的有形损耗和无形损耗，其中有形损耗主要考虑房屋的结构、装修、设备配套等组成部分的完好程度；无形损耗主要考虑建筑物的用途、使用强度、设计、结构、装修、配套设施等不合理造成的建筑物功能不足或浪费形成的价值损失，以及外界条件的变化影响建筑物效用的发挥而导致的价值贬值。经核实，本次委托评估资产不存在无形损耗，只存在有形损耗。本次评估对有形损耗通过对成新率的测定来完成。成新率的测定是根据完好分值率法和使用年限法综合评定的。

建筑物成新率的确定：建筑物采用完好分值率法和使用年限法两种方法进行测定，取两种方法的加权平均值作为该建筑物的综合成新率。

综合成新率=完好分值率×60%+理论成新率×40%

式中：完好分值率=完好分值÷标准分值×100%

理论成新率=（1-已使用年限÷耐用年限）×100%

构筑物成新率的确定：按照使用年限和耐用年限采用使用年限法来计算，并根据现场鉴定意见做适当调整。

成新率=（1-已使用年限÷耐用年限）×100%

③评估值的确定。

评估值=重置全价×成新率

（2）市场比较法。

以市场比较法估算房地产价值的计算公式为：

$$\frac{房地产的}{评估价格}=\frac{交易案例房地产}{成交价格}\times\frac{交易情况}{修正系数}\times\frac{交易日期}{修正系数}\times\frac{区位因数}{修正系数}\times\frac{个别因素}{修正系数}$$

本次评估房屋建筑物及附属设施总评估值为18 431.16万元，增值额为3 205.11万元，增值率为21.05%。房屋建（构）筑物评估结果汇总表见表10-1。

3.机器设备的评估。

　　本次机器设备评估的范围为×局申报的机器设备、电子设备及运输车辆。×局下属20个单位，其中：物资公司无机器设备，其余机器设备分布在全国共计19个单位中。

　　本次评估将×局一处存货——低值易耗品中价值较高的机器设备共10台（套）（账面价值为501 951.28元）调入机器设备中评估。

　　×局三处预付账款中，账面价值为30 000元的设备改造费，本次将其调入机器设备第90项中评估。同时该设备在2×22年11月进行了改造，总改造费为90 000元，在评估基准日改造工程已完工，企业未进行账务处理，本次评估将未付改造费60 000元调增应付账款。

表10-1　　　　　　　　　　　　房屋建（构）筑物评估结果汇总表

资产占有单位：×局　　　　　　评估基准日：2×23年3月31日　　　　　　金额单位：元

序号	单位名称	建筑面积（平方米）	账面价值合计		评估值合计		增值额	增值率（%）
			原值	净值	原值	净值	净值	
1	局本级	39 382.10	63 619 069	55 379 478	75 695 187	62 831 112	7 451 634	13.46
2	一处	5 183.73	7 522 774	6 858 766	9 083 265	6 688 591	−170 175	−2.48
3	二处	15 968.00	18 687 554	15 607 162	21 942 564	17 609 876	2 002 714	12.83
4	三处	22 753.15	20 683 796	18 651 977	27 449 761	20 489 925	1 837 948	9.85
5	四处	11 064.82	16 031 618	14 073 176	16 883 953	14 462 688	389 512	2.77
6	五处	8 661.50	1 850 750	1 479 611	6 032 874	4 557 860	3 078 249	208.04
7	机械处	5 383.80	3 468 862	2 755 021	5 194 990	3 928 217	1 173 196	42.58
8	直属工程处	6 634.80	4 543 567	4 221 020	7 995 331	6 224 520	2 003 500	47.46
9	局材料总厂	7 194.20	5 912 928	5 293 490	7 148 187	5 457 292	163 802	3.09
10	铁道局地下工程总指挥部	392.76	2 206 759	2 132 725	2 089 483	2 089 483	−43 242	−2.03
11	铁道局湖州办事处	3 761.10	1 348 670	1 181 925	2 837 506	1 643 013	461 088	39.01
12	铁道局××办事处	442.00	236 384	82 102	1 050 488	840 390	758 288	923.59
13	铁道局铁道大厦	19 716.90	31 683 118	24 544 006	46 860 761	37 488 609	12 944 603	52.74
	合计	146 538.86	177 795 849	152 260 459	230 264 350	184 311 576	32 051 117	21.05

根据本次评估的目的，对机器设备评估采用重置成本法。机器设备评估的具体方法如下：

（1）根据申报表对设备的数量、规格型号进行实地核查，通过对设备使用状况的现场勘查及查阅有关记录，加上向有关工程技术人员查询设备的技术状况等手段，详细了解设备管理和维修制度以及各项制度的执行情况。

（2）确定重置全价。重置全价包括购置价、各种税收、手续费、培训费、运杂费、安装调试费、其他工程费用等。对于国产标准设备，其购置价主要参照现行市场价格确定，在购置价基础上，确定相关运杂费、安装调试费等，确定其重置全价；对于国产非标准设备评估值，采用重置核算法计算工程量及价值，并考虑对设备运杂费、安装费、基础费、调试费、设计费和税金等合理费用的确定；对于电话初装费及移动电话入网费，按当地政府的有关规定确定；运输车辆则按其现行购置价格加上车辆购置附加费、当地政府规定征收的有关税费，另加验车费和牌照费按规定免征；对于只在施工工地行驶的车辆，重置全价包含购置价格和车辆购置附加费。

（3）成新率的确定。设备成新率采用工程技术鉴定的方法，即综合判别法确定。

×局申报评估的机器设备总计 4 640 台（套），实际数量为 3 641 台（套），评估值为 198 177 664.54 元，比调整后账面净值 239 644 951.72 元减值 41 467 287.18 元，减值率为 17.30%。评估减值的主要原因是施工企业的工作网点分散，机器设备使用时超强度运转，闲置时又不能按时维护保养，造成报废及无实物设备较多（共 999 台（套））所致。确定无实物设备的评估值为零。

对于报废的设备分为两种情况：

① 对于试验设备及电子设备等，确定其评估值为零；

② 对于其他机器设备，按其可变现净值确定评估值。

4.负债的评估。

负债评估的重点在于检验核实各项负债在评估目的实现后的实际债务人和负债金额，不漏记和错记。负债的评估值是根据评估目的实现后产权持有者实际需要承担的负债项目及金额确定。

（1）短期借款。短期借款账面价值为 55 478 637.98 元，调整后账面价值为 53 578 637.98元。经核实为企业在交通银行、建设银行、工商银行、信用社等金融机构的借款，通过查阅借款合同、相关资料我们确定了其每笔借款的真实性、完整性，并以借款本金加上至评估基准日尚需支付的利息确定了各项短期借款的评估值。短期借款评估值为 53 902 084.28 元，增值 323 446.30 元，增值率为 0.60%。

（2）应付账款。应付账款账面价值为 560 615 350.55 元，调整后账面价值为 604 590 605.30 元。经查阅发票、原料入库单、支付单据等有关凭证，我们确认并无漏记应付账款的情况。应付账款评估值为 604 590 605.30 元，与调整后账面价值比较，无增减值变化。

（3）预收账款。预收账款账面价值为 351 102 019.38 元，调整后账面价值为 351 243 061.03 元。经查阅原始凭证、核对有关会计记录，确认核实无误后，我们按账面价值确定了评估值。预收账款评估值为 351 243 061.03 元，与调整后账面价值比较，无增减值变化。

（4）其他应付款。其他应付款账面价值为 305 863 322.26 元，调整后账面价值为 353 865 202.21 元。经核查凭证及有关资料，确定每笔应付款的真实性和完整性后，我们以其他应付款账面价值加上应付的资金占用费确定了评估值。其他应付款评估值为 357 181 623.76 元，与调整后账面价值比较，增值 3 316 421.55 元，增值率为 0.94%。

（5）应付职工薪酬。应付职工薪酬账面价值为 756 781 761.49 元，调整后账面价值为 756 781 761.49 元。我们按核实后的账面价值确定了评估值。应付职工薪酬评估值为 756 781 761.49 元，与调整后账面价值比较，无增减值变化。

（6）应交税费。应交税费账面价值为 17 723 827.67 元，调整后账面价值为 17 723 827.67 元，为未缴纳的城建税及个人所得税等。经查阅凭证后，我们按核实后账面价值确定了评估值。应交税费评估值为 17 723 827.67 元，与调整后账面价值比较，无增减值变化。

（7）其他流动负债。其他流动负债账面价值为 22 550 292.68 元，调整后账面价值为 80 988 936.78 元。经查阅有关资料，确定为单位间的往来款，按核实后的账面价值确定评估值。其他流动负债评估值为 80 988 936.78 元，与调整后账面价值比较，无增减值变化。

（8）长期借款。长期借款账面价值为 5 000 000.00 元，调整后账面价值为 5 000 000.00 元。经核实为企业向交通银行、建设银行的借款，经查阅借款合同、相关资料后，以借款本金加上至评估基准日需支付的利息确定评估值。长期借款评估值为 5 048 129.90 元，增值 48 129.90 元，增值率为 0.96%。

（9）长期应付款。长期应付款账面价值为 25 244 000.00 元，调整后账面价值为 25 000 000.00 元。经核实为×局局机关于 2×10 年向××建筑总公司的借款和 2×16 年××建筑总公司拨入的资金，经查阅借款合同、相关资料后确定评估值。长期应付款评估值为 25 000 000.00 元，与调整后账面价值比较，无增减值变化。

（10）住房周转金。住房周转金账面价值为 51 460 249.90 元，调整后账面价值为 51 479 449.90 元。经核实为企业计提的住房公积金及利息等。经查阅相关资料后，以住房周转金账面价值加上至评估基准日应补记的利息确定评估值。住房周转金评估值为 51 519 031.90 元，与调整后账面价值比较，增值 39 582.00 元，增值率为 0.08%。

（11）其他非流动负债。其他非流动负债账面价值为 2 247 339.10 元，调整后的账面价值为 2 247 339.10 元。经查阅有关资料，确定系国家累计拨入局机关的备战资金，按核实后的账面价值确定评估值。其他非流动负债评估值为 2 247 339.10 元，与调整后账面价值比较，无增减值变化。

经评估，截至评估基准日即 2×23 年 3 月 31 日，×局的负债评估值为 2 306 226 401.00 元，调整后账面价值为 2 302 498 821.00 元，增值 3 727 580.00 元，增值率为 0.16%。

九、评估假设

本次评估以继续使用为假设前提。没有考虑将来可能承担的抵押、担保事宜，以及特殊的交易方可能追加付出的资金等对评估价格的影响，也未考虑国家宏观经济政策发生变化，以及遇有自然力或其他不可抗力对资产价格的影响。当前述假设前提及评估条件发生变化时，评估结果一般会失效。

十、评估结论（见表10-2）

表10-2 评估结果汇总表 金额单位：万元

项目		账面价值	调整后账面价值	评估值	增减值	增减率（%）
		A	B	C	D=C-B	E=（C-B）÷B× 100%
流动资产	1	182 825.90	197 523.76	187 258.70	-10 265.06	-5.20
长期投资	2	5 457.47	5 457.47	5 307.31	-150.16	-2.75
固定资产	3	39 815.35	39 884.02	38 248.92	-1 635.10	-4.10
在建工程	4					
建筑物	5	15 177.89	15 226.05	18 431.16	3 205.11	21.05
设备	6	23 943.98	23 964.50	19 817.77	-4 146.73	-17.30
无形资产	7	2 247.51	2 247.51	15 292.10	13 044.59	580.40
土地使用权	8	2 247.51	2 247.51	15 292.10	13 044.59	580.40
其他资产	9	404.64	404.64	116.47	-288.17	-71.22
资产总计	10	230 750.87	245 517.40	246 223.50	706.10	0.29
流动负债	11	207 011.52	221 877.20	222 241.19	363.99	0.16
非流动负债	12	8 395.16	8 372.68	8 381.45	8.77	0.10
负债总计	13	215 406.68	230 249.88	230 622.64	372.76	0.16
净资产	14	15 344.19	15 267.52	15 600.86	333.34	2.18

　　×局资产账面价值为230 750.87万元，负债账面价值为215 406.68万元，净资产账面价值为15 344.19万元；调整后，资产账面价值为245 517.40万元，负债账面价值为230 249.88万元，净资产账面价值为15 267.52万元；资产评估值为246 223.50万元，负债评估值为230 622.64万元，净资产评估值为15 600.86万元，评估净资产增值333.34万元，增值率为2.18%。

十一、特别事项说明

　　1.本次评估是在独立、公正、科学、客观的原则下作出的，我公司及参加评估工作的人员与资产各方面无任何利害关系，评估工作是在有关法律监督下完成的，评估人员在评估过程中恪守职业道德的规范。

　　2.本报告是在委托方提供基础文件数据资料的基础上作出的。×局对所提供的会计记录、会计凭证、会计报表及相关资料、数据的真实性和可靠性负责，并承担相应的法律责任。

　　3.本报告评估结果是对2×23年3月31日这一基准日所评估企业资产价值的客观公允反映，我公司对这一基准日以后该资产价值发生的重大变化不负任何责任。

　　4.本报告附有若干备查文件，备查文件构成本报告之重要组成部分，与本报告正文具

有同等法律效力。（以下略）

十二、评估报告使用限制说明

1.本评估结论自评估基准日起有效使用期为一年，自2×23年3月31日至2×24年3月31日。

2.评估结论仅供委托方为评估目的使用和送交财产评估主管机关审查使用，评估报告的使用权归委托方所有，未经委托方许可，评估机构不得随意向他人提供或公开。

十三、评估报告提出日期

本评估报告提出日期：2×23年×月×日

评估机构负责人：×××

中国注册资产评估师：×××　　　　　　　中国注册资产评估师：×××

　　　　　　　　　　　　　　　　　　　　　××资产评估有限责任公司

　　　　　　　　　　　　　　　　　　　　　2×23年×月×日

第三部分　资产评估报告（书）备查文件

资产评估结果汇总表；

资产评估经济行为文件复印件；

××工程局2×20年、2×21年、2×22年度及评估基准日会计报表；

××工程局及下属企业的企业法人营业执照复印件；

××工程局有关产权证明材料复印件；

中华人民共和国国土资源部批复文件；

××工程局承诺函；

资产评估机构及注册资产评估师承诺函；

资产评估机构评估资格证书复印件；

资产评估机构营业执照复印件；

项目评估人员名单及其资格证书复印件；

资产评估业务约定书复印件。

■ 本章小结

资产评估报告是资产评估过程与结果的综合反映。本章系统地描述了资产评估报告制度的具体内容，分析了资产评估报告类型的国际比较，阐释了资产评估报告（书）的制作步骤与制作技术要点，并介绍了利益相关者对资产评估报告的使用情况。按照国家现行规范的要求撰写资产评估报告，要与借鉴国际资产评估行业在资产评估报告方面的科学合理要素相结合，在不断完善我国资产评估报告制度和资产评估报告水平的基础上，更好地发挥资产评估服务社会、服务市场经济的作用。

■ 本章练习题

一、单项选择题

1.所有在资产评估报告（书）中采用的汇率、税率、费率、利率和其他价格标准，均应采用（　　）时的标准。

A. 提供报告日　　　　　　　　　　　B. 评估基准日

C. 会计期初或期末　　　　　　　　　D. 评估工作日

2. 某项资产账面原价为 300 万元，账面净值为 200 万元，评估结果为 250 万元，该资产的评估增值率为（　　）。

A.20%　　　　　B.25%　　　　　C.-10%　　　　　D.18%

3. 资产评估结果有效期通常为一年，这一年是从（　　）算起的。

A. 提供报告日　　　　　　　　　　　B. 评估基准日

C. 验证确认日　　　　　　　　　　　D. 经济行为发生日

4. 对于资产评估基准日后发生的重大事项，评估人员应当（　　）。

A. 在评估报告正文中列出，并予以相应的说明

B. 在评估报告备查文件中附上相关内容

C. 根据事项的有关影响对评估报告正文的数据进行修改

D. 向有关当事人做口头汇报即可

5. 资产评估报告（书）摘要与资产评估报告（书）相比，具有的法律效力（　　）。

A. 前者大于后者　　　　　　　　　　B. 后者大于前者

C. 同等效力　　　　　　　　　　　　D. 不可比较

6. 资产评估报告（书）尾部至少由（　　）名负责评估的资产评估师签名盖章。

A. 一　　　　　B. 二　　　　　C. 三　　　　　D. 四

7. 委托方在使用资产评估报告（书）及有关资料时，合理合法的是（　　）。

A. 一份资产转让评估报告书也可以作为资产出售的作价基础

B. 超出报告书的有效期后，只要由评估机构重新调整相关数据，就仍是有效的

C. 有效期内资产评估数量发生较大变化时，需要按比例调整后才能使用

D. 涉及国有资产产权变动的评估报告书及有关资料要经国有资产行政主管部门确认或授权确认后才可使用

8. （　　）不属于资产评估管理机构对评估报告的运用。

A. 大体了解评估机构从事评估工作的业务能力和组织管理水平

B. 对资产评估结果质量进行评估

C. 为国有资产管理提供重要的数据资料

D. 征收管理费用的主要依据

二、多项选择题

1. 属于资产评估报告（书）正文内容的有（　　）。

A. 评估基准日　　　　　　　　　　　B. 评估结论

C. 被评估单位提供的原始设备清单　　D. 评估原则

E. 评估目的

2. 资产评估报告（书）的主要内容包括（　　）。

A. 评估立项申请　　　　　　　　　　B. 评估结果成立的前提条件

C. 取得评估结果的主要过程　　　　　D. 取得评估结果的方法和依据

E. 评估委托合同或协议及其主要内容

3.撰写资产评估报告（书）应当注意（　　）。

A.评估结论尽可能满足委托方的要求

B.评估口径前后保持一致

C.对评估参数与评估结果进行复核

D.评估参数的选取以委托方提供的资料为准

E.严格遵循资产评估报告相关准则

4.资产评估报告（书）的附件应当包括（　　）。

A.资产负债的评估结果清单

B.重要资产的产权证明文件

C.评估人员及评估机构资格证书复印件

D.评估计划

E.关于资产评估报告（书）附件使用范围的说明

5.能够证明资产所有权的产权证明文件包括（　　）。

A.专利证书　　　　　　　　　　　B.购买合同

C.房产证书　　　　　　　　　　　D.商标注册证书

E.版权许可证书

三、思考题

1.什么是资产评估报告？资产评估报告的基本要素有哪些？

2.资产评估报告的作用有哪些？

3.资产评估报告正文及相关附件的基本内容包括哪些？

4.资产评估报告的分类主要包括哪些？

5.资产评估报告的编制要求具体包括哪些？

6.客户应如何利用资产评估报告？

四、案例分析题

（1）李某系A资产评估公司的注册资产评估师、部门经理和项目负责人。于2×23年5月8日与甲企业商讨房地产评估事宜。由于李某曾于2×21年5月至2×22年10月在甲企业财务部门任经理，双方比较熟悉，故甲企业以该企业房地产平均每平方米评估价值不低于8 000元为条件，决定是否委托A评估公司进行评估。李某为了评估公司的利益，口头答应了甲企业的要求，并接受了甲企业的评估委托。李某按照资产评估协议书的要求在5日内完成了对甲企业房地产的评估，评估结果为每平方米7 300元。李某曾对甲企业有过口头承诺，即不动产评估值不低于每平方米8 000元，但李某认为7 300元/平方米与8 000元/平方米之差并未超过原评估结果的10%，属于正常误差范围，而且资产评估本身就是一种估计，带有咨询性质，故以每平方米8 000元出具了评估报告，并打电话给本所已在外地开会一周的注册资产评估师周某，得到允许后，加盖李某本人和周某的印章并签字，又以项目负责人的名义签字，加盖公章出具了资产评估报告（书），交给甲企业。同时将该评估报告书送给在乙企业当顾问的评估专家赵某一份。请根据以上背景资料，指出4处违反资产评估行业规范的行为，并说明理由。

（2）下面是××资产评估事务所出具的初步报告。

要求：①请分析找出评估报告书中的错误。

②中顺有限责任公司在使用该机构纠正错误后出具的正式报告时，应注意哪些问题？

<h3 style="text-align:center">资产评估报告（书）</h3>

中顺有限责任公司：

我所接受贵公司委托，根据国家关于资产评估的规定和其他法律法规规定，对贵公司以与永生公司联营为目的的全部资产进行了评估。在评估中结合贵公司的具体情况，实施了包括财产清查在内的我们认为必要的评估程序，现将评估结果报告如下：

1.资产评估机构（略）。

2.委托方和资产占有方（略）。

3.评估目的：为贵公司与永生公司联营之目的，评估贵公司净资产现行价值。

4.评估范围和对象：本次评估范围为中顺公司拥有的全部资产、负债和所有者权益。

5.评估原则：根据国家国有资产管理及评估的有关法规，我所遵循独立性、科学性和客观性的评估工作原则，并以贡献原则、替代原则和预期原则为基础进行评估。

6.评估依据：

（1）××省国有资产管理局《关于同意中顺公司与永生公司联营的批复》；

（2）委托方提供的资产清单及其他资料；

（3）有关资产的产权证明及相关资料；

（4）委托方提供的有关会计凭证、会计报表及其他会计资料；

（5）与委托方资产取得、销售业务相关的各项合同及其他资料。

7.评估基准日：2×21年9月30日。

8.评估方法：根据委托方的评估目的和评估对象，此次评估方法为成本法，价格标准为重置成本标准。

9.评估过程（略）。

10.评估结果：在实施了上述评估程序和评估方法后，贵公司截至评估基准日的资产、负债和所有者权益价值为：资产总额：41 504 342元；负债总额：22 722 000元；净资产价值：18 782 342元。

11.评估结果有效期：根据国家有关规定，本报告有效期为一年。自报告提交日2×21年12月20日起至2×22年12月19日止。

12.评估说明：

（1）流动资产评估：

①货币资金账面价值为421 588元，其中库存现金21 325元，银行存款400 263元，考虑到货币资金不需要折现，将总账、明细账与日记账核实一致并确认现金盘点无误后，按账面价值确认。

②应收账款账面价值为5 481 272元，经与明细账核对，确认评估值为5 083 252元。

③存货账面价值为11 072 460元，抽查比例为60%，在质量检测与抽查核实的基础上，确认评估值为10 852 500元。

④其他流动资产（略）。

流动资产账面价值为18 845 502元，评估值为17 401 832元。

（2）长期投资评估（略）。

（3）固定资产评估（略）。

（4）其他资产评估（略）。

（5）负债审核确认（略）。

评估结果汇总表见表10-3。

表10-3   评估结果汇总表（简略格式）   金额单位：元

项　　目	账面价值	评估值	增减值	增减率（%）
流动资产	18 845 502	17 451 832	−1 393 670	−7.40
固定资产	20 248 470	23 542 510	3 294 040	16.27
长期投资	500 000	510 000	10 000	2.00
资产总计	39 593 972	41 504 342	1910 370	4.82
流动负债	14 450 000	14 250 000	−200 000	−1.38
非流动负债	8 862 000	84 62 000	−400 000	−4.51
负债合计	23 312 000	22 722 000	−60 000	−2.57
净资产	16 281 972	18 782 342	2 510 370	15.42

13. 其他事项说明（略）。

14. 使评估结果有效的其他条件（略）。

15. 评估时间：

本次评估工作自2×21年10月4日起至2×21年12月20日止，本报告提交日期为2×21年12月20日。

中国注册资产评估师：张三（签字盖章）

××资产评估事务所：（盖章）

2×21年12月20日

第十一章

资产评估工作底稿

育德育人

《道德经》中说："合抱之木，生于毫末；九层之台，起于累土；千里之行，始于足下。"

《道德经》中有大量朴素的辩证法观点和唯物主义观点，主张无为而治，对中国哲学的发展具有深远影响。"合抱之木，生于毫末；九层之台，起于累土"的意思是：合抱的大树，是从微小的树苗生长起来的；九层高的高台，是由泥土一点点堆积而成的。这句之后，是更广为人知的"千里之行，始于足下"。这是老子从"大生于小"的观点出发，对事物的发展变化规律作出的精辟阐述，即万事起于忽微，若要成就大的事业，必须从小事做起。

正所谓"不积跬步，无以至千里；不积小流，无以成江海"。从本质及证据学的角度来看，资产评估工作底稿是资产评估报告形成的证据。

一方面，资产评估工作底稿是各项资产评估工作的全面记录，反映评估人员完成评估项目的程序与工作内容；另一方面，评估工作底稿反映了评估结论逐步形成的过程与依据，工作底稿的完善程度能够反映评估结论形成的客观性、科学性、合理性及准确性。另外，工作底稿亦是评估结论发生争议时，有关单位与人员评判评估结论合理与否、正确与否的最有力的基础资料（即证据）。"九层之台，起于累土"，资产评估工作底稿的编制是量变引起质变的过程，必须打好基础，最后形成客观公正的资产评估报告。

课前准备

近期，中国资产评估协会组织了全国评估行业大检查，检查中发现有些评估机构、注册资产评估师对工作底稿的重要性认识不足；不少机构在工作底稿的编制和管理中存在问题，使工作底稿无法作为支持评估结论的充分依据。

学习目标

本章系统地介绍了资产评估工作底稿相关知识，通过学习，应掌握资产评估工作底稿包括的主要内容、类型，资产评估工作底稿的管理要求。

● 第一节　资产评估工作底稿

一、资产评估工作底稿的定义

资产评估工作底稿是指资产评估专业人员在执行评估业务过程中形成的，反映评估程序实施情况，支持评估结论的工作记录和相关资料。资产评估人员及时编制资产评估工作底稿，有助于提高评估工作的质量，便于在出具评估报告之前，对获取的信息和得出的评估结论进行有效复核和评价。一般情况下，在评估工作执行过程中编制和获取的工作底稿比事后编制和获取的工作底稿更准确。

二、资产评估工作底稿的作用

（一）资产评估工作底稿是形成评估报告的直接依据

资产评估工作底稿记录了被评估资产的状态，以及资产评估人员选用的评估方法、作价依据和作价计算过程等，因而是形成评估报告的直接依据。

（二）资产评估工作底稿是考核评估人员专业能力和业绩的依据

资产评估工作底稿不仅全面记录了评估人员的工作过程，而且反映了评估人员的政策水平和业务技能，据此可以评价评估人员的工作水平，考核评估人员的工作质量。

（三）资产评估工作底稿是澄清注册资产评估师评估责任的依据

完整的工作底稿可以规避评估风险，并且可以作为证明评估师是否按行业标准评估操作、有关方面是否提供了真实准确的法律文件的证据。

（四）资产评估工作底稿是控制评估质量和监控评估工作的手段

按一定的规范格式和内容编写评估工作底稿，是约束注册资产评估师的职业行为和控制评估质量的重要手段。

（五）资产评估工作底稿是未来评估业务和其他评估人员学习的参考资料

评估人员除了在评估项目实践中学习评估业务以外，对未能参与的评估项目工作底稿的学习也是提高职业水平、增加执业经验的有效方式。

（六）资产评估工作底稿是对资产评估工作进行总结的依据

总结工作必须以一定的事实作为依据，不能凭空设想，资产评估工作底稿无疑是总结评估工作的重要依据。同时，资产评估工作底稿作为永久性资料归入档案，可供今后评估工作参考。

三、资产评估工作底稿的分类及基本内容

资产评估工作底稿按内容划分通常分为管理类工作底稿和操作类工作底稿。管理类工作底稿是指注册资产评估师在执行资产评估业务过程中，为承接、计划、控制和管理评估业务所形成的工作记录及相关资料。操作类工作底稿是指注册资产评估师在履行现场调查、收集评估资料和评定估算程序时所形成的工作记录及相关资料。

工作底稿按载体形式分类可以分为纸质文档、电子文档和其他介质形式的文档。资产评估机构及其专业人员应当根据资产评估业务具体情况谨慎选择工作底稿的载体形式。

（一）管理类工作底稿

管理类工作底稿通常包括以下内容：

1.评估业务基本事项的记录：评估业务中所涉及的基本事项；评估项目风险评估；委托方及相关当事方所提供的主要资料清单；聘请专家（专业人员）的主要情况；委托方、相关当事方等外部机构提供的与评估活动相关的工作底稿；评估人员在评估中形成的其他管理类工作底稿。

2.业务约定书。（略）

3.评估计划。评估计划是指资产人员为履行评估合同拟订的评估工作思想和实施方案，包括评估综合计划和程序计划。在编制评估计划前，资产评估人员应通过讨论、实地观察、阅读资料等方式了解评估项目的情况。资产评估人员还应当制订评估程序计划，提出具体的评估操作要求，评估程序由盘点、函证、现场勘查、市场询价、专家鉴定、数据分析、计算、汇总等具体内容组成。评估程序旨在向评估小组成员提供操作指导，帮助资产评估人员实现对评估过程的质量控制。

4.评估业务执行过程中对重大问题的处理记录。

工作底稿应反映评估项目实施过程中，资产评估专业人员遇到重大问题逐级请示、资产评估专业人员根据批示意见处理的记录。

5.评估报告的审核记录。评估报告的审核记录包括：三级审核情况；委托方的反馈意见和管理部门评审意见；评估报告送达情况。

（二）操作类工作底稿

操作类工作底稿的内容因评估目的、评估对象和评估方法等不同而有所差异，通常包括以下内容：

1.现场调查记录与相关资料，包括：委托方提供的资产评估申报资料，现场勘察记录，函证记录，主要或者重要资产的权属证明材料，与评估业务相关的财务、审计等资料，其他相关资料。

2.收集的评估资料，包括：市场调查及数据分析资料，相关的历史和预测资料，询价记录，其他专家鉴定及专业人士报告，委托方及相关当事方提供的说明、证明和承诺，其他相关资料。

3.评定估算过程记录，包括：重要参数的选取和形成过程记录，价值分析、计算、判断过程记录，评估结论形成过程记录，其他相关资料。

● 第二节　资产评估工作底稿的档案管理

一、资产评估档案的定义

资产评估档案，是指资产评估机构开展资产评估业务形成的，反映资产评估程序实施情况、支持评估结论的工作底稿、资产评估报告及其他相关资料，即评估机构在有关资产评估工作的过程中，形成的与评估业务相关的、有保存价值的各种文字、图表、声像等不同形式的纪录。评估机构要设专人负责资产评估档案的立卷与保管。资产评估专业人员应当在评估报告日后90日内，及时将工作底稿与评估报告等归集形成评估档案，并由所在评估机构按照国家有关档案管理的法律、法规及准则的规定妥善管理。

二、资产评估档案规范化管理的基本要求

（1）评估机构全体人员要有明确的档案建设意识。评估工作结束后，项目负责人必须

把评估工作全过程中形成或取得的一切档案登记移交归档，不得拒绝归档或据为己有。评估档案包括证人的口述证词记录和评估中使用书籍资料的索引。

（2）归档的各种评估材料，应按照工作过程的内容进行整理，编写档案索引，以便于查阅。

（3）评估档案应使用可靠的文字载体。档案可以采用手工书写、打印或其他记录方式进行储存。但手工书写必须字迹清楚，各种载体必须保证档案在规定的保存期内能被有效使用。

（4）评估档案应在评估报告完成后一个月内进行归档。

（5）评估机构应当建立评估档案保管制度，以确保评估档案的安全、完整。

（6）评估业务档案应按评估项目分别立卷归档，并按一定顺序编号存放。

三、资产评估工作底稿的所有权

资产评估工作底稿的所有权归资产评估事务所所有。

四、保密制度与查阅权限

资产评估档案涉及客户商业秘密，评估机构、资产评估专业人员有责任为客户保密。资产评估工作底稿的管理应当执行保密制度。除下列情形外，评估机构不得对外提供工作底稿：

（1）财政部门依法调阅的；

（2）司法部门按法定程序进行查询的；

（3）依法有权审核评估业务的政府部门按规定程序对工作底稿进行查阅的；

（4）资产评估行业协会按规定程序对执业质量进行检查的；

（5）其他依法可以查阅的情形。

五、资产评估档案的保管年限

根据《中华人民共和国资产评估法》的规定，一般评估业务的评估档案保存期限不少于15年，法定评估业务的评估档案保管期限不少于30年。评估档案的保存期限自资产评估报告日起算。《资产评估执业准则——资产评估档案》规定，资产评估档案自资产评估报告日起保存期限不少于15年；属于法定资产评估业务的，保存期限不少于30年。对电子或者其他介质形式的资产评估档案，资产评估机构应当在法定保存期限内妥善保存。资产评估机构不得对在规定保存期内的资产评估档案进行非法删改或者销毁。国家法律、法规另有规定的，依照其规定执行。

业务档案保管期满后，应及时进行鉴定，对确定没有继续保存价值的应进行销毁。业务档案销毁前，须由业务档案管理人员编造销毁清册，由法定代表人和业务档案管理人员共同在销毁清册上签字，并交当地资产评估协会备案。评估机构的评估档案管理应接受行业管理部门的监督、检查和指导。

■ 本章小结

资产评估师执行资产评估业务，应当遵守法律、法规和资产评估准则的相关规定，编制和管理工作底稿。工作底稿应当反映评估程序的实施情况，支持评估结论。工作底稿通常分为管理类工作底稿和操作类工作底稿。管理类工作底稿是指注册资产评估师在执行评估业务过程中，为承接、计划、控制和管理评估业务所形成的工作记录及相关资料。操作类工作底稿是指注册资产评估师在履行现场调查、收集评估资料和评定估算程序时所形成的工作记录及相关资料。业务完成后，评估人员应当根据评估业务特点和工作底稿类别，编制工作底稿目录和索引，及时整理工作底稿并归档。

■ 本章练习题

简答题

1. 资产评估工作底稿有什么作用？
2. 操作类工作底稿通常包括哪些内容？
3. 资产评估档案规范化管理的基本要求有哪些？
4. 什么是管理类工作底稿？
5. 工作底稿的保密制度有哪些？

第十二章

资产评估准则和行业管理

育德育人

孟子曰:"离娄之明、公输子之巧,不以规矩,不能成方圆;师旷之聪,不以六律,不能正五音;尧舜之道,不以仁政,不能平治天下。"

行业准则是人们在职业活动中所遵守的行为规范的总和。它既是对从业人员在职业活动中的行为要求,又是对社会所承担的道德、责任和义务。一个人不管从事何种职业,都必须遵守行业准则。坚守行业准则意味着有职业信仰,有行动约束。(1)坚守行业准则,应该坚持职业理想,努力做好本职工作。(2)端正职业态度,树立正确的职业态度是从业者做好本职工作的前提。(3)明确职业责任,行业从业人员要找准自身的行业定位,完成好企业的社会责任,要把客观的职业责任变成自觉履行的道德义务。(4)坚守职业纪律,从业者如果能够深刻理解执业纪律,就能够把职业纪律由外在的强制力转化为内在的约束力。职业纪律虽然有强制性的一面,但更有为从业者的内心信念所支持、自觉遵守的一面,而且是主要的一面。

一个有效的资产市场需要参与者能够对不动产或其他相关资产进行独立且合理的评估。无论是服务于公众还是服务于个人,正是因为有了评估准则,才在最大程度上保障了人们能获得专业、独立与合理的评估服务。近年来,资产(特别是有形资产)对国际投资者的吸引力变得更加明显,而基于被认可的评估准则产生的精确的评估报告,对任何一个政府都显得十分必要。因此,作为资产评估人,我们应坚守资产评估的行业准则,服从行业管理,坚守职业纪律,履行职业责任。

课前准备

分析案例,找出资产评估报告中的错误。

资产评估报告

凤城有限责任公司:

我所接受贵公司委托,根据国家有关资产评估的规定和其他法律法规,对贵公司以与A公司联营为目的的全部资产进行了评估。评估中结合贵公司的具体情况,实施了包括财产清查在内的我们认为必要的评估程序,现将评估结果报告如下:

1.资产评估机构（略）。

2.委托方和资产占有方（略）。

3.评估目的：为联营之目的，评估贵公司净资产现行价值。

4.评估范围和对象：本次评估范围为贵公司拥有的全部资产、负债和所有者权益。

5.评估原则：根据国家国有资产管理及评估的有关法规，我所遵循独立性、科学性和客观性的评估工作原则，并以贡献原则、替代原则和预期原则为基础进行评估。

6.评估依据：

（1）××省国有资产管理局《关于同意凤城有限公司与A公司联营的批复》；

（2）委托方提供的资产清单及其他资料；

（3）有关资产的产权证明及相关资料；

（4）委托方提供的有关会计凭证、会计报表及其他会计资料；

（5）与委托方资产取得、销售业务相关的各项合同及其他资料。

7.评估基准日：2×22年9月30日。

8.评估方法：根据委托方的评估目的和评估对象，此次评估方法为成本法。

9.评估过程（略）。

10.评估结果：在实施了上述评估程序和评估方法后，贵公司截至评估基准日的资产、负债和所有者权益的价值为：资产总额：41 504 342元；负债总额：22 722 000元；净资产价值：18 782 342元。

11.评估结果有效期：根据国家有关规定，本报告有效期为1年，自报告提交日2×22年12月30日起至2×23年12月19日止。

12.评估说明。

（1）流动资产评估：

①货币资金账面价值为421 588元，其中库存现金为21 325元，银行存款为400 263元，考虑到货币资金即为现值不需折现，经总账、明细账与日记账核实一致并对库存现金盘点无误后，按账面价值确认评估值。

②应收账款账面价值为5 481 272元，经与明细账核对，确认评估值为5 083 252元。

③存货账面价值为11 072 460元，抽查比例为60%，在质量监测与抽查核实的基础上，确认评估值为10 852 500元。

④其他流动资产（略）。

流动资产账面价值为18 854 502元，评估值为17 451 832元。

（2）长期投资评估（略）。

（3）固定资产评估（略）。

（4）其他资产评估（略）。

（5）负债审核确认（略）。

评估结果汇总表见表12-1。

表 12-1		评估结果汇总表		金额单位：元
项目	账面价值	评估值	增减值	增减率（%）
流动资产	18 854 502	17 451 832	−1 402 670	−7.40
固定资产	20 248 470	23 542 510	3 294 040	16.27
长期投资	500 000	510 000	10 000	2.00
资产总计	39 593 972	41 504 342	1 910 370	4.82
流动负债	14 450 000	14 250 000	−200 000	−1.38
非流动负债	8 862 000	8 462 000	−400 000	−4.51
负债合计	23 312 000	22 722 000	−60 000	−2.57
净资产	16 281 972	18 792 342	2 510 370	15.42

13.其他说明事项（略）。

14.评估结果有效的其他条件（略）。

15.评估时间：本次评估工作自2×22年10月4日起至2×22年12月20日止，本报告提交日期为2×22年12月20日。

中国注册资产评估师：李三（签字盖章）

三人资产评估事务所：（盖章）

2×22年12月20日

解析：

（1）评估依据不充分，缺少评估法规依据；

（2）评估方法与评估目的不匹配，应首选收益法，如无法采用收益法而改用成本法，应作出说明；

（3）缺少评估基准日后调整事项；

（4）缺少对评估报告使用范围的说明；

（5）评估说明应为附件，应与评估报告分开写；

（6）货币资金评估缺少银行对账单核实或函证；

（7）应收账款评估未说明坏账确认方法和金额；

（8）存货评估未说明对存货如何分类、各类存货如何评估；

（9）报告中流动资产评估值与表12-1中流动资产评估值不相等；

（10）表中"评估值"栏目下的负债合计及净资产计算有误；

（11）仅有一个注册资产评估师签字；

（12）缺少法定代表人签字；

（13）评估报告有效期错误。

学习目标

本章系统地介绍了资产评估主体及其行业管理问题，着重讲述了资产评估主体及其类型、资产评估行业的规范体系和行业监管模式。通过本章的学习，应掌握资产评估主体主要类型、资产评估行业规范体系的基本内容以及资产评估行业监管的主要形式，了解资产评估行业自律监管制度体系。

● 第一节　资产评估准则概述

一、资产评估准则的作用

资产评估准则是指导评估师执行资产评估业务的技术规范和职业道德规范的总称，资产评估具有很强的专业性，为规范评估师执业行为、提高评估服务质量、增强资产评估行业的公信力，世界各国评估行业都开展了资产评估准则的制定工作。资产评估准则的完善和成熟程度反映了一国评估业发展的状况。

资产评估准则对评估理论研究和评估实践都具有十分重要的作用，具体体现在以下几个方面：

（一）规范评估师的执业行为，保持评估行业公信力

资产评估准则对资产评估师及其他从业人员的业务素质、业务能力、工作操守和职业态度进行了严格的规范，明确规定了资产评估师在执业过程中，哪些事情必须做，哪些事情可以做，哪些事情不能做，并明确要求评估师在执业时，不得出具虚假、不真实的评估报告。有了资产评估准则，资产评估师就有了执业的准绳。社会和公众就知道资产评估师的执业是有规范的，评估师的执业就会有公信力。

（二）为社会和用户阅读并理解评估报告提供指南

由于资产评估师执行评估业务是按照资产评估准则的要求进行的，评估报告也是按照资产评估准则的要求编制的，那么以资产评估准则为指南来了解评估业务和阅读评估报告，就会便于社会和用户正确理解评估报告和评估结果。

（三）维护和保护评估师的合法权益

由于资产评估准则中规范了评估师的工作范围，明确了评估师的执业责任以及委托方和相关当事方的责任，对资产评估师承接资产评估业务、调查了解资产状况，选择评估方法以及评估参数等诸多方面都提出了明确的要求，只要资产评估师按照资产评估准则的要求执业，就能保证评估活动的公正合理，最大限度地降低职业风险。当资产评估师受到不公正的指责和控告时，可以充分利用评估准则保护其正当权益。在我国的评估准则中有一些保护性条款，如业务终止制度等，以期维护评估师的合法权益。

（四）有助于提高资产评估理论水平

资产评估准则来源于评估实践，是资产评估理论研究成果和实践经验的高度浓缩，反过来又用于指导评估实践活动。资产评估准则是资产评估实践的总结和升华，是资产评估理论的重要组成部分。资产评估准则的实施有助于促进评估理论水平的提高。而且，通过各国间评估准则的协调，便于推动各国评估经验的交流，促进各国评估业的共

同发展。

二、我国资产评估准则的制定历程

资产评估准则是一国评估理论和实践经验的集中反映和高度浓缩，我国的资产评估准则制定工作是在总结研究我国评估理论和实践经验的同时，系统地借鉴了国际评估准则和其他国家评估准则，对国际评估准则和各国评估准则赖以存在的理论基础和实践经验进行比较研究，在了解各国评估准则制定的经验教训的基础上逐步发展起来的。

我国的资产评估业务起步于20世纪80年代末，是随着我国社会主义市场经济的发展而产生和发展起来的新兴中介服务行业，多年来，财政部、中国注册会计师协会、中国资产评估协会（以下简称"中评协"）等先后制定并发布了许多资产评估管理方面的制度、规定和办法，对推动我国资产评估行业的健康发展发挥了重要作用。但这些制度、规定和办法往往是对某一项业务和工作作出规定和要求，缺乏系统性和完整性，大多未以准则的形式发布。

我国的资产评估是从评估国有资产开始产生的，评估行业发展初期，评估行业管理以政府为主导，政府为保护国有资产，为行业制定了一系列执业规范，但缺乏评估行业自我管理的行规、行约。1993年12月，中评协成立，评估行业趋于行政和自律双重管理；1997年，中国资产评估行业加强了对评估准则的研究；1998年，中评协推出了评估准则的初步体系，对评估准则的制定进行了规划；1999年6月，中评协发布了《资产评估业务约定书指南》《资产评估计划指南》《资产评估工作底稿指南》，对促进评估业务规范发展发挥了重要作用。2001年，针对当时证券市场发生的多起关联交易引起的关于无形资产评估的争议，在研究了无形资产评估实务中存在的问题，以及国外相关规范的基础上，财政部以财会〔2001〕1051号文件发布了《资产评估准则——无形资产》，这是我国资产评估行业的第一项准则，标志着我国资产评估准则建设迈出了第一步，中评协同时出版了《无形资产评估准则释义》。

2002年，为推动评估准则建设，在整合评估行业专业力量的基础上，中评协成立了资产评估准则的起草组，为评估准则的制定提供了组织保障。2003年，针对多起对评估行业产生了较大影响的涉及评估师关注法律权属的诉讼案件，中评协研究制定了《注册资产评估师关注评估对象法律权属指导意见》，对评估师关注法律权属作出了指导，同时，为适应我国发展较快的珠宝交易活动的需要，中评协发布了《珠宝首饰评估指导意见》（后被《资产评估准则——珠宝首饰》代替）。

实践证明，研究制定系统、科学、完整的评估行业准则和道德规范，是保证评估行业规范健康发展的重要制度基础。2004年，中评协在总结我国资产评估理论和实践发展的基础上，充分借鉴《国际评估准则》和相关国家评估准则的成功经验，制定了《资产评估准则——基本准则》和《资产评估职业道德准则——基本准则》，并报经财政部批准后予以发布。这两项基本准则的发布，是我国资产评估准则制定工作和资产评估行业发展的重要里程碑。

2004年，财政部发布《资产评估准则——基本准则》和《资产评估职业道德准则——基本准则》两项基本准则确立了我国资产评估准则的基本理念和基本要求，奠定了整个资产评估准则体系的基础。

2004年年底，为适应我国证券市场、产权市场的发展，针对我国企业价值评估实践中以成本法为主的现实问题，中评协借鉴国际企业价值评估理论和实务，制定和发布了《企业价值评估指导意见》，澄清了长期以来含糊不清的企业价值评估对象，提出了价值类型要求，明确了评估方法的选择规范，对改变我国企业价值评估理念具有重要意义。2005年，根据金融不良资产评估业务具有评估对象难以确定、评估资料不完整、评估程序受到较多限制等特点，中评协组织专家总结评估实践经验，针对存在的突出问题，制定了《金融不良资产评估指导意见》。

2005年以来，中评协全面规划评估准则体系，开始了准则体系建设的攻坚阶段，加快了准则的制定工作。2007年11月9日，中评协发布了《以财务报告为目的的评估指南（试行）》；2007年11月28日，中评协同时发布了《资产评估准则——评估报告》、《资产评估准则——评估程序》、《资产评估准则——业务约定书》、《资产评估准则——工作底稿》、《资产评估准则——机器设备》、《资产评估准则——不动产》和《资产评估价值类型指导意见》等7项准则，同时废止了中评协1999年发布的《资产评估业务约定书指南》、《资产评估计划指南》、《资产评估工作底稿指南》和《资产评估档案管理指南》。2007年，涉及主要评估程序和主要执业领域的资产评估准则基本建成，我国初步建立了资产评估准则体系。2007年11月，财政部发布了中国资产评估准则体系。

2008年11月28日，中评协发布了《资产评估准则——无形资产》、《专利资产评估指导意见》和《企业国有资产评估报告指南》3项评估准则，标志着我国评估准则体系建设再上新台阶，其中《资产评估准则——无形资产》是对原无形资产评估准则的修订，根据《财政部关于实行资产评估准则有关制度衔接问题的通知》（财金〔2008〕343号），《资产评估准则——无形资产》和《专利资产评估指导意见》实施后，《财政部关于印发〈资产评估准则——无形资产〉的通知》（财会〔2001〕1051号）即予废止。2009年12月18日，中评协发布了《投资性房地产评估指导意见（试行）》和《资产评估准则——珠宝首饰》两项准则，其中《资产评估准则——珠宝首饰》是在《珠宝首饰评估指导意见》的基础上修订而成的。

为规范注册资产评估师编制和出具金融企业国有资产评估报告、规范注册资产评估师业务行为，规范评估机构的业务质量控制，明确评估机构及其人员的质量控制责任，2010年12月18日，中评协制定和发布了《金融企业国有资产评估报告指南》、《著作权资产评估指导意见》和《评估机构业务质量控制指南》3项准则。

至此，我国已经建立了包括2项基本准则、8项具体准则、1项资产评估指南和7项资产评估指导意见在内的覆盖资产评估主要执业领域的比较完整的评估准则体系。

此后，在资产评估准则体系规划下，我国资产评估准则建设继续紧跟市场和执业需求，有序、协调发展。截至2016年，资产评估准则体系包括业务准则和职业道德准则两部分，共计28项准则。

2016年，资产评估法规定了评估准则的制定和实施方式，并对资产评估准则的规范主体、重要术语、评估程序、评估方法以及评估报告等内容作出了规定。

为贯彻落实资产评估法，财政部和中国资产评估协会于2017年对资产评估准则进行了全面修订，构建了包括1项基本准则、1项职业道德准则和25项执业准则在内的新的资产评估准则体系。目前，我国资产评估准则体系已较为完善，适应了资产评估执业、监管和使用需求，与国际主要评估准则体系实现了趋同。

今后，随着我国评估理论和实践的不断发展，我国评估准则体系将得到不断完善和发展，以适应社会的需要。

三、我国资产评估准则体系的构架

我国的资产评估准则体系横向分为业务准则和职业道德准则两个部分，将资产评估职业道德准则与资产评估业务准则并列，是为了突出职业道德准则对提供中介服务的评估行业的重要性。

资产评估职业道德准则纵向来看分为职业道德基本准则和具体准则两个层次，其中职业道德基本准则主要对注册资产评估师职业道德方面要求、专业胜任要求、注册资产评估师与委托方和相关当事方的关系、注册资产评估师与其他注册资产评估师的关系等进行概要规范；职业道德具体准则将根据评估实践中存在的与职业道德有关的问题和职业道德基本准则中的一些重要内容如独立性、保密要求等作出具体的规范。

资产评估业务准则纵向来看分为四个层次：

第一层次为资产评估基本准则。它是注册资产评估师执行各种资产类型、各种评估目的的资产评估业务的基本规范。其规范内容应不区分所评估资产的类别和评估目的，而是各类资产评估业务中应当共同遵守的准则。目前在各国的评估准则及国际评估准则中并没有类似的独立基本准则，我国资产评估基本准则是人们首次尝试将各类资产评估的共同规范有机地结合在一起。

第二层次为资产评估具体准则。资产评估具体准则分为程序性准则和实体性准则。程序性准则是关于资产评估机构及其资产评估专业人员通过履行一定的专业程序完成评估业务、保证评估质量的规范。程序性准则包括评估程序准则、评估报告准则、评估工作底稿准则、业务约定书准则等。实体性准则针对不同资产的特点，分别对不同类别资产评估业务中的资产评估机构及其资产评估专业人员的技术操作提供指导。根据国际惯例，实体性准则主要包括企业价值评估准则、无形资产评估准则、不动产评估准则、机器设备评估准则、珠宝首饰艺术品评估准则等。

第三层次为资产评估指南。它是针对出资、抵押、财务报告、保险等特定目的、评估业务中某些重要事项以及特定资产类别评估业务等的规范，如以财务报告为目的的评估、以作价出资为目的的评估，以抵（质）押为目的的评估、以资产涉讼为目的的评估等。

第四层次为资产评估指导意见。资产评估指导意见是针对资产评估业务中某些具体问题进行规范的指导性文件。该层次较为灵活，针对评估业务中新出现的问题及时提出指导意见，如针对无形资产评估中的专利、商标等方面制定相应的指导意见。某些不成熟的具体评估准则或评估指南也可以先作指导意见发布，待实践成熟后再上升为具体准则或指南，如《企业价值评估指导意见》等。

我国资产评估准则体系架构如图12-1所示：

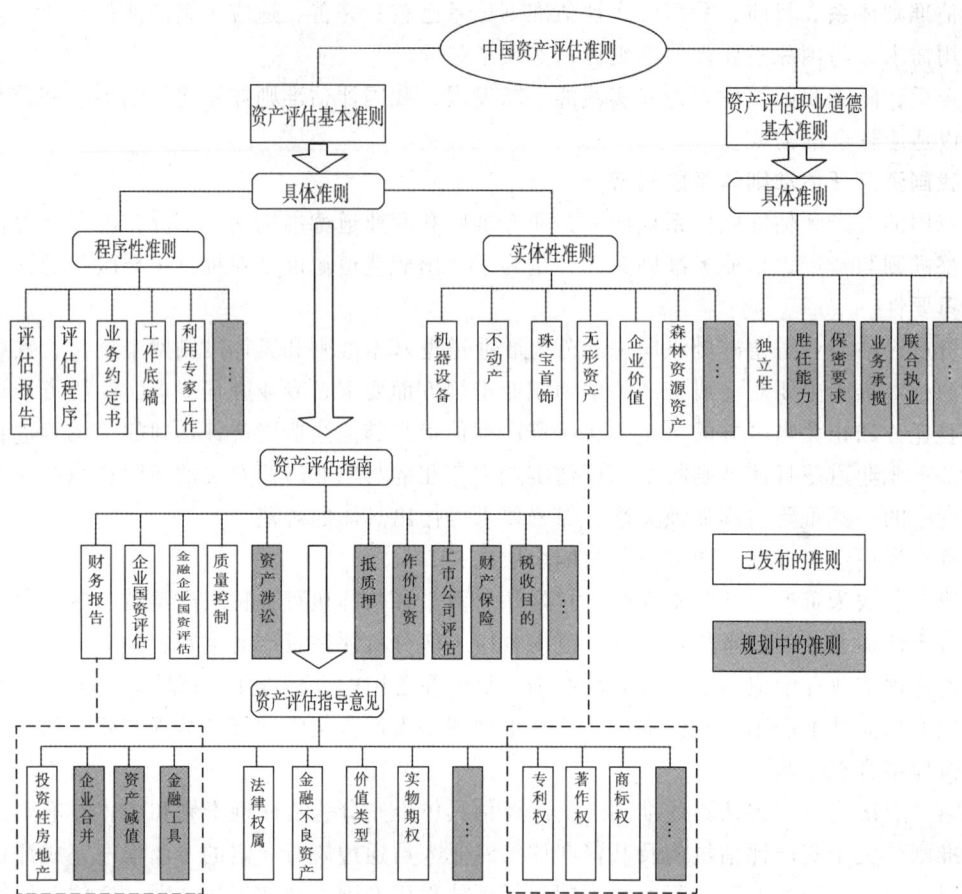

图12-1　我国资产评估准则体系架构图

四、我国资产评估准则体系的特点

（一）层次清晰、依次推进

基本准则是基本规范，原则性强，是整个准则体系的主干，在整个评估准则体系中处于极为重要的地位。基本准则是我国评估准则体系的一大特点。具体准则是根据基本准则的要求，对不同目的、不同评估对象和评估业务及相应评估程序作出的细化规范，规则性强。评估指南和指导意见是对具体准则的进一步细化和补充，比较灵活。准则体系的体系架构层次清晰、依次推进，体现了各层次准则文件的不同效力。

（二）体系开放、灵活

我国评估准则体系四个层次的设计既满足了不同类型评估业务规范的需要，又体现出不同发展阶段评估业务的要求，更为评估实践中新的评估领域的规范留有空间。随着我国评估理论和实践的发展，可以将最新的研究成果、实践经验纳入准则体系。评估准则体系中的具体准则、评估指南和指导意见会随着业务领域的发展，根据需要而不断地增加和完善。

（三）既规范评估人员行为，又影响委托方和相关当事方行为

评估准则从制定的基本目的来看就是为了规范评估人员的执业行为，但在评估准则中对委托方的行为也提出了要求。例如，《资产评估准则——基本准则》第二十三条指出：

"提供必要的资料并保证所提供资料的真实性、合法性、完整性，恰当使用评估报告是委托方和相关当事方的责任。"又如，《资产评估准则——业务约定书》第十六条规定："业务约定书应当约定，委托方应当为注册资产评估师执行评估业务提供必要的工作条件和协助；委托方应当根据评估业务的需要，负责注册资产评估师与相关当事方之间的协调；委托方或者产权持有者应当对其提供的评估明细表及相关证明材料以签字、盖章或者其他方式进行确认。"因此，评估准则会影响委托方的行为。评估准则实质上已经成为引导委托方合理使用评估报告、监管部门理性监管的重要标尺。

（四）突出评估师职业道德规范的重要性

评估人员执行评估业务，涉及较多的专业判断，因此保持较高的职业道德水平是保证业务质量的重要因素。考虑到职业环境给评估人员职业道德带来的考验和挑战，我国的评估准则在体系设计上突出了职业道德准则，并将其与业务准则并列作为准则体系的两个组成部分，以凸显其重要性。在国际评估准则及相关国家的评估准则中，业务准则与职业道德准则是结合在一起的，没有独立的职业道德准则。

（五）重视评估程序准则

在英、美等评估行业发展较为成熟的国家，评估准则中没有单独设立程序准则，而是把评估程序的要求分散表述于具体的评估准则之中。我国评估准则中有独立的评估程序准则，并涵盖了评估业务的全过程。这对评估机构和评估人员把握评估程序、尊重评估服务专业特点、防范和控制执业风险起到了重要作用。

（六）发布主体的特点

我国评估准则体系中的基本准则由财政部以规范性文件的形式发布，基本准则中明确提出中国资产评估协会有权发布资产评估具体准则、资产评估指南和资产评估指导意见。这样的制度安排是要由政府发布基本准则，体现政府从公共管理角度对评估的要求，通过政府的要求实现评估准则保护社会公共利益的宗旨。其他准则、指南及指导意见由行业协会发布，一方面传达政府意志，另一方面又体现专业特点。国外评估准则一般由行业协会发布。

五、我国资产评估准则的组织机构

（一）资产评估准则委员会

资产评估准则委员会是财政部下设的资产评估准则审议、咨询机构，成立于2007年11月26日。资产评估准则委员会的主要职责是：讨论财政部拟发布的资产评估准则，对资产评估准则的体系、体例、结构、立项等提供咨询意见，对资产评估准则涉及的重大或专业性问题提供咨询意见，对资产评估准则的具体实施提供咨询意见。

资产评估准则委员会的委员来自与资产评估相关的政府管理部门、监管机构、学术界、执业界、企业界、金融界、证券界、法律界和行业协会，该委员会的办公室设在中国资产评估协会。

（二）资产评估准则技术委员会

资产评估准则技术委员会是中国资产评估协会下设的评估准则审议机构，成立于2007年11月26日。该委员会的主要职责是：审议资产评估准则制订计划；审议资产评估准则草稿、拟发稿，提供咨询意见；组织资产评估准则相关的专题研究；推动资产评估准则国际交流；承担财政部资产评估准则委员会办公室相关工作。

资产评估准则技术委员会的委员来自与资产评估相关的政府管理部门、理论界、执业界、企业界和行业协会。

（三）资产评估准则咨询委员会

资产评估准则咨询委员会是中国资产评估协会下设的评估准则咨询机构，成立于2007年11月15日。该委员会的主要职责是：对资产评估准则的制定工作提供咨询意见，参与资产评估准则不同阶段的研究，承担资产评估准则相关专项研究工作等。

● 第二节　我国已发布的资产评估准则简介

一、关于《中华人民共和国资产评估法》

2016年7月2日，第十二届全国人民代表大会常务委员会第二十一次会议通过了《中华人民共和国资产评估法》（简称"资产评估法"）。资产评估法用于规范资产评估行为，保护资产评估当事人合法权益和公共利益，促进资产评估行业健康发展，维护社会主义市场经济秩序。其主要内容涉及：对评估专业人员、评估机构、评估程序、行业协会、监督管理的要求等，共8章55条。

第一章，制定《中华人民共和国资产评估法》的目的、服务对象、评估机构、评估人员、评估原则、评估业务等要求。

第二章，规定了评估专业人员的权利、义务和行为要求。规定评估专业人员应当诚实守信，依法独立、客观、公正从事业务；遵守评估准则，履行调查职责，独立分析估算，勤勉谨慎从事业务；完成规定的继续教育，保持和提高专业能力；对评估活动中使用的有关文件、证明和资料的真实性、准确性、完整性进行核查和验证；对评估活动中知悉的国家秘密、商业秘密和个人隐私予以保密；与委托人或者其他相关当事人及评估对象有利害关系的，应当回避；接受行业协会的自律管理，履行行业协会章程规定的义务和法律、行政法规规定的其他义务。

第三章，规定评估机构应当依法采用合伙或者公司形式，聘用评估专业人员开展评估业务。合伙形式的评估机构，应当有两名以上评估师；其合伙人2/3以上应当是具有3年以上从业经历且最近3年内未受停止从业处罚的评估师。公司形式的评估机构，应当有8名以上评估师和2名以上股东，其中2/3以上股东应当是具有3年以上从业经历且最近3年内未受停止从业处罚的评估师。评估机构的合伙人或者股东为2名的，2名合伙人或者股东都应当是具有3年以上从业经历且最近3年内未受停止从业处罚的评估师。设立评估机构的，应当向市场监督管理部门申请办理登记。评估机构应当自领取营业执照之日起30日内向有关评估行政管理部门备案。评估行政管理部门应当及时将评估机构备案情况向社会公告。评估机构应当依法独立、客观、公正地开展业务，建立健全质量控制制度，保证评估报告的客观、真实、合理。评估机构应当建立健全内部管理制度，对本机构的评估专业人员遵守法律、行政法规和评估准则的情况进行监督，并对其从业行为负责。评估机构应当依法接受监督检查，如实提供评估档案以及相关情况。委托人拒绝提供或者不如实提供执行评估业务所需的权属证明、财务会计信息和其他资料的，评估机构有权依法拒绝其履行合同的要求，且不得利用开展业务之便，谋取不正当利益；不得允许其他机构以本机构名义开展业务，或者冒用其他机构名义开展业务；不得以恶性压价、支付回扣、虚假宣传，或者贬损、诋毁其他评估机构等不正当手段招揽业务；不得受理与自身有利害关系的业务；不得分别接受利益冲突双方的委托，对同一评估对象进行评估；不得出具虚假评估报告或者有重大遗漏的评估报告；不得聘用或者指定不符合本法规定的人员从事评估业务；不得有违反法律、行政法规的其他行为。

第四章，明确评估程序。要求委托人有权自主选择符合本法规定的评估机构，任何组织或者个人不得非法限制或者干预。委托开展法定评估业务，应当依法选择评估机构，与评估机构订立委托合同，约定双方的权利和义务。对受理的评估业务，评估机构应当指定至少两名评估专业人员承办。根据评估业务具体情况，对评估对象进行现场调查，收集权属证明、财务会计信息和其他资料，并进行核查验证、分析整理，作为评估的依据。对于评估方法，除依据评估执业准则只能选择一种评估方法的，评估人员应当选择两种以上评估方法，经综合分析，形成评估结论，编制评估报告并对评估报告进行内部审核。

第五章，对行业协会进行明确要求。规定评估行业协会要制定会员自律管理办法，对会员实行自律管理；依据评估基本准则制定评估执业准则和职业道德准则；组织开展会员继续教育；建立会员信用档案，将会员遵守法律、行政法规和评估准则的情况记入信用档案，并向社会公开。同时要规范会员从业行为，定期对会员出具的评估报告进行检查，按照章程规定对会员给予奖惩，并将奖惩情况及时报告有关评估行政管理部门；保障会员依法开展业务，维护会员合法权益。

第六章，规定监督管理的相关事项。规定国务院有关评估行政管理部门组织制定评估基本准则和评估行业监督管理办法；设区的市级以上人民政府有关评估行政管理部门依据各自职责，负责监督管理评估行业，对评估机构和评估专业人员的违法行为依法实施行政处罚，将处罚情况及时通报有关评估行业协会，并依法向社会公开；评估行政管理部门对有关评估行业协会实施监督检查，对检查发现的问题和针对协会的投诉、举报，应当及时调查处理；评估行政管理部门不得违反本法规定，对评估机构依法开展业务进行限制；评估行政管理部门不得与评估行业协会、评估机构存在人员或者资金关联，不得利用职权为评估机构招揽业务。

第七章，明确法律责任。规定评估专业人员有下列情形之一的，由有关评估行政管理部门予以警告，可以责令停止从业6个月以上1年以下；有违法所得的，没收违法所得；情节严重的，责令停止从业一年以上5年以下；构成犯罪的，依法追究刑事责任：私自接受委托从事业务、收取费用的；同时在两个以上评估机构从事业务的；采用欺骗、利诱、胁迫，或者贬损、诋毁其他评估专业人员等不正当手段招揽业务的；允许他人以本人名义从事业务，或者冒用他人名义从事业务的；签署本人未承办业务的评估报告或者有重大遗漏的评估报告的；索要、收受或者变相索要、收受合同约定以外的酬金、财物，或者谋取其他不正当利益的。评估人员违反资产评估法规定，签署虚假评估报告的，由有关评估行政管理部门责令停止从业2年以上5年以下；有违法所得的，没收违法所得；情节严重的，责令停止从业五年以上十年以下；构成犯罪的，依法追究刑事责任，终身不得从事评估业务。评估人员未经工商登记以评估机构名义从事评估业务的，由市场监督管理部门责令停止违法活动；有违法所得的，没收违法所得，并处违法所得一倍以上五倍以下罚款。评估行业协会违反规定的，由有关评估行政管理部门给予警告，责令改正；拒不改正的，可以通报登记管理机关，由其依法给予处罚。有关行政管理部门、评估行业协会工作人员违反本法规定，滥用职权、玩忽职守或者徇私舞弊的，依法给予处罚；构成犯罪的，依法追究刑事责任。

第八章为附则。

二、基本准则

（一）《资产评估准则——基本准则》

《资产评估准则——基本准则》由财政部于 2004 年 2 月 25 日发布，共 6 章 27 条，自 2004 年 5 月 1 日起施行。

第一章，总则。说明了准则制定的目的，明确了资产评估概念及注册资产评估师的概念、准则的内容和准则适用的范围。

制定资产评估基本准则的目的是规范注册资产评估师执业行为，保证执业质量，明确执业责任，维护社会公共利益和资产评估各方当事人合法权益。资产评估准则包括资产评估基本准则、资产评估具体准则、资产评估指南和资产评估指导意见。注册资产评估师在执行资产评估业务时，应当遵守准则；在执行与价值估算相关的其他业务时，可以参照准则。

第二章，对注册资产评估师执行资产评估业务的基本要求。

注册资产评估师执行资产评估业务，应当遵守相关法律、法规和资产评估准则，具有良好的职业道德；应当勤勉尽责，恪守独立、客观、公正的原则；注册资产评估师应当经过专门教育和培训，具备相应的专业知识和经验，能够胜任所执行的评估业务等。

第三章，注册资产评估师执行资产评估业务的操作准则。

注册资产评估师执行资产评估业务，应当根据业务具体情况履行适当的评估程序，根据评估目的等相关条件选择适当的价值类型，根据评估对象、价值类型、资料收集情况等相关条件恰当选择评估方法，形成合理的评估结论等。

第四章，注册资产评估师执行资产评估业务的报告准则。

注册资产评估师应当在执行必要的评估程序后，编制并由所在评估机构出具评估报告；应当在评估报告中提供必要信息。

第五章，规定了注册资产评估师的执业责任。

注册资产评估师执行资产评估业务，应当对评估结论的合理性承担责任。遵守相关法律、法规和资产评估准则，对评估对象在评估基准日特定目的下的价值进行分析、估算并发表专业意见，是注册资产评估师的责任；提供必要的资料并保证所提供资料的真实性、合法性、完整性，恰当使用评估报告是委托方和相关当事方的责任。评估结论不应当被认为是对评估对象可实现价格的保证。

第六章，附则。要求评估机构在执行资产评估业务过程中应当遵守本准则的相关规定，授权中国资产评估协会可以根据本准则发布资产评估具体准则、资产评估指南和资产评估指导意见。

（二）《资产评估职业道德准则——基本准则》

《资产评估职业道德准则——基本准则》由财政部于 2004 年 2 月 25 日发布，共 6 章 32 条，自 2004 年 5 月 1 日起施行。

第一章，总则。说明了准则的制定目的和适用范围。

制定资产评估职业道德基本准则的目的是规范注册资产评估师职业道德行为，提高注册资产评估师职业道德素质，维护注册资产评估师职业形象。注册资产评估师执行资产评估业务，应当遵守本准则；执行与价值估算相关的其他业务，可以参照本准则。注册资产评估师还应当指导业务助理人员和专家遵守本准则。

第二章，对注册资产评估师职业道德的基本要求。

注册资产评估师应当诚实正直，勤勉尽责，恪守独立、客观、公正的原则；应当维护职业形象，不得从事与注册资产评估师身份不符或可能损害职业形象的活动。

第三章，对注册资产评估师专业胜任能力的要求。

注册资产评估师应当经过专门教育和培训，具备相应的专业知识和经验，能够胜任所执行的评估业务；应当接受后续教育，保持和提高专业胜任能力。

第四章，对注册资产评估师与委托方和相关当事方关系的要求。

注册资产评估师与委托方或相关当事方之间存在可能影响注册资产评估师公正执业的利害关系时，应当予以回避。

第五章，对注册资产评估师与其他注册资产评估师关系的要求。

注册资产评估师在执行资产评估业务过程中，应当与其他注册资产评估师保持良好的工作关系，不得贬损或诋毁其他注册资产评估师，不得以恶意降低服务费等不正当的手段与其他注册资产评估师争揽业务。

第六章，附则。要求评估机构在执行资产评估业务过程中应当遵守本准则的相关规定，授权中国资产评估协会可以根据本准则发布资产评估职业道德具体准则。

《资产评估基本准则》（简称《基本准则》）于2017年修订，修订后共6章，35条，自2017年10月1日起施行。2004年发布的《资产评估准则——基本准则》和《资产评估职业道德准则——基本准则》同时废止。

三、程序性具体准则

（一）《资产评估执业准则——资产评估报告》

《资产评估准则——评估报告》由中国资产评估协会于2018年10月29日发布，共4章29条，自2019年1月1日起施行。

第一章，总则。

该章共3条，说明了该准则制定的目的、依据，规范了评估报告的定义，并明确了注册资产评估师执行资产评估业务、编制和出具评估报告应当遵守本准则，以及执行与价值估算有关的其他业务可以参照本准则。

第二章，基本遵循。

该章共7条，对评估报告形式提出了基本要求，包括评估报告表述方面的要求、提供必要信息的要求、报告详略程度的要求、披露的要求、盖章签字的要求、计量币种的要求以及报告使用有效期的要求等。

第三章，评估报告的内容。

该章共18条，详细规范了评估报告的基本内容和要求，同时对各部分的内容提出了具体要求。

第四章，附则。

该章共1条，规定了该准则开始施行的日期。

（二）《资产评估执业准则——评估程序》

《资产评估执业准则——评估程序》由中国资产评估协会于2017年9月8日发布，共4

章26条，自2017年10月1日起施行。

第一章，总则。

该章共3条，说明了制定该准则的目的和依据，规范了评估程序的定义，并明确了注册资产评估师执行资产评估业务应当遵守本准则，以及执行与价值估算有关的其他业务可以参照本准则。

第二章，基本遵循。

该章共4条，规范了注册资产评估师执行资产评估业务通常应执行的基本程序。同时指出，注册资产评估师在执行评估业务过程中，由于受到客观限制，无法或者不能完全履行评估程序，可以根据能否采取措施弥补程序缺失和是否对评估结论产生重大影响，决定继续执行评估业务或者终止评估业务。

第三章，评估程序要求。

该章共18条，对注册资产评估师在执行评估业务时应当履行的各项必要评估程序提出了详细的要求。

第四章，附则。

该章共1条，规定了该准则开始施行的日期。

（三）《资产评估执业准则——资产评估委托合同》

《资产评估执业准则——资产评估委托合同》由中国资产评估协会于2017年9月8日发布，共4章21条，自2017年10月1日起施行。

第一章，总则。

该章共3条，说明了制定该准则的目的和依据，规范了业务约定书的定义，并明确了注册资产评估师执行资产评估业务应当遵守本准则，以及执行与价值估算有关的其他业务可以参照本准则。

第二章，资产评估委托合同的订立。

该章共2条，要求评估机构应当具有与所承接评估业务相适应的执业资格，评估机构应当在决定承接评估业务后与委托方订立资产评估委托合同，业务约定书应当由评估机构的法定代表人或合伙人签字并加盖评估机构公章。

第三章，资产评估委托合同的内容。

该章共14条，对资产评估委托合同的基本内容和应当约定的事项进行了明确和详细的规范。

第四章，附则。

该章共2条，主要规定了该准则开始施行的日期。

（四）《资产评估执业准则——资产评估档案》

《资产评估执业准则——资产评估档案》由中国资产评估协会于2017年9月8日发布，共4章19条，自2017年10月1日起施行。

第一章，总则。

该章共3条，说明了该准则制定的目的和依据，规范了资产评估档案的定义，并明确了注册资产评估师执行资产评估业务应当遵守本准则，以及执行与价值估算有关的其他业务可以参照本准则。

第二章，工作底稿的编制。

该章共10条，对工作底稿提出了基本要求，包括要编制和管理工作底稿的情况、工作底稿的作用、工作底稿的真实性和详略程度，以及工作底稿的形式和选择等。

第三章，资产评估档案的归集和管理。

该章共5条，对资产评估档案归集的及时性要求、资产评估档案编制的形式要求、资产评估档案的审核程序、资产评估档案归档的时限、资产评估档案的保管年限、资产评估档案的保密制度和查阅权限等进行了规范。

第四章，附则。

该章共1条，规定了该准则开始施行的日期。

四、实体性具体执业准则

（一）《资产评估执业准则——机器设备》

《资产评估执业准则——机器设备》由中国资产评估协会于2017年9月8日发布，共6章25条，自2017年10月1日起施行。

第一章，总则。

该章共4条，说明了制定本准则的目的和依据，规范了机器设备的定义和范围、机器设备评估的定义等，并明确了注册资产评估师执行机器设备评估业务应当遵守本准则，以及执行与机器设备价值估算有关的其他业务可以参照本准则。

第二章，基本遵循。

该章共4条，是对注册资产评估师执行机器设备评估业务时的一些基本要求，包括应当遵守相关法律法规、应当具备专业知识及相应的评估经验和专业胜任能力、应当根据评估目的等相关条件选择恰当的价值类型等。

第三章，操作要求。

该章共10条，是对注册资产评估师执行机器设备评估业务时的一些具体操作要求，包括应当了解评估结论的用途，明确评估目的；应当根据机器设备的预期用途，明确评估假设；应当考虑机器设备移位或者改变用途对其价值的影响；应当根据评估目的、评估假设等条件，明确机器设备的评估范围所包括的内容；应当对机器设备进行现场逐项调查或者抽样调查，确定机器设备的存在，明确机器设备的存在状态；应当关注机器设备的权属，并对相关权属资料进行必要的查验等。

第四章，评估方法。

该章共4条，主要对成本法、市场法和收益法三种评估方法的具体运用进行了原则性规定。

第五章，披露要求。

该章共2条，对注册资产评估师在评估报告中的信息披露进行了要求。注册资产评估师应当在履行必要的评估程序后，根据《资产评估执业准则——资产评估报告》编制评估报告，并进行恰当的披露，披露的信息要使评估报告使用者能够合理理解评估结论。在评估报告中应当反映机器设备的相关特点，包括对评估对象的文字描述、对评估程序实施过程的描述以及在评估假设中明确机器设备是否改变用途、改变使用地点，并明确是否存在抵押及其他限制情况等。

第六章，附则。

该章共1条，确定了本准则开始施行的日期。

（二）《资产评估执业准则——不动产》

《资产评估执业准则——不动产》由中国资产评估协会于2017年9月8日发布，共7章36条，自2017年10月1日起施行。

第一章，总则。

该章共4条，说明了制定本准则的目的和依据，规范了不动产的定义、不动产评估的定义等，并明确了注册资产评估师执行不动产评估业务应当遵守本准则及执行与不动产价值估算相关的其他业务可以参照本准则。

第二章，基本遵循。

该章共4条，是对注册资产评估师执行不动产评估业务的基本要求，包括应当遵守相关法律法规、应当具有胜任能力、应当形成合理结论、应当关注不动产权属、应当以不动产的最优利用方式进行评估以及可以参考相关的国家标准等。

第三章，操作要求。

该章共7条，是对注册资产评估师执行不动产评估业务的一些具体操作要求，包括应当要求委托方明确不动产包含的内容和评估结果的预期用途，确定不动产评估对象和评估目的；应当全面了解不动产的实物状况、权益状况和区位状况；应当根据评估目的和不动产的具体情况进行合理假设；应当对所评估的不动产进行现场调查，明确不动产存在状态并关注其权属状况；应当关注不动产的相邻关系、租约限制和动产与不动产价值的影响；在利用其他评估机构出具的不动产评估报告时，应当对其评估结果进行必要的分析和判断，合理加以利用等。

第四章，评估方法。

该章共12条，对市场法、收益法、成本法、假设开发法和基准地价修正法的具体运用进行了原则性规定。

第五章，企业价值评估中的不动产评估。

该章共8条，针对企业价值评估中的不动产评估的特殊性要求进行了规定，内容包括：指出了不动产在企业中的核算科目；注册资产评估师应当关注企业经营方式及不动产实际使用方式对不动产价值的影响；应当根据企业价值评估的价值类型合理设定不动产评估的假设前提和限制条件；作为存货的房地产、投资性房地产和自用房地产的价值影响因素存在差异；应当分析不动产的财务核算方式以及是否存在不动产未结合同和尚未支付款项，明确不动产的评估价值内涵与实际支出、尚未发生的支出的关系；明确不动产评估价值受其对企业贡献程度的影响程度；对于溢余不动产，应当考虑持有目的、收益状况和实际交易的可能性，采用恰当的评估方法，合理确定其评估价值等。

第六章，披露要求。

该章共2条，对注册资产评估师在评估报告中的信息披露进行了要求，包括要求在评估报告中披露必要的信息，使评估报告使用者能够合理理解评估结论；在编制评估报告时应当对不动产的总体情况、主要特点和权属状况进行披露；应当说明利用其他评估机构的不动产评估报告的情况等。

第七章，附则。

该章共1条，确定了本准则开始施行的日期。

（三）《资产评估执业准则——无形资产》

《资产评估执业准则——无形资产》由中国资产评估协会于2017年9月8日发布，共7章29条，自2017年10月1日起施行。

第一章，总则。

该章共5条，说明了制定本准则的目的和依据，规范了无形资产的定义、无形资产评估的定义等，并明确了注册资产评估师执行无形资产评估业务应当遵守本准则，及执行与无形资产价值估算相关的其他业务可以参照本准则。另外，该章指出，涉及土地使用权、矿业权、水域权等的评估另行规范。

第二章，基本遵循。

该章共6条，是对注册资产评估师执行无形资产评估业务的一些基本要求，包括应当遵守相关法律法规、应当具备专业知识及相应的评估经验和专业胜任能力、应当保持应有的职业谨慎而不得以预先设定的价值作为评估结论、应当根据评估目的等相关条件选择恰当的价值类型、应当合理使用评估假设和限定条件、应当对评估过程中所引用的专家意见或者专业报告的独立性与专业性进行判断并恰当引用专家意见或者专业报告等。

第三章，评估对象。

该章共5条，指出了无形资产可区分为可辨认和不可辨认无形资产、单项无形资产和无形资产组合，并采用举例的方式指出哪些是可辨认无形资产（包括专利权、商标权、著作权、专有技术、销售网络、客户关系、特许经营权、合同权益、域名等），哪些是不可辨认无形资产（指商誉）。要求注册资产评估师执行无形资产评估业务时，应当要求委托方根据评估对象的具体情况与评估目的，对无形资产进行合理的分离或者组合，注册资产评估师应当恰当进行单项无形资产或者无形资产组合的评估。

第四章，操作要求。

该章共4条，是对注册资产评估师执行无形资产业务的一些具体操作要求，包括应当明确评估对象、评估目的、评估基准日、评估范围、价值类型和评估报告使用者；无形资产一般与其他资产共同发挥作用，应当分析所评估无形资产的作用，合理确定该无形资产的价值；应当关注宏观经济政策、行业政策、经营条件、生产能力、市场状况、产品生命周期等各项因素对无形资产效能发挥的制约，关注其对无形资产价值产生的影响；注册资产评估师执行无形资产评估业务一般应当关注的事项等。

第五章，评估方法。

该章共5条，主要对收益法、市场法、成本法三种方法的具体运用进行了原则性规定。

第六章，披露要求。

该章共3条，对注册资产评估师在评估报告中的信息披露进行了要求。注册资产评估师应当在履行必要的评估程序后，根据《资产评估执业准则——评估报告》编制评估报告，并进行恰当的披露，披露的信息要使评估报告使用者能够合理理解评估结论；应当在评估报告中明确说明无形资产的性质、权利状况及限制条件，无形资产实施的地域限制、领域限制及法律法规限制，宏观经济和行业前景，无形资产历史、现实状况与发展前景，无形资产获利期限，评估依据的信息来源等；应当在评估报告中明确说明无形资产的价值类型及其定义，评估方法的选择及其理由，各重要参数来源、分析、比较与测算过程，对初步评估结论进行分析，形成最终评估结论的过程，并说明评估结论成立的假设前提和限制条件等。

第七章，附则。

该章共1条，明确了本准则开始施行的日期。

（四）《资产评估执业准则——珠宝首饰》

《资产评估执业准则——珠宝首饰》由中国资产评估协会于2017年9月8日发布，共6章26条，自2017年10月1日起施行。

第一章，总则。

该章共4条，说明了制定本准则的目的和依据，规范了珠宝首饰的定义、珠宝首饰评估的定义等，并明确了注册资产评估师（珠宝）执行珠宝首饰评估业务应当遵守本准则，及执行与珠宝首饰价值估算相关的其他业务可以参照本准则。

第二章，基本遵循。

该章共3条，是对注册资产评估师（珠宝）执行珠宝首饰评估业务的一些基本要求，包括应当遵守相关法律法规及有关珠宝首饰的国家标准，应当具备相应的专业胜任能力，应当勤勉尽责、保持应有的职业谨慎、不得以预先设定的价值作为评估结论等，当缺乏执行某项特定业务所需的相关专业知识和经验时，可以聘请相关专家协助工作，但准则要求应当采取必要的措施确信专家工作的合理性，并对专家的工作负责。

第三章，操作要求。

该章共10条，是对注册资产评估师（珠宝）执行珠宝首饰业务的一些具体操作要求，包括应当明确评估对象、评估目的、评估基准日、评估范围、价值类型和评估报告使用者；应当履行基本评估程序，结合珠宝首饰评估业务的具体情况，制订并实施适当的具体评估步骤；应当对珠宝首饰进行实物确认，明确珠宝首饰的状态；应当关注评估对象的权属，要求委托方或相关当事方对珠宝首饰的权属作出承诺；应当对珠宝首饰进行鉴定和分级；应当知晓同一珠宝首饰在不同市场的价值可能存在差异；应当通过恰当的方式获得珠宝首饰的市场信息及其他相关信息，并对其真实性、可靠性进行必要的判断；应当根据评估对象的具体情况，合理选择收集信息的内容；应当考虑珠宝首饰的品质因素及其他因素对评估对象价值的影响等。

第四章，评估方法。

该章共5条，主要对市场法、成本法和收益法三种方法的具体运用进行了原则性规定。

第五章，披露要求。

该章共3条，对注册资产评估师（珠宝）在评估报告中的信息披露进行了要求。注册资产评估师（珠宝）应当在履行必要的评估程序后，根据《资产评估执业准则——评估报告》编制评估报告，并进行恰当的披露，披露的信息要使评估报告使用者能够合理理解评估结论。注册资产评估师（珠宝）在编制珠宝首饰评估报告时应当反映珠宝首饰评估的特点：包括在评估报告中应对评估对象进行恰当的描述，包括珠宝首饰的客观辨别特征和价值贡献特征；突出描述影响价值结论的关键性特征；描述珠宝首饰评估的价值类型及定义；对评估程序实施过程的描述，应当反映对珠宝首饰的实物调查、鉴定分级等过程；说明珠宝首饰是否存在质押及其他限制情况等。注册资产评估师（珠宝）应该在评估报告中披露直接影响评估结论的假设条件或者限制条件，并说明其对价值的影响等。

第六章，附则。

该章共1条，明确了本准则开始施行的日期。

五、评估指南

（一）《以财务报告为目的的评估指南》

《以财务报告为目的的评估指南》由中国资产评估协会于2017年9月8日发布，共7章38条，自2017年10月1日起施行。

该指南明确了以财务报告为目的的评估是指注册资产评估师基于企业会计准则或相关会计核算、披露要求，运用评估技术，对财务报告中各类资产和负债的公允价值或特定价值进行分析、估算，并发表专业意见的行为和过程。同时该指南也指出注册资产评估师可以参照本指南执行与以财务报告为目的的评估业务相关的其他业务，主要包括开展与价值估算相关的议定程序，以协助企业判断与资产负债价值相关的参数、特征等，以及协助企业管理层对能否持续可靠地取得公允价值作出合理的评价等。

该指南对执行以财务报告为目的的评估业务提出了基本要求，主要包括注册资产评估师执行以财务报告为目的的评估业务，应当理解相关会计准则的概念和原则，知晓会计准则涉及的概念、原则与资产评估准则涉及的相关概念、原则之间的联系和区别；应当关注以财务报告为目的的评估业务的复杂性；当评估程序或条件受到限制，注册资产评估师无法确信评估结论的合理性，不得出具评估报告；应当与企业和执行审计业务的注册会计师进行必要的沟通，明确评估业务基本事项并充分理解会计准则或相关会计核算、披露的具体要求；应当提醒委托方根据会计准则的相关要求，合理确定评估基准日等。

该指南对如何确定评估对象进行了规范，要求注册资产评估师应当与委托方进行充分协商，明确评估对象，并充分考虑评估对象的法律、物理与经济等具体特征对评估业务的影响。根据项目具体情况、会计准则和委托方的要求，评估对象可以是各类单项资产、负债，也可以是资产组或资产组组合。要求注册资产评估师应当关注会计准则中特定会计事项所对应的评估对象，在执行会计准则规定的合并对价分摊事项涉及的评估业务时，对应的评估对象应当是合并中取得的被购买方可辨认资产、负债及或有负债；在执行会计准则规定的包括商誉在内的各类资产减值测试涉及的评估业务时，对应的评估对象可能是单项资产，也可能是资产组或资产组组合，其中固定资产减值测试一般以资产组的形式出现，商誉减值测试主要以资产组或资产组组合出现；在执行会计准则规定的投资性房地产评估业务时，对应的评估对象包括已出租的土地使用权、持有并准备增值后转让的土地使用权、已出租的建筑物。

该指南对执行以财务报告为目的的评估业务如何确定评估结果的价值类型进行了规范，要求应当根据会计准则或相关会计核算与披露的具体要求、评估对象等相关条件明确价值类型，并对具体价值类型进行定义。该指南指出在符合会计准则计量属性规定的条件时，会计准则计量的公允价值一般等同于资产评估准则下的市场价值，会计准则涉及的重置成本、可变现净值或公允价值减去处置费用的净额、现值或资产预计未来现金流量的现值等计量属性，可以理解为相对应的评估价值类型。该指南要求注册资产评估师协助进行资产减值测试，应当关注评估对象在减值测试日的可回收价值、资产预计未来现金流量以及公允价值减去处置费用的净额之间的联系和区别。

该指南对注册资产评估师执行以财务报告为目的的评估业务时选择评估方法提出了要求：

应当根据评估对象、价值类型、资料收集的情况和数据来源等相关条件，参照会计准则有关计量方法的规定，分析市场法、收益法和成本法三种资产评估基本方法及其他评估方法的适用性，恰当选择一种或多种资产评估方法。指南同时对各种方法的运用提出了具体的要求。指南特别指出：会计准则规定的资产减值测试不适用成本法。指南强调：注册资产评估师应当参照会计准则规定，关注所采用的评估数据，并知晓公允价值获取层级受评估方法的选择及评估数据来源的影响，选择评估方法时应当与前期采用的评估方法保持一致。

该指南对执行以财务报告为目的的评估业务所出具的评估报告应当作出的披露进行了规范，并对应当重点披露的内容提出了要求。应当重点披露的内容包括：评估对象的具体描述；价值类型的定义及其与会计准则或相关会计核算、披露要求的对应关系；评估方法的选择过程和依据；评估方法的具体运用，结合相关计算过程、评估参数等加以说明；关键性假设及前提；关键性评估参数的测算、逻辑推理、形成过程和相关数据的获取来源；对于企业提供的财务等申报资料所做的重大或实质性调整。

（二）《企业国有资产评估报告指南》

《企业国有资产评估报告指南》由中国资产评估协会于2008年11月28日发布，共8章45条，自2009年7月1日起施行。

该指南的制定目的是规范资产评估师编制和出具企业国有资产评估报告行为，维护社会公共利益和资产评估各方当事人合法权益。制定该指南的依据是国有资产评估管理的有关规定和《资产评估准则——评估报告》。同时，指南明确注册资产评估师应根据企业国有资产评估管理的有关规定执行资产评估业务，编制和出具企业国有资产评估报告应当遵守本指南。

该指南对企业国有资产评估报告的构成进行了说明，并要求注册资产评估师应当清晰、准确地陈述评估报告内容，不得使用误导性的表述；评估报告提供的信息应当使企业国有资产监督管理机构和相关机构能够全面了解评估情况，使评估报告使用者能够合理理解评估结论；评估报告内容应当完整。

该指南明确了企业国有资产评估报告由标题、文号、声明、摘要、正文、附件、评估明细表和评估说明等构成。同时，指南对企业国有资产评估报告的标题、文号、声明、摘要、正文、附件，评估明细表和评估说明等的编制在格式、内容及表述等方面进行了详细的规范。另外，指南对企业国有资产评估报告的出具和装订也进行了规定。

该指南对如何撰写"注册资产评估师声明""注册资产评估师承诺函""评估说明"等提供了指引，并提供了评估明细表的参考样表。

（三）《金融企业国有资产评估报告指南》

《金融企业国有资产评估报告指南》由中国资产评估协会于2010年12月18日发布，共8章45条，自2011年7月1日起施行。

该指南明确的制定目的是规范资产评估师编制和出具金融企业国有资产评估报告行为，维护社会公共利益和资产评估各方当事人合法权益。制定本指南的依据是金融企业国有资产评估管理的有关规定和《资产评估执业准则——评估报告》。同时，指南明确注册资产评估师根据金融企业国有资产评估管理的有关规定执行资产评估业务，编制和出具金融企业国有资产评估报告应当遵守本指南。

该指南对金融企业国有资产评估报告的构成进行了说明，并要求注册资产评估师应当清晰、准确地陈述评估报告内容，不得使用误导性的表述；评估报告提供的信息应当使金融企业国有资产监督管理部门和相关机构能够全面了解评估情况，使评估报告使用者能够合理理解评估结论；评估报告内容应当完整。

该指南明确了金融企业国有资产评估报告由标题、文号、声明、摘要、正文、附件、评估明细表和评估说明等构成；同时，指南对企业国有资产评估报告的标题、文号、声明、摘要、正文、附件、评估明细表和评估说明等的编制在格式、内容及表述等方面进行了详细的规范；另外，指南对金融企业国有资产评估报告的出具和装订也进行了规定。

该指南对如何撰写"注册资产评估师声明""注册资产评估师承诺函""评估说明"等提供了指引，并提供了评估明细表的参考样表（分为银行、证券公司、保险公司）。

（四）《评估机构业务质量控制指南》

《评估机构业务质量控制指南》由中国资产评估协会于2010年12月18日发布，共10章52条，自2012年1月1日起施行。

该指南明确的制定目的是规范评估机构的业务质量控制，明确评估机构以及人员的质量控制责任，维护社会公共利益和资产评估各方当事人合法权益。制定本指南的依据是《资产评估基本准则》《资产评估职业道德准则——基本准则》。同时指南明确评估机构应当结合自身规模、业务特征、业务领域等因素，建立质量控制体系，保证评估业务质量，防范执业风险。

该指南明确了质量控制体系包括评估机构为实现质量控制目标而制定的质量控制政策以及为政策执行和监控而设计的必要程序。

该指南明确了评估机构应该针对质量控制责任、职业道德、人力资源、评估业务承接、评估业务计划、评估业务实施和报告出具、监控和改进、文件和记录等方面制定相应的控制政策和程序，并形成书面文件。

该指南对评估机构中的质量控制主体进行了划分，对各个控制主体的职责进行了规范。控制主体通常包括最高管理层、首席评估师、项目负责人、项目审核人员、项目团队人员、评估机构其他人员。

该指南对评估机构如何通过制定政策和程序，保证全体人员遵守职业道德提出了要求。另外，指南还对人力资源管理、评估业务承接、评估业务计划、评估业务实施、评估报告出具、评估监控和改进、评估文件和记录等方面进行了规范。

六、指导意见

（一）《珠宝首饰评估指导意见》

《珠宝首饰评估指导意见》由中国资产评估协会于2003年1月28日发布，共7章36条，自2003年3月1日起施行。该指导意见结合珠宝首饰评估的特点，对珠宝首饰评估业务从基本要求、评估要求、评估方法、披露要求和档案管理等方面进行了规范，是关于珠宝首饰评估业务的第一个准则性文件。

2009年12月18日中国资产评估协会发布《关于印发〈投资性房地产评估指导意见（试行）〉和〈资产评估准则——珠宝首饰〉的通知》（中评协〔2009〕211号），其中正式发布了《资产评估准则——珠宝首饰》。《资产评估准则——珠宝首饰》是在《珠宝首饰评估指导意见》的基础上修订而成的。与原指导意见相比，《资产评估准则——珠宝首饰》更加突出了珠宝首饰评估的专业特点。例如，珠宝首饰评估业务需要以珠宝首饰的鉴定分级为基础，需要评估师具有珠宝鉴定分级相关知识和经验。因此，准则中规定，签署珠宝首饰评估报告的人员应当具有中国注册资产评估师（珠宝）证书。《资产评估准则——珠宝首饰》在准则的结构、术语和内容上也实现了与现有准则体系的科学衔接，并且注重国际经验与国情的结合。我国的珠宝首饰评估准则是国际上首个专门的珠宝首饰评估准则，是我国评估行业认真服务市场、服务经济的重要体现，在规范我国珠宝首饰评估业务的同时，必将对国际层面珠宝首饰评估业务的发展和准则制定工作产生积极的影响。

2017 年 9 月 8 日，中国资产评估协会根据《资产评估基本准则》，对《资产评估准则——珠宝首饰》进行了修订，制定了《资产评估执业准则——珠宝首饰》，自 2017 年 10 月 1 日起施行。

（二）《企业价值评估指导意见（试行）》

《企业价值评估指导意见（试行）》由中国资产评估协会于 2004 年 12 月 30 日发布，共 6 章 49 条，自 2005 年 4 月 1 日起施行。

该指导意见立足于我国评估行业的发展现状和存在的问题，借鉴国际评估准则和美国、欧洲等国家和地区企业价值评估理论和实务的成果，分别从基本要求、评估要求、评估方法和评估披露等方面对企业价值评估进行了规范。这是我国第一个关于企业价值评估的准则性文件，它的发布有利于规范注册资产评估师执行企业价值评估业务，提高服务质量，促进资产评估行业更好地服务于企业并购、重组和产权变动等经济行为。

该指导意见明确了企业价值评估的定义：企业价值评估是指注册资产评估师对评估基准日特定目的下企业整体价值、股东全部权益价值或部分权益价值进行分析、估算并发表专业意见的行为和过程。要求注册资产评估师应当根据评估对象的不同，谨慎区分企业整体价值、股东全部权益价值和股东部分权益价值，并在评估报告中明确说明。

该指导意见要求注册资产评估师在评估股东部分权益价值时，应当在适当及切实可行的情况下考虑由于控股权和少数股权等因素产生的溢价或折价，并应当在评估报告中披露是否考虑了控股权和少数股权等因素产生的溢价或折价；指导意见还要求注册资产评估师在执行企业价值评估业务时，应当在适当及切实可行的情况下考虑流动性对评估价值的影响，并应当在评估报告中披露是否考虑了流动性对评估对象价值的影响。该指导意见要求注册资产评估师在执行企业价值评估业务时，应当根据评估对象、价值类型、资料收集情况等相关条件，分析收益法、市场法和成本法三种资产评估基本方法的适用性，恰当选择一种或多种资产评估基本方法；以持续经营为前提对企业进行评估时，成本法一般不应当作为唯一使用的评估方法；对同一评估对象采用多种评估方法时，应当对形成的各种初步价值结论进行分析，在综合考虑不同评估方法和初步价值结论的合理性及所适用数据的质量和数量的基础上，形成合理评估结论。

该指导意见还对企业价值评估报告应当包括的基本内容，在评估报告中应当说明的被评估企业基本情况包括的内容，在评估报告中披露财务分析、调整情况应当包括的内容，以及披露评估方法运用实施过程和情况包括的内容等进行了规范。

为规范注册资产评估师执行企业价值评估业务行为，维护社会公共利益和资产评估各方当事人的合法权益，中国资产评估协会在总结《企业价值评估指导意见（试行）》实施经验的基础上，结合评估理论和实践的发展，制定了《资产评估准则——企业价值》，并予以发布，自 2012 年 7 月 1 日起施行。《企业价值评估指导意见（试行）》（中评协

〔2004〕134 号）同时废止。

（三）《金融不良资产评估指导意见（试行）》

《金融不良资产评估指导意见（试行）》由中国资产评估协会于 2005 年 3 月 21 日发布，共 8 章 49 条。同时该指导意见还附有两个附件：《债权资产分析技术框架》（供参考）和《债权资产价值分析报告基本内容和格式》（供参考），自 2005 年 7 月 1 日起施行。

2017 年 9 月 8 日，中国资产评估协会根据《资产评估基本准则》，对《金融不良资产评估指导意见（试行）》进行了修订，制定了《金融不良资产评估指导意见》，自 2017 年 10 月 1 日起施行。

该指导意见针对以金融不良资产处置为目的的资产评估业务，对金融不良资产的价值类型、评估要求、价值分析要求、披露要求等方面进行了规范。

该指导意见对金融不良资产及金融不良资产评估业务进行了定义：金融不良资产是指银行持有的次级、可疑及损失类贷款，金融资产管理公司收购或接管的金融不良债权，以及其他非银行金融机构持有的不良债权；金融不良资产评估业务包括注册资产评估师执行的以金融不良资产处置为目的的价值评估业务和以金融不良资产处置为目的的价值分析业务，价值评估业务是指注册资产评估师根据委托方的要求，对金融不良资产在基准日的价值进行分析、估算并形成专业意见的行为或过程，价值分析业务是指注册资产评估师根据委托方的要求，对无法实施必要评估程序的金融不良资产在基准日的价值或价值可实现程度进行分析、评估并形成专业意见的行为或过程。

该指导意见对金融不良资产评估业务的评估对象进行了界定：金融不良资产评估业务中，根据项目具体情况和委托方的要求，评估对象可能是债权资产，也可能是用以实现债权清偿权利的实物资产、股权类资产和其他资产。

该指导意见明确了金融不良资产评估业务中的价值类型：金融不良资产评估业务中的价值类型包括市场价值和市场价值以外的价值。市场价值以外的价值包括但不限于清算价值、投资价值、残余价值等。

该指导意见根据注册资产评估师实施必要评估程序是否受限，将金融不良资产评估业务分为价值评估业务和价值分析业务。对无法实施必要评估程序的金融不良资产的价值或价值可实现程度进行分析、估算并形成专业意见的行为或过程称为价值分析业务。

该指导意见明确了注册资产评估师形成的债权资产分析结论可以是明确的数值，也可以是区间值。注册资产评估师应当确信区间值的合理性并予以充分说明。

该指导意见将在金融不良资产处置实践中摸索出的债权资产价值分析方法和技术予以认可，以附件形式予以推荐，供参考使用。

（四）《资产评估价值类型指导意见》

《资产评估价值类型指导意见》由中国资产评估协会于 2007 年 11 月 28 日发布，共 4 章 27 条，自 2008 年 7 月 1 日起施行。2017 年 9 月 8 日，中国资产评估协会根据《资产评估基本准则》，对《资产评估价值类型指导意见》进行了修订，自 2017 年 10 月 1 日起施行。

该指导意见是关于评估结论价值定义方面的指导性规范。对价值类型进行了分类和定义，资产评估价值类型包括市场价值和市场价值以外的价值。指导意见对市场价值给出了明确的定义，而对市场价值以外的价值则采用了列举的方式，指出市场价值以外的价值类型包括投资价值、在用价值、清算价值、残余价值等。同时指出，某些特定评估业务评估结论的价值类型会受到相关法律、法规或者契约的约束，这些评估业务的评估结论应当按照相关法律、法则或者契约等的规定选择评估结论的价值类型，相关法律、法规或者契约没有约定的，可以根据实际选择市场价值或市场价值以外的价值类型，并予以定义。该指导意见对如何选择和使用价值类型进行了规范。

（五）《专利资产评估指导意见》

《专利资产评估指导意见》由中国资产评估协会于2008年11月28日发布，共6章38条，自2009年7月1日起施行。2017年9月8日，中国资产评估协会根据《资产评估基本准则》，对《专利资产评估指导意见》进行了修订，自2017年10月1日起施行。

该指导意见是根据《资产评估执业准则——无形资产》制定的。该指导意见明确定义：专利资产是指权利人所拥有的，能持续发挥作用且能带来经济利益的专利权益。该指导意见对从事专利资产评估业务的评估机构资格，注册资产评估师执行专利资产评估业务时的专业胜任能力，评估对象价值类型的选择，评估假设及限制条件等提出了基本要求。该指导意见对专利资产评估业务中的评估对象进行了界定，对专利资产评估业务如何操作进行了详细规范，同时对专利资产评估信息披露提出了要求。

（六）《著作权资产评估指导意见》

《著作权资产评估指导意见》由中国资产评估协会于2010年12月18日发布，共6章35条，自2011年7月1日起施行。2017年9月8日，中国资产评估协会根据《资产评估基本准则》，对《著作权资产评估指导意见》进行了修订，自2017年10月1日起施行。

该指导意见是根据《资产评估执业准则——无形资产》制定的。该指导意见明确定义：著作权资产是指权利人所拥有或者控制的，能持续发挥作用并且能预期带来经济利益的著作的财产权益和著作权有关权的财产权益。该指导意见对从事著作权资产评估业务的评估机构资格，注册资产评估师执行著作权资产评估业务时的专业胜任能力，评估对象价值类型的选择，评估假设及限制条件等提出了基本要求。

（七）《文化企业无形资产评估指导意见》

在中共中央宣传部和财政部的组织和指导下，中国资产评估协会制定并发布了《文化企业无形资产评估指导意见》，自2016年7月1日起施行，共7章44条。

该指导意见根据《资产评估执业准则——无形资产》制定，以规范资产评估师执行文化企业无形资产评估业务行为，维护社会公共利益和资产评估各方当事人合法权益。

该指导意见指出：文化企业，包括新闻出版发行服务企业、广播电视电影服务企业、文化艺术服务企业、文化信息传输服务企业、文化创意和设计服务企业、文化休闲娱乐服务企业和工艺美术品生产企业等；文化企业无形资产，是指文化企业所拥有或者控制的，不具有实物形态，能够持续发挥作用并且带来经济利益的资源；文化企业无形资产评估，是指资产评估师依据相关法律、法规和资产评估准则，对文化企业无形资产的价值进行分析、估算并发表专业意见的行为和过程。

该指导意见要求：资产评估师执行文化企业无形资产评估业务，应当遵守相关法律、法规和资产评估准则；了解文化企业是提供精神产品、传播思想信息、担负文化传承使命的特殊企业，必须始终坚持把社会效益放在首位、实现社会效益和经济效益相统一，应当关注文化企业社会效益对文化企业无形资产价值的影响；恪守独立、客观、公正的原则，勤勉尽责，保持应有的职业谨慎，避免出现对评估结论具有重大影响的疏漏。执行文化企业无形资产评估业务，应当结合经济行为类型，明确评估目的，合理使用评估假设和限定条件，并考虑其与价值类型的相关性。

在执行文化企业无形资产评估业务时，应当结合文化企业特点，关注社会环境、宏观经济政策、产业政策、法律保护状况、市场竞争状况、经营条件、生产能力、文化差异、产品（作品）类型等各项因素对无形资产效能发挥的制约和激励作用，及其对无形资产价值产生的影响。

资产评估师执行文化企业无形资产评估业务，应当根据评估目的、评估对象、价值类型、资料收集情况等相关条件，分析收益法、市场法和成本法三种资产评估基本方法的适用性，恰当选择一种或者多种资产评估方法。

● 第三节　资产评估主体及分类

一、资产评估主体界定

资产评估主体，是指资产评估业务的承担者，具体包括资产评估工作的从业人员及由评估人员组成的评估机构。

资产评估机构，是指获得国务院或省、自治区、直辖市人民政府国有资产管理行政主管部门颁发的执业资格证书，具有承担国有资产和非国有资产评估资格的资产评估操作机构。

资产评估报告举例

资产评估是一项技术性、政策性很强的专业活动，而且是跨专业、跨学科、跨行业的边缘学科及综合性社会活动。资产评估的质量将影响委托人及有关当事人的经济决策和经济利益。因此，资产评估从业人员必须具备执业的技术业务素质和职业道德。

二、资产评估主体分类

（一）依据资产评估主体的执业范围划分

依据资产评估主体的执业范围划分，资产评估主体可分为专营性资产评估机构和专项资产评估机构两种类型。

1.专营性资产评估机构，是指专门从事资产评估业务，而不从事其他中介业务的资产评估事务所或资产评估公司。一般情况下，专营性资产评估机构的评估业务范围比较广泛，评估人员比较固定，评估人员的素质相对较高。

2.专项资产评估机构，是指专门评估某一种或某一类资产的专项评估机构，如土地估价事务所、房地产估价事务所等。专项资产评估机构由于评估范围较窄，评估对象的性质、功能比较统一，专业性比较强，因而，专项资产评估机构的专业化程度和专业技术水平比较高，具有比较明显的专业优势。

（二）依据资产评估主体的企业组织形式划分

依据资产评估主体的企业组织形式划分，资产评估主体大致可分为合伙制资产评估机构和有限责任制资产评估机构。

1.合伙制资产评估机构由发起人共同出资设立，共同经营，对合伙债务承担无限连带责任。

2. 有限责任制资产评估机构由发起人共同出资设立，评估机构以其全部财产对其债务承担责任。

从目前来看，我国的资产评估机构主体基本上还不是合伙制资产评估机构，而且有一部分是具有挂靠单位或行政主管部门的企业法人资格的资产评估机构。

为了建立与市场经济相适应，与国际惯例相衔接的资产评估新体制，保证资产评估机构在执业中杜绝行政干预、行政垄断、地区垄断，强化资产评估机构风险意识，激励资产评估机构提高服务质量，使资产评估机构真正成为独立、客观、公正的社会中介组织，中国资产评估协会根据相关规定，已全面部署了资产评估机构改制的形式、程序以及管理工作，以促进我国的资产评估事业朝着健康有序的方向发展。

● 第四节　资产评估行业规范体系

一、资产评估行业法律规范

根据《中华人民共和国资产评估法》《中华人民共和国证券法》《中华人民共和国公司法》《中华人民共和国刑法》等相关法律规范，关于资产评估师行为的法律规定主要有：

（1）为股票发行出具资产评估报告的资产评估机构和资产评估人员，在该股票承销期内和期满后6个月内，不得买卖该股票。

（2）为上市公司出具资产评估报告的资产评估机构和资产评估人员，自接受上市公司委托之日起至该资产评估报告公开后5日内，不得买卖该种股票。

（3）为证券的发行、上市或者证券交易活动出具资产评估报告的资产评估机构，就其所应负责的内容弄虚作假的，没收违法所得，并处以违法所得1倍以上5倍以下罚款，并由有关主管部门责令该机构停业，吊销直接责任人员的资格证书。造成损失的，承担连带赔偿责任。构成犯罪的，依法追究刑事责任。

（4）承担资产评估的机构提供虚假证明文件的，没收违法所得，处以违法所得1倍以上5倍以下的罚款，并可由有关主管部门依法责令该机构停业，吊销直接责任人员的资格证书。构成犯罪的，依法追究刑事责任。

（5）承担资产评估的机构因过失提供有重大遗漏的报告的，责令改正，情节较重的处以评估所得1倍以上5倍以下的罚款，并由有关主管部门责令该机构停业，吊销直接责任人员的资格证书。

（6）保险事故的财产评估人员故意提供虚假的证明文件，为他人诈骗提供条件的，以保险诈骗的共犯论处。

（7）承担资产评估职责的中介组织人员故意提供虚假证明文件，情节严重的，处5年以下有期徒刑或者拘役，并处罚金。

（8）承担资产评估职责的中介组织的人员，索取他人财物或者非法收受他人财物，犯扰乱市场秩序罪的，处5年以上10年以下有期徒刑，并处罚金。

（9）承担资产评估职责的中介组织的人员，严重不负责任，出具的证明文件有重大失实，造成严重后果的，处3年以下有期徒刑或者拘役，并处或者单处罚金。

二、行政法规和部门规章

根据《中华人民共和国资产评估法》、《国有资产评估管理办法》、《国有资产评估管理办法实施细则》、《国务院办公厅转发财政部关于改革国有资产评估行政管理方式加强资产评估监督管理工作意见的通知》和《国有资产评估违法行为处罚办法》等相关行政法规和部门规章条款的规定，我国目前以法规形式对资产评估师职业的法律规定主要有：

（1）国有资产评估应当遵循真实性、科学性、可行性原则，依照国家规定的标准、秩序和方法进行评定和估算。

（2）持有国务院或省、自治区、直辖市人民政府国有资产管理行政主管部门颁发的国有资产评估资格证书的资产评估机构，可接受国有资产占有单位的委托，从事国有资产评估业务。

（3）资产评估机构应当对国有资产占有单位提供的有关情况和资料保守秘密，不得向外泄露。对资产评估中涉及的国家机密，应严格按照国家保密法规的各项规定执行。

（4）资产评估机构作弊或者玩忽职守，致使资产评估结果失实的，国有资产管理行政主管部门可以宣布资产评估结果无效，并可根据情节轻重，对该资产评估机构给予下列处罚：

① 警告；

② 停业整顿；

③ 吊销国有资产评估资格证书。

（5）承担资产评估工作的各类中介机构，应严格按照国家有关法律法规规定的评估程序、评估方法和标准，独立、客观、公正地进行资产评估，不得违规执业或出具虚假评估报告。

（6）资产评估机构在国有资产评估活动中违反有关法律、法规和规章，应予以行政处罚的，按《国有资产评估违法行为处罚办法》的规定给予处罚。

（7）省级人民政府财政部门是负责对本地区资产评估机构和设立在本地区资产评估分支机构的违法行为实施行政处罚的执业主体。国务院财政部门可以直接对资产评估机构严重违法行为进行处罚。

（8）对资产评估机构违法行为的行政处罚种类有：

① 警告；

② 罚款；

③ 没收所得；

④ 暂停执行部分或者全部业务，暂停执业期限为3～12个月；

⑤ 吊销资产评估资格证书。

（9）资产评估机构有下列情形之一的，予以警告：

① 不按照执业准则、职业道德准则的要求执业的；

② 拒绝、阻挠财政部门依法实施检查的；

③ 泄露委托人或者被评估单位商业秘密的。

对情形③中有违法所得的资产评估机构，处以违法所得3倍以下的罚款，最高的罚款不超过3万元；对没有违法所得的资产评估机构，处以1万元以下的罚款。

（10）资产评估机构有下列情形之一的，责令改正，并予以警告：

① 冒用其他机构名义或允许其他机构以本机构名义执行评估业务的；

② 向委托人或者被评估单位索取、收受业务约定书约定以外的酬金或者其他财物，或利用业务之便，谋取其他不正当利益的；

③ 对其能力进行虚假广告宣传的；

④ 向有关单位和个人支付回扣或者介绍费的；

⑤ 对委托人、被评估单位或者其他单位和个人进行胁迫、欺诈、利诱的；

⑥ 恶意降低收费的；

⑦ 与委托人或者被评估单位存在利害关系应当回避而没有回避的。

同时，对以上①至⑦项所列情形有违法所得的资产评估机构，处以违法所得3倍以下罚款，最高的罚款不超过3万元；对没有违法所得的资产评估机构，处以1万元以下的罚款。

（11）资产评估机构因过失出具有重大遗漏的报告的，责令改正，情节较重的，处以评估所得1倍以上3倍以下的罚款，并予以暂停执业。

（12）资产评估机构与委托人或被评估单位串通作弊，故意出具虚假报告的，没收违法所得，处以违法所得1倍以上5倍以下的罚款，并暂停执业；给利害关系人造成重大经济损失或者产生恶劣社会影响的，吊销资产评估资格证书。

（13）资产评估机构有下列情形之一的，应当从轻、减轻行政处罚：

① 主动改正违法行为或主动消除、减轻违法行为危害后果的；

② 主动向有关部门报告其违法行为的；

③ 主动配合查处违法行为的；

④ 受他人胁迫有违法行为的；

⑤ 其他应予从轻、减轻处罚的情形。

（14）资产评估机构有下列情形之一的，应当从重处罚：

① 同时具有两种或两种以上应予处罚的行为的；

② 在两年内发生两次或两次以上同一性质的应予处罚的行为的；

③ 对投诉人、举报人、证人等进行威胁、报复的；

④ 违法行为发生后隐匿、销毁证据材料的；

⑤ 其他应予从重处罚的情形。

（15）注册资产评估师在国有资产评估中有违法行为的，按照有关规定处理。

三、我国资产评估准则体系

目前，我国资产评估准则体系主要由以下几方面构成：

从资产评估准则体系横向关系上划分，资产评估准则包括业务准则和职业道德准则两个部分。从资产评估准则体系纵向关系上划分，资产评估准则分为不同的层次。资产评估职业道德准则的纵向关系较为简单，分为职业道德基本准则和具体准则两个层次。

资产评估业务准则由于涉及面广，在纵向关系上分为四个层次：资产评估基本准则层次；资产评估具体准则层次，资产评估具体准则又分为程序性准则和专业性准则两个部分；资产评估指南层次，资产评估指南包括对特定评估目的、特定资产类别（细化）评估业务以及对资产评估中某些重要事项的规范；资产评估指导意见层次，资产评估指导意见是针对资产评估业务中的某些具体问题的指导性文件。

（一）资产评估业务准则

资产评估业务准则也称为资产评估技术规范，是指对资产评估师在资产评估执业过程中所使用的专业术语、执业准则、操作程序和报告披露等所做的统一要求。

资产评估专业术语是评估师之间、评估机构之间、评估机构与客户之间、评估行业与社会之间进行沟通和交流的纽带。统一资产评估专业术语是统一资产评估行业的基本前提。

资产评估执业准则是在资产评估理论和资产评估实践总结的基础上形成的资产评估执业技术规范和技术标准，是资产评估行业统一的技术指引，是资产评估行业向社会提供高水平专业服务的技术保证。资产评估操作程序是资产评估作业过程中的逻辑顺序，按照合理的资产评估操作程序执业是资产评估过程和资产评估结果合理性的基本保证。

从1997年开始，中国资产评估协会就着手进行资产评估准则的起草和建设工作。到2001年9月，《资产评估执业准则——无形资产》正式颁布，标志着我国资产评估执业技术规范建设已经有了实质性的进展，大规模的建设成果完成于2007年，共形成15项准则。接下来的2008年和2009年也有所发展，至今还在不断充实、完善。

（二）资产评估职业道德规范

资产评估职业道德规范，是指资产评估师在资产评估执业过程中应当具有的职业品格和应当遵守的职业标准要求。

1.资产评估师的职业品格。

资产评估师的职业品格的基本内容主要反映在资产评估师的职业理想、职业态度和职业荣誉等方面。

（1）职业理想是资产评估师对资产评估工作的一种总体认识，即资产评估师是把资产评估作为一种事业看待，还是仅仅作为一种谋生的手段来看待。只有将资产评估作为一种事业来看待，才能在资产评估工作中不断地追求，不断地提高，并自觉地遵守资产评估执业纪律和职业规范。

（2）职业态度就是资产评估师的工作态度。资产评估师的职业态度是否端正将直接影响资产评估工作的效果和质量。树立为客户、为社会服务的思想，树立提供高质量的专业服务的工作信念，是资产评估师应有的职业态度。

（3）职业荣誉是指资产评估师在执业过程中形成的职业形象，包括资产评估师个人的社会认同度，以及资产评估机构的社会公信度。资产评估师在日常执业过程中不断地培养和塑造职业形象，保持职业荣誉，以取信于大众，取信于社会。

2.资产评估师的职业标准和要求。

资产评估师的职业标准和要求主要包括资产评估师遵守执业纪律的要求，坚持独立、客观、公正和专业性执业原则的要求，坚持胜任能力的要求，以及承担职业责任的要求。

（1）资产评估师遵守执业纪律是指资产评估师应当遵守国家的有关法律法规和资产评估执业准则，保证资产评估在合法和合规的前提下进行。

（2）资产评估师在执业过程中应坚持独立、客观、公正、专业的执业原则。资产评估机构必须拥有一批专业人士或专家，这些专业人士或专家应该有良好的教育背景、丰富的实践工作经验和良好的职业道德修养，以保证资产评估结论是一种客观公正的具有专业水准的专家判断或专家意见。

（3）专业胜任能力要求是指资产评估机构与资产评估师在承揽资产评估项目时，要衡量自身的专业胜任能力，以判断评估机构和评估师是否有能力完成该评估项目。任何超过自身能力而承揽评估项目的行为都是违反资产评估职业道德的。

（4）承担职业责任的要求是指资产评估师必须对自己的执业行为和评估结果承担经济责任和法律责任。资产评估师在行使对资产进行鉴证和估值的权利的过程中，也必须承担为客户保守秘密，以及公正执业的责任。

● 第五节　资产评估机构管理

一、资产评估的政府管理

我国资产评估管理工作实行"统一政策、分级管理"的原则，在 2005 年《资产评估机构审批管理办法》颁布之前，国有资产评估工作按照国有资产管理权限，由国有资产管理行政主管部门负责管理和监督。

根据《资产评估机构审批管理办法》的规定：财政部为全国资产评估主管部门，依法负责审批管理、监督全国资产评估机构，统一制定资产评估机构管理制度。各省、自治区、直辖市财政厅（局）（简称省级财政部门）负责对本地区资产评估机构进行审批管理和监督。

2016 年 7 月 2 日通过的《中华人民共和国资产评估法》规定：国务院有关评估行政管理部门组织制定评估基本准则和评估行业监督管理办法；设区的市级以上人民政府有关评估行政管理部门依据各自职责，负责监督管理评估行业，对评估机构和评估专业人员的违法行为依法实施行政处罚，将处罚情况及时通报有关评估行业协会，并依法向社会公开；评估行政管理部门对有关评估行业协会实施监督检查，对检查发现的问题和针对协会的投诉、举报，应当及时调查处理；评估行政管理部门不得与评估行业协会、评估机构存在人员或者资金关联，不得利用职权为评估机构招揽业务。

资产评估协会负责对资产评估行业进行自律性管理，协助资产评估主管部门对资产评估机构进行管理与监督检查。我国政府监管资产评估行业的主要内容包括：对资产评估机构的管理、对资产评估业务的管理、对资产评估收费的管理，以及对资产评估的法制管理等。

对资产评估机构的管理，主要是严格审查资产评估机构的资格并颁发资产评估资格证书。对暂不具备条件的资产评估机构，缓发资格证书，并帮助它们积极提升、改善条件。对资产评估业务的管理，主要是做好对资产评估立项工作的管理、对资产评估工作的监督管理、对资产评估确认工作的管理等。

对资产评估收费的管理，主要是监督和审查各资产评估机构是否严格按照《资产评估收费管理办法》执行收费，对违反规定，进行削价竞争或超标准收费的，应进行严肃处理。

对资产评估的法制管理，主要是通过颁布一系列的法规和规章制度，明确资产评估的评估范围，明确资产评估组织管理体系及其责权关系，明确资产评估资格的法定条件，明确资产评估机构的权利和义务，明确资产评估的管理机构、委托人与资产评估机构之间的法律关系，明确资产评估估价的标准和原则方法，明确对资产评估结果的使用和账务处理方法以及明确处理评估机构与委托人及其他当事人之间的相互关系等。

二、资产评估的行业自律管理

我国的资产评估由政府管理逐渐转向在政府指导下的行业自律管理，是形势所迫。这既是社会主义市场经济发展的需要，也是与国际惯例接轨的需要。要充分发挥协会的行业管理作用，必须有一个健全的协会组织体系。

1993 年 12 月 10 日，我国成立了中国资产评估协会，它是一个自我教育、自我约束、自我管理的全国性资产评估行业组织。中国资产评估协会作为独立的社团组织，具有跨地区、跨部门、跨行业等特点，使资产评估管理工作覆盖整个行业和全社会。它既可承担培训评估人员、研究评估理论方法、制定评估技术标准和执业标准、进行国内外业务交流合作等工作，又可接受政府授权和委托，承担属于政府职能的部分监管工作。中国资产评估协会的建立，标志着我国资产评估行业建设进入了一个新的历史发展阶段。

（一）行业协会的宗旨

建立中国资产评估协会的宗旨是为了：适应社会主义市场经济发展的需要，加强资产评估工作的行业管理和监督，引导资产评估机构及其执业人员强化自律管理，促使其独立、客观、公正地开展资产评估业务，维护产权所有者各方面的合法权益；研究资产评估的理论，交流资产评估的经验，沟通业务信息，提高资产评估机构和评估执业人员的素质和评估水平，指导评估机构和评估执业人员依据国家法律、法规正确执业，遵守职业道德，维护评估机构和评估人员的合法权益，促进评估工作健康发展。

（二）行业协会的基本职责

1.负责协会会员及组织联络工作。

2.开展资产评估理论、方法政策的研究，制定资产评估准则和标准。

3.办理协会日常文秘工作，管理协会财务收支，定期向理事会提供财务及工作报告。

4.受理资产评估纠纷的调解和仲裁。

5.反映会员的意见和要求，维护会员的合法权益。

6.出版协会刊物，组织编写、出版有关评估书籍、资料，开展评估宣传工作。

7.开展国际交流。

8.收集评估信息和数据，逐步建立以电子信息技术为基础的信息网络，为资产评估提供信息服务。

9.对资产评估人员进行业务培训，提高执业技能。

10.其他应由协会办理的事项。

● 第六节　资产评估师管理

一、制度建立

1995 年 5 月 10 日，原人事部、国家国有资产管理局印发《注册资产评估师执业资格制度暂行规定》及《注册资产评估师执业资格考试实施办法》（人职发〔1995〕54 号），国家开始实施资产评估师执业资格制度。

2002 年 2 月 25 日，原人事部、财政部印发《关于调整注册资产评估师执业资格考试有关政策的通知》（人发〔2002〕20号），对原有考试管理办法进行了修订。

2003年3月14日，原人事部、财政部印发《关于在注册资产评估师执业资格中增设珠宝评估专业有关问题的通知》（人发〔2003〕19号）；2003年9月7日，中国资产评估协会《关于发布〈注册资产评估师（珠宝）执业资格考试实施办法〉的通知》（中评协〔2003〕3号）。

2004年1月14日，原人事部、财政部印发《人事部关于香港、澳门居民申请参加全国注册资产评估师执业资格考试有关问题的通知》（国人厅发〔2004〕5号）。

2005年1月14日，原人事部印发《关于做好香港、澳门居民参加内地统一举行的专业技术人员资格考试有关问题的通知》（国人部发〔2005〕9号）。

2007年5月30日，原人事部、国务院台湾事务办公室印发《关于向台湾居民开放部分专业技术人员资格考试有关问题的通知》（国人部发〔2007〕78号）。

2014年8月12日，国务院发布的《国务院关于取消和调整一批行政审批项目等事项的决定》（国发〔2014〕27号）取消了注册资产评估师的职业资格行政许可和认定。

2014年10月10日，随着《关于做好取消注册资产评估师职业资格后续工作的通知》（人社厅函〔2014〕380号）的发布，将注册资产评估师被调整为水平评价类职业资格。

2015年4月27日，随着《人力资源社会保障部 财政部关于印发资产评估师职业资格制度暂行规定和资产评估师职业资格考试实施办法的通知》（人社部发〔2015〕43号），原注册资产评估师被调整为资产评估师。

2017年5月23日，随着《人力资源社会保障部财政部关于修订印发《资产评估师职业资格制度暂行规定》和《资产评估师职业资格考试实施办法》的通知》对资产评估师报考条件、资产评估师资格考试组织等内容进行了修订。

……

二、会员管理

2016年2月3日，中国资产评估协会为完善会员管理机制，强化自律管理职能，制定了《中国资产评估协会执业会员管理办法（试行）》。

该办法所称执业会员，是指通过考试或者依法认定取得资产评估师职业资格，根据《资产评估师职业资格证书登记办法（试行）》（以下简称《登记办法》）登记为在资产评估机构工作，并加入中评协的资产评估师。2023年6月18日，中国资产评估协会印发修订后的《中国资产评估协会会员管理办法》，自2023年7月1日起施行。中国资产评估协会2014年3月5日发布的《中国资产评估协会非执业会员管理办法》（中评协〔2014〕43号）、2016年2月3日发布的《资产评估师职业资格证书登记办法（试行）》（中评协〔2016〕4号）、2016年2月3日发布的《中国资产评估协会执业会员管理办法（试行）》（中评协〔2016〕5号）、2017年8月22日发布的《中国资产评估协会会员管理办法》（中评协〔2017〕29号）同时废止。

（一）会籍管理

中评协负责全国执业会员的管理，并授权各省、自治区、直辖市及计划单列市资产评估协会（以下简称地方协会）负责本地区执业会员的会籍管理。

执业会员有下列情形之一的，由中评协取消其执业会员资格：

1.自愿申请退出中评协；

2.不履行《中国资产评估协会章程》（简称《章程》）规定的义务；

3.不具有完全民事行为能力；

4.资产评估师职业资格被注销或者取消登记；

5.不在资产评估机构工作；

6.地方协会代管的执业会员代管期限连续满12个月；

7.因受行政处罚、处分，情节严重；

8.受到刑事处罚；

9.中评协规定的其他情形。

取消执业会员资格应当按下列程序办理：

1.有符合取消执业会员资格情形的，由地方协会进行调查，并将调查情况及相关证明材料上报中评协；

2.中评协对地方协会上报的材料核实后，取消执业会员资格，在中评协网站予以公告，并由地方协会通知本人；

3.被取消执业会员资格的人员，对中评协决定不服的，可以在公告之日起30日内向中评协申诉委员会提出申诉。

（二）执业会员办理转所

执业会员办理转所应当具备下列条件：

1.执业会员与资产评估机构签订的劳动合同已经终止或者与资产评估机构协商同意解除劳动合同；

2.担任资产评估机构合伙人或者股东的，已完成退伙或者财产份额（出资）转让手续，或者签订财产份额（出资）转让协议或者退伙协议；

3.未被要求接受司法机关、行政机关和行业协会调查（调查一年未结束的除外）。

执业会员转所应当到转出资产评估机构所在地地方协会（以下简称转出地方协会）办理手续，并提交转所申请、资产评估师转所申请表、转入机构签订的劳动合同复印件。担任转出机构合伙人或者股东的，还应当提交合伙人会议（股东会）决议、财产份额（出资）转让协议书或者退伙协议书、市场监督管理部门备案的变更后合伙人或者股东名单复印件一式两份。资产评估师转所申请表自转出地方协会盖章之日起12个月内有效。跨区转所的执业会员在未完成转所手续之前由转出地方协会管理。执业会员与资产评估机构签订的劳动合同终止且未转入另一家资产评估机构执业的，资产评估机构应当在30日内报所在地地方协会备案；所在资产评估机构被依法注销的，执业会员应当在30日内报所在地地方协会备案。发生前项条款规定的情形，执业会员应当在30日内办理转出手续。地方协会应当在执业会员管理系统中将其转入地方协会代管点，代管期限为12个月，代管期间有符合取消执业会员资格情形的，按相关规定执行。

（三）年检

中评协负责监督和指导地方协会对执业会员的年检工作，并授权地方协会负责本地区执业会员的年检工作。同时，可以根据需要对地方协会的年检工作进行抽查。

执业会员年检基准日为前一年的12月31日，执业会员均应当参加年检。

执业会员年检工作的主要内容包括：

1.是否按规定接受继续教育；

2.是否按规定履行《章程》规定的义务；

3.是否停止执行资产评估业务满12个月；

4.是否按规定办理变更备案及离所备案手续；

5.是否在资产评估机构工作；

6.是否具有完全民事行为能力；

7.是否存在受到行业自律惩戒、行政处罚或者刑事处罚的情况；

8.中评协及地方协会规定的其他内容。

（四）证书和印鉴

资产评估的执业会员证书由中评协统一规定规格、式样并统一编号印制、管理，由地方协会发放。资产评估师印鉴由中评协统一规定规格和式样，并由地方协会制作、发放。印鉴仅限本人使用，不得转让或者授权他人使用。

资产评估师应当在其完成的资产评估报告中加盖本人印鉴，不得在未参与的资产评估报告中使用。资产评估师签署资产评估报告时使用的本人签名和印鉴应当与其资产评估师职业资格证书登记卡上记载的签名和印鉴一致。

■ 本章小结

资产评估主体是指具体从事资产评估工作的评估人员及由评估人员组成的评估机构。目前，资产评估主体的基本管理制度主要包括注册资产评估师制度、资产评估机构执业资格制度以及资产评估机构的年检制度等。资产评估行业规范体系是促进资产评估行业健康发展的重要制度因素，主要包括资产评估法规体系、评估业务准则以及评估人员职业道德规范。随着资产评估行业的发展壮大，资产评估行业的管理模式也由以政府监管为主向行业自律监管的方向发展。

■ 本章练习题

一、单项选择题

1.德国的资产评估管理体制是（　　）。

A.混合型管理模式　　　　　　　　B.行业自律型管理模式

C.政府干预型管理模式　　　　　　D.政府监管下的行业自律型管理模式

2.衡量一个国家评估业务水平的标准之一是（　　）。

A.资产评估师的人数　　　　　　　B.资产评估机构的数量

C.资产评估行业发展的时间　　　　D.资产评估准则体系的成熟度

二、多项选择题

1.行业自律型管理模式的优点有（　　）。

A.独立性强　　　B.适应性强　　　C.能动性强　　　D.公正性强

E.约束力强

2.《专业评估执业统一准则》的构成部分有（　　）。

A.术语 B.导言

C.规范 D.准则和准则条文

E.准则说明

三、判断题

1.行业自律型管理模式是指主要由民间职业团体对资产评估行业进行监管的一种模式。 （　　）

2.政府干预型管理模式的优点是资产评估行业的独立性较强。 （　　）

3.与英国等以不动产评估为主的国家不同，美国资产评估行业呈现出综合性的特点。 （　　）

四、思考题

1.资产评估行业的管理模式有哪些？各种模式的特点是什么？

2.国外的资产评估行业管理体制对我国资产评估业有何启示？

3.在各国评估准则努力与国际评估准则实现接轨，直至完全对接的前提下，我国的评估准则应该如何与国际评估准则实现协调并彰显特色？

参考文献

［1］闫存岩，邢敏. 企业价值评估方法研究［J］. 价格理论与实践，2008（1）.

［2］刘玉平. 资产评估教程［M］. 3版. 北京：中国财政经济出版社，2010.

［3］王宏伟，仲岩. 资产评估［M］. 2版. 北京：高等教育出版社，2016.

［4］李光洲，徐爱农. 资产评估教程［M］. 上海：立信会计出版社，2010.

［5］陈建西，陈庆红. 资产评估［M］. 3版. 成都：西南财经大学出版社，2017.

［6］于艳芳，宋凤轩. 资产评估理论与实务［M］. 2版. 北京：人民邮电出版社，2013.

［7］兰颖文. 资产评估教程［M］. 北京：人民邮电出版社，2010.

［8］孔东民，敬志勇. 资产评估原理［M］. 上海：格致出版社，2010.

［9］刘德运. 无形资产评估［M］. 北京：中国财政经济出版社，2010.

［10］周友梅，胡晓明. 资产评估学原理［M］. 北京：中国财政经济出版社，2010.

［11］周友梅，胡晓明. 资产评估学基础［M］. 3版. 上海：上海财经大学出版社，2014.

［12］乔志敏，王小荣. 资产评估学教程［M］. 7版. 北京：中国人民大学出版社，2020.

［13］陈文军. 资产评估学——理论、实务与案例［M］. 北京：北京大学出版社，2015.

［14］黄良杰，陈红玲. 资产评估［M］. 2版. 上海：立信会计出版社，2015.

［15］杨志明. 资产评估实务与案例分析［M］. 北京：中国财政经济出版社，2015.

［16］姜楠，王景升. 资产评估［M］. 6版. 大连：东北财经大学出版社，2023.

附录 资金时间价值系数表

期数	1%	2%	3%	4%	5%	6%	7%	8%	9%	10%
1	0.9901	0.9804	0.9709	0.9615	0.9524	0.9434	0.9346	0.9259	0.9174	0.9091
2	0.9803	0.9712	0.9426	0.9246	0.9070	0.8900	0.8734	0.8573	0.8417	0.8264
3	0.9706	0.9423	0.9151	0.8890	0.8638	0.8396	0.8163	0.7938	0.7722	0.7513
4	0.9610	0.9238	0.8885	0.8548	0.8227	0.7921	0.7629	0.7350	0.7084	0.6830
5	0.9515	0.9057	0.8626	0.8219	0.7835	0.7473	0.7130	0.6806	0.6499	0.6209
6	0.9420	0.8880	0.8375	0.7903	0.7462	0.7050	0.6663	0.6302	0.5963	0.5645
7	0.9327	0.8606	0.8131	0.7599	0.7107	0.6651	0.6227	0.5835	0.5470	0.5132
8	0.9235	0.8535	0.7874	0.7307	0.6768	0.6274	0.5820	0.5403	0.5019	0.4665
9	0.9143	0.8368	0.7664	0.7026	0.6446	0.5919	0.5439	0.5002	0.4604	0.4241
10	0.9053	0.8203	0.7441	0.6756	0.6139	0.5584	0.5083	0.4632	0.4224	0.3855
11	0.8963	0.8043	0.7224	0.6496	0.5847	0.5268	0.4751	0.4289	0.3875	0.3505
12	0.8874	0.7885	0.7014	0.6246	0.5568	0.4970	0.4440	0.3971	0.3555	0.3186
13	0.8787	0.7730	0.6810	0.6006	0.5303	0.4688	0.4150	0.3677	0.3262	0.2897
14	0.8700	0.7579	0.6611	0.5775	0.5051	0.4423	0.3878	0.3405	0.2992	0.2633
15	0.8613	0.7430	0.6419	0.5553	0.4810	0.4173	0.3624	0.3152	0.2745	0.2394
16	0.8528	0.7284	0.6232	0.5339	0.4581	0.3936	0.3387	0.2919	0.2519	0.2176
17	0.8444	0.7142	0.6050	0.5134	0.4363	0.3714	0.3166	0.2703	0.2311	0.1978
18	0.8360	0.7002	0.5874	0.4936	0.4155	0.3503	0.2959	0.2502	0.2120	0.1799
19	0.8277	0.6864	0.5703	0.4746	0.3957	0.3305	0.2765	0.2317	0.1945	0.1635
20	0.8195	0.6730	0.5537	0.4564	0.3769	0.3118	0.2584	0.2145	0.1784	0.1486
21	0.8114	0.6598	0.5375	0.4388	0.3589	0.2942	0.2415	0.1987	0.1637	0.1351
22	0.8034	0.6468	0.5219	0.4220	0.3418	0.2775	0.2257	0.1839	0.1502	0.1228
23	0.7954	0.8342	0.5067	0.4057	0.3256	0.2618	0.2109	0.1703	0.1378	0.1117
24	0.7876	0.6217	0.4919	0.3901	0.3101	0.2470	0.1971	0.1577	0.1264	0.1015
25	0.7798	0.6095	0.4776	0.3751	0.2953	0.2330	0.1842	0.1460	0.1160	0.0923
26	0.7720	0.5976	0.4637	0.3604	0.2812	0.2198	0.1722	0.1352	0.1064	0.0839
27	0.7644	0.5859	0.4502	0.3468	0.2678	0.2074	0.1609	0.1252	0.0976	0.0763
28	0.7568	0.5744	0.4371	0.3335	0.2551	0.1956	0.1504	0.1159	0.0895	0.0693
29	0.7493	0.5631	0.4243	0.3207	0.2429	0.1846	0.1406	0.1073	0.0822	0.0630
30	0.7419	0.5521	0.4120	0.3083	0.2314	0.1741	0.1314	0.0994	0.0754	0.0573
35	0.7059	0.5000	0.3554	0.2534	0.1813	0.1301	0.0937	0.0676	0.0490	0.0356
40	0.6717	0.4529	0.3066	0.2083	0.1420	0.0972	0.0668	0.0460	0.0318	0.0221
45	0.6491	0.4102	0.2644	0.1712	0.1113	0.0727	0.0476	0.0313	0.0207	0.0137
50	0.6080	0.3715	0.2281	0.1407	0.0872	0.0543	0.0339	0.0213	0.0134	0.0085
55	0.5785	0.3365	0.1968	0.1157	0.0683	0.0406	0.0242	0.0145	0.0087	0.0053

续表

期数	12%	14%	15%	16%	18%	20%	24%	28%	32%	36%
1	0.8929	0.8772	0.8696	0.8621	0.8475	0.8333	0.8065	0.7813	0.7576	0.7353
2	0.7972	0.7695	0.7561	0.7432	0.7182	0.6944	0.6504	0.6104	0.5739	0.5407
3	0.7118	0.6750	0.6575	0.6407	0.6086	0.5787	0.5245	0.4768	0.4348	0.3975
4	0.6355	0.5921	0.5718	0.5523	0.5158	0.4823	0.4230	0.3725	0.3294	0.2923
5	0.5674	0.5194	0.4972	0.4762	0.4371	0.4019	0.3411	0.2910	0.2495	0.2149
6	0.5066	0.4556	0.4323	0.4104	0.3704	0.3349	0.2751	0.2274	0.1890	0.1580
7	0.4523	0.3996	0.3759	0.3538	0.3139	0.2791	0.2218	0.1776	0.1432	0.1162
8	0.4039	0.3506	0.3269	0.3050	0.2660	0.2326	0.1789	0.1388	0.1085	0.0854
9	0.3606	0.3075	0.2843	0.2630	0.2255	0.1938	0.1443	0.1084	0.0822	0.0628
10	0.3220	0.2697	0.2472	0.2267	0.1911	0.1615	0.1164	0.0847	0.0623	0.0462
11	0.2875	0.2366	0.2149	0.1954	0.1619	0.1346	0.0938	0.0662	0.0472	0.0340
12	0.2567	0.2076	0.1869	0.1685	0.1373	0.1122	0.0557	0.0517	0.0357	0.0250
13	0.2292	0.1821	0.1625	0.1452	0.1163	0.0935	0.0610	0.0404	0.0271	0.0184
14	0.2046	0.1597	0.1413	0.1252	0.0985	0.0779	0.0492	0.0316	0.0205	0.0135
15	0.1827	0.1401	0.1229	0.1079	0.0835	0.0649	0.0397	0.0247	0.0155	0.0099
16	0.1631	0.1229	0.1069	0.0980	0.0709	0.0541	0.0320	0.0193	0.0118	0.0073
17	0.1456	0.1078	0.0929	0.0802	0.0600	0.0451	0.0259	0.0150	0.0089	0.0054
18	0.1300	0.0946	0.0808	0.0691	0.0508	0.0376	0.0208	0.0118	0.0068	0.0039
19	0.1161	0.0829	0.0703	0.0596	0.0431	0.0313	0.0168	0.0092	0.0051	0.0029
20	0.1037	0.0728	0.0611	0.0514	0.0365	0.0261	0.0135	0.0072	0.0039	0.0021
21	0.0926	0.0638	0.0531	0.0443	0.0309	0.0217	0.0109	0.0056	0.0029	0.0016
22	0.0826	0.0560	0.0462	0.0382	0.0262	0.0181	0.0088	0.0044	0.0022	0.0012
23	0.0738	0.0491	0.0402	0.0329	0.0222	0.0151	0.0071	0.0034	0.0017	0.0008
24	0.0659	0.0431	0.0349	0.0284	0.0188	0.0126	0.0057	0.0027	0.0013	0.0006
25	0.0588	0.0378	0.0304	0.0245	0.0160	0.0105	0.0046	0.0021	0.0010	0.0005
26	0.0525	0.0331	0.0264	0.0211	0.0135	0.0087	0.0037	0.0016	0.0007	0.0003
27	0.0469	0.0291	0.0230	0.0182	0.0115	0.0073	0.0030	0.0013	0.0006	0.0002
28	0.0419	0.0255	0.0200	0.0157	0.0097	0.0061	0.0024	0.0010	0.0004	0.0002
29	0.0374	0.0224	0.0174	0.0135	0.0082	0.0051	0.0020	0.0008	0.0003	0.0001
30	0.0334	0.0196	0.0151	0.0116	0.0070	0.0042	0.0016	0.0006	0.0002	0.0001
35	0.0189	0.0102	0.0075	0.0055	0.0030	0.0017	0.0005	0.0002	0.0001	*
40	0.0107	0.0053	0.0037	0.0026	0.0013	0.0007	0.0002	0.0001	*	*
45	0.0061	0.0027	0.0019	0.0013	0.0006	0.0003	0.0001	*	*	*
50	0.0035	0.0014	0.0009	0.0006	0.0003	0.0001	*	*	*	*
55	0.0020	0.0007	0.0005	0.0003	0.0001	*	*	*	*	*
	* < 0.0001									

附表2 一元复利终值系数表　　　　　　　　$(F/P, i, n) = (1+i)^n$

期数	1%	2%	3%	4%	5%	6%	7%	8%	9%	10%
1	1.0100	1.0200	1.0300	1.0400	1.0500	1.0600	1.0700	1.0800	1.0900	1.1000
2	1.0201	1.0404	1.0609	1.0816	1.1025	1.1236	1.1449	1.1664	1.1881	1.2100
3	1.0303	1.0612	1.0927	1.1249	1.15746	1.1910	1.2250	1.2597	1.2950	1.3310
4	1.0406	1.0824	1.1255	1.1699	1.2155	1.2625	1.3108	1.3605	1.4116	1.4641
5	1.0510	1.1041	1.1593	1.2167	1.2763	1.3382	1.4026	1.4693	1.5386	1.6105
6	1.0615	1.1262	1.1941	1.2653	1.3401	1.4185	1.5007	1.5869	1.6771	1.7716
7	1.0721	1.1487	1.2299	1.3159	1.4071	1.5036	1.6058	1.7138	1.8280	1.9487
8	1.0829	1.1717	1.2668	1.3686	1.4775	1.5938	1.7182	1.8509	1.9926	2.1436
9	1.0937	1.1951	1.3048	1.4233	1.5513	1.6895	1.8385	1.9990	2.1719	2.3579
10	1.1046	1.2190	1.3439	1.4802	1.6289	1.7908	1.9672	2.1589	2.3674	2.5937
11	1.1157	1.2434	1.3842	1.5395	1.7103	1.8983	2.1049	2.3316	2.5804	2.8531
12	1.1268	1.2682	1.4258	1.6010	1.7959	2.0122	2.2522	2.5182	2.8127	3.1384
13	1.1381	1.2936	1.4685	1.6651	1.8856	2.1329	2.4098	2.7196	3.0658	3.4523
14	1.1495	1.3195	1.5126	1.7317	1.9799	2.2609	2.5785	2.9372	3.3417	3.7975
15	1.1610	1.3459	1.5580	1.8009	2.0789	2.3966	2.7590	3.1722	3.6425	4.1772
16	1.1726	1.3728	1.6047	1.8730	2.1829	2.5404	2.9522	3.4259	3.9703	4.5950
17	1.1843	1.4002	1.6528	1.9479	2.2920	2.6928	3.1588	3.7000	4.3276	5.0545
18	1.1961	1.4282	1.7024	2.0258	2.4066	2.8543	3.3799	3.9960	4.7171	5.5599
19	1.2081	1.4568	1.7535	2.1068	2.5270	3.0256	3.6165	4.3157	5.1417	6.1159
20	1.2202	1.4859	1.8061	2.1911	2.6533	3.2071	3.8697	4.6610	5.6044	6.7275
21	1.2324	1.5157	1.8603	2.2788	2.7860	3.3996	4.1406	5.0338	6.1088	7.4002
22	1.2447	1.5460	1.9161	2.3699	2.9253	3.6035	4.4304	5.4365	6.6586	8.1403
23	1.2572	1.5769	1.9736	2.4647	3.0715	3.8197	4.7405	5.8715	7.2579	8.2543
24	1.2697	1.6084	2.0328	2.5633	3.2251	4.0489	5.0724	6.3412	7.9111	9.8497
25	1.2824	1.6406	2.0938	2.6658	3.3864	4.2919	5.4274	6.8485	8.6231	10.835
26	1.2953	1.673	2.1566	2.7725	3.5557	4.5494	5.8074	7.3964	9.3992	11.918
27	1.3082	1.7069	2.2213	2.8834	3.7335	4.8823	6.2139	7.9881	10.245	13.110
28	1.3213	1.7410	2.2879	2.9987	3.9201	5.1117	6.6488	8.6271	11.167	14.421
29	1.3345	1.7758	2.3566	3.1187	4.1161	5.4184	7.1143	9.3173	12.172	15.863
30	1.3478	1.8114	2.4273	3.2434	4.3219	5.7435	7.6123	10.063	13.268	17.449
40	1.4889	2.2080	3.2620	4.8010	7.0400	10.286	14.794	21.725	31.408	45.259
50	1.6446	2.6916	4.3839	7.1067	11.467	18.420	29.457	46.902	74.358	117.39
60	1.8167	3.2810	5.8916	10.520	18.679	32.988	57.946	101.26	176.03	304.48

期数	12%	14%	15%	16%	18%	20%	24%	28%	32%	36%
1	1.1200	1.1400	1.1500	1.1600	1.1800	1.200	1.2400	1.2800	1.3200	1.3600
2	1.2544	1.2996	1.3225	1.3456	1.3924	1.4400	1.5376	1.6384	1.7424	1.8496
3	1.4049	1.4815	1.5209	1.5609	1.6430	1.7280	1.9066	2.0872	2.3000	2.5155
4	1.5735	1.6890	1.7490	1.8106	1.9388	2.0736	2.3642	2.6844	3.0360	3.4210
5	1.7623	1.9254	2.0114	2.1003	2.2878	2.4883	2.9316	3.4360	4.0075	4.6526
6	1.9738	2.1950	2.3131	2.4364	2.6996	2.9860	3.6352	4.3980	5.2899	6.3275
7	2.2107	2.5023	2.6600	2.8262	3.1855	3.5832	4.5077	5.6295	6.9826	8.6054
8	2.4760	2.8526	3.0590	3.2784	3.7589	4.2998	5.5895	7.2058	9.2170	11.703
9	2.7731	3.2519	3.5179	3.8030	4.4355	5.1598	6.9310	9.2234	12.166	15.917
10	3.1058	3.7072	4.0456	4.4114	5.2338	6.1917	8.5944	11.806	16.060	21.647
11	3.4785	4.2262	4.6524	5.1173	6.1759	7.4301	10.657	15.112	21.199	29.439
12	3.8960	4.8179	5.3503	5.9360	7.2876	8.9161	13.215	19.343	27.983	40.037
13	4.3635	5.4924	6.1528	6.8858	8.5994	10.699	16.386	24.759	36.937	54.451
14	4.8871	6.2613	7.0757	7.9875	10.147	12.839	20.319	31.691	48.757	74.053
15	5.4736	7.1379	8.1371	9.2655	11.974	15.407	25.196	40.565	64.359	100.71
16	6.1304	8.1372	9.3576	10.748	14.129	18.488	31.243	51.923	84.954	136.97
17	6.8660	9.2765	10.761	12.468	16.672	22.186	38.741	66.461	112.14	186.28
18	7.6900	10.575	12.375	14.463	19.673	26.623	48.039	86.071	148.02	253.34
19	8.6128	12.056	14.232	16.777	23.214	31.948	59.568	108.89	195.39	344.54
20	9.6463	13.743	16.367	19.461	27.393	38.338	73.864	139.38	257.92	468.57
21	10.804	15.668	18.822	22.574	32.324	46.005	91.592	178.41	340.45	637.26
22	12.100	17.861	21.645	26.186	38.142	55.206	113.57	228.36	449.39	866.67
23	13.552	20.362	24.891	30.376	45.008	66.247	140.83	292.30	593.20	1 178.7
24	15.179	23.212	28.625	35.236	53.109	79.497	174.63	374.14	783.02	1 603.0
25	17.000	26.462	32.919	40.874	62.669	95.396	216.54	478.90	1 033.6	2 180.1
26	19.040	30.167	37.857	47.414	73.949	114.48	268.51	613.00	1 364.3	2 964.9
27	21.325	34.390	43.535	55.000	87.260	137.37	332.95	784.64	1 800.9	4 032.3
28	23.884	39.204	50.066	63.800	102.97	164.84	412.86	1 004.3	2 377.2	5 483.9
29	26.750	44.693	57.575	74.009	121.50	197.81	511.95	1 285.6	3 137.9	8 458.1
30	29.960	50.950	66.212	85.850	143.37	237.38	634.82	1 645.5	4 142.1	10 143
40	93.051	188.83	267.86	378.72	750.38	1 469.8	5 455.9	19 427	66 521	*
50	289.00	700.23	1 083.7	1 670.7	3927.4	9 100.4	46 890	*	*	*
60	897.60	2 595.9	4 384.0	7 370.2	20 555	56 348	*	*	*	*
* > 99999										

附表3　　　　　　　　　　　一元年金现值系数表　　　　（P/A，i，n）＝［1-（1+i）⁻ⁿ］/i

期数	1%	2%	3%	4%	5%	6%	7%	8%	9%	10%
1	0.9901	0.9804	0.9709	0.9615	0.9524	0.9434	0.9346	0.9259	0.9174	0.9091
2	1.9704	1.9416	1.9135	1.8861	1.8594	1.8334	1.8080	1.7833	1.7591	1.7355
3	2.9410	2.8839	2.8286	2.7751	2.7232	2.6730	2.6243	2.5771	2.5313	2.4869
4	3.9020	3.8077	3.7171	3.6299	3.5460	3.4651	3.3872	3.3121	3.2397	3.1699
5	4.8534	4.7135	4.5797	4.4518	4.3295	4.2124	4.1002	3.9927	3.8897	3.7908
6	5.7955	5.6014	5.4172	5.2421	5.0757	4.9173	4.7665	4.6229	4.4859	4.3553
7	6.7282	6.4720	6.2303	6.0021	5.7864	5.5824	5.3893	5.2064	5.0330	4.8684
8	7.6517	7.3255	7.0197	6.7327	6.4632	6.2098	5.9713	5.7466	5.5348	5.3349
9	8.5660	8.1622	7.7861	7.4353	7.1078	6.8017	6.5152	6.2469	5.9952	5.7590
10	9.4713	8.9826	8.5302	8.1109	7.7217	7.3601	7.0236	6.7101	6.4177	6.1446
11	10.368	9.7868	9.2526	8.7605	8.3064	7.8869	7.4987	7.1390	6.8052	6.4951
12	11.255	10.575	9.9540	9.3851	8.8633	8.3838	7.9427	7.5361	7.1607	6.8137
13	12.134	11.348	10.635	9.9856	9.3936	8.8527	8.3577	7.9038	7.4869	7.1034
14	13.004	12.106	11.296	10.563	9.8986	9.2950	8.7455	8.2442	7.7862	7.3667
15	13.865	12.849	11.938	11.118	10.380	9.7122	9.1079	8.5595	8.0607	7.6061
16	14.718	13.578	12.561	11.652	10.838	10.106	9.4466	8.8514	8.3126	7.8237
17	15.562	14.292	13.166	12.166	11.274	10.477	9.7632	9.1216	8.5436	8.0216
18	16.398	14.992	13.754	12.659	11.690	10.828	10.059	9.3719	8.7556	8.2014
19	17.226	15.678	14.324	13.134	12.085	11.158	10.336	9.6036	8.9501	8.3649
20	18.046	16.351	14.877	13.590	12.462	11.470	10.594	9.8181	9.1285	8.5136
21	18.857	17.011	15.415	14.029	12.821	11.764	10.836	10.017	9.2922	8.6487
22	19.660	17.658	15.937	14.451	13.163	12.042	11.061	10.201	9.4424	8.7715
23	20.456	18.292	16.444	14.857	13.489	12.303	11.272	10.371	9.5802	8.8832
24	21.243	18.914	16.936	15.247	13.799	12.550	11.469	10.529	9.7066	8.9847
25	22.023	19.523	17.413	15.622	14.094	12.783	11.654	10.675	9.8226	9.0770
26	22.795	20.121	17.877	15.983	14.375	13.003	11.826	10.810	9.9290	9.1609
27	23.560	20.707	18.327	16.330	14.643	13.211	11.987	10.935	10.027	9.2372
28	24.316	21.281	18.764	16.663	14.898	13.406	12.137	11.051	10.116	9.3066
29	25.066	21.844	19.188	16.984	15.141	13.591	12.278	11.158	10.198	9.3696
30	25.808	22.396	19.600	17.292	15.372	13.765	12.409	11.258	10.274	9.4269
35	29.409	24.999	21.487	18.665	16.374	14.498	12.948	11.655	10.567	9.6442
40	32.835	27.355	23.115	19.793	17.159	15.046	13.332	11.925	10.757	9.7791
45	36.095	29.490	24.519	20.720	17.774	15.456	13.606	12.108	10.881	9.8628
50	39.196	31.424	25.730	21.482	18.256	15.762	13.801	12.233	10.962	9.9148
55	42.147	33.175	26.774	22.109	18.633	15.991	13.940	12.319	11.014	9.9471

期数	12%	14%	15%	16%	18%	20%	24%	28%	32%	36%
1	0.8929	0.8772	0.8696	0.8621	0.8475	0.8333	0.8065	0.7813	0.7576	0.7353
2	1.6901	1.6467	1.6257	1.6052	1.5656	1.5278	1.4568	1.3916	1.3315	1.2760
3	2.4018	2.3216	2.2832	2.2459	2.1743	2.1065	1.9813	1.8684	1.7663	1.635
4	3.0373	2.9137	2.8550	2.7982	2.6901	2.5887	2.4043	2.2410	2.0957	1.9658
5	3.6048	3.4331	3.3522	3.2743	3.1272	2.9906	2.7454	2.5320	2.3452	2.1807
6	4.1114	3.8887	3.7845	3.6847	3.4976	3.3255	3.0205	2.7594	2.5342	2.3388
7	4.5638	4.2883	4.1604	4.0386	3.8115	3.6046	3.2423	2.9370	2.6775	2.4550
8	4.9676	4.6389	4.4873	4.3436	4.0776	3.8372	3.4212	3.0758	2.7860	2.5404
9	5.3282	4.9464	4.7716	4.6065	4.3030	4.0310	3.5655	3.1842	2.8681	2.6033
10	5.6502	5.2161	5.0188	4.8332	4.4941	4.1925	3.6819	3.2689	2.9304	2.6495
11	5.9377	5.4527	5.2337	5.0286	4.6560	4.3271	3.7757	3.3351	2.9776	2.6834
12	6.1944	5.6603	5.4206	5.1971	4.7932	4.4392	3.8514	3.3868	3.0133	2.7084
13	6.4235	5.8424	5.5831	5.3423	4.9095	4.5327	3.9124	3.4272	3.0404	2.7268
14	6.6282	6.0021	5.7245	5.4675	5.0081	4.6106	3.9616	3.4587	3.0609	2.7403
15	6.8109	6.1422	5.8474	5.5755	5.0916	4.6755	4.0013	3.4834	3.0764	2.7502
16	6.9740	6.2651	5.9542	5.6685	5.1624	4.7296	4.0333	3.5026	3.0882	2.7575
17	7.1196	6.3729	6.0472	5.7487	5.2223	4.7746	4.0591	3.5177	3.0971	2.7629
18	7.2497	6.4674	6.1280	5.8178	5.2732	4.8122	4.0799	3.5294	3.1039	2.7668
19	7.3658	6.5504	6.1982	5.8775	5.3162	4.8435	4.0967	3.5386	3.1090	2.7697
20	7.4694	6.6231	6.2593	5.9288	5.3527	4.8696	4.1103	3.5458	3.1129	2.7718
21	7.5620	6.6870	6.3125	5.9731	5.3837	4.8913	4.1212	3.5514	3.1158	2.7734
22	7.6446	6.7429	6.3587	6.0113	5.4099	4.9094	4.1300	3.5558	3.1180	2.7746
23	7.7184	6.7921	6.3988	6.0442	5.3421	4.9245	4.1371	3.5592	3.1197	2.7754
24	7.7843	6.8351	6.4338	6.0726	5.4509	4.9371	4.1428	3.5619	3.1210	2.7760
25	7.8431	6.8729	6.4641	6.0971	5.4669	4.9476	4.1474	3.5640	3.1220	2.7765
26	7.8957	6.9061	6.4906	6.1182	5.4804	4.9563	4.1511	3.5656	3.1227	2.7768
27	7.9426	6.9352	6.5135	6.1364	5.4919	4.9636	4.1542	3.5669	3.1233	2.7771
28	7.9844	6.9607	6.5335	6.1520	5.5016	4.9697	4.1566	3.5679	3.1237	2.7773
29	8.0218	6.9830	6.5509	6.1656	5.5098	4.9747	4.1585	3.5687	3.1240	2.7774
30	8.0552	7.0027	6.5660	6.1772	5.5166	4.9789	4.1601	3.5693	3.1242	2.7775
35	8.1755	7.0700	6.6166	6.2153	5.5386	4.9915	4.1644	3.5708	3.1248	2.7777
40	8.2438	7.1050	6.6418	6.2335	5.5482	4.9966	4.1659	3.5712	3.1250	2.7778
45	8.2825	7.1232	6.6543	6.2421	5.5523	4.9986	4.1664	3.5714	3.1250	2.7778
50	8.3045	7.1327	6.6605	6.2463	5.5541	4.9995	4.1666	3.5714	3.1250	2.7778
55	8.3170	7.1376	6.6636	6.2482	5.5549	4.9998	4.1666	3.5714	3.1250	2.7778

附表4　　　　　　　　　　　一元年金终值系数表　　　　$(F/A，i，n) = [(1+i)^n - 1]/i$

期数	1%	2%	3%	4%	5%	6%	7%	8%	9%	10%
1	1.0000	1.0000	1.0000	1.0000	1.0000	1.0000	1.0000	1.0000	1.0000	1.0000
2	2.0100	2.0200	2.0300	2.0400	2.0500	2.0600	2.0700	2.0800	2.0900	2.1000
3	3.0301	3.0604	3.0909	3.1216	3.1525	3.1836	3.2149	3.2464	3.2781	3.3100
4	4.0604	4.1216	4.1836	4.2465	4.3101	4.3746	4.4399	4.5061	4.5731	4.6410
5	5.1010	5.2040	5.3091	5.4163	5.5256	5.6371	5.7507	5.8666	5.9847	6.1051